现代国际商务系列教材

# 国际结算与单证制作

耿　伟　李秀芳　主编

清 华 大 学 出 版 社
北京交通大学出版社
·北京·

## 内容简介

本书以国际结算工具、国际结算方式和单据制作为主要研究对象，以国际贸易结算制度的历史演变作为本书的逻辑起点。本书首先阐述了国际结算的基本问题和国际结算理论基础知识，接着重点讲述了各种国际贸易支付方式及与之相关的各种单据的制作，最后论述了信用证项下单据的审核。本书引述和分析了典型的国际贸易单证案例，以帮助学生更好地理解国际结算与单证原理，并切实掌握各种国际贸易结算方式和单据制作。

本书不仅适用于高校国际贸易相关专业的师生，也适用于从事国际贸易实务的专业人员。



**图书在版编目（CIP）数据**

国际结算与单证制作／耿伟，李秀芳主编．—北京：清华大学出版社；北京交通大学出版社，2010.2
（现代国际商务系列教材）
ISBN 978－7－5121－0052－7

Ⅰ．①国…　Ⅱ．①耿…　②李…　Ⅲ．①国际结算－高等学校－教材　②国际贸易－票据－高等学校－教材　Ⅳ．①F830.73　②F740.44

中国版本图书馆 CIP 数据核字（2010）第 011550 号

责任编辑：王晓春　　特邀编辑：吕　宏
出版发行：清 华 大 学 出 版 社　　邮编：100084　　电话：010－62776969　　http://www.tup.com.cn
　　　　　北京交通大学出版社　　邮编：100044　　电话：010－51686414　　http://press.bjtu.edu.cn
印 刷 者：北京瑞达方舟印务有限公司
经　　销：全国新华书店
开　　本：185×230　　印张：21.25　　字数：483 千字
版　　次：2010 年 4 月第 1 版　　2010 年 4 月第 1 次印刷
书　　号：ISBN 978－7－5121－0052－7/F·617
印　　数：1～4 000 册　　定价：33.00 元

---

本书如有质量问题，请向北京交通大学出版社质监组反映。对您的意见和批评，我们表示欢迎和感谢。
投诉电话：010－51686043，51686008；传真：010－62225406；E-mail：press@bjtu.edu.cn。

# 《现代国际商务系列教材》编委会

# 总 序

随着经济全球化和企业国际化进程的迅速推进，国际商务活动日益活跃且更加丰富多彩，国际商务规则也在发生种种变化，社会对通晓国际商务专业知识和通行规则的专门人才的需求与日俱增。因应这一大趋势，国际贸易及其相关学科的课程体系和教学内容正在进行适应性调整，即更加注重国际商务管理能力和实际操作业务知识与技能的培养，走务实之路已经成为很多院校国际贸易和管理学科变革的重要方向。突出表现为，一是在本属于应用经济学科的国际经济与贸易专业（本科）课程中加入属于国际商学和管理学的课程，二是在教育部学科目录外开设“国际商务”专业。在这样的背景下，国内迫切需要一套系统、完整和规范的国际商务系列教材，以满足本科教学和社会培训之需。为此，我们同北京交通大学出版社合作，组织国内部分院校的专业教师，编写了这一套“现代国际商务系列教材”。

本套教材共有14部，包括：《国际商务概论》、《公司战略管理》、《跨国公司管理》、《国际贸易理论与政策》、《国际贸易实务》、《国际市场营销》、《国际商法》、《国际结算与单证制作》、《国际物流》、《国际金融》、《国际财务管理》、《国际投资》、《国际技术转让与知识产权保护》、《国际商务综合教程》（英文版）等。

务实是本套教材编写的基本指导思想，即要从当今世界的国际商务理论与实践的发展实际出发，基于国际商务教学和培训的实际需要，构造教材体系，组织编写内容。就教材体系而言，在提供国际商务经营与管理的综合性知识的基础上，本套教材按照企业国际市场的三种一般进入方式（亦即国际商务模式）——“贸易、投资、技术授权”，来分门别类地设置课程，课程（教材）的重要性程度也依此顺序而定。显然，本套教材是以国际贸易和国际投资（含国际金融和财务）为主体的。

就教材内容而言，则要体现它的时代性、实用性和应用性，尽量将已经在国际商务研究和实践中得到较为普遍运用的，而目前许多教科书还未能纳入的，新的国际商务知识、技能和方法等，纳入本系列教材。

本套教材力求展现如下特点：第一，突出"国际商务"（International Business）概念，从而区别于传统的国际贸易（International Trade），并扩展了国际贸易和相关学科的研究视野、教学领域和学生的知识面；第二，兼顾应用经济学与管理学（商学），国际经济与贸易专业发展的实际告诉我们，无论在研究领域、研究方法，还是在培养目标、教学内容和学生就业需求上，国际贸易与相关学科的融合都是大势所趋；第三，教材编写上注重中国国情与国际通行做法的结合，体例上力求规范、全面、实用，除正文外，每章均包括学习要点、专栏等插入材料、小结、概念与术语和思考题等，并适应双语教学的需要，编辑重点名词英文注释和中英文术语对照附录；第四，注重实际操作，最大限度地从企业用人需要角度，提供国际商务专业人才教学和培训所需知识与技能。

本套教材的适用对象较为广泛，可作为高等财经院校国际经济与贸易、企业管理和经贸外语等专业的专业教材和教学参考书，以及外经贸企业和跨国公司的业务参考书与培训教材，并可供外经贸管理部门决策参考。

本套教材的作者均来自国内有关高校的国际商务研究与教学一线，有着丰富的教学经验和雄厚的研究实力。教材中的内容，既包括本领域国内外的通识性知识，也引入了当前国际商务领域的最新研究成果，从而保证了本套教材的实用性和先进性。尽管如此，本套教材仍是国内教材建设中的一种新的尝试，错误和缺欠在所难免，敬请亲爱的读者和同行们品头论足，批评指正。

**刘恩专**

2010 年 4 月

# 前　言

改革开放以来，我国对外贸易不断向深度和广度发展。2004 年，我国颁布了新的对外贸易法，允许个人做外贸业务，这标志着我国的对外贸易体制改革达到了一个全新的高度。伴随着对外贸易的迅猛发展，外贸公司、货代公司、航运公司及物流公司需要大量国际贸易专业人才。而在当今的国际贸易实践中，从贸易磋商、合同的签订到合同执行的全过程，几乎都离不开结算单证工作。在结算单证工作中，如稍有疏忽，就会给企业带来不应有的损失，甚至是严重的后果。因此，这对高校相关经贸专业的教学提出了较高要求，特别是对与结算单证工作密切相关的国际结算与单证实务的课程教学，提出了更加严格的要求。有鉴于此，编者基于自身的教学经验和体会，编写本书，以国际结算工具、国际结算方式和单据制作为主要研究对象，国际贸易结算制度的历史演变是本书的逻辑起点，对国际结算工具——票据的讨论是国际结算理论的基础，进而进入到对国际结算主要方式和其他方式的阐述，而各种结算单据的详细探讨则是信用证在国际贸易结算中应用的重要体现。

本书首先阐述了国际结算的基本问题并回顾了国际结算的历史发展，然后，以票据法为依据，展开了作为国际结算理论基础知识的票据的讨论，并引述和分析了典型的票据案例，以帮助学生更直观地理解票据原理。随后，进入本书重要内容——国际贸易支付方式的探讨，包括传统的三种支付方式，以及近些年来国内逐步开展的其他主要支付方式。接下来，详细介绍结算单据，有商业发票、运输单据、保险单据、商品检验证书、原产地证明书、装箱单和重量单。最后，论述信用证项下单据的审核，并进行了一些信用证案例分析，以帮助学生更好地掌握和了解信用证业务。

本书由耿伟和李秀芳主编并负责统稿。具体编写分工为：王彦文，

第1章；张颖，第2章；耿伟、孙晓娟，第3章；耿伟、樊友丹，第4章；徐晓旭，第5章；张惠，第6章；李秀芳，第7章、第10章；高琳，第8章；徐珅，第9章。

由于编者水平所限，书中难免存在错漏或不当之处，敬请读者批评指正。

编　者

2010年4月

# 目　录

# 第 1 章　国际结算导论

学习要点

- 掌握国际结算的基本定义、分类、性质及其特点。
- 了解国际结算的法律基础和研究对象。
- 了解国际结算的演进进程、发展趋势和国际结算制度的历史演变过程。

国际结算是伴随着国际贸易的扩大而产生和发展起来的，对各国的经济发展都发挥了至关重要的作用。它主要研究国际间债权债务的清偿，以及所使用的信用工具、结算方法和各种必要的单据。随着国际交往的日益增多，国际分工的逐步细化，各国经济之间相互依存度的逐渐加深，国际结算业务也在不断发展和演变，并呈现出多种新趋势。

## 1.1　国际结算的基本问题

国际结算实质是货币的跨国收付活动，保障并促进了国际间各项活动与交往的正常进行。国际结算的范围很广，分类很多，在不断的发展和完善过程中，形成了自己的特点，且与法律密切相关。作为一门学科，国际结算以国际金融、国际贸易和货币银行学为基础。

### 1.1.1　国际结算的定义

结算是指在商品交易、劳务供应和资金移动与调拨等方面发生的货币收支和清算债权、债务的行为。它可分为两类，即现金结算和非现金结算。现金结算是指直接支付现金了结债权、债务关系；非现金结算是指不使用现金，而是通过银行使用信用工具划拨资金了结债权、债务关系。

国际结算（International Settlement），是指处于不同国家或不同货币区的自然人、法人或政府机关，由于政治、经济、文化、军事、外交等方面的交流，而产生了以货币表现的债权债务，通过银行办理货币收付以清算这种债权债务的业务活动。由此可见，国际结算实质是货币的跨国收付活动，是保障与促进国际间各项活动与交往正常进行的必要手段。该定义中国际结算具备三个要点：通过银行办理、不同国家或不同货币区间及货币收付。凡未能同时满足以上三个条件者，均不能称为国际结算，也不在本书研究范围内。

国际结算这项综合型经济活动主要包括以下内容：支付工具及结算方式的选择与运用；各种商业单据的处理与交接；商品货款及劳务价款的索取与偿付；国际间资金单方面的转移与调拨；短期或中长期贸易的融资与运营；信用担保的提供与应用；国际清算系统及支付体系的建设与运行；国际银行间资金的转账与划拨等。

### 1.1.2 国际结算的重要性

国际结算促进了各国的经济发展，保证了经济全球一体化的正常进行。通过使各国的产品、服务和资金得以交换，国际结算使生产得到比国内市场更宽阔的发展空间，从而实现了更大规模的持续发展；通过使资金实现国际转移，国际结算实现跨国投资，在全球范围内配置资源，促进了生产力的发展，以得到最大收益。

办理国际结算是商业银行的一项中间业务。对于商业银行来说，如果单纯办理国际结算，在不动用银行资金的条件下，可以获得可观的手续费收入，并加强与客户的联系；在客户缴纳保证金等情况下，甚至还可能在一段时间内无偿占用客户资金。因此，国际结算业务得到了商业银行的普遍青睐。商业银行通过为企业办理国际结算和向企业融资相结合等业务，也促使银行本身的业务得到发展和更新。

国际结算使工商企业不再局限于国内市场，且能在国际市场上购得所需要的设备、技术和原材料等，并销售企业的产品，从而在世界范围实现“商品—资金—商品”的不断转化，使生产能力得到最大的发挥和获取最大的收益。同时，国际结算业务还可以使工商企业为自己争取银行融资，解决流动资金不足的困难。另外，国际结算可以帮助投资者实现在全球范围的投资运作，获得最大的经营空间。此外，由于国际结算又是有关国际惯例表现最充分的领域，所以企业可以通过办理国际结算对国际惯例有更深切的理解和掌握。

### 1.1.3 国际结算的分类

引起货币跨国收付的原因很多，所以国际结算的范围很广。国际贸易发展的不同阶段有不同的分类方法，所以由此产生的国际结算在不同的阶段也有着不同的分类方法。但通常意义上的国际结算，其分类是以产生国际间债权债务的国际贸易作为划分标准的，即把国际结算分为国际贸易结算和非贸易结算两大类。

国际贸易结算是指办理因国际贸易而产生的国际债权债务结清业务。由于国际实物（商品）贸易是国际贸易结算的主要成因之一，传统上占国际贸易结算业务的很大部分，并且实物商品的输入输出属于有形贸易（Visible Trade）范畴，所以国际贸易结算又称“实物贸易结算”或“有形贸易结算”，属于狭义的国际贸易结算。有形贸易是指商品或货物的进出口，它是国际贸易的基础和重要组成部分。国际贸易结算与国际贸易的发生和发展、世界市场变化、国际运输、货损保险、电讯传递有着密不可分的联系。正如贸易收支是经常项目乃至整个国际收支的中心一样，国际贸易结算也是整个国际结算的核心。

非贸易结算是指由无形贸易（Invisible Trade）（包括国际资本流动、国际资金借贷、技术转让、劳务输入/输出、侨民汇款、捐赠、国际旅游、运输、保险、银行服务等）引起的货币收付活动。它主要是指单方面转移、技术贸易和服务贸易等，不涉及货物交接问题，只办理有关资金的转移，手续相对简单。近些年，在国际贸易中，无形贸易比有形贸易发展更快，其主体是服务贸易。世界贸易组织（WTO）的《服务贸易总协定》实施以来，服务贸易在全世界范围内发展很快，服务贸易结算大量增加。

国际贸易结算是国际结算的基础，在国际结算中一直占有主导地位。这是因为国际贸易是国际结算产生和发展的主要动力，同时国际结算的发展又反过来促进国际贸易的发展。而国际贸易结算比非贸易结算更为重要的原因主要有以下几点。

（1）国际贸易结算业务比其他结算业务更为复杂，它几乎包括了目前所使用的全部结算手段和结算方式。因为商品贸易是货物与金钱的相对给付，卖方交货、买方付钱，但要以买卖双方“一手交钱一手交货，银货当面两讫”的方式来完成当今数量巨大、交易金额惊人的国际货物贸易的交割几乎是不可能的。实务中大多是卖方先发货、买方后付款，并且以单（据）代货（物），另外还使用了信用证、银行保函等工具。卖方交货变成了先发货而后再交单收款，并且首先付款的可能不是进口商（如信用证下）而是银行，最后才是买方付款、赎单、提货。于是，单据成为货物的代表，信用证或银行保函成了进口方付款的保证，银行加入进来并承担了一定风险。这些使得国际贸易结算包含的内容更加广泛，手续更加复杂。同时，贸易结算与世界市场的变化、运输工具的改进以及保险业务的开展均有内在的、不可分割的联系。

（2）对银行而言，贸易结算具有成本低、风险小、收益高的特点，且一般不需占用信贷资金。与之相比，从事金融交易的风险很大，稍有不慎便会发生亏损，甚至导致银行的破产。有 233 年历史的英国巴林银行在 1995 年 2 月 26 日突然宣布破产就是一例，该银行破产的直接原因是由于一名交易员在衍生金融产品交易中投机失败，亏损 10 多亿美元。这一事件充分说明衍生金融产品交易存在着巨大的风险性和破坏力。

与国际贸易结算相比，非贸易国际结算较为简单，通常它只涉及一部分结算方式和内容。掌握了国际贸易结算，非贸易结算也就不难掌握了。因此，国际贸易结算是本书的重点。

### 1.1.4 国际结算的性质

国际结算是一项银行中间业务。银行通过国际结算使不同国家间的债权债务关系的清偿得以实现。在清偿债权债务的活动中，获得一定利润是银行提供服务、承担风险的根本目的。在开展国际结算业务时，银行有权选择是否接受客户的委托和申请，有权采用某些保障措施以降低所承担的风险并决定收取一定的费用。总之，银行是按照其经营原则来办理国际结算业务的，有利可图是其基本要求。

国际结算基础为国际贸易，且离不开国际金融。国际结算是伴随着国际贸易的扩大而产生和发展起来的。在国际贸易中，货款收回是卖方的根本目的和最主要的权利，货款支付是买方最主要的义务。于是卖方就成为债权方，买方便是债务方，国际结算也就有了基础。此外，国际结算还涉及货物运输、保险等环节，因为在凭单付款结算方式中，运输单据和保险单等都是重要的单据，是进口方及银行付款必不可少的条件。因此，国际结算从产生之日起就以服务于国际贸易为宗旨。在信用证方式下，国际结算几乎包括了国际贸易的全过程。与此同时，货币与汇率、国际收支与国际资本流动、国际金融市场与外汇风险防范等国际金融的实务问题，贯穿于国际结算活动过程中。

### 1.1.5 当代国际贸易结算的特点

高度发达的金融、航运和信息产业，使得国际贸易结算得以高效、安全地完成，并具有以下几个特点。

1. 凭单付款

国际商会制定的《2000年国际贸易术语解释通则》（International Rules for Interpretation of Trade Terms，INCOTERMS 2000），对不同贸易术语中有关买卖双方的义务作了明确的界定，从而进一步确立了凭单付款的原则。其中，CIF 贸易术语最为典型，卖方的责任是提交包括已装船海运提单在内的货运单据，一旦交单，即完成了交货义务；买方的责任则是接受符合合同要求的单据并支付货款。而跟单信用证和跟单托收的结算方式，又具体地规定了卖方交单和买方凭单付款的操作规则，使凭单付款得以有效实现。

在此基础上，INCOTERMS 2000 又规定了电子单证可以代替纸单证，从而淡化了物权凭证的概念。于是，不具有物权凭证性质的铁路运单、航空运单、海运运单等，作为卖方的履约证书也加入到凭单付款的结算方式中。跟单信用证和跟单托收的结算方式被广泛地采用，即使在“货到付款”的交易中，交付单据依然是卖方的基本义务，也是买方付款的前提之一。“凭单付款”成为当代国际贸易结算的主要特征。

2. 现金结算与非现金结算并存

在国际贸易结算中，现金结算与非现金结算并存，但非现金结算居于主要位置，占银行结算业务的90%以上。原因在于，现金结算不仅运送风险大、费用高，需要清点和鉴别真伪，而且结算费用时，积压资金，另外还容易使不法分子进行非法交易以及进行伪钞流入市场和逃税等行为。在高度发达的市场经济中，为了制止这些行为的发生，各国政府采取了各种法律和经济手段来限制现金结算。而非现金结算不仅减少了结算的费用，而且加快了资金的周转。在非现金结算中，票据是主要工具，汇款、托收和信用证是国际贸易中广泛使用的结算方式。

3. 拥有以银行为中心的国际结算体系

在当今的国际结算体系中，银行处于中心地位。对买卖双方而言，银行拥有良好的信誉和雄厚的财力，是他们所信赖的中介。银行不仅能够办理单纯的结算业务，而且可以向当事人提供信用保证及融通资金，从而在更大程度上介入了国际贸易结算的全过程。为了划拨资金的方便和办理其他异地业务，银行不但在海外设立分支机构，而且广泛地建立了海外代理行关系和服务行关系。随着财务电讯系统的不断完善，在全球范围内形成了一个高效率的国际间账务清算和资金转移网络。目前，被广泛使用的全球性账务清算和资金转移网络有环球银行间金融电讯协会、交换银行互相收付系统和交换银行自动收付系统。

1）环球银行间金融电讯协会

环球银行间金融电讯协会（Society for Worldwide Interbank Financial Telecommunication, SWIFT），是一个国际性银行资金清算机构，是当今影响最大的国际清算网络。它于1973年成立，1977年正式启动，总部设在比利时首都布鲁塞尔，由欧洲和北美15个国家的239家银行发起，如今已拥有会员银行5 000多个。我国银行中，中国银行于1983年最先加入。自1986年起，中国农业银行、中国工商银行、交通银行、中国建设银行、中国人民银行和中信实业银行等先后加入了SWIFT。

该协会为各会员银行提供专门的通信和终端设备，可以与世界各地大银行的计算机主机取得联系，瞬间就能完成跨国的银行业务，从而形成一个庞大的金融网络。每天24小时不间断运行，具有自动输送、储存信息、自动加押或核押、以密码处理电文、归类文件、打印文件等多种功能，并规定了电讯的标准化格式和统一的代码（货币、国别）。SWIFT使国际结算更为快捷和安全。

2）交换银行互相收付系统

交换银行互相收付系统（Clearing House Interbank Payment System，CHIPS），是一个收付美元的国际计算机网络，于1970年4月建成，是由100多家设在纽约的美国和其他国家的银行分支机构自愿组成的清算系统，其目的是联网办理银行收付业务。1981年，纽约联邦储备银行为CHIPS开立了一个特别清算账户。在国际贸易结算中，发送美元收付指示时，只要注明客户和会员银行的编码，就可以当日完成结算。它处理的金额数目非常大，工作效率相当高。

3）交换银行自动收付系统

交换银行自动收付系统（Clearing House Automated Payment System，CHAPS），是继CHIPS以后，英国于1984年在伦敦设立的计算机收付系统，由12家清算银行通过8条信息通道与信息转换中心相接。该系统不仅是英国伦敦同城的清算交换中心，也是世界所有英镑的清算中心。它采用双重清算体制，所有商业银行通过其开立账户的清算银行进行清算；每天营业结束时，清算银行之间进行双边对账和结算，其差额通过它们在英格兰银行的账户划拨来结清。从参与的银行数量、范围、通信设备结算规模上看，该系统与CHIPS相比较为逊色。

4. 结算单据多样化和EDI技术的使用

随着凭单付款方式的广泛应用和不断完善，结算中的单据已不局限于可以转让的代表货物所有权的提单、代表保险权益的保险单和作为卖方证实文件的发票，还扩展至各种不可转让的运单（Waybill)、多式联运单据（MTD)、普惠制产地证（GSP Certificate of Origin Form A)，以及诸如检验证书、装箱单、重量单、电传或传真副本、费用清单、海关发票等，整个结算中的单据群体越来越庞大。单据多样化是国际贸易发展到特定阶段的产物，反映了贸易条件的诸多要求，使各种结算方式更为可靠、安全。但制单、审单、传递单证等一系列工作消耗了大量的人力、物力和时间。随着计算机和通信事业的发展，EDI应运而生。

EDI（Electronic Data Interchange）是电子数据交换的简称，由于它取代了以纸张为载体的贸易文件，所以又称“无纸贸易”。采用EDI是将标准化后的贸易单证和文件转换成计算机语言，利用计算机通信技术进行处理和传递，接受方再把其还原成各种贸易单证和文件，从而替代了原来纸面文书的缮制、审核、传送、再审核、处理等一系列程序，而且不会在重复内存上出现差错。采用EDI技术，简化了贸易的中间环节，降低了成本。EDI以其迅速、准确、安全的特点，创造了巨大的经济效益。

我国已在经贸领域开发、实施EDI技术，应用的范围正迅速扩大。EDI的开发和应用，将使国际结算的方式和手段更为准确和有效。

### 1.1.6 国际结算的法律基础

国际结算与法律及惯例密切相关，涉及有关的国际法、国内法和国际惯例。

1. 国际法

(1)《联合国国际货物买卖合同公约》。该公约规范了国际货物贸易合同双方当事人的权利和义务，一般也适用于当事人在结算业务中的行为。

(2) 联合国《国际汇票和国际本票公约草案》、《国际支票公约草案》。这两个草案至今尚未经联合国成员国签署成为正式的国际公约。

(3)《日内瓦统一汇票、本票法公约》和《日内瓦统一支票法公约》。这两个公约统称为《日内瓦统一法》，有法国、瑞士、德国等大多数欧陆国家，以及日本、巴西等共 20 余国参加。该公约主要依据大陆法系的学理制定，故英美等国未参加。

2. 国内法

各国的民法和商法，特别是票据法、银行法等单项商事法律法规，是调整国际结算当事人关系的主要依据。

我国有关国际结算的法律和法规如下。

（1）《中华人民共和国票据法》（1995 年 5 月 10 日）。

（2）《中华人民共和国外汇管理条例》（1996 年 1 月 8 日）。该条例规定了人民币在经常项目下的有条件可兑换；对资本项目则采取严格的管理措施。

（3）中国人民银行制定的《结汇、售汇及付汇管理规定》。该规定对出口结汇和进口售汇等有关事项作了具体的管理规定。

3. 国际惯例

国际惯例是指在长期实践中逐渐形成的一些通用的习惯做法和普遍规则。它确定了一定时期内国际贸易方式和规则的相对稳定性，维护了当事人各方的权益，使国际结算更加规范。同时，运用国际惯例，有助于减少交易环节，提高效率。另外，国际惯例的形成和发展还有助于在自由、公平、合理的基础上建立国际经济新秩序。作为国际结算法律基础的国际惯例有如下几种。

（1）《跟单信用证统一惯例》（UCP600）。

（2）《托收统一规则》（URC522）。

（3）《见索即付保函统一规则》（URDG458）。

以上国际惯例均由国际商会制定，并得到世界各国和有关当事人的普遍承认和采纳，成为国际结算最重要的行为规范和法律基础。

（4）《国际保付代理惯例》（CIFC，1994）。它由“国际保理商联合会”制定。

国际结算是一门研究操作规则的科学。国际贸易结算是以贸易为背景，强调操作的规范和程序、单证的形式和内容，以求高效、安全地完成国际间的货币收付业务。所以，除了上述法律、法规和惯例的规定之外，还必须把握在实践中形成的与国际结算有关的一般原则和行业的具体操作规范。

### 1.1.7 国际结算的研究对象

国际结算是国际金融的一个重要分支，也是国际金融实务的重要组成部分。作为一门学科，国际结算的研究对象包括如下内容。

1. 国际结算工具

现代国际结算主要是银行的非现金结算，而非现金结算的主要工具是票据。票据在结算中起着流通手段和支付手段的作用，远期票据还能发挥信用工具的作用。这种结算工具主要包括汇票、本票和支票，它们被称作国际结算的基石。票据的使用和传递使国际结算的效率和安全程度都得到了极大的提高。为了使票据能有效地发挥其应有的职能，各国都以法律形式规范了票据形式、内容及各种有关行为，明确票据的性质和特点。因此研究票据，使其能有效地服务于国际贸易和国际结算，便成为国际结算的重要内容之一。

2. 国际结算单据

在国际贸易结算中，单据具有举足轻重的作用。各种说明商品情况的单据使资金的转移和货物的交接顺利结合，保障了当事人的合法权益，有利于国际贸易的进行，同时也体现了当代国际贸易交易中的商品单据化和凭单付款的基本特征。商品单据化是银行作为国际贸易结算中介的前提。只有在凭单付款的条件下，银行才有可能通过控制单据，进而控制货物，在结算货款、贸易融资、咨询服务等方面发挥巨大作用。

单据对于国际贸易债务的清偿具有至关重要的影响，特别是以跟单信用证结算货款时，出口商提交单据合格与否，成为其能否收回货款的决定性因素。由此可见，对单据的处理是国际贸易结算的重要内容之一。随着现代通信技术的发展，商品单据化的事实将有所改变，一些国家已经简化了单据的使用程序。特别是 EDI 的问世与推广使用，将引发国际贸易及其结算的传统单据运作体系的重大变革。

3. 以银行为中心的支付体系

为了安全、迅速、高效地办理好相关的业务手续，建立好银行间的联行、代理行和账户行等关系，并能根据实际业务需要，从密集的银行业务网络中选出最便捷的途径和手续，就成为国际结算研究必不可少的重要内容。

以银行为中心的现代电子转账划拨支付体系是国际间资金得以安全有效结算的基础设施。只有通过各国货币清算中心支付体系的良好运行，才能保证国际结算的及时与可靠。此外，跨国支付系统的作用也越来越突出，如前所述的全球银行间通信系统、交换银行互相收付系统、交换银行自动收付系统等，都为全球间资金结算的准确、快捷与可靠作出了贡献。进入 21 世纪，各国清算系统的主动脉向大额实时支付方向发展，而小额支付系统仍采用差额结算。这一改革的主要目的是减少资金在调拨转移中的结算风险和时间风险。因此，一个良好的支付系统是完成国际结算的重要条件。

4. 国际结算方式

国际结算方式是指以一定的条件实现国际货币收付的方式。在国际贸易中，进出口商要将商定采用的结算方式列入合同的支付条款中并予以执行。经办银行应客户的要求，在某种结算方式下以票据和各种单据作为结算的重要凭证，最终实现客户委办的国际债权债务的清偿。在某些情况下，商业银行将结算业务与为进出口商提供资金融通业务结合起来，从而在可能获得可观收益的结算业务中争得所期待的市场份额。

国际结算方式主要包括汇付、托收、信用证、保付代理、保函业务、福费廷等。其中，前三种是国际货款结算的基本方式。国际结算方式发展与创新主要取决于国际经贸活动的内容、融资需求、风险保障程度及银行的服务范围等因素。例如，汇付是最简单的国际货款结算方式，可用于寄售、售定、贸易从属费用及非贸易项目结算，属于商业信用性质。托收有光票托收和跟单托收两种。光票托收可以用于货款尾数、小额货款、贸易从属费用和索赔款的收取；跟单托收则主要用于国际贸易结算，由于其程序简单，费用较低，受到贸易商尤其是进口商的青睐。但是银行在托收业务中，只提供服务，不提供信用，托收效果主要取决于商业信用，因此出口商承担了进口商拒付托收货款的风险。为了有效地保障出口商的权益，由银行担负第一性付款责任的信用证结算方式于20世纪初问世并受到国际贸易交易者的普遍欢迎，现在已成为国际贸易结算中被广泛使用的最为重要的一种结算方式。此外，为了满足客户除结算货款以外的诸如融资、风险保障、账务管理、信息咨询等需要，又相继出现了保函业务、保付代理、福费廷等综合性业务。

在国际贸易中，一笔交易，通常只选择一种结算方式。但由于不同的结算方式各有利弊，买卖双方所承担的风险和资金占用的时间各不相同，因此，为了取长补短，做到既能加快资金周转，又能确保收付外汇的安全，以利于达成交易，扩大贸易，在同一笔交易中选择两种或两种以上的结算方式结合起来使用是比较有效的做法。目前常见的有：信用证与汇付相结合、信用证与托收相结合、跟单托收与预付押金相结合，以及备用信用证与跟单托收相结合。因此，国际结算方式已成为当前国际结算研究的重要内容之一。

## 1.2 国际结算的历史发展

国际结算起源于国际贸易，也可说是起源于国际贸易业务程序中的最后一道程序——合同履行阶段。国际结算随着国际贸易和国际政治、经济的变化，尤其是银行业、运输业、保险业和科技的发展而发展，并随各个时期历史条件的变化而变化，形成了具有各个时期特点的结算方式。同时，国际结算的发展又反过来促进了国际贸易的进一步扩大。而且，国际结算与各国生产力水平的发展状况、科学技术水平的提高和金融、运输及保险业务的发展密切相关。

### 1.2.1 国际结算的演进过程

整体来看，国际结算的演进过程大体上经历了以下几个阶段。

1. 现金结算

国际结算以国际贸易的产生和发展为前提，而国际贸易的产生早于国际结算，其产生和发展的基础是社会生产力的发展和社会分工的扩大。原始社会末期，随着生产力的发展，剩余产品的不断增加，产生了私有制、阶级和国家，商品流通超出了国界便出现了国际贸易的萌芽。最早的国际贸易采用物物交换的易货方式，不存在结算问题。只有到了封建社会，当黄金、白银及其他金属铸币成为一般等价物，行使其价值尺度、流通、支付和储藏手段职能，并充当世界货币后，商品交换有所发展，才产生了结算，并逐渐开始采用金银铸币作为结算手段。在当时的跨国交易中，商人携带金属铸币到外国进行直接的货款两讫的现金结算。

由于封建社会的生产力水平低，社会分工不发达，自然经济占统治地位，因此对外贸易比重极小，国际商品的交换只是个别的、局部的甚至是偶然的现象。虽然国际间的结算已经发生，但其形式非常原始，只能通过在国际间输送黄金和白银来办理。这种现金结算的方式很不方便，不仅要承担很大的风险，而且要耗费巨额运输费用、积压资金，因此只有在商品交易少、交易量小的时代才能应付。随着工农业生产和交通工具的进一步发展，国际贸易也由最初的边境贸易发展到远洋贸易，这种通过大规模、长距离运送金属货币来结算货款的支付方式便越来越难以满足国际贸易发展的需要了。于是，出现了使用票据结算的形式。票据的产生和推广，使国际结算由现金结算发展到非现金结算。

2. 利用信用工具的非现金结算

非现金结算是指不直接使用现金，而使用代替现金起流通作用和支付作用的票据来结算国际间的债权债务。现代票据制度的产生和完善大体上经历了三个阶段。

1）兑换商票据时期

大约在 11 世纪，商品贸易较发达的欧洲国际贸易中心——地中海沿岸国家的商人们开始使用字据代替现金，由此进入非现金结算的初级阶段。当时，由于各城市、国家之间贸易往来的发展，产生了大量不同货币兑换的需要，并由此产生了专门从事货币兑换业务的兑换商。为避免运送现金发生的风险，减少运输费用，于是出现了为代替现金运送，而由兑换商在本地收取现金，再向异地的兑换商发出书面证明，由异地的兑换商进行支付的办法。这种由兑换商签发的书面证明即是早期的票据。

2）市场票据时期

公元 13 世纪前后，欧洲的一些主要城市，定期的集市交易发达起来，票据开始了最初的交易。交易商可用由兑换商发出的、以市场交易日为到期日的票据代替现金进行支付。如交易商 A 欠交易商 B 500 元，A 便可以用到期的票据向 B 进行支付。不过 A 向 B 支付的票据必须是到期票据，并且票据到期日必须是市场交易日。余额部分则以现金支付。14 ～ 15 世纪，出现了资本主义萌芽。到 15 世纪末 16 世纪初，随着资本主义的发展，国际贸易不断扩大，逐渐形成了区域性的国际商品市场，并且出现了以商业票据来结算债权债务的方式。

3）流通票据时期

公元 16、17 世纪，欧洲的票据使用已相当普遍，票据制度也日趋完善，特别是最初背书制度的出现，使票据能够以简便的方法实现转让，票据便从先前的证据性证券演变成流动性证券。随着结算业务量的增加，使用单据的非现金结算方法日益显示出其优越性。票据代替货币进行交易，货币被单据化了。到 18 世纪，单据化的概念被普遍接受，而最早的票据就是商业汇票。18 世纪以后，票据开始成为现代意义上的票据。19 世纪末，欧洲各国相继出台票据法，标志着非现金结算进入成熟阶段。

下面用一个例子说明 18 世纪时商业汇票的使用。

例如：英国 A 商人向澳大利亚 B 商人购买价值£200 000 羊毛；澳大利亚 C 商人向英国 D 商人购买价值£200 000 的棉纺织品。英国 D 商人在发出货物或对方收到货物后，开立了一张命令 C 商人支付£200 000 的汇票，D 商人可将这张汇票售与英国的 A 商人，收回他应得的£200 000。英国的 A 商人可把汇票寄给澳大利亚的 B 商人，由他持票向澳大利亚的 C 商人索款。这样，英国和澳大利亚两国之间两笔债权债务，通过一张汇票的传递和流转得到了清算（见图 1－1），从而避免了在现金结算方式下运送货币的风险，节约了时间和费用，有利于国际商品交易的发展，对促进国际间的经济交往起了一定的推动作用。

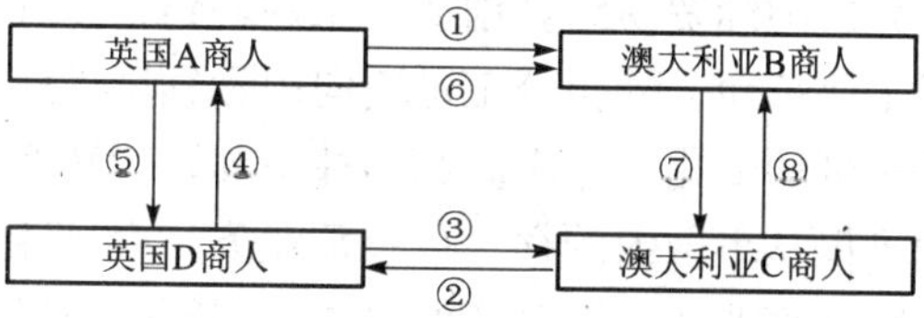


图 1－1　商人间用商业汇票结算债权债务

① 英国 A 商人向澳大利亚 B 商人购入羊毛。
② 澳大利亚 C 商人向英国 D 商人购入棉纺织品。
③ 英国 D 商人开立一张以澳大利亚 C 商人为付款人的汇票。
④ 英国 D 商人将汇票售与本国 A 商人。
⑤ 英国 A 商人向本国 D 商人支付汇票金额。
⑥ 英国 A 商人将汇票寄给澳大利亚 B 商人。
⑦ 澳大利亚 B 商人向本国 C 商人提出付款。
⑧ 澳大利亚 C 商人向本国 B 商人付款。

商人间用商业汇票结算债权、债务要比运送黄金、白银方便、安全得多。但是，从上面的例子可以看到，在当时使用商业汇票结算债权债务也有一定的局限性，即必须具备三个条件：① 两笔交易的债务金额和付款期限必须完全一致，而这在大量复杂的交易中是非常有限的；② 交易双方还要有密切的业务联系和相互了解的信用基础，否则即使存在这样两笔完全一致的交易，也会由于缺乏资信了解而无法进行合作；③ 进出口商的任何一方要有垫付资金的能力。任何两笔交易要同时具备上述三个条件，实际上是很困难的。这些局限性促使商人之间的直接结算发生改变。

**3. 从凭货付款到凭单付款**

在票据发展的同时，国际贸易也大幅度增长，当贸易商与运输商有了分工后，卖方将货物交给运输商承运至买方，运输商将货物收据交给卖方，再由卖方转寄给买方向运输商提货。为了减少海运风险，买方或卖方又可向保险商投保。这样，商业、航运、保险分化成为三个独立的行业，出现了发票、运单、保单等，这些单据不仅是收据，而且还可以转让，成为买卖和抵押的对象。随着海上运输继续扩大，简单的货物收据发展变化为比较完善的海运提单。由于提单有物权单据的性质，货物单据化的趋势愈来愈明显。交单等于交货，持单等于持有货物的所有权。到了19世纪末20世纪初，国际结算方式逐步由凭货付款转变为凭单付款，而银行可凭借抵押的单据向出口商融资。这样，银行信用就被引入到国际结算业务中，从而逐渐形成了贸易结算与融资相结合、以银行为中枢的国际结算体系。

**4. 以银行为中介的转账结算**

银行的加入，使国际结算由贸易商人之间的直接结算转变为以银行为中介的转账结算。早期的银行是高利贷性质的银行，发放高利贷是其主要业务，当时尚未开展中介服务业务，也未能完全加入国际贸易和国际结算体系。国际运输业和货物保险业的发展，促进了国际贸易方式的进步，也为银行介入国际贸易结算创造了条件。到了18世纪60年代，一些主要的资本主义国家相继完成了工业革命，社会分工迅速向国际领域扩展。与此同时，主要资本主义国家的银行业亦发生了深刻的变化，原来高利贷性质的银行转变为担任信用中介和支付中介的资本主义银行，它们不仅从事国内的存、放、汇业务，而且通过国外分支机构和代理行的建立从事国际信贷和国际结算业务。贸易商便可委托银行收付货款，从而能够集中精力开展贸易。这极大地促进了国际贸易和国际结算的发展。银贸之间既有分工又有协作，共同开展对外贸易，为安全收汇和按时付汇作出贡献。有了银行的信用和资金，国际贸易量不断增加，银行的业务也不断扩大。银贸双方相辅相成的关系，逐渐发展成为今天以贸易结算与融资相结合、以银行为中枢的国际结算体系。只有当银行介入贸易支付时才形成了真正意义上的非现金结算制度。

银行办理国际结算业务有其自身的有利条件。① 银行在全世界形成网络，可利用特有的条件和运用先进的手段办理业务，为进出口双方服务。② 银行资金雄厚，信用卓著，使得买卖双方都愿意通过银行办理结算，保证了资金的收付。银行在办理国际结算时，还可为客户提供资金融通的方便。③ 银行通过买卖转让不同种货币、不同期外汇，将进出口贸易所形成的大量债权债务关系予以最大限度的抵消清算，节省了手续费和利息，在这样的条件下，进出口商就不必自找对象来进行清算，而把所有信用工具或支付工具委托银行代为处理。④ 银行有安全的保障系统（印鉴、密押）。由此，商人之间的直接清算就发展为以银行为中介的转账结算。

**5. 电讯结算**

随着信息时代的到来，国际结算业务开始应用电子商务技术，这标志着电讯结算阶段的开始。互联网的迅速发展使得电子数据交换的覆盖面不断扩大。行政、商业、运输、保险、银行内部的电子数据交换必然走向互联互通，最终将形成世界范围内关联行业的统一数据交换网络，这一统一网络的形成将使电子单据代替传统的纸质单据，从而使国际贸易和国际结算进入“电子单据”和“电子交单”的无纸化时代。

通信技术的发展消除了时空的限制，使得数据的传递和资金的划拨能够在瞬间进行。近年来，银行普遍使用SWIFT这一集支付、清算和信息传递于一体的电讯系统，是电子商务在国际结算中应用的具体体现，也是电讯结算的开始。信息时代的到来为国际结算的发展预留了巨大的空间。

### 1.2.2 国际结算的发展趋势

进入21世纪后，国际贸易在商品结构、贸易方式、货物运输等方面都发生了很大的变化。因此，国际结算也有了新的发展。快速、安全、高效地实现国际间的收付，特别是贸易结算的收付，可以通过两个途径来实现：一是采用手续简便而又可靠的支付方式；二是采用新技术。目前，国际结算已出现了一些新的发展趋势，具体如下。

1. "货到付款"被重新推崇

一些发达国家之间的结算业务，60%以上采用了赊账方式（货到付款）。这种方式处理单据的业务量比托收、信用证等少，而结算效率更高。

2. 银行的资金融通作用越来越大

由于目前单笔国际贸易的金额越来越大，银行的资金融通作用就显得尤为重要。为此，出口押汇、进口押汇、打包放款、票据贴现、买方信贷等融资手段不断出现，为进出口企业的资金融通提供了便利。

3. 国际结算向计算机化、网络化方向发展

随着科学技术的发展、电子技术的日新月异，高科技计算机已进入银行业务，加速了资金与单证的流转过程，使得一些国际业务在瞬间即可完成。如前文所述，世界上已有三大电子清算系统办理国际结算中的资金调拨，它们分别是SWIFT、CHIPS和CHAPS。

4. 单据的标准化、电子化

随着国际贸易的发展，各国商人为了维护自己的利益，发明了多种单据，但过多过繁的单据降低了国际结算的效率。为此，使单据标准化就成为人们的目标。然而，单据标准的产生和推广却十分困难。首先，推行标准要改变大多数人的工作习惯。其次，它还要求多数人按照少数人制定的规则行事，因此需要权威。例如，20世纪60年代初，欧洲主要国家发起制定国际贸易的标准单据，至今还没能被广泛接受。但无论如何，单据标准化是未来发展的方向。我国经过不懈的努力，终于在1995年10月1日，正式开始使用国家贸易标准单据。

20世纪80年代以来，EDI在国际贸易上的使用使单据制作和处理出现了革命性的转变。它的出现意味着电子文件代替了传统的纸质单证，这极大地减轻了纸质单证国际传递的压力并减少了人工审单的差错，从而促进了国际贸易的发展。这一革新技术已被越来越多的国家所重视，例如，到20世纪80年代末90年代初，欧盟60%以上、新加坡90%以上的单证都运用了EDI技术。我国EDI技术在90年代才刚刚起步，起点也较低，发展速度也较国外慢。但随着我国加入WTO后融入世界一体化进程的加快，这种情况会大为改观。

### 1.2.3 国际结算制度的历史演变过程

国际结算制度（System of International Settlement），又称国际结算体系，是指各国之间结算债权债务关系的基本方法和总的原则。实行何种国际结算制度，由世界各国经济发展水平及国际政治现状决定。从资本主义发展过程来看，国际结算制度曾经历了三种不同类型。

1. 自由的多边国际结算制度

19 世纪是资本主义自由贸易的鼎盛时期，国际贸易发展十分迅速，国际间的经济、贸易交往日益增强。许多国家确立了金本位的货币制度，国际收支基本平衡，黄金可以自由输出输入，并且作为国际间正常支付与结算的最后支付手段。由于当时各国货币之间的比价都是以各自的含金量为基础，所以汇率能保持稳定。在这种条件下，推行自由的多边国际结算制度，有利于国际贸易的发展。但实行自由的多边国际结算制度必须以外汇自由为前提，而外汇自由又必须以资本主义国家的货币稳定为条件。自由的多边国际结算制度必须包括五项内容，即：外汇自由买卖、资本自由输出输入、黄金自由输出输入、黄金外汇自由市场的存在和多边结算制度的存在。

但是，自由的多边国际结算制度遭到了第一次世界大战的冲击。在第一次世界大战爆发后，资本主义各国为了筹措战争所需的大量外汇，防止本国资本外逃，不得不采取限制性的措施对黄金、外汇予以管制。尽管在战争结束后，由于生产逐渐得到恢复，国际经济关系也归于正常，各国也先后部分或全部恢复了金本位货币制度，但在此期间，为了维持汇率的稳定，大多数国家仍然采取某些措施来间接干预外汇交易。1929—1933 年资本主义世界爆发了空前严重的经济危机，使各主要资本主义国家爆发了货币信用危机，它冲击着整个资本主义市场，使资本主义赖以运转的市场机制的作用大为削弱，国际间关系陷入混乱。各国为了维护各自的经济利益，纷纷恢复了不同形式的外汇管制。第二次世界大战期间，除了远离战争而未受战争破坏的美国之外，欧洲各主要资本主义国家都实行了严格的外汇管制，整个资本主义的金融、外汇市场陷于停滞状态，于是管制的双边国际结算制度应运而生。

2. 管制的双边国际结算制度

管制的双边国际结算制度是指两国政府签订支付协定，开立清算账户和清算两国之间由于贸易和非贸易往来所产生的债权债务收支。在这种制度下，甲国对乙国的债权只能用来偿还甲国对乙国的债务，而不能用此债权来抵偿甲国对任何第三国的债务。双边清算由两国的中央银行负责具体组织实施。具体做法是：由两国的商业银行或外汇银行各自向本国的中央银行收付本国货币，再由本国的中央银行记入对方国家银行的结算账户。在记账方式上，采用“先借后贷法”，即出口方银行主动借记进口方银行开立在本行的账户，然后再由进口方银行贷记出口方银行开立在本行的账户。为此，各方需要设立维持账户以核对对方寄来的账单。

管制的双边结算制度的产生，直接反映了资本主义世界经济危机和货币信用危机的加剧。由于具有排他性，因此这种结算制度直接影响到与缔约国以外的第三国开展贸易，从而在一定程度上阻碍了国际贸易的发展。另外，还容易造成资本主义发达国家向不发达国家倾销过剩产品等。然而，这种国际结算制度的实行，也具有一定的积极作用。首先，它使资本主义国家因黄金外汇短缺而无法进行正常贸易的矛盾有所缓和，在一定程度上促进了国际贸易的发展。其次，它防止了不利的资本流出或流入，改善了各国的国际收支状况。再次，它节约了外汇和黄金的使用，加速了资本的周转。最后，它节约了缔约国之间的外汇资金的支出，促进了缔约国之间的贸易发展。

### 3. 多元化混合型的国际结算制度

第二次世界大战之后，世界政治经济格局发生了重大变化。到 20 世纪 50 年代后期，西方一些国家的经济实力已经增强，足以与美国抗衡，于是对外汇的管制有放松的趋势。从 1960 年开始，原联邦德国与日本率先宣布货币自由兑换，英国也在 1979 年撤销了残存的一些外汇管制条例。然而，许多发展中国家为了发展民族经济，减少黄金外汇储备的流失，则一直实行着比较严格的外汇管制。然而，单纯管制的双边国际结算制度已经不能满足经济发展的需要，多元化混合型的国际结算制度逐渐取代了单一的国际结算制度。在多元化混合型的国际结算制度下，既有西方国家间全球性的多边结算，也有区域性和集团性的多边结算，此外还存在发展中国家之间的双边结算制度。由于管制的国际结算制度不利于全球性贸易的开展，因此当前推行的主要是全球性、区域性的多边结算制度。这种多元化混合型的国际结算具有两个主要特点：一是有限的外汇自由兑换与程度不同的外汇管制并存，而以外汇自由兑换为主；二是全球自由的多边结算制度、区域性的多边结算制度和管制的双边结算制度并存，而以全球的和区域性的多边结算为主。随着生产、市场和资本的国际化及跨国公司的蓬勃兴起与发展，国际贸易结算制度将进一步向着多元化和自由的多边结算制度发展。

## 本章小结

国际结算是国际商业银行的主要业务之一，是伴随着国际贸易的扩大而产生和发展起来的。经济的全球一体化的顺利进行得益于国际结算。通常意义上讲，国际结算分为贸易与非贸易结算两类。其中，国际贸易结算是国际结算的基础，它在国际结算中处于主导地位。当代国际贸易结算具有凭单付款、现金结算与非现金结算并存和拥有以银行为中心的国际结算体系三大特点。

国际结算与法律及惯例密切相关，涉及有关的国际法、国内法和国际惯例。正是这些法律和国际惯例使得国际结算更加规范。作为一门学科，国际结算是一门以国际金融、国际贸易和货币银行学为基础而形成的交叉学科，其研究对象包括国际结算工具、国际结算单据、以银行为中心的支付体系和国际结算方式。

从演进历程上看，国际结算大体上经历了现金结算、利用信用工具的非现金结算、从凭货付款到凭单付款、以银行为中介的转账结算和电讯结算等阶段。目前，国际结算又出现了一些新的发展趋势，如“货到付款”被重新推崇等。

国际结算制度可分为自由的多边结算制度、管制的双边结算制度和多元化混合型的国际结算制度。不同的结算制度是不同历史时代的产物，它迎合了当时时代发展的要求。随着生产、市场和资本的国际化，以及跨国公司的蓬勃兴起与发展，国际贸易结算制度将进一步向着多元化和自由的多边结算制度发展。

## 概念与术语

1. 结算：是指在商品交易、劳务供应和资金移动与调拨等方面发生的货币收支和清算债权、债务的行为。

2. 现金结算：是指直接支付现金了结债权、债务关系。

3. 非现金结算：是指不使用现金，而是通过银行使用信用工具划拨资金来了结债权、债务关系。

4. 国际结算：是指处于不同国家或不同货币区的自然人、法人或政府机关，由于政治、经济、文化、军事、外交等方面的交流，而产生了以货币表现的债权债务，通过银行办理货币收付以清算这种债权债务的业务活动。

5. 国际贸易结算：是指办理因国际贸易而产生的国际债权债务结清业务。

6. 有形贸易：是指货物的进出口，它是国际贸易的基础和重要组成部分。

7. 非贸易结算：是指由无形贸易（包括国际资本流动、国际资金借贷、技术转让、劳务输入/输出、侨民汇款、捐赠、国际旅游、运输、保险、银行服务等）引起的货币收付活动。

8. EDI：是电子数据交换的简称，由于它取代了以纸张为载体的贸易文件，所以又称“无纸贸易”。

## 思考题

1. 什么是国际结算？试举例说明。
2. 国际结算的基本分类有哪些？
3. 国际贸易结算之所以重要，其原因主要有哪些？
4. 国际结算有哪些性质？
5. 当代国际贸易结算的特点是什么？
6. 国际结算的法律基础是什么？
7. 国际结算的研究对象是什么？
8. 简述国际结算的演进过程。
9. 简述国际结算制度的历史演变过程。

# 第2章　国际结算票据

**学习要点**

- 了解票据的基本定义和分类，熟悉票据的特性和作用。
- 了解票据权利和票据义务的基本内容及票据法体系的相关内容，掌握票据抗辩的定义和分类。
- 熟练掌握汇票、本票和支票的定义、内容及分类。
- 理解汇票的各个票据行为，掌握汇票、本票和支票三者之间的区别。
- 理解票据当事人及其相互之间的关系。
- 熟悉各种票据行为，掌握有效票据行为所具备的条件和票据行为的特征。

票据是国际结算的主要工具，是市场经济中货币信用发展到相当成熟阶段的产物。它不仅反映了现代经济生活中的债权债务关系，而且促进了市场经济的高速高效运行。票据从签发直到支付等各阶段的行为和责任，都是在票据法的规范下运作的，这保证了票据结算的高效率、高质量、高度规范化及统一化。

## 2.1　票据概述

世界上最早进行的交易是物物交换，其后发展到以货币为媒介的商品交换。此时，商品买卖中现金是重要的收付工具。由于国际贸易中现金的携带既不方便又不安全，随着商业活动的日益发展，出现了能够代替现金流通的票据。由此可见，票据是市场经济中货币信用发展到相当成熟阶段的产物。

### 2.1.1 票据的概念

票据是用以抵消国际间债权债务的主要信用工具。它是指具备一定格式并且可以流通转让的有价证券；由出票人签名于上，承诺由本人或指定他人于一定时间，无条件地向持票人支付规定金额的证券。

票据在国际结算领域占有极其重要的位置。这是因为国际结算的基本方法是非现金结算，而在非现金结算中票据担任着支付工具、信用工具和流通手段的角色，促进了市场经济的高速、高效运行。票据在货币和商品的让渡中，为反映债权债务关系的发生、转移、偿付而产生，是以支付一定金额为目的的特定证券；在商务实践中，它可流通转让并且是反映现代经济生活中债权债务关系的重要凭证。一系列代表商业上的各种权利的凭证，如商业发票、货运单据、股息凭证等都是在票据的基础上衍生出来的，因此，票据又有“有价证券之父”之称。

票据有广义和狭义之分。广义的票据是指商业上作为权利凭证的单据（Document of Title），即用来表明某人对不在其实际控制下的资金或物资所有权的书面凭证，又称商业单据。如股票、债券、仓单、提单、保险单、汇票、本票、支票等。狭义的票据是由出票人签发，约定自己或命令他人在一定日期无条件支付确定金额的书面凭证，又称资金单据或金融单据。约定由出票人自己付款的是本票，而命令第三者付款的是汇票或支票。

### 2.1.2 票据的特性

各国票据法对票据的流通使用以及票据当事人的权利和义务都作了严格的规定。与其他类型的有价证券如股票、国库券、公司债券等不同，票据有其特有的性质，具体表现如下。

1. 文义性

票据所设立的权利和义务，完全由票据上所记载的符合票据法规定的文义所确定，而不能根据票据以外的任何其他文件确定。如果票据上记载的文义和事实不符，仍以该文义为准。例如：票据上记载的出票日期与实际出票日期不一致，以记载日期为准。

2. 设权性

所谓设权性，是指票据一经设立并交付出去，票据的权利和义务便随之确立。离开了票据，票据持有人就不能证明其票据权利。而票据权利的产生必须作成票据，权利的转移要交付票据，权利的行使要提示票据。这里的票据权利是指付款请求权、追索权及转让票据权。但是票据发行的目的，不在于证明已经存在的权利，而是设定票据上的权利。作为一种金融、信用或结算工具，票据的发行目的是支付，或者说是代替现金充当支付手段。

例如：甲国 A 公司从乙国 B 公司进口了价值 50 万美元的棉花，A 公司应向 B 公司支付货款 50 万美元。付款方式有两种：一是直接支付现金；二是通过签发票据付款。由于直接付现不方便，A 公司和 B 公司商定以票据支付。于是 A 公司命令 C 公司在见票时向 B 公司付款 50 万美元。本来，B 公司和 C 公司之间是没有任何债权债务关系的，这时，C 公司却成了票据债务的承担者（债务人），虽然 B 公司和 A 公司之间因购货而存在债权债务关系，但票据的产生并非为了证明这种关系，而是 A 公司通过票据这种工具向 B 公司付款，C 公司因与 A 公司存在某种特定关系（存款行或债务人等）而被 A 公司指定为票款的支付者。

3. 流通转让性

书面凭证的权利转让有三种类型，流通转让（Negotiation）是其中一种。票据的转让属于流通转让。另外两种分别是过户转让（Assignment）和交付转让（Transfer）。股票、政府证券等的转让属于过户转让。股票所有人必须办理过户手续才能转让股权，即必须通知债权人转让才能成立。提单、仓单的转让属于交付转让。如果是一张可转让的提单，其代表的物权可以由持有人将提单交付他人而完成所有权的转让而无须通知债权人。

流通转让具有以下特点。

（1）票据一旦设立就具有流通转让的功能，持票人可仅凭交付或经适当背书后将票据转让给受让人即可完成合法转让手续。

（2）票据转让人转让票据不必通知票据上的债务人，债务人不得以未接到转让通知为由拒绝清偿。

（3）票据的受让人获得票据后，就亨有票据规定的全部法律权利，若票据被拒付或出现其他问题，受让人有权以自己的名义提出诉讼。

（4）如果受让人是以善意并付对价获得票据，其权利不受前手权利缺陷的影响。例如：乙从甲（汇票的收款人）那里偷来一张汇票，并将其转让给丙。丙为此付出了对价，同时未发现乙的行为有缺陷。甲不得以汇票被窃要求丙交出汇票，汇票上的付款人付款后也不能向丙讨还已付的票款。

根据英国票据法的规定，凡票据未标明“禁止转让”字样者，持票人以正当手段取得票据后，有权将其转让给他人。《中华人民共和国票据法》（以下简称《票据法》）对票据的流通转让功能也进行了规定。票据的流通性具体表现如下。① 票据凭交付或经背书后交付给受让人，即可合法地完成转让手续，而无须通知票据上的债务人。这与一般的债权让与不同。按民法原则，一般的债权让与必须通知债务人才能生效；否则，债务人在不知情的情况下，并不对受让人承担履行债务的责任。② 票据流通中强调保护善意并支付对价而获得票据的持票人，即受让人不受其前手权利缺陷的影响。我国《票据法》第十三条规定：“票据债务人不得以自己与出票人或者与持票人的前手之间的抗辩事由，对抗持票人。”这也不同于一般的权利转让。按民法原则，让与人只能把自己合法拥有的权利转让给他人。如果让与人所转让的权利不是他合法拥有的，或者其权利是有缺陷的，则受让人的权利同样是不合法的或者是有缺陷的，受让人的权利不能优于让与人。然而，正像《票据法》所规定的，在票据的流通转让中情况完全不同，受让人的权利有可能优于让与人（受让人的前手），即倘若让与人的权利是有缺陷的，受让人出于善意并支付了对价，那么他将得到票据文义所规定的全部权利。

票据的流通转让性保护受让人的权利，受让人甚至可以得到让与人所没有的权利。正是这一点使得受让人能够得到十足的票据文义载明的权利，从而使票据能被受让人接受并广为流通。

4. 无因性

票据当事人因票据而确立的法律关系，是单纯的金钱支付关系。债务人因其在票据上签名并交付而承担责任，债权人必须持有票据并根据票据文义享有票据权利。这种以票据形式确立的债权债务关系，总是有原因的。例如：甲为出票人发出以乙为付款人的票据，乙绝不会无缘无故地成为付款人并同意承担付款义务，这其中必有原因，其原因或者是甲在乙处有存款，或者是乙同意给甲贷款等，这种关系就是所谓的资金关系。又如：当甲开出以乙为收款人的票据，而乙又以背书方式把该票据转让给丙时，其中也必有原因，其原因可能是因为甲购买了乙的货物，需要开立以乙为收款人的票据来支付货款，而乙之所以要把该票据转让给丙，可能是因为欠了丙的债。这种关系就是所谓的对价关系。这些原因是票据当事人的权利义务的基础，是所谓票据的基础关系，因此也称出票原因或票据原因。

票据是一种无因证券。票据的无因性（Non-causative Nature）并非否认上述关系，而是指票据一旦作成，票据上权利即与其原因关系相分离，成为独立的票据债权债务关系，不再受先前的原因关系存在与否的影响。票据的效力也不会因资金关系和对价关系的变化而受到影响。如果收款人将票据转让给他人，票据受让人无须调查出票、转让原因，只要票据记载合格，他就能取得票据文义载明的权利；票据债务人以票据原因是否有效或变化为由，对抗票据债权人的权利请求受到严格限制。票据上权利的内容，完全依票据上所记载的内容确定，不能进行任意解释或者根据票据外的其他文件来确定。各国票据法都认为，票据上的权利义务关系一经成立，即与原因关系相脱离。无论其原因关系是否有效、是否存在，都不影响票据的效力。在流通过程中，它只要具备法定的必要条件，票据的债务人就必须无条件付款。由此可见，票据是一种要式不要因的证券，正是这种无因性使票据得以流通。

5. 要式性

票据的成立虽不强调其当事人之间基本关系的原因，但却非常强调它的形式和内容。所谓要式性（Requisite in Form），是指票据的形式和内容，即票据上所记载的事项，必须符合法律规定。这种符合有两层含义：一是法律规定必须记载的事项必须记载齐全，否则票据无效；二是票据上所记载的各种事项均应符合法律规定，记载事项不符合法律规定的票据也会影响其效力甚至无效。处理票据的行为如出票、背书、提示、承兑、追索等的方式、程序、手续也须符合法律规定。这样才能产生法律效力。

各国法律对票据必须具备的形式条件和内容都作了详细规定，使票据文义做到简单明了，并根据文义来解释票据，明确当事人的责权。各当事人必须严格遵守这些规定，不能随意更改。只有形式和内容都符合法律规定的票据，才是合格的票据，才会受到法律保护，持票人的票据权利才会得到保障。如果票据的形式不规范，重要事项记载不全或不清，没有按照法律的严格规定来记载，那么票据就是不合格的、无效的，也就不会受到法律的保护。

我国《票据法》第二十二条规定了汇票必须记载的事项，并规定"未记载前款规定事项之一的，汇票无效"；第二十三条对汇票非必须记载的事项应如何记载，也做了规定。有关本票和支票的条款，也有类似的内容。此外，票据行为也必须严格按照《票据法》所规定的程序和方式进行方为有效。符合上述要求的票据，称为要式齐全。这些要求使据以确定票据当事人权利和义务的票据文义有了明确的规范，并保证了票据行为的合法有效。

6. 提示性

票据的提示性（Presentation）是指票据的持票人请求受票人履行票据义务时，必须在法定期限内向受票人出示票据，以表明占有这张票据，经确认后才能要求承兑或者付款。如果持票人不提示票据，付款人就没有履行付款的义务。因此，《票据法》规定了票据的提示期限，超过期限，付款人的责任即被解除。

7. 返还性

票据的返还性（Return Ability）是指持票人收到票款后，应将票据交还给付款人。该票据一经正当付款即被解除责任而归入付款人的档案，作为付款人已付票款的凭证。票据与货币现金不同，其流通是有期限的，且不可往复使用，在到期日付款后就结束其流通。这体现了票据的局限性。

8. 可追索性

票据是一种可追索的证券。票据的可追索性（Recourse）是指票据的付款人或承兑人如果对合格票据拒绝承兑或拒绝付款，正当持票人为维护其票据权利，有权通过法定程序向所有票据债务人起诉、追索，要求得到票据权利。

### 2.1.3 票据的作用

票据由于其形式简明，能适应商品交易及其支付上的需要，并具有流通性的特点，各国法律均予保护，因而在经济生活中发挥着重要作用。

1. 结算作用

国际贸易结算大多以非现金结算方式进行，但办理非现金结算必须使用一定的支付工具，来结清位于不同国家的两个当事人之间的债权债务关系。票据就是这样一种支付工具。结算作用是票据的传统功能。

2. 支付功能

支付功能是票据的基本功能。在现实经济生活中，随时都会发生支付的需要。从单边支付的角度来看，使用票据可以避免携带、运送和清点现金的麻烦。从多边支付的角度来看，用票据可以抵消交叉的债权债务关系。例如：中国天津的 A 公司需向美国纽约的 B 公司支付 100 000 美元，而 B 公司需向天津的 C 公司支付 100 000 美元，则此时 B 公司可开出 1 张以 A 公司为付款人而以 C 公司为收款人的汇票，寄交 C 公司，由 C 公司凭汇票要求 A 公司付款。以此类推，国际间大量的债权债务关系，通过票据清算中心，互相抵消，从而得以迅捷、安全地完成多边支付即多边结算的业务。

以票据作为支付手段，不仅可以进行一次性支付，还可通过背书转让进行多次支付。在票据到期时，只需通过最后持票人同付款人之间进行清算，就可以使此前发生的所有各次交易同时结清。因此，票据被誉为“商人的货币”。

3. 信用作用

在国际贸易中，首先履行义务的一方是债权人，而另一方则成为债务人。这种债权债务关系在未发生之前，可以通过双方签订合同来加以规定和保障；一旦发生，则可以通过票据予以体现。这种关系被称为授受信用的关系，债权人向债务人提供了信用，而债务人则可通过票据向债权人作担保。由此可见，票据是建立在信用基础上的书面支付凭证。出票人在票据上立下书面的支付信用保证，付款人或承兑人允诺按照票面规定履行付款义务。例如，某项商品的交易，约定买方在收到货物后的某个时间付款，买方可以开立一张本票，这张本票就代表了买方到时付款的信用。又如，合同规定，买方在卖方发货两个月后付款，则卖方可出具一张远期汇票，在买方承兑后向其交货，买方在承兑后，即成为汇票的债务人，承担到期向汇票持票人付款的责任；卖方作为汇票的持票人，享有法律保障的债权，这种权利，一旦转让，在法律上，不会因为贸易纠纷而受到对方抗辩的影响。

信用功能是票据的核心功能，被称为“票据的生命”。在现代商品交易活动中，信用交易大量存在。卖方常因竞争需要等向买方提供商业信用。票据作为信用工具不仅简化了借贷手续和追偿手续，而且票据的信用作用使债权表现形式明确，保障性强，清偿时间确定，转让手续简便，还可通过贴现提前转化为现金，克服了金钱支付上的时间间隔，使得资金融通业务得以不断扩大，促进了国际贸易的发展。

4. 流通作用

票据作为支付工具，在一定程度上可以像现金一样流通，只要债权人愿意接受，债务人可以将其所持有的票据转让给债权人以清偿其债务。票据经过背书可以连续地转让，受让人背书后还可再转让。而且背书的次数越多，该票据的付款担保性就越强。由于票据具有流通作用，因此大大减少了现金的使用，降低了流通费用，而且方便了债权的自由转让，扩大了流通手段。

## 2.1.4 票据权利和票据义务

1. 票据权利

1）票据权利的概念

票据权利是指以出票人的出票行为来设定的，以取得票据金额为直接目的的权利。该权利不以任何原因为其有效的前提条件，只以票据所记载的文义来确定。票据权利是作为票据行为人的票据义务而相对存在的。票据行为人的票据行为完成时，发生了行为人自己的票据义务，同时也发生了相对人的票据权利。票据权利包括付款请求权和追索权。

2）票据权利的特征

票据权利属于债权，但又不同于一般民事债权，它具有证券性权利、单一性权利和双重性权利三个特征。

（1）证券性权利。即票据权利是只有凭票据才能行使的权利，票据所表示的权利与票据本身不可分离。因为，票据权利是债权和证券所有权的统一，是债权的物权化，它将无形的债权转化为有形的票据所有权，并通过票据所有权来实现票据上的债权。因此，要享有票据权利，必先取得票据或持有票据；失去了票据，也就失去了票据权利。

（2）单一性权利。票据权利不能共享，其所有者只能有一人。对于同一票据权利不可能有两个或两个以上不同的所有者。例如，票据上只能记载一个收款人；票据也只能转让给一个受让人，否则票据无效或转让无效。

（3）双重性权利。一般债权只有一个债务人，债权人只有一次请求权。票据债权可能有多个债务人，债权人可行使两次请求权。票据债权人（持票人）首先向主债务人行使请求权，如果未能满足，则可向从债务人行使请求权。一般来说，付款请求权是票据上的第一次权利，追索权为票据上的第二次权利。只有当第一次付款请求权得不到满足时，才可行使第二次请求权（追索权），不能直接行使第二次请求权。

3）票据权利的类型

票据权利按照行使的顺序不同，可分为主票据权利、副票据权利和辅助票据权利三类。

（1）主票据权利。主票据权利是指持票人对主债务人或其委托人所享有的，依票据而请求支付票据上所记载金额的权利。主票据权利一般包括对本票出票人、汇票付款人、支票付款行的请求权。虽然汇票的付款人在承兑之前，支票的付款行在保付之前并不构成主债务人，但持票人必须首先向汇票的付款人和支票的付款行行使请求权。因此，这一请求权可以被认为是要求主票据权利。主票据权利是第一次请求权，持票人必须首先向主债务人行使第一次请求权，而不能越过它直接行使第二次请求权。

（2）副票据权利。副票据权利是指在主票据权利未能实现时，发生的由持票人对从债务人所享有的请求偿还票据金额及其他金额的权利。副票据权利是第二次请求权，它以持票人的第一次请求权未能实现为前提条件，副票据权利一般包括追索权与再追索权。

（3）辅助票据权利。辅助票据权利是指在主票据权利未能实现时，发生的由持票人对特定的从债务人所享有的请求支付票据金额及其他有关金额的权利。辅助票据权利一般包括持票人对参加人和保证人的付款请求权。

4）票据权利的取得与行使

（1）票据权利的取得。票据权利的取得是指依一定法律事实的发生而享有票据权利，主要有两种途径，即原始取得和继受取得。原始取得也称发行取得，是指票据持票人不经由其他前手权利人最初取得票据权利。原始取得的基本方式是通过出票行为取得票据权利。出票行为是最初始的创设票据权利的行为，出票行为完成后，受票人实现票据的实际占有，从而原始取得票据权利。继受取得是指持票人从票据的前手权利人受让票据，从而取得票据权利。一般指通过背书转让或交付转让取得票据权利，成为正式持票人。

（2）票据权利的行使。票据权利的行使是指票据权利人请求票据义务人履行义务的行为。其方式是提示票据，即由持票人实际地将票据向票据债务人出示。提示包括承兑提示和付款提示，而且应当在法定的期限和地点行使票据权利。如果票据提示未能实现票据权利，持票人可以通过追索、向法院起诉等渠道要求取得票据权利。

**2. 票据义务**

票据义务又称票据责任，是指票据债务人依票据上所载文义支付票据金额及其他金额的义务。它是票据权利的相对物，其性质是一种金钱付给的义务，因此票据义务还可称为票据债务。

1）票据义务的特征

与一般金钱债务不同，票据义务具有三个特征，即单向性义务、连带义务和双重性义务。

（1）单向性义务。在票据权利义务关系中，票据义务人必须单独承担无条件支付票款的义务，并不能以此为条件对票据权利人主张一定的权利。也就是说，票据义务人的付款必须是无条件的。

（2）连带义务。在通常情况下，票据权利人只能有一个，而票据义务人可能有多个。凡在票据上进行必要事项的记载并完成签名者，都是票据义务人。他们主要有出票人、背书人、承兑人、保证人和参加人等。票据义务人之间对票据债务负有连带偿还的责任，在某一票据义务人无力偿还时，其他票据义务人都有代其偿还的责任，偿还金额以票据金额为限。

（3）双重性义务。票据义务具有金钱给付和担保的双重义务。付款义务是主要义务，担保义务是从属义务。所以，票据的债务人越多，对票据的担保人也就越多，此票据的安全性就越高。

2）票据义务的类型

票据义务的类型与票据权利的类型是一一对应的，有主票据义务、副票据义务和辅助票据义务三种。

（1）主票据义务。主票据义务是指主债务人或其委托人依票据记载所承担的付款义务。通常认为，本票出票人、汇票承兑人、支票保付行是主债务人，承担直接、绝对的付款责任；承兑之前的汇票付款人、未进行保付的支票付款行虽不是主债务人，但他们作为出票人的委托者应首先接受持票人提示，因此也可认为他们所承担的是主票据义务，不过，他们所承担的并不是绝对的付款责任。

（2）副票据义务。副票据义务是指背书人作为被追索人所承担的付款义务。它具有担保责任的性质。在主票据义务未能履行时，副票据义务人应履行付款义务。

（3）辅助票据义务。辅助票据义务是指参加人或保证人作为特定债务人所承担的付款义务。它具有代位责任的性质，即参加人或保证人在特定情况下代替先前的被参加人或被保证人而履行相应的票据义务。

### 2.1.5 票据抗辩

票据抗辩是指票据义务人根据票据法的规定，提出相应的事实或理由，否定票据权利人提出的请求、拒绝履行票据义务的行为。其中，票据义务人提出的相应的事实或理由称为抗辩事由；票据义务人享有的对票据权利人拒绝履行义务的权利称为抗辩权。票据抗辩是票据义务人的自我保护方式，是票据义务人所拥有的权利。票据法对票据义务人的抗辩权作了种种限制，其目的是为了保障持票人的权利，促进票据的流通。这与民法保护债务人利益的立场有所不同。根据抗辩事由的不同，票据抗辩分为对物抗辩和对人抗辩。

**1. 对物抗辩**

票据抗辩主要是对物抗辩。对物抗辩是因票据本身所存在的事由而发生的抗辩，是一种效力较强的抗辩，可以对所有的票据权利人主张。任何票据债务人均可向债权人（持票人）提出，故又称为绝对抗辩或客观抗辩。对物抗辩可分为以下三类。

（1）有关票据记载的抗辩。它是指因票据上所存在的记载内容而发生的对物抗辩。包括票据要件记载欠缺抗辩、背书不连续抗辩、票据尚未到期抗辩、票据失效抗辩等。例如：票据上所载付款日期尚未到时，持票人如果请求付款，票据义务人就可以提出抗辩，拒绝履行付款义务。

（2）有关票据效力的抗辩。它是指因票据债务所赖以成立的实质性要件欠缺，无相应效力而发生的对物抗辩，包括票据伪造、变造的抗辩，无行为能力人的抗辩，无代理权抗辩等。例如：一张伪造支票即伪造行为人签章的支票，由于该签章系伪造者所为，而不是被伪造者所为，因此，被伪造者对票据不负任何责任，可以提出抗辩。通常情况下，只有特定票据债务人才可主张有关票据效力的抗辩。

（3）有关票据债务的抗辩。它是指因票据债务虽曾存在，但基于某种情况已消灭而发生的对物抗辩。包括票据债务因时效而消灭的抗辩，票据债务因保全手续欠缺（如持票人在被拒付时未按规定作成拒绝证书）而消灭的抗辩。例如：持票人在法定期限内没有行使票据权利，票据义务人可以据此对票据权利人提出抗辩。

**2. 对人抗辩**

对人抗辩是指票据债务人因与特定票据债权人之间的关系而发生的抗辩，由于该种抗辩仅对特定的持票人有效，故又称相对抗辩或主观抗辩。对人抗辩只能对相应的当事人主张，如票据债务人可对无权利人（如票据窃取者）主张抗辩；而对于被窃票据的善意持票人，票据债务人则不能主张抗辩。

对人抗辩的主要事由如下。

（1）原因关系。我国《票据法》规定："票据债务人可以对不履行约定义务的与自己有直接债权债务关系的持票人，进行抗辩。"

（2）持票人通过恶意或重大过失而取得票据。

（3）未支付对价而取得票据的持票人。票据债务人如对其直接前手有抗辩权时，也可对该持票人进行抗辩。

**3. 票据抗辩的限制**

我国《票据法》规定："票据债务人不得以自己与出票人或者与持票人的前手之间的抗辩事由，对抗持票人。但是，持票人明知存在抗辩事由而取得票据的除外。"由该规定可知，票据抗辩的限制只是针对对人抗辩，并不能限制对物抗辩。

例如：A 公司向 B 公司销售一批货物，B 公司在 A 公司出具的远期汇票上作了承兑。如果事后 B 公司发现货物有瑕疵，即可以提起对人抗辩，以合同纠纷为由拒绝对已承兑的汇票付款。如果 A 公司已将该汇票贴现，贴现公司对可能存在的贸易纠纷一无所知，则 B 公司不能对贴现公司（持票人）的付款请求行使抗辩权。如果贴现公司明知该贸易有纠纷而仍予以贴现，B 公司能举证这一事实时，则仍可以依据上述事由向贴现公司提出抗辩，拒绝付款。

### 2.1.6 票据法

**1. 票据法概述**

票据法是规定票据种类、票据形式、票据行为及票据当事人权利义务关系的法律规范的总称。在国内外经济活动中，票据发挥着十分重要的作用。由于票据是一种具有自身特点的有价证券，其法律关系有一定的特殊性，因此对票据要专门立法规定。绝大多数国家都制定了各自的票据法，将票据流通规则法律化。通常所讲的票据法，是狭义的票据法，指的是关于票据的专门立法，是形式意义上的票据法。票据法具有强制性，票据的种类、形式内容和票据行为，都必须严格遵照票据法的规定，当事人不能另行约定，这也就是前述票据特性中的要式性。

各国票据法对票据的形式内容和票据行为的构成及其法律效力，做了大致相同的规定，但也有个别规定大不相同。归纳起来，票据法可分为两大法系，即以英国 1882 年票据法（Bills of Exchange Act，1882）为典型的英美法系和以《日内瓦统一票据法》为代表的大陆法系。《日内瓦统一票据法》为欧洲大陆国家、日本及拉丁美洲的一些国家所采用，它包括两个文件：1930 年签订的《汇票和本票统一法公约》（Convention Providing a Uniform Law of Bills of Exchange and Promissory Notes）和 1931 年签订的《支票统一法公约》（Convention Providing a Uniform Law of Cheques）。

我国于 1995 年 5 月 10 日正式公布了《中华人民共和国票据法》（以下简称《票据法》），该法于 1996 年 1 月 1 日起施行。我国《票据法》采纳了国外立法中行之有效而又被普遍接受的准则，总结了我国票据使用的实践经验，根据中国国情，制定了既符合国际准则，又富有中国特色的条款。

2. 法的冲突

国内票据的票据行为发生在一国之内，受本国有关票据法的约束。但国外票据往往是在某一国家出票，在另一国家付款，而其间的背书转让行为可能又发生在第三国。众所周知，世界各国对票据和票据行为的法律规定是有差异的。那么究竟以哪一国的法律为准，一般而言，票据由此产生的分歧应遵守以下原则。

（1）票据的有效性应以出票地国家的法律为准。

（2）票据的开立、背书、承兑是否合法，以行为地的法律为依据。

（3）关于持票人提示承兑和提示付款的责任，对退票通知或拒绝证书的要求均按行为地法律解释。

（4）国外开立在另一国付款的远期票据，其到期日的计算按付款地的法律规定。

3. 法国票据法

法国票据法，又称“拉丁法”，是最早形成的票据法。1673 年，在路易十四颁布的《商事敕令》中，对汇票和本票的签发流通做了规定，这是近代各国票据法的开端，也是法国票据法的基础。1807 年又颁布了《拿破仑商法典》，对路易十四颁布的商事条例进行了若干修改。1865 年法国又制定了《支票法》。

法国票据法的特点是注重票据的结算功能，较少考虑票据的支付和信用功能。这是由于当时法国法学界对票据的功能以“送金说”为理论基础，十分强调票据作为转移资金的工具作用，它要求票据当事人之间必须先有资金关系，把属于原因关系的资金关系作为票据的必要条件加以规定，而对票据形式的要求并不很严格，即使缺乏若干事项的记载，也不影响票据的效力。

由于法国票据法过于强调票据的资金关系，强调票据权利和基础合约的联系，在一定程度上阻碍了票据的流通转让，限制了票据部分功能的发挥。于是法国在 1935 年根据《日内瓦统一票据法》的规定，修改了本国票据法，抛弃了原体系中落后的规定。后来法国票据法的修改慢慢转向了德国票据法，不再作为独立的票据法体系存在。

法国的票据法体系对欧洲大陆各国的票据法影响较大，意大利、荷兰、西班牙、比利时、希腊、土耳其及拉美的巴西、哥伦比亚、厄瓜多尔、秘鲁等国早期票据立法均是在仿效法国票据法体系的基础上形成的。

4. 德国票据法

德国票据法又称“日耳曼法”，是继法国票据法之后形成重要影响的票据法。它是在统一德国各邦地方票据法的基础上经多次修订而形成的。1871 年正式定名为“德国票据法”，内容仅限于汇票和本票。1908 年，又单独制定了支票法。

与法国票据法相比，德国票据法的特点是注重票据的流通和信用功能。它将票据关系和票据发生的基础原因相分离，不再强调当事人之间的资金关系，但却十分强调票据的形式，认为票据是一种文义证券、无因证券。如果缺乏若干应记载项目，票据即丧失了其效力。

德国票据法的形成，推动了欧洲各国票据法的发展，奥地利、瑞士、瑞典、丹麦、葡萄牙、挪威及亚洲的日本、土耳其等国，均仿效德国，制定了本国的票据法。先前仿效法国票据法的欧洲及拉美国家也都先后以德国票据法为蓝本修改了本国的票据法。这样，德国票据法最终成为欧洲大陆法系票据法的代表。

5. 英国（美国）票据法

英国票据法又称“英美票据法”，是在英国票据法和美国票据法的基础上修订而成的。英国票据法是在其历来的习惯法及多年法院判例的基础上于 1882 年制定公布的。英国票据法主要包括汇票和本票法，1957 年又公布了支票法，作为 1882 年票据法的补充。

英国票据法的特点与德国票据法的特点基本相同，即注重票据的流通性及信用功能的发挥。英国制定票据法时，票据已被广泛使用，其作为流通手段和信用工具的作用已十分显著。因此，英国票据法对持票人及票据的正常流通和信用作用给予了充分的保护。

英国票据法对英国、加拿大、印度、澳大利亚、新西兰、南非及其他英联邦国家影响很大。美国于 1897 年仿效英国票据制定了统一的美国票据法——《统一流通证券法》，这一法律经多次修改后，被纳入美国《统一商法典》。

6. 国际票据法

19 世纪末 20 世纪初，随着产业革命的完成，资本主义由自由竞争阶段向垄断竞争阶段过渡，国际贸易得到了极大发展，并形成了全球统一的世界市场。这使得票据的使用更加频繁，使用范围不断扩大，日益成为国际间重要的信用和结算工具。与此同时，三大票据法体系的并存，以及同一法系中不同国家的规定又不尽相同，都给票据在国际经济贸易中的流通和使用带来诸多不便。进入 20 世纪后，票据法的国际统一问题被正式提上日程。票据法的国际统一经过了三个阶段，并产生了三个国际票据法（草案）。

1）海牙统一票据法

20 世纪初至第一次世界大战之前为国际统一票据法的第一阶段。1910 年，在德国和意大利两国政府的提议下，国际法学会在荷兰海牙召开了第一次国际统一票据法会议。有 31 个国家参加了本次会议，会议拟订了《统一汇票本票法》和《统一汇票本票法公约》两个草案。1912 年在海牙召开了第二次会议，在以上两个草案的基础上，制定了《统一汇票本票法规则》、《统一汇票本票法公约》及《统一支票法规则》，这些规则和公约被称为《海牙统一票据法》。当时有德国等 27 个国家签了字，英美等国持保留态度。但是，在签字国尚未全部完成本国的批准手续时，发生了第一次世界大战，《海牙统一票据法》在尚未正式实施前即夭折。

2）日内瓦统一票据法

第一次世界大战后至第二次世界大战前为国际统一票据法的第二阶段。自 1920 年起，国际联盟即着手进行因战争而停止的国际票据法统一工作。1930 年，在日内瓦召开了统一票据法国际会议，有 31 个国家的代表参加了会议。在这次会议上，签署了《统一汇票本票法公约》、《解决汇票本票法律冲突公约》、《汇票本票印花税法公约》。这三个公约彼此独立，各国可分别加入。1931 年，国际联盟又在日内瓦召开统一票据法国际会议，有 37 个国家的代表参加了会议。这次会议签署了有关支票的 3 个公约，即《统一支票法公约》、《解决支票法律冲突公约》、《支票法印花税法公约》。这 3 个公约也是相互独立的，各国可分别加入。

以 1930 年的《统一汇票本票法公约》和 1931 年的《统一支票法公约》为主体的各公约被通称为《日内瓦统一票据法》，简称《日内瓦统一法》。德国、法国、意大利、日本和拉美等国家，均签署并批准了《日内瓦统一票据法》的各公约，并以此为基础修改了本国原有的票据法。英、美等国派代表参加了这次会议。但因对《日内瓦统一票据法》有不同看法而未签署公约，致使统一票据的立法又未取得完全成功。

3）联合国统一票据法

20 世纪 70 年代以后，国际统一票据法进入第三个阶段。第二次世界大战以后，票据在国际间的流通更加广泛，但日内瓦统一票据法体系和英美票据法体系并存，使得在票据上发生的争议很难获得统一的解释。因此，迫切需要制定一个国际票据的统一法规。自 1972 年起，联合国国际贸易法委员会即开始着手进行统一国际票据法的工作，并起草了《国际汇票和本票公约》、《国际支票公约》，经过 10 多年的讨论、修改，终于在 1987 年各法系参加国之间达成了统一意见。1988 年 12 月，在联合国第 43 次大会上，正式通过了《国际汇票和本票公约》。

《国际汇票和本票公约》是在考虑了日内瓦统一票据法体系与英美票据法体系之间的差异的基础上制定的，其目的并不在于直接调和两大票据法体系，而是着眼于解决国际贸易中汇票和本票使用上的不便。因此，该公约的适用范围及法律效力不同于《日内瓦统一票据法》，主要表现在以下两点。一是《国际汇票和本票公约》仅限于“国际票据”，即出票地、付款地不在同一个国家之间的票据，而且不能适用于缔约国国内的票据法规范；而《日内瓦统一票据法》既适用于国际间的票据法规范，也适用于缔约国国内的票据法规范。二是《国际汇票和本票公约》对缔约国的当事人不具有强制适用的效力，只有在有关当事人选择适用于该公约的规定时，该公约的规定才具有约束力；而《日内瓦统一票据法》对缔约国的当事人具有强制适用的效力，不管当事人是否愿意，有关规定均对其具有约束力。

该公约自第 43 届联合国大会一致通过后，向所有的国家开放签字，直到 1990 年 6 月 30 日有 10 个国家完成了本国政府批准手续，至此《国际汇票和本票公约》宣告生效。近几年，随着 EDI 技术的发展和电子票据的应用，联合国贸易和发展委员会的各国代表认为没有必要对支票在全球范围内统一，所以《国际支票公约》被该委员会放弃。

7. 我国票据法

我国关于票据的立法要远远落后于西方国家。其直接原因是受票据发展的制约，根本原因是受社会经济发展的制约。

虽然票据在我国的起源很早，但早期的票据雏形并未发展成为近现代票据，也没有形成相应的票据法。直至清末，以汇票、本票和支票为主体的西方票据制度开始传入我国，与此同时，票据法的制定也提上了日程。当时票据法是聘请日本学者起草的，仅包括汇票和本票两种，且未完成立法工作。北洋政府于1925年修改时增加了对支票的规定，但都未正式通过和公布。国民党政府综合历次草案并加以修改后，于1929年10月正式颁布了《票据法》，内容包括汇票、本票和支票。这部法律至今仍在台湾地区实施。

中华人民共和国成立后，废除了旧票据法。在此后30余年的时间里，我国的票据使用一直处于只有支票、没有汇票和本票，支票只能作为支付手段、不能流通转让的状态。在这种情况下，已没有必要制定专门的票据法。进入20世纪80年代以后，为适应商品经济发展的需要，我国逐步恢复了票据的使用。1990年年底，中国人民银行正式成立了票据法起草小组，研究制定我国统一的票据法。经过近5年的努力，于1995年5月10日颁布了《中华人民共和国票据法》。这是新中国第一部真正规范的票据法。至此，我国的票据法体系终于形成。随着我国市场经济的建立和日益完善，2004年8月28日第十届全国人民代表大会常务委员会第十一次会议通过了《关于修改〈中华人民共和国票据法〉的决定》。《中华人民共和国票据法》的出台和修订，标志着中国票据法完成了与国际票据法的对接。

我国票据法从内容上看比较系统全面，共有7章111条。在适用范围上，既适用于国内票据，又适用于涉外票据——出票、背书、承兑、保证、付款等行为既发生在国内又发生在国外的票据。在形式上采取汇票、本票和支票统一立法的方式。

我国票据法关于涉外票据作了如下规定。

（1）涉外票据，是指出票、背书、承兑、保证、付款等行为中，既有发生在中华人民共和国境内又有发生在中华人民共和国境外的票据。

（2）中华人民共和国缔结或者参加的国际条约同本法有不同规定的，适用国际条约的规定。但是，中华人民共和国声明保留的条款除外。我国票据法和中华人民共和国缔结或者参加的国际条约没有规定的，可以适用国际惯例。

（3）票据债务人的民事行为能力，适用其本国法律。票据债务人的民事行为能力，依照其本国法律为无民事行为能力或者为限制民事行为能力而依照行为地法律为完全民事行为能力的，适用行为地法律。

（4）汇票、本票出票时的记载事项，适用出票地法律。支票出票时的记载事项，适用出票地法律，经当事人协议，也可适用付款地法律。

（5）票据的背书、承兑、付款和保证行为，适用行为地法律。

（6）票据追索权的行使期限，适用出票地法律。

（7）票据的提示期限、有关拒绝证明的方式、出具拒绝证明的期限，适用付款地法律。

（8）票据丧失时，失票人请求保全票据权利的程序，适用付款地法律。

## 2.2 票据的种类

一般来说，票据包括汇票、本票和支票三类。但在立法上，有些国家把汇票和本票作为票据统一立法，把支票独立于票据之外单独立法。本节所研究的票据是汇票、本票和支票，它们都属于狭义票据的范畴。

### 2.2.1 汇票

1. 汇票的定义

汇票是国际结算中使用最广泛的一种票据。根据英国票据法规定，汇票是由一人向另一人签发的，要求其即期或于一定日期或于可以确定的将来时间，向特定的人或其指定的人或来人无条件地支付一定金额的书面命令。英国票据法的汇票定义为世界各国所普遍引用和参照。

英文原文：A bill of exchange is an unconditional order in writing，addressed by one person to another，signed by the person giving it，requiring the person to whom it is addressed to pay on demand，or at a fixed or determinable future time，a sum certain in money，to or to the order of a specified person，or to bearer. （Bills of Exchange Act，1882 of the United Kingdom）

《日内瓦统一票据法》对汇票未下定义，只规定了汇票应记载下列事项。

（1）“汇票”字样，所用文字应与该票据所用文字一致。

（2）无条件支付一定金额的委托。

（3）付款人名称。

（4）付款时间。

（5）付款地点。

（6）收款人名称。

（7）出票日期及地点。

（8）出票人签名。

按照我国《票据法》第十九条解释为：“汇票是出票人签发的，委托付款人在见票时或者在指定日期无条件支付确定的金额给收款人或者持票人的票据。”英国票据法定义中使用了“Order”，中文译成“命令”；而我国《票据法》则使用了“委托”，这两者所体现的当事人的法律关系并无区别。

上述三种票据法的定义或规定表明：

(1) 汇票是由出票人签署的书面文件;

(2) 汇票是一种委托他人付款的票据;

(3) 汇票的付款必须是无条件的;

(4) 汇票的金额必须是确定的;

(5) 汇票应在见票时或在指定的日期得到兑现。

**2. 汇票的当事人**

1) 出票的基本当事人

出票人、受票人和收款人是汇票的必要当事人，也是汇票尚未进入流通领域之前的基本当事人。

(1) 出票人 (Drawer)。出票人是写成并交付汇票的人，即命令付款人付款并在汇票上签名的人。他在开立 (Draw) 汇票后进行交付 (Delivery)，则完成出票的票据行为。出票人是收款人的债务人 (Debtor)，付款人的债权人 (Creditor)。承兑前，他是汇票的主债务人 (Principal Debtor)；承兑后，出票人是从债务人 (Secondary Debtor)。从法律上看，汇票一经签发，出票人就负有担保承兑和担保付款的责任，直到汇票完成它的任务。当出票人因汇票遭拒付而被追索时，应对持票人承担偿还票款的责任。同时，出票人也有向付款人、承兑人追索的权利。在进出口贸易中，出票人一般是指出口方。

(2) 受票人 (Drawee) /付款人 (Payer)。受票人是按汇票上记载接受别人的汇票且要对汇票付款的人，他是接受付款命令的人 (Addressee)，在实际支付了款项后也称为付款人。受票人是否接受出票人的委托，须视受票人和出票人的资金关系而定。就汇票上所体现的法律关系而论，受票人在汇票上签名之前，不是汇票的债务人，也不必然承担付款责任。所以，受票人可承兑，也可拒付。在进出口贸易中，受票人一般是指进口方。

(3) 收款人 (Payee)。收款人为汇票上指定收取票款的人，即汇票的受益人。他是汇票的第一个债权人或汇票的主债权人，即第一个持票人。收款人在履行了一切义务后有权向付款人要求付款并取得票款。由于汇票是一项债权凭证，他也可将汇票背书转让给他人。

2) 汇票上可能出现的其他当事人

(1) 背书人 (Endorser)。背书人是收款人或持票人在汇票背面签字，将汇票交付给另一人，表明将汇票上的权利转让的人。汇票持票人拟转让汇票，须背书后将汇票交付给受让人，原持票人即成为背书人，由债权人变成债务人，而受让人成为新的债权人，即持票人。一切合法持有票据的人均可以成为背书人，并可以连续地进行背书转让。背书人就成为其被背书人和随后的汇票权利被转让者的前手，而被背书人就是背书人和其他更早的汇票权利转让者的后手。发生背书转让，汇票上的收款人是第一背书人，继续转让，则依次出现第二背书人、第三背书人……当汇票的主债务人、承兑人、付款人 (在不需进行承兑的情况下) 不能按期支付款项时，后手可向背书人行使追索权，要求清偿汇票上所载金额。因此，背书人亦称为第二债务人。

（2）被背书人（Endorsee）。被背书人即接受背书的人。背书人在背书转让时，通常写上受让人的名称，该受让人称为被背书人，即新的持票人。他是汇票的债权人。如果背书转让继续下去，原来的被背书人成为新一轮转让的背书人，并出现新的受让人，即新的被背书人。最后的被背书人是持票人，他拥有向付款人和前手背书人直至出票人要求付款的权利。应该指出，国外的票据法允许作空白背书转让，即背书人在背书转让时，并不记载受让人的名称，尽管如此，仍把受让人称作被背书人，只是在这种情况下，其名称并不记载在汇票上。

（3）承兑人（Acceptor）。远期汇票的付款人在汇票上签字承诺到期付款的责任，即承兑后的付款人，称为承兑人。票据一经承兑，出票人退居从债务人的地位，而由承兑人变为主债务人。承兑人必须保证付款，而不能以出票人不存在、出票人的签字伪造或出票人没有签发票据的能力或授权等借口拒付。但是，承兑人有权拒付超过合理时间流通的汇票，有权拒付伪造背书的汇票。

（4）持票人（Holder）。持票人是指收款人或被背书人或来人，是目前正在持有汇票的人。他是票据权利的主体，享有付款请求权、追索权和票据转让权。根据获取汇票情形的不同，持票人可分为一般持票人（Holder）、付对价持票人（Holder for Value）、正当持票人（Holder in Due Course/Bonafide Holder）。

所谓对价，是指一方所得收益相当于对方同等收益的交换。付对价持票人是指在取得汇票时持票者本人或前手持票人付出一定代价的人。正当持票人是指在汇票流通的合理时间内，在付给对价的情况下，成为一张表面合格、完整、无任何所有权缺陷的汇票的持票人。

根据英国票据法的规定，持票人必须符合以下条件才能成为正当持票人：① 持有的汇票票面完整正常，前手背书真实，且未过期；② 持票人对于持有的汇票是否曾被退票不知情；③ 持票人善意地付过对价而取得汇票；④ 接受转让时，未发现前手对汇票的权利有任何缺陷。

由上面的定义可知，正当持票人，首先应该是一般持票人，其次应是付对价持票人。鉴于正当持票人比一般持票人、付对价持票人要尽更多的义务，因而，应该享有更大的权利，即正当持票人的权利优于前手（即转让汇票的人，以及以前持有汇票的人）。正当持票人的权利，可不受汇票当事人之间债务纠葛的影响，能够获得十足的票据金额。

任何一个持票人都有权决定由本人或他人收取票款。若本人对付款作出提示，他则成为汇票的收款人。若本人以他人作为汇票的收款人，则可经过交付或背书交付转让的票据行为转让给他人。此时，持票人成为背书人。

（5）参加承兑人（Acceptor for Honour）。参加承兑人是指参加承兑行为的人。根据《日内瓦统一票据法》，他可以是除承兑人以外的任何人，包括出票人、背书人、保证人、预备付款人等。英国票据法认为，参加承兑人应是票据债务人以外的其他当事人。与之相对应的是被参加承兑人，即由于参加承兑人的参加行为而免受追索的票据债务人。

参加承兑人作参加承兑后，并不是像承兑人那样成为汇票的主债务人。持票人在到期日仍应先向付款人或预备付款人作出提示，若遭到拒付则须在作成拒绝证书后才能向参加承兑人请求付款。对于持票人来说，要求参加承兑人付款与直接进行追索效果几乎一样，他有权决定是否接受参加承兑。但是，如果是预备付款人参加承兑，根据《日内瓦统一票据法》的规定，持票人非接受不可。参加承兑人只对持票人及被参加承兑人的后手负责，在付款后票据并不注销，可向被参加承兑人的前手追索，因此参加承兑的实际效果，只是推迟追索的行使。根据《日内瓦统一票据法》规定，参加承兑人必须在作参加承兑后的两个营业日内通知被参加承兑人，否则应赔偿被参加承兑人因此造成的损失。

（6）参加付款人（Payer for Honour）。参加付款人是指参加付款行为的人。在因拒绝付款而退票并已作成拒绝付款证书的情况下，非票据债务人可以参加支付汇票票款。参加付款者出具书面声明，表示愿意参加付款和被参加付款人的名称，并由公证人证明后，即成为参加付款人。

参加付款人在参加付款后即取得持票人的权利，有向承兑人、被参加付款人及其前手请求偿还的权利。被参加付款人的后手，因参加付款而免除票据责任。《日内瓦统一票据法》和英美票据法均规定：在两人或两人以上竞相参加付款时，能免除最多债务人者有优先权。例如：出票人A交付一张汇票给收款人B，后者背书后将汇票转让给C，再由C、D、E、F背书转让给G，由G向付款人H作付款提示。在H拒付时，L、M、N三人同时请求作参加付款，L、M、N分别以H、D、A为被参加付款人。若由L付款，因H无后手，因此不能免除任何人的债务；若M付款，可免除D的后手E、F、G、H的债务，而N付款则因被参加人是出票人，所有背书人都是他的后手，因此由N付款可免除的债务人最多，N有参加优先权。具体过程如下。

A→B→C→D→E→F→G→H<br>
↑　　　　↑　　　　　↑<br>
N　　　　M　　　　　L

根据《日内瓦统一票据法》，参加付款人必须在两个营业日内，将参加付款事实通知被参加付款人，否则须赔偿其损失。

（7）保证人（Guarantor）。保证人是对汇票债务人的债务作签字保证的人。汇票是以第三者作为保证人，出票人、背书人、承兑人、参加承兑人，均可作为被保证人（The Person Guaranteed）。保证人与被保证人所负的责任完全相同，当为承兑人保证时，应负付款之责；当为出票人、背书人保证时，应负担保承兑及担保付款之责。在票据记载合格时，即使被保证人的债务因手续不齐而无效，保证人仍要对票据债务负责。保证人可以只对汇票金额的一部分作保证。保证人付款后，可向承兑人、被保证人及其前手追索。

（8）贴现人（Discounters）。贴现人是指贴现的执行人。当商人以未到期票据向贴现人兑换现款时，贴现人能根据出票条款、出票人、承兑人资信以及他们与自己的关系决定是否贴现。如果贴现，则自行决定贴现率。贴现人在资金较紧张时，又可将贴现的票据再贴现。

3. 汇票的内容

汇票的内容是指汇票上记载的项目。根据性质及重要性不同，这些项目可以分为绝对必要记载项目、相对必要记载项目和任意记载项目三类。绝对必要记载项目是汇票必须记载的内容，必须按法律规定在汇票上明确记载。必要项目记载是否齐全，直接关系到汇票是否有效。相对必要记载项目如果记载在汇票上，则必须按法律规定记载；如果未记载在汇票上，则可以按法律来确定该事项的意义。任意记载项目是指票据法未加规定，而在票据使用过程中由当事人在汇票上所加注的一些说明。这些说明并不违反票据法，而又约定俗成，在某些情况下有助于票据的使用流通。绝对必要记载项目和相对必要记载项目共同构成汇票要式中所包含的必要项目，即汇票的形式要项。汇票的成立和有效，是以这些项目的齐全和符合票据法的规定为前提的。

1）绝对必要记载项目

根据我国《票据法》规定，汇票应包括“汇票”字样、无条件支付委托、确定的余额、付款人名称、收款人名称、出票日期、出票人签章等内容。其他国家票据法的规定也都大同小异。

（1）表明“汇票”字样。我国《票据法》和《日内瓦统一票据法》均将其规定为绝对必要记载项目，主要目的是表明票据的性质和种类，以区别于其他票据。英国票据法无此要求。“汇票”一词在英文中有不同的表示方法，Bill of Exchange、Exchange、Draft 均可。

（2）无条件的书面支付命令或委托。汇票必须是书面的（in Writing），而不是口头的，否则将无法签字；是命令（Order），而不是请求、征求意见等。必须用祈使句，而不能用表示请求的虚拟句。例如：

Pay to A Company or order the sum of three thousand dollars only.

付给 A 公司或其指定的人 3 000 美元整。——有效汇票

I should be pleased if you pay to the order of B Company the sum of three thousand dollars only.

如果你能付给 B 公司指定的人 3 000 美元整，我将很高兴。——无效汇票

无条件意味着付款不能有限制或附带条件，即没有先决条件，不能以收款人履行某项义务或某种行为作为付款人付款的前提条件，这是汇票的本质和核心。所以，这里所谓的“无条件”，并不是指毫无原因就开出一张付款命令要求对方付款，而是指汇票上的文义不能附加任何条件。如果汇票的付款命令附加了条件，而且表明“汇票”字样，则这张汇票就是无效汇票，因而不具备法律效力。例如：

Pay to C Company or order the sum of three thousand dollars only providing the goods supplied are in compliance with the contract.

所提供的货物与合同相符即付给 C 公司或其指定的人 3 000 美元。——无效汇票

但如果汇票上注明出票条款（Drawn Clause）、对价文句和偿付方式，不能作为有条件支付论处。

① 出票条款。例如：

Drawn under Bank of China，Shanghai，Credit No. 8765，Dated 20th May，1997.

按中国银行上海分行于 1997 年 5 月 20 日第 8765 号信用证开立汇票。

在国际贸易中，往往在汇票上加注出票条款，表明汇票的起源。

② 对价文句。例如：

For value received.

汇票的开出是有对价的。

For value received against shipment of ××.

汇票的开出是由于出运了××。

对价是指凡能构成契约行为者，如货币、商品或服务交易等，都属于有价值的对价。

③ 偿付方式。例如：

Pay Robert Brown the sum of £10 and debit our account with you.

付罗伯特·布朗 10 英镑后借记我账。

（3）确定的余额。“确定的余额”有两层含义。其一，汇票必须以货币形式而不是以货物形式表现出来。这是因为汇票是资金单据而不是货物凭证。其二，汇票金额必须肯定，不能模棱两可。任何选择的或浮动的记载或未定的记载，都会使汇票无效。如汇票上注有“about one hundred pounds”（约 100 英镑）或“one hundred pounds or two hundred pounds”（100 英镑或 200 英镑）则是不允许的。

如果汇票上载有利息和折成他币付款的文句，这是允许的。但必须规定利率、计息起讫日期，折成他币付款文句有确定的汇价折算比率或应表明按哪一地的市场汇率折算。例如：

Pay to A Company or order the sum of five thousand pounds plus interest calculated at the rate of 6% per annum from the date hereof to the date of payment.

付给 A 公司或其指定的人 5 000 英镑外加利息，利息按年利率 6% 计算，计息日期从现在的日期开始到付款日。——有效汇票

若汇票上有关于分期付款的文句，则分期付款的条款必须具体、可操作。例如：

At 60 days after date pay to the order of B Company the sum of five thousand pounds by 5 equal consecutive monthly installments.

在付款日后的 60 天内付给 B 公司指定的人 5 000 英镑，分 5 次连续地付款付清。——有效汇票

但英国票据法规定允许分期付款，《日内瓦统一票据法》规定却不允许分期付款。英国票据法规定：有利息条款且未规定利率的汇票无效。《日内瓦统一票据法》和我国《票据

法》都规定：见票即付和见票后定期付款的汇票，出票人可规定利息条款并应载明利率；若未载明利率者，该利息条款无效，汇票本身有效。若票据上未说明计息天数的起止日期，按商业惯例，自出票日开始计息，直至付款日。如果汇票上有折成他币付款的文句，但又没有记载确定的汇价折算比率或按哪一地的市场汇率折算，则按付款地的通行汇率支付。

另外在实际中，为防止涂改，汇票上金额须用文字大写（Amount in Words）和数字小写（Amount in Figures）分别表明。一般地说，“Exchange for”后面填小写金额，“the sum of”后面填大写金额。汇票上金额须用文字大写和数字小写分别表明。各国对此规定不尽一致。我国《票据法》规定，票据金额以中文大写和数字同时记载，且两者必须一致；两者不一致的，票据无效，则银行以退票处理。但国外票据法无此项规定，票据金额可以只有大写，或者只有小写，或者大小写都有。对于大小写并用而大小写又不一致的，《日内瓦统一票据法》规定以大写为准。英美法系国家对此没有具体规定，但在实务中采用相同的处理方式。如记载的文字或数字在汇票上有数处金额不符时，取金额最小者。

（4）付款人名称。付款人是指汇票命令的接受者，亦即受票人。但是，受票人不一定付款，因为他可以拒付，也可以指定担当付款人。汇票上付款人的记载要有一定的确定性，以便持票人能顺利地找到。所以出票人应在汇票上明确付款人，付款人可以是法人或个人。付款人地址并非必要项目，但为了便于提示，实务上一般都注明详细地址，特别是以在同一城市有许多机构的银行为付款人时一定要仔细注明。值得注意的是，当受票人承兑后，可以变更付款地点。出票人也可以自己为付款人，这是一种变形汇票，称为“对己汇票”或“己付汇票”。汇票上可以有多人，且多人之间的关系必须是并列的、非有所侧重或有选择的。如汇票上付款人为 A、B 或者 A and B 则可以接受。如汇票上付款人为 A or B 或 first A than B 则不能接受。

英国票据法规定，对于付款人为出票人自己或是一个杜撰的人的汇票，持票人有权把它作为本票处理。我国企业在国内结算业务中使用的“商业承兑汇票”，有时是由付款人作为出票人出具己付汇票，然后自行承兑后交给收款人，这种汇票，实际上是一种远期的一般本票，不符合我国《票据法》只允许银行开立本票的规定，这是历史遗留问题，有待整顿。

（5）收款人名称。收款人也称抬头人，是汇票出票时记明的债权人。它应像付款人一样有一定的确定性。不过，实务中一般只写一个完整的名称，不强求写明地址。我国《票据法》和《日内瓦统一票据法》都把收款人列为绝对必要记载项目。但英国票据法允许无记名汇票的存在，即汇票上未记载收款人名称的，以持票人为收款人，也可仅填写付给持票人（To Bearer）。

根据汇票能否转让和流通的方式不同，汇票上的“收款人”的行文方法可分为以下 3 种。

① 限制性抬头（Restrictive Order）的汇票。即收款人只限于某一具体人或某一单位或某一金融机构。这类汇票不能转让流通，票据的债务人只对记明的收款人负责。例如：

Pay to Smith only. 仅付史密斯。

Pay to Smith not transferable. 付史密斯，不得转让。

Pay E Company only. 仅付 E 公司。

Pay E Company not transferable. 仅付 E 公司，不得转让。

限制性抬头还有一种写法，如抬头作“Pay to John Smith”（付款给约翰·史密斯），但在票据其他地方有“not transferable”（不得转让）的字样。

② 指示性抬头（Demonstrative Order）的汇票。这类汇票在实务中较多见，其特征是可以在付款到期日前，经收款人在汇票的背面背书将汇票进行转让。这类汇票在收款人一栏里总有“Order”字样，其意思是“可由收款人指定的人收款”。例如：

Pay to John Smith or Order. 付史密斯或其指示人。

Pay to the order of Smith. 根据史密斯指示付款。

Pay to B Company or Order. 付 B 公司或其指示人。

Pay to the order of B Company. 根据 B 公司指示付款。

③ 持票来人抬头（Payable to Bearer）的汇票。其特点是在收款人这一栏里一定有“Bearer”（持票来人）这一字样。对于这种汇票，收款人无须背书，仅凭交出即可转让。例如：

Pay Bearer. 付来人。

Pay B Company or Bearer. 付 B 公司或来人。

Pay to the order of Smith or Bearer. 付史密斯的指示人或来人。

这种汇票是认票不认人，因此在商业法规不完善、治安不好的地方要少用。

我国《票据法》规定，出票人在汇票上记载“不得转让”字样的，汇票不得转让，即相当于上述限制性抬头的写法。

（6）出票日期（Date of Issue）。出票日期是汇票上记载的签发汇票的具体时间。我国《票据法》和《日内瓦统一票据法》均规定其为绝对必要记载项目，英国票据法则允许汇票不记载出票日期。出票日期对汇票所确定的债权债务关系有重大的作用，主要表现在以下几个方面。

① 确定出票后定期付款汇票的付款日期。

② 确定即期汇票和定期汇票以及定日汇票的提示期限。

③ 有时用以确定利息起算日，出票日为起息日，付款日为到期日。

④ 判定出票人于出票时行为能力状态的时间证明。若出票时法人宣告破产或被清算，表明其丧失了行为能力，则该汇票不能成立。

⑤ 决定汇票的有效期。其起算日为出票日期，持票人如不在规定时间内请求票据权利，票据权利自动消失。《日内瓦统一票据法》规定，即期汇票的有效期为从出票日起的 1 年时间；我国《票据法》规定见票即付的汇票有效期为 2 年。

（7）出票人签章（Signature of the Drawer）。签章原则是票据法的最重要和最基本的原则之一，票据责任的承担以签章为条件。票据是一种信用工具，出票人签署表示其确认对票据的债务责任即承认了自己的债务，这样收款人才因此有了债权。因此，汇票不仅必须记载出票人的名称，而且必须由出票人（有权签字人）亲自签署，也可是出票人代理或授权签署。如果出票人是代理其委托人（公司、银行等）签字，则应在委托人名称前面加注“for”、“on behalf of”、“for and on behalf of” 等字样，并在个人签字后注明职务的名称。无签名，或签名伪造，或签署人未得到出票人授权擅自签署的汇票，都是无效的。因此，出票人签章是汇票最重要的和绝对不可缺少的内容。

我国《票据法》规定票据上的签章为签名或盖章或签名加盖章。英国票据法规定必须手签。联合国制定的《国际流通票据草案》规定：可采用出票地国家法律认为有效的各种方式，如签字、盖章、打孔等，但目前按国际惯例，涉外票据应采用手签方式。

以上内容是我国《票据法》规定必须记载的事项，缺一不可，否则汇票无效。《日内瓦统一票据法》的规定同我国规定基本相同。而英国票据法规定的必要记载项目只有五个，即无条件支付命令、确定金额、付款人名称、收款人名称和出票人签字，而没有“汇票”字样和出票日期的要求。该法认为，没有“汇票”字样并不会影响汇票的效力；没有出票日期，票据仍然成立。如果出具的是远期汇票，善意持票人可以加上出票日期以确定到期日，使之成为完整汇票。

2）相对必要记载项目

除了以上必须记载的内容外，还有三个“相对必要记载项目”。这些项目尽管十分重要，但如果不记载也不会影响汇票的法律效力。

（1）出票地点（Place of Issue）。出票地点一般应写在汇票的右上方，常与出票日期连在一起。它是指出票人签发汇票的地点，关系到汇票的法律适用问题，因为票据是否成立是以出票地法律来衡量的。如汇票在一国出票，在另一国付款时，便以出票国的法律为依据，来判断汇票所具备的必要项目是否齐全，从而确定该汇票是否有效。

但是，票据不注明出票地并不会影响其生效。我国《票据法》规定，汇票上若记载出票地，应当清楚明确，未记载出票地点的，出票人的营业场所、住所或经常居住地为出票地。应当指出，实际写成汇票或交付汇票的地点，并不一定是出票地点，出票地点应按上述规定确定。《日内瓦统一票据法》规定，未记载出票地点的，以出票人后面的地址为出票地。英美法也有类似规定。例如，英国某企业在中国采购货物，在中国某地签发了一张汇票，汇票上未记载出票地点且汇票金额仅用阿拉伯数字表示。由于各国票据法均规定，未记载出票地点的，以出票人后面的地址为出票地点。该公司的地址在英国伦敦，由此推定，该汇票适用英国票据法，允许金额只采用小写数字。所以该汇票的记载合法有效。

需要说明的是，行为地法律原则不但适用于汇票，也适用于本票和支票；但支票出票，经支票当事人协议后，也可适用付款地法律。

（2）付款地点（Place of Payment）。付款地点是指持票人提示票据请求付款的地点。根据“行为地原则”，到期的计算、在付款地发生的“承兑”与“付款”等行为都要适用付款地法律。因此，付款地的记载是非常重要的。但是，不注明付款地的票据仍然成立。我国《票据法》规定，汇票上若记载付款地，应当清楚明确。未记载付款地的，则付款人的营业场所、住所或经常居住地为付款地。《日内瓦统一票据法》规定，未记载付款地的，以汇票付款人后面的地址为付款地。这一规定与我国《票据法》的规定原则上是一致的，因为汇票记载的付款人后面的地址，通常即为付款人的营业场所（若是企业法人）、住所或经常居住地（若为个人）。

（3）付款日期（Tenor）。付款日期又称付款到期日，是付款人履行付款义务的日期。我国《票据法》规定，付款日期是相对应记载事项，凡是汇票上明确记载付款日期的，以票载日期为准；未记载付款日期的，为见票即付。《日内瓦统一票据法》将“付款日期”规定为汇票的必要记载项目之一。

汇票付款期限，可分为即期和远期两种，远期又可分为固定远期（定日付款）和可推算远期。可推算远期又可分为见票后定期（“见票后若干天付款”）和出票后定期（“出票后若干天付款”）。它们的关系如图 2－1 所示。

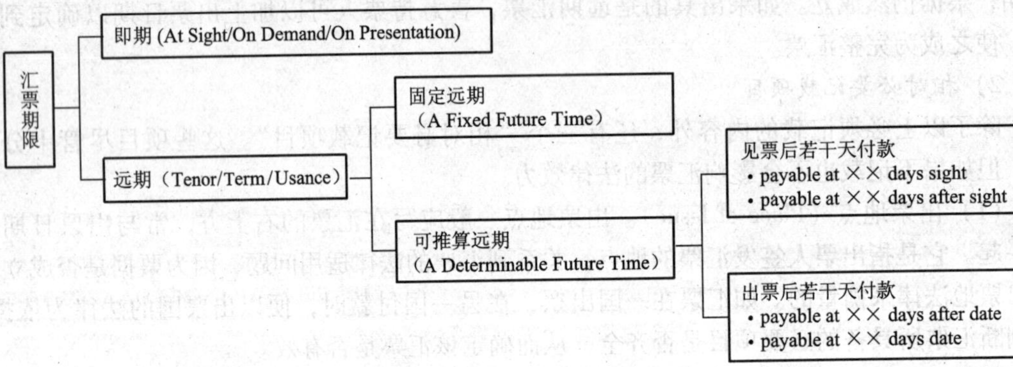


图 2－1　汇票期限图

具体来讲，付款日期的记载有下列 4 种方式。

① 即期，指见票即付，在持票人向付款人作付款提示时，付款人应马上付款。持票人提示汇票的当天为付款日。即期汇票无需承兑，其有关文句如下：

At sight pay to Bank of China or order the sum of US dollars one thousand only.

见票后即向中国银行或根据其指示付款 1 000 美元整。

② 固定远期，指规定确切的付款日，付款人按期付款。定日付款的汇票必须提示承兑，以明确受票人的付款责任。其有关文句如下：

On 30 June，2005 fixed pay to Bank of China or order the sum of US dollars one thousand only.

在 2005 年 6 月 30 日，向中国银行或根据其指示付款 1 000 美元整。

③ 出票后定期，又称出票远期付款，此种汇票以出票日为基础，在出票日后的一定期间内付款。这种汇票必须提示承兑。其有关文句如下：

At 20 days after date pay to Bank of China or order the sum of US dollars one thousand only.

在出票后 20 天，向中国银行或根据其指示付款 1 000 美元整。

④ 见票后定期，又称见票远期付款，必须首先由持票人向付款人作承兑提示，然后以承兑日为起点，推算付款到期日。其有关文句如下：

At one month after sight pay to Bank of China or order the sum of US dollars one thousand only.

在见票后的一个月后，向中国银行或根据其指示付款 1 000 美元整。

对于后两种付款日期的记载，应按以下规则计算汇票到期日。

① 起算日期。出票后定期从出票日起算；见票后定期从付款人承兑日起算，若付款人拒绝承兑，则从作成拒绝证书之日起算。

② 按日计算。算尾不算头。也就是说不包括见票日或出票日，但必须包括付款日。

③ 按月计算。汇票规定出票日或见票日一个月或数个月付款时，其到期日是在应该付款的那个月的相应日期，避免了一个月是 30 天或 31 天的计算。若没有相应日期，则以该月最后一天为到期日。例如，1 月 31 日后 3 个月到期，应为 4 月 30 日；半月以 15 日计算。

④ 计算程序。先算月，再算半月或日数，星期六、星期日及法定的节假日均被解释为非营业日，当汇票到期日为这些日子时，则应顺延到下一个营业日。

例如，某出口商以 A 银行为收款人，以国外 B 公司为付款人，出具出票后 90 天付款的汇票。该出口商于 1 月 15 日出票，则按计算规则：1 月份余 16 天，当年的 2 月份为 28 天，3 月份为 31 天，共计 75 天，再加 15 天为 90 天，故该汇票的到期日为 4 月 15 日。

如图 2 - 2 所示为汇票式样，虽然比较简单，却包含所有汇票的要项。

Bill of Exchange
表明“汇票”字样

Exchange for US $ 20 000.　　　　Shanghai, March 19th, 2001
书面　确定的金额　　　　出票地点和出票日期

At sight pay to the order of the Bank of China
付款日期 无条件的支付命令 收款人名称

The sum of twenty thousand US dollars only.
确定的金额

Value received.

To: The Citi Bank 付款人名称　　　　For China National Chemicals Import & Export
New York, N. Y. , U. S. A.　　　　Corporation, S. B. 出票人名称
付款人所在地名称　　　　(Signed) 出票人签章

图 2 - 2 汇票式样

3）任意记载项目

任意记载项目是指除以上两类项目以外的项目，它是由出票人等根据需要记载的限制或免除责任的内容。这些项目一旦被接受，即产生约束力。

（1）担当付款人（Person Designated as Payer）。担当付款人是出票人根据与付款人的约定，在出票时注明或由付款人在承兑时指定的代付款人执行付款的人，其目的是方便票款的收付。担当付款人只是推定的受委托付款人，不是票据的债务人，对票据不承担任何责任。因此，持票人在请求承兑时，应向付款人提示汇票。若汇票上有此“担当付款人”记载，持票人应向担当付款人作付款提示。

（2）担当付款行（Bank Designated as Payer）。在当今买方市场下，为了进口商方便，出票人（出口商）可根据与付款人（进口商）的约定，出票时载明付款人的开户银行作为担当付款行。例如：

A bill drawn on A Co.，London

Payable by Bank of B，London

担当付款行只是推定的受委托付款人，不是票据的债务人，对票据不承担任何责任。持票人可先向付款人提示要求承兑，到期日再向担当付款行提示要求付款，担当付款行支付票款后借记付款人账户。若出票人未载明担当付款行，付款人承兑时可将其加上。

（3）预备付款人（Referee in Case of Need）。出票人在汇票上载明付款人后，还记载一付款地的第三人作为预备付款人，其目的是为了增强保障出票人自己的信用，免受持票人的追索。预备付款人相当于汇票的第二付款人。付款人拒绝承兑或拒绝付款时，持票人就可以向预备付款人请求承兑或付款。预备付款人作参加承兑后成为票据债务人，到期要履行付款责任。

（4）免作拒绝证书（Protest Waived）。拒绝证书是由付款人当地的公证机构等在汇票被拒付时制作的书面证明。在通常情况下，持票人追索时要持此证书，如果汇票载有免作拒绝证书的内容，则持票人在被拒付时无须申请此证书，追索时也不需出示此证书。

（5）免作拒付通知（Notice of Dishonour Excused）。拒付通知是持票人在汇票被拒付时，按规定制作的通知前手做偿还准备的书面文件。免作拒付通知是出票人或背书人在他签名旁记载放弃对持票人的某种要求。这一方面表明出票人或背书人对持票人的充分信任；另一方面可节省一定的制作费用，同时持票人仍可向其前手追索，其前手对汇票还是负责的。如果汇票载有免作拒付通知的文句，持票人在汇票被拒付时就不必作此通知。

（6）免于追索（Without Recourse）。英国票据法规定，出票人和背书人可以通过免于追索的条款免除在汇票被拒付时受追索的责任。但这种汇票往往很难被接受。

（7）付一不付二［Pay the First（Second Being Unpaid）］。商业汇票往往一套2张，两张汇票内容完全相同，且具有同等的法律效力，但只代表一笔债务，故而需在2张汇票上分别注明“付一不付二”及付二不付一［Pay the Second（First Being Unpaid）］。付款人只承兑其中 1 张，只对其中 1 张付款。

（8）利息与利率（Interest and Rate）。汇票上可以记载利息条款，但应载明起息日或收取利息的期限，还可以记载适用的利率，以便计算。

（9）用其他货币付款（Payable in Other Currency）。汇票可以注明用其他货币付款，并注明汇率，但这种记载不得与当地法律相抵触。

（10）提示期限（Time for Presentation）。提示期限的规定，要在汇票有效期内。

此外，如汇票编号、出票条款等也属于任意记载项目。

4. 汇票的类型

从不同的角度出发，汇票可以划分为不同的类别。通常来讲，汇票有以下几种分类方法。

1）根据出票人的不同，可分为银行汇票和商业汇票

（1）银行汇票（Banker's Bill/ Banker's Draft），是指一家银行向另一家银行签发的书面支付命令，其出票人和付款人都是银行。银行汇票由银行签发后交汇款人，由汇款人带往或寄往收款人，收款人持汇票向付款行请求付款，付款行在审核无误后即予付款。银行汇票的信用基础是银行信用，所以银行汇票比商业汇票更易于流通转让。

根据英国的习惯，如果汇票上的出票人和付款人同属某一机构，则此汇票可视作本票。因此，付款人和出票人如为同一银行的汇票可视作银行本票。

（2）商业汇票（Commercial Bill/Trade Bill），是由公司、企业或个人签发的汇票，其付款人可以是公司、企业、个人，也可以是银行。商业汇票的信用基础是商业信用，所以收款人或持票人承担的风险较大。但是，对商业汇票进行承兑，可在一定程度上降低收款人的风险；若由银行承兑，则提高了该张商业汇票的身价。

2）根据承兑人不同，可分为银行承兑汇票和商业承兑汇票

承兑汇票主要是针对商业汇票而言的。

（1）银行承兑汇票（Banker's Acceptance Bill），是指由公司、企业或个人开立的以银行为付款人并经付款银行承兑的远期汇票。银行对商业汇票加以承兑改变汇票的信用基础，使商业信用转换为银行信用。汇票经过银行承兑后，持票人通常能按期得到票款，从而增强了汇票的可接受性和流通性。所以，与商业承兑汇票相比，银行承兑汇票在市场上流通性更强。

（2）商业承兑汇票（Commercial Acceptance Bill/Trader's Acceptance Bill），是指以公司、企业或个人为付款人，并由公司、企业或个人进行承兑的远期汇票。商业承兑汇票是建立在商业信用基础之上的，并不能改变汇票的信用基础。

3）按付款时间不同，可分为即期汇票和远期汇票

（1）即期汇票（Sight Draft/Demand Draft），是指注明付款人在见票或持票人提示时，立即付款的汇票。它包括：票面上记载“At Sight/On Demand”字样的汇票；出票日与付款

日为同一天的汇票；票面上没有记载到期日的汇票，各国一般认为其提示日即到期日，也就是见票即付。

（2）远期汇票（Time Bill/Usance Bill），是指规定付款到期日在将来某一天或某一可以确定日期的汇票。根据付款期限的表示或确定方法不同，远期汇票有固定日付款、出票后定期付款、见票后定期付款三种形式。

4）按照是否附有货运单据，可分为光票和跟单汇票

（1）光票（Clean Bill），是指无须附带任何单据即可收付票款的汇票。这类汇票全凭票面信用在市面上流通而无物权单据作保证。它在国际贸易结算中一般用于贸易从属费用、货款尾数、佣金等的收取或支付。银行汇票多为光票。

（2）跟单汇票（Documentary Bill），是指附带货运单据的汇票，一般为商业汇票。与光票相比，跟单汇票除了票面上当事人的信用以外，还有相应的物资作保障，因此该类汇票流通转让性能较好。

5）按照流通领域的不同，可分为国内汇票和国际汇票

（1）国内汇票（Domestic Bill），是指汇票的出票人、付款人和收款人的居住地在一个国家或地区。

（2）国际汇票（International Bill），又称涉外汇票（Foreign Bill），是指汇票的出票人、付款人和收款人的居住地中至少涉及两个不同的国家或地区，尤其是前两者不在同一国。国际结算中使用的汇票多为国际汇票。

6）按照票面标值货币的不同，可分为本币汇票和外币汇票

（1）本币汇票（Home Currency Bill），是指使用本国货币标值的汇票，国内汇票多为本币汇票。

（2）外币汇票（Foreign Currency Bill），是指使用外国货币标值的汇票。

7）按照承兑地点和付款地点是否相同，可分为直接汇票和间接汇票

（1）直接汇票（Direct Bill），是指承兑地点和付款地点相同的汇票，国际贸易中使用的汇票大部分是直接汇票。

（2）间接汇票（Indirect Bill），是指承兑地点和付款地点不同的汇票，承兑人承兑时须写明付款地点。

8）按照收款人的不同，可分为来人汇票和记名汇票

（1）来人汇票（Bearer Bill），是指收款人是来人抬头的汇票。

（2）记名汇票（Order Bill），是指收款人是限制性抬头或指示性抬头的汇票。

9）按照同一份汇票张数的不同，可分为单式汇票和多式汇票

（1）单式汇票（Sola Bill），是指同一编号、金额、日期并且只开立一张的汇票，用于银行汇票。

（2）多式汇票（Set Bill），是指同一编号、金额、日期开立一式两份甚至多张的汇票，用于商业汇票。

5. 汇票的票据行为

1）出票

出票（Issue）是指出票人签发汇票并将其交付给收款人的票据行为。汇票的出票行为是产生汇票票据关系的基础，是汇票各项票据行为的开端，是基本的票据行为，离开它就不可能有汇票的其他行为。

（1）出票的动作。一个有效的出票行为包括两个动作：一是写成汇票并加以签章；二是将制成的汇票交付收款人。这两个动作缺一不可。

（2）出票的效力。出票后，票据关系成立，对不同的行为人而言，会产生不同的效力。

① 对于出票人。对出票人而言，其出票签字就意味着他是该汇票的主债务人，他对汇票债务的责任有两个方面，即担保承兑和担保付款。如果汇票得不到承兑或付款，出票人应接受持票人的追索，清偿票款。

② 对于持票人。出票人一出票，持票人便取得了票据上的一切权利，包括付款请求权和遭遇退票时的追索权。持票人（收款人）可以通过背书转让这一权利。当付款人拒绝承兑或拒绝付款时，持票人即可作成拒绝证书，向其前手、承兑人或出票人进行追索。

③ 对于付款人。出票是出票人单方面设定债权的行为，是对付款人的一种委托（或称命令），至于付款人是否接受出票人的委托向持票人付款，则由付款人根据他和出票人之间的资金关系自行决定。付款人因为没有在汇票上签过字，对汇票的债务就没有责任。对于远期汇票来说，付款人基于出票人的付款委托而取得可以承兑的地位，出票又使他取得了可承兑票据的权利。一旦付款人在汇票上承兑，即成为汇票的债务人。

2）背书

背书（Endorsement）是转让票据权利的行为，是指持票人在汇票的背面签名和记载有关事项，并把汇票交付被背书人的行为。背书包括两个动作：一是持票人在汇票背面签署；二是把汇票交付给受让人。经过背书，汇票的权利由背书人转给被背书人。指示性抬头的汇票可以经背书转让。

（1）背书的种类。

① 以背书目的为标准，可分为转让背书和非转让背书。

转让背书是以转让票据权利为目的的背书，通常背书都属于此类。对于转让背书，应记载的事项包括：背书人签章；被背书人名称；背书的日期。记载背书日期，可以使票据关系当事人辨别背书的时间顺序以判断背书是否连续，以及背书人在背书时是否具有行为能力。根据票据法，背书未记载日期的，视为在汇票到期日前背书。

非转让背书是不以转让票据权利为目的的背书。对于非转让背书，除了背书人签章、被背书人名称、背书的日期三项外，托收背书还应记载“委托收款”字样。

② 以背书方式为标准，可分为记名背书和空白背书。

记名背书（Special Endorsement/ Full Endorsement），又称特别背书或正式背书，是最正规的一种转让背书。它是指记载了背书人和被背书人双方名称的背书。持票人在背书转让时，先记载被背书人的名称，再作为背书人签署。被背书人作为持票人可以再作背书转让票据权利。例如：

Pay to Richard Marx.（被背书人名字）

付款给理查德·马克斯。

Jimmy Lincon（背书人签署）

吉米·林肯

空白背书（Endorsement in Blank），又称不记名背书，是指背书人不记载被背书人的名称，仅自己签章的背书。空白背书汇票的持票人可以不作背书而仅凭交付来转让汇票权利，并且可不负背书人的责任；也可在空白背书上加记自己的名字，将空白背书转变为记名背书。

我国《票据法》规定，必须记载收款人的名称，不允许使用空白（或来人）抬头的汇票，所以同样还规定汇票的转让必须使用记名背书，禁止使用空白背书。若背书人作空白背书，该背书行为无效，汇票转让不能成立。国外票据法，对汇票转让允许使用记名背书或空白背书，但在实务中主要采用记名背书。

记名背书的汇票在转让时，必须由被背书人再行背书。若每一次转让都采用记名背书的方式，可使汇票的债权债务关系明确，所有的原债权人在转让债权的同时，变成了担保债权得以实现的债务人。这样，汇票的使用将更为可靠、安全。正是基于这一原因，我国《票据法》规定必须使用记名背书的方式转让汇票。

（2）背书转让时，背书人还可以作附带记载。按不同的附带记载，可把背书分成以下3种。

① 限制性背书（Restrictive Endorsement），又称不得转让背书，即背书人在作成背书时，在票据上写明限定转让给某人或禁止新的背书字样的背书。限制性背书的写法类似于限制性抬头，即背书人作背书时，在被背书人的名字后加注“不得转让”字样。例如：

Pay to Richard Marx Only.（或 Not Negotiable）

仅付款给理查德·马克斯（或付款理查德·马克斯，不得转让）。

Jimmy Lincon

吉米·林肯

我国《票据法》规定的写法是：背书人在背书时记载“不得转让”字样。另外，我国《票据法》和《日内瓦统一票据法》均规定，汇票经不得转让背书后，被背书人再背书转让的，原背书人对后手的被背书人不承担保证责任。英国票据法则规定，以限制性背书方式转让的汇票，被背书人无权再行转让。

② 委托收款背书（Endorsement for Collection），简称托收背书，属于非转让背书。它是持票人以委托收款为目的而作成的背书，实践中也被称为代理背书。背书人在背书时记载“委托收款”（For Collection）字样，委托被背书人以代理人的身份行使汇票权利。这样，背书人就是被代理人，被背书人就是代理人。汇票的真正债权人仍然是背书人。例如：

Pay to Richard Marx for Collection.

委托理查德·马克斯收款。

Jimmy Lincon

吉米·林肯

我国《票据法》第三十五条规定：背书记载“委托收款”字样的，被背书人有权代背书人行使被委托的汇票权利，但不得再背书转让汇票权利。不过该被背书人为了行使被委托的汇票权利，有权再委托他人，所以仍可作委托收款背书。同样理由，由于委托收款背书并非转让票据权利，所以即便是限制性抬头的汇票，收款人仍可作委托收款背书。

③ 有条件背书（Conditional Endorsement），是指背书人在汇票背面加注诸如免作拒绝证书、免作拒付通知或其他条件的背书。质押背书是一种特殊的有条件背书。持票人在融资中可将汇票作为抵押，如到期不能履行其债务责任时，债权人可以行使汇票持票人的权利。我国《票据法》规定：“汇票可以设定质押，质押时应以背书记载‘质押’字样。被背书人依法实现其质押权时，可以行使其汇票权利。”

质押背书有如下特点。质押背书中，被背书人取得的是质权，而不是债权。该权利只有在背书人不履行其债务的情况下，才得以实现，即以行使票据权利的方式行使其质权，并从中按所担保的债权数额得到偿还，多余部分应返还背书人；被背书人在行使汇票权利时，有付款请求权和追索权，但不得将汇票背书转让；质押背书通常在背书时注明融资内容，以明确什么情况下被背书人能实现其质权，以及当背书人履行了该债务后，被背书人应将汇票返还背书人；质押背书和委托收款背书的共同点在于都是一种非转让背书，被背书人在行使票据权利时都是以代理人身份行事的。

我国法律规定，背书不得附加条件，所附条件不具有法律效力。其他各国票据法均有相同的规定。

(3) 背书的连续性。所谓背书连续，是指票据转让中转让汇票的背书人与受让汇票的被背书人在汇票上的签章依次前后衔接的一种方法。以背书转让的汇票，背书应当连续。

我国《票据法》规定：“以背书转让的汇票，后手应对其直接前手背书的真实性负责。”从背书的连续性来看，每一个背书人都对自己前一个背书人的签字的真实性负责，没有间断，从形式上可以推定最后的持票人为合法的票据权利人。持票人以背书连续来证明其汇票权利。这种连续，只是形式上要求连续，持票人无须提供实质上的证明。

(4) 背书的效力。汇票的流通，除来人式外，都必须加以背书。背书有以下 3 种效力。

① 明确了前后手的关系。在付款人拒付时，后手可以依次向自己的前手行使追索权。

② 明确了背书人的责任。背书人在背书后必须保证被背书人能得到全部的票据权利，担保汇票能及时承兑与付款，并对后手保证前手签名的真实性和票据的有效性。

③ 确立了被背书人的债权人地位。被背书人接受票据后即成为持票人，获得了票据上的全部权利，享有相当于收款人的付款请求权和追索权，从而成为债权人。对被背书人而言，前手越多，即已在票据上签字的人越多，他的债权担保人就越多，对他来说就越安全。

3）提示

提示（Presentation）是指持票人将汇票提交付款人要求承兑或要求付款的行为。汇票是一种书面的权利凭证，所以当持票人在行使票据权利时必须向付款人提示汇票，否则付款人无从确定是否承兑或付款。即期汇票只需提示一次，即作付款提示；远期汇票有两次提示，即第一次作承兑提示，第二次是汇票到期时作付款提示。

提示就是行使票据权利，无论是承兑提示还是付款提示，只有符合以下规定，持票人才能取得票据权利。

① 在规定时效或合理时间内提示。对于即期汇票，持票人如果要出票人对汇票负责，应在出票后的规定时效或合理时间内向付款人提示；如果要背书人对汇票负责，应在背书后的规定时效或合理时间内向付款人提示。对于远期汇票，应在到期日提示。

② 在规定地点提示。提示地点应该是汇票上的付款地点或付款人或承兑人的营业地址或居住地址。汇票上如有多个付款人，应向所有付款人提示。

4）承兑

承兑（Acceptance）是指远期汇票上指明的付款人明确表示同意按出票人的指示，于票据到期日付款给持票人的行为。对需要承兑的汇票来讲，承兑是付款的必经程序，未经承兑的，付款人可以拒绝付款。

承兑也包括两个动作：写成“承兑”字样外加签字和交付。写成“承兑”字样外加签字是指付款人在汇票正面记载“承兑”（Accepted）字样，加注日期并签署。承兑日期视情况而定，见票后定期付款汇票必须记载承兑日期。此外，还可以加上担当付款人或付款处所的记载。并且承兑应作于汇票正面。汇票一般是两张一套，付款人只需承兑一张。交付是指付款人把已承兑的汇票交还持票人或另行出具承兑通知书交给持票人。承兑的交付有两种：一种是实际交付，即付款人在承兑后将汇票退还给持票人；另一种是推定交付，付款人在承兑后将所承兑的汇票留下，而以其他方式通知持票人汇票已承兑并告知承兑日期。通知一般以书面形式为主。

（1）承兑应记载的事项及承兑的效力。

承兑应记载的事项包括“承兑”字样、付款人签章、付款日期和承兑日期四项内容。对不同的当事人而言，承兑发挥着不同的效力。承兑人对汇票进行了承兑就意味着他要对票据的文义负责，有到期履行付款的责任，就不得以任何理由来否认汇票的效力。汇票承兑以后，承兑人处于主债务人地位，而出票人则从主债务人的地位退居为从债务人。对持票人而言，汇票承兑以后，其收款就有了保障；但提示承兑并不是一种普通的义务，法律上并不予以强制。经过承兑的汇票更为可靠，有利于流通转让。假如到期时承兑人拒付，持票人可以直接对承兑人起诉。

（2）承兑的种类。

① 根据汇票记载付款日期的形式及出票人对承兑所加的限制，可以把汇票分为可以提示承兑、必须提示承兑、无须提示承兑及禁止提示承兑 4 种。

- 可以提示承兑的汇票：定日付款和出票后定期付款的汇票，持票人可以完全自行决定在到期日是否向付款人作提示承兑。因为，此类汇票在出票时已确定了付款日期，承兑与否并不影响持票人在到期日行使票据权利。我国《票据法》只规定“持票人应当在汇票到期日前向付款人提示”，并未规定持票人若不提示承兑将承担何种责任。但通常情况下，持票人愿意在到期日前提示承兑，以便及早确定是否需要行使追索权。

- 必须提示承兑的汇票：所谓“必须承兑”，是指汇票权利只有在承兑后，才能得到实现，持票人若放弃提示承兑，无异于放弃票据权利。通常，必须提示承兑的汇票有三类：

第一类是见票后定期付款的汇票。此类汇票，只有付款人作承兑提示（见票）后，才可以确定见票日期，并以此为起点确定汇票到期日。因此必须经过提示承兑，然后才能在到期日提示付款。英国票据法规定：凡见票后定期付款的汇票，为了确定汇票的到期日，必须提示承兑。我国《票据法》也规定：见票后定期付款的汇票，未按规定期限提示承兑的，持票人丧失对其前手的追索权。

第二类是加记“必须提示承兑”记载的汇票。各国票据法均允许出票人在出票时加记“必须提示承兑”。此类汇票只有在付款人承兑后，汇票关系才可有效成立。我国目前使用的银行承兑汇票和商业承兑汇票，都属于经承兑后才有效的汇票。

另外，所开汇票规定是在付款人所在地以外的地方进行支付的，持票人也必须提示承兑。办理承兑便于承兑人安排外地付款人做好到期付款准备。

- 无须提示承兑的汇票：见票即付的汇票无须提示承兑。此外，在持票人尚未提示承兑前，付款人死亡、逃匿、破产或被依法终止业务活动的，持票人无须提示承兑而可直接行使追索权。

- 禁止提示承兑的汇票：出票人在汇票上加记“禁止承兑”字样，该汇票不得提示承兑。其原因通常是由于出票人和付款人之间资金关系的安排，如出票人尚未将资金送达付款人等，以免付款人拒绝承兑而影响汇票的信用。

② 根据汇票付款人作承兑时是否加注条件或保留，可以把汇票分为普通承兑和限制承兑。

- 普通承兑（General Acceptance）：普通承兑又叫一般承兑或者无条件承兑，是指承兑人无条件地接受出票人的指示，无保留地同意到期付款。承兑人在汇票背面签字，并注明承兑字样即可。

• 限制承兑（Qualified Acceptance）：限制承兑又叫保留承兑，是指承兑人在承兑时，对汇票的到期付款加上某些保留条件或对票据文义的修改意见，从而改变出票人所期望达到的目的和票面上的记载。保留承兑对持票人的权利具有一定的限制，包括以对方提交某种贸易单据为付款条件，或对付款时间、地点、金额等的限制，其主要有5种情况。

第一种：有条件承兑（Conditional Acceptance），是指依据持票人是否履行承兑汇票中所规定条件而决定是否予以承兑付款。此类条件有货物良好、提交某种单据等。

第二种：部分承兑（Partial Acceptance），是指承兑人仅承兑和支付票面额的一部分。

第三种：修改付款期限的承兑（Acceptance Qualified as to Time），即改变汇票付款时间的承兑，通常是迟于原先的付款日期。这是出口商为了保持其良好的商业关系，经协商同意延长承兑时间。

第四种：地方性承兑（Local Acceptance），又叫限地承兑，是指承兑人须在汇票上注明承兑地点的承兑。一般来讲，它都在当地承兑，故又称当地承兑。地方性承兑须载明"限在××地承兑"付款，而英文的表达法必须加"Only"一词。

第五种：部分付款人承兑（Not Accepted by All the Drawee's），即承兑并非由付款人全体作出。

汇票的持票人可以拒绝接受限制承兑。我国《票据法》规定："付款人承兑汇票，不得附有条件；承兑附有条件的，视为拒绝承兑。"但是，国外一些票据法规定，对于保留性承兑，持票人有权拒绝接受，也可以接受。如果持票人接受了保留性承兑，在付款人拒付的情况下，持票人不能向出票人或背书人追索。

(3) 关于承兑人考虑是否承兑的时间的相关规定。

持票人向付款人提示承兑，付款人应有时间考虑是否承兑。我国《票据法》第四十一条对此做了规定："付款人对向其提示承兑的汇票，应当自收到提示承兑的汇票之日起3日内承兑或者拒绝承兑。"由于这一规定意味着汇票将存留于付款人处直至其作出承兑或拒绝承兑，所以在同一条中又规定："收款人收到持票人提示承兑的汇票时，应当向持票人签发收到汇票的回单，回单上应记明汇票提示承兑日期并签章。"

国外票据法也给予付款人一段合理的考虑时间，但在程序和时间上的具体规定有所不同。《日内瓦统一票据法》规定，付款人可以对持票人的第一次提示不予承兑，而请求持票人于翌日作第二次提示以决定是否承兑。这两次提示的间隔，即是付款人考虑是否承兑的时间。由于付款人并未留下汇票，所以也不需要出具回单。英国票据法则规定应在提示的次营业日营业时间终了之前作出决定。

(4) 承兑的法律特征。

① 承兑是付款人的单方法律行为，付款人作出承兑意思表示，就需依照承兑内容承担付款义务，不需他人合意就发生票据法上的效力。

② 承兑是法定的要式行为。付款人作承兑行为，须按法定方式，不得违反票据法所规

定的方式。

③ 承兑是一种附属的票据行为。

④ 付款人承兑汇票，即成为票据的主债务人。承兑人负有于到期日绝对付款的责任。

但是，付款人是否需要承兑需要有考虑时间。英国票据法规定，考虑时间在提示的次营业时间终了之前。《日内瓦统一票据法》规定考虑的时间可以从第一次提示日之次日至第二次提示时为止。承兑时盖上“承兑”戳记，写上承兑日期，不写到期日，经承兑人签字即可。例如，在汇票右上角或正面其他地方写。

（5）承兑的意义。承兑是一种比较重要的票据行为，它意义重大。

① 承兑使持票人的权利得到保障，同时减轻了出票人或背书人的责任。由于汇票的出票人与付款人各居一方，付款人是否接受出票人的委托按时付款，出票人事先不知道，持票人也无法预知。所以必须经过承兑这一手续，才能确定付款人的支付义务，保障持票人的权利。

② 承兑使付款日期和付款地点均得到了明确。接到定期付款的汇票后，其汇票必须有承兑日才能计算到期日。如出票人并未记载付款人的地点，则付款地点必须由付款人在承兑时确定，使持票人有所依据。

5）保证

保证（Aval/Guarantee）是指非票据债务人对于出票、背书、承兑、付款等所发生的债务予以偿付担保的附属票据行为。保证人所负的票据上的责任与被保证人相同。票据被保证以后，票据债务的担保人就增加了，尤其当票据由资力雄厚、信誉良好者担保后，更增强了票据的可接受性。因此保证常被用作票据融资的手段。

保证可作在汇票上，也可作在粘单上。保证人保证时，应在汇票或粘单上记载表明“保证”字样、保证人名称和地址、被保证人名称、保证日期和保证人签章。例如：

Per Aval　　　　（保证）
For ________　　（被保证人名称）
Signed by ________　（保证人签名）（保证人名称和地址）
Dated on ________　（保证日期）

此外，票据正面除出票人、付款人、承兑人以外的签字，都被认为是保证的记载。单纯签字作为略式的保证。

保证人未在汇票上记载被保证人的，汇票的主债务人为被保证人。即未承兑的汇票，出票人为被保证人；已承兑的汇票，承兑人为被保证人。

当汇票遭到拒付时，持票人有权向保证人追索，保证人应当清偿追索金额。保证人清偿后，有权向被保证人及其前手追索。我国《票据法》规定，保证人由汇票债务人以外的他人担当，但《日内瓦统一票据法》则规定允许任何人作保证，且在保证时，可仅作签字。我国《票据法》还规定，保证不得附有条件，若附有条件的，条件无效，保证依然有效。

《日内瓦统一票据法》则规定保证人可以只对汇票金额的一部分作保证。英国票据法没有“保证”的规定，但有“融通”（Accomodation）制度。融通的做法和作用与“保证”相似。

6）拒付

拒付（Dishonor），也称退票，是指持票人提示汇票要求承兑时遭到拒绝承兑或要求付款时遭到拒绝付款。

（1）拒付通知（Notice of Dishonour）。根据英国票据法的规定，汇票的持票人如在汇票提示时遭到付款人或承兑人的拒绝承兑或拒绝付款，应在退票的当天或在合理时期内（即在次日）以书面或口头形式通知出票人或背书人，把拒绝的汇票退给他们。持票人如不及时发出拒付通知，出票人和背书人可解除责任。

由此可见，发出拒付通知，是持票人行使追索权的第一个具体步骤，是持票人为向其前手、出票人或汇票的其他债务人行使追索权，而将追索原因（如不获承兑、不获付款或无法实现提示等）的事实情况告知前手，以明确责任并使前手做好清偿的准备。

持票人可以向其所有前手发出拒付通知，然后从中确定追索对象。但由于持票人往往只与其直接前手发生联系，而对其他前手并不了解，于是可能只向其直接前手发出拒付通知，行使追索权，这就导致收到拒付通知的前手向再前手发出拒付通知以行使再追索权，依次向前，最终使所有前手都能得到拒付通知。

《日内瓦统一票据法》规定，持票人应在作成拒绝证书后4天内通知其前手，而前手应在接到通知后两天内通知再前手。英国票据法规定，如前手在同城，持票人必须在作成拒绝证书的第二天通知到他；如果在异地，则应在第二天发出通知；前手接到通知后，也按上述规定通知再前手。我国《票据法》规定，持票人应自收到拒绝证书之日起3日内将被拒绝事由书面通知其前手；其前手应当自收到通知之日起3日内书面通知其再前手。持票人也可以同时向各汇票债务人发出书面通知。

未按照上述规定期限通知的，持票人仍可以行使追索权。因延期通知给其前手或者出票人造成损失的，由没有按照规定期限通知的汇票当事人承担对该损失的赔偿责任，但所赔偿的金额以汇票金额为限。

（2）拒绝证书（Protest）。拒绝证书是指由拒付地点的法定公证人作出的证明拒付事实的法律文件。英国票据法规定，外国汇票在拒付后，持票人须在退票后一个营业日内作成拒绝证书。具体地，持票人应先交汇票，由公证人向付款人再作提示，仍遭拒付时，就由公证人按规定格式作成拒绝证书，其中说明作成拒绝证书的原因、向付款人提出的要求及其回答。持票人凭拒绝证书及退回汇票向前手行使追索权。我国《票据法》对拒绝证书的作成时限未作具体的规定。追索中应按行为地法规规定的时限作成拒绝证书。

拒绝证书证明了持票人已在法定期限内提示承兑或提示付款但未获结果，或者已无法实现提示。按我国《票据法》规定，除了拒绝证书外，还可采用以下形式证明拒付事实的存在。

① 退票理由书。票据往往由持票人向代理付款银行提示，如果付款人或者代理付款银行拒付的，应由付款银行出具退票理由书，具有替代拒绝证书的作用。

② 拒绝证明。这种方式是指持票人在向付款人、承兑人或代理付款银行提示时，如被拒绝承兑或拒绝付款的，持票人可以要求其在汇票上记明提示日期、拒绝事由和拒绝日期并签章。

③ 企业破产的司法文书或被责令终止业务活动的行政处罚决定。当付款人或承兑人是一家企业，而在到期日前该企业被法院宣告破产或被行政主管部门责令终止业务活动的，持票人将无法向付款人或承兑人进行提示。在这些情况下，持票人无须再进行提示，可在到期日前行使追索权。此时前述司法文书和行政决定具有拒绝证书的效力。

7）追索

追索（Recourse）是指汇票遭拒付时，持票人要求其前手背书人或出票人或其他票据债务人偿还汇票金额及费用的行为。持票人所拥有的这种权利就是追索权（Right of Recourse）。

（1）追索原因。追索权是只有在具备法定原因时才发生的权利，我国《票据法》第六十一条把追索原因归纳成4种：① 汇票到期被拒绝付款的；② 汇票被拒绝承兑的；③ 承兑人或付款人死亡、逃匿的；④ 承兑人或付款人被依法宣告破产的或因违法被责令终止业务活动的。上述4种情形中，后3种均使持票人在汇票到期日前即可行使追索权。

（2）追索条件及追索时效。只有具备了一定的条件，持票人才能够行使追索权。一般而言，追索的条件有以下几点。① 必须在法定期限内向付款人提示。未经提示，持票人不能对其前手追索。② 必须在法定期限内作成退票通知。③ 外国汇票遭退票必须在法定期限内作成拒绝证书。

行使追索权必须在法定保留期限内进行方为有效。我国《票据法》规定，持票人对前手的追索权自被拒绝承兑或被拒绝付款之日起6个月，再追索权则自清偿日或被提起诉讼日起3个月；《日内瓦统一票据法》规定追索时效从作成拒绝证书之日起算为1年，再追索时效从清偿日起算6个月；英国票据法规定保留追索权的期限自债权成立日起6年。

（3）追索金额。我国《票据法》规定，持票人行使追索权时可以请求被追索人支付的金额和费用包括：被拒绝付款的汇票金额、按法定利率计算的利息、取得有关拒绝证明和发出通知书的费用。其中，按法定利率计算的利息应从汇票到期日起算至清偿日，见票即付和见票后定期付款的汇票到期日，从作成拒绝证书时起算。当被追索人清偿债务后，可以向其前手直至出票人行使再追索权，再追索的金额就是已清偿的金额加上利息和发出通知书的费用。

（4）追索程序。汇票的债务人所承担的债务责任是相同的：担保承兑和担保付款，但其债务责任是有顺序的，除去付款人以外，其债务责任的顺序为：出票人、第一背书人（收款人）、第二背书人、……、持票人的直接前手。

持票人追索时，可不问债务顺序，自行选择追索对象，并可以同时向一个或一个以上对象进行追索。被追索人清偿债务后，可取得汇票和拒绝证书及持票人出具的收到利息和费用的收据，并享有持票人的权利进行再追索。

追索只能按债务顺序向前追索，即只能由后手向前手追索，而不能由前手向后手追索。在出现回头背书的情形中，如果背书转让的被背书人是出票人，或者是某一前手背书人，则其追索权受到限制。我国《票据法》规定，持票人为出票人的，对其前手无追索权，持票人为背书人的，对其后手无追索权。比如：出票人 A 签发 1 张汇票给收款人 B，B 背书转让给 C，C 再行转让……，汇票又回头背书转让给 A 或 C，假定一个顺序如下：A→B→C→D→E→F→A。如果 A 遭拒付，他实际上是最前顺序的债务人，所以不能向其形式上的前手追索。假定另一个顺序如下：A→B→C→D→E→C。如果 C 遭拒付，C 实际上是第三顺序债务人，D 和 E 是其后手，所以 C 只能向 B 和 A 追索，而不能向其形式上的前手 D 和 E 追索。出票人清偿后，还可以向承兑人追索，直至向法院起诉。

8）付款

付款（Payment）是指汇票的付款人或担当付款人在接到付款提示时，支付汇票金额履行付款义务的行为。在正常情况下，付款是汇票流通过程的终结。付款后，票据上的一切债权债务关系即告结束。

付款人向持票人做正当付款之后，一般都要求持票人在汇票背面签名作为收款证明并收回汇票，并在汇票上注明“付讫”字样，还可要求持票人另开出收据。

（1）付款要求。付款人或担当付款人在付款时要符合两个要求：一是出于善意，即不知道持票人的权利是否有缺陷；二是要鉴定汇票背书是否连续。符合上述要求的付款称为正当付款（Payment in Due Course）。

（2）付款特征。付款行为具有以下特征。① 付款行为必须由付款人（或其指定的担当付款人）作出。除此以外的任何人的支付，均不能结束票据上的债权债务关系。② 付款是支付汇票金额的行为，必须以金钱支付。此点不同于民法中的清偿，清偿可以用金钱也可以用实物或劳务来替代。

（3）付款的相关规定。

① 付款日期。我国《票据法》规定，付款人应在提示当日付款；而英国票据法对远期汇票到期日提示，允许有 3 天的优惠日（Days of Grace）；《日内瓦统一票据法》规定付款无优惠日。

② 付款金额。我国《票据法》规定，付款人必须足额付款；英国票据法允许持票人自行决定接受或拒绝部分付款，如果接受，则未付金额作成拒绝证书，行使追索权；《日内瓦统一票据法》则规定，付款人若支付汇票金额的一部分，持票人不得拒绝，否则就丧失追索权。

③ 付款货币。我国《票据法》规定：“汇票金额为外币的，按照付款日的市场汇价，

以人民币支付。”“汇票当事人对汇票支付的货币种类另有约定的，从其约定。”各国票据法都有类似规定，即除非当事人另有约定，允许付款人用本币支付票款，并按当日市场汇率计算票款。

④ 付款人责任。我国《票据法》规定，付款人付款时，应审查汇票背书的连续性，并审查持票人的合法身份证明或有效证件。《日内瓦统一票据法》也规定付款人应审查背书连续，但不要求辨认背书真伪。只要背书连续，付款人一旦付款，即解除了他对汇票承担的义务或是完成了出票人的委托。英国票据法规定，在汇票出现伪造背书的情况下，即使付款人出于善意，在不知情的情况下向持票人付了款，汇票的真正所有人仍有权要求付款人再一次付款，但付款人可要求持票人返还已付的票款。

除了付款人付款时应进行形式上的审查外，我国《票据法》和各国票据法还规定了付款人付款必须出于善意。我国《票据法》第五十七条第二款规定：“付款人及其代理付款人以恶意或者有重大过失付款的，应当自行承担责任。”所谓“恶意”，是指付款人明知持票人不是真正的票据权利人或者汇票上背书签章系属伪造等情形；所谓“重大过失”，是指只要一般的专业知识或稍加调查即可发现持票人不具有受领票款的资格而未能察知，在这种情形下的付款，付款人不能辞咎，应承担由此而导致其他当事人损失的责任。

（4）可以拒绝付款的情形。付款人在某些情况下可拒绝出票人开具的汇票，具体情形有以下几种：① 事先没有商定开票的付款方法或事先没有谈妥容许透支金额及代付票款办法；② 完全没有债权、债务关系；③ 汇票未在合理时间内流通；④ 汇票签名者是伪造的。

9）参加

参加是付款人以外的当事人在票据被拒付后，可能发生追索时，为防止特定的债务人受到追索而介入票据关系的行为。参加可分为参加承兑和参加付款。参加行为只存在于汇票和本票，支票中无参加行为。我国《票据法》无参加的规定。

（1）参加承兑。参加承兑（Acceptance for Honour）是指票据上的预备付款人或第三人，在得到持票人的同意下，为特定票据债务人的利益，代替承兑人承兑以阻止持票人于到期日前进行追索的一种附属的票据行为。它是汇票特有的一种行为，且只适用于需要承兑的汇票，不能适用于见票即付或禁止承兑的汇票。参加承兑行为，往往发生在汇票被拒绝承兑，或付款人、承兑人破产、死亡、逃亡或有其他原因致使持票人不能向其请求承兑时，或禁止提示承兑的汇票的出票人破产时。

参加承兑人参加承兑之后，与被参加人处于相同的地位。对于持票人及被参加人之后的背书人，负有与被参加人相同的义务，即负有付款义务。参加承兑的目的在于阻止持票人在到期日前行使追索权，维护出票人和背书人的信誉。因此，参加承兑行为作出之后，持票人不得行使追索权。但在参加承兑人于到期日不付款的情况下，被参加人后手仍负有被追索的责任，持票人仍可向其追索。

参加承兑应由参加承兑人在得到持票人同意的情况下，在汇票正面写明“Acceptance for Honour”或“Acceptance Supra Protest”（参加承兑）字样，并记载被参加承兑人名称、参加承兑日期及参加承兑人签名。若参加承兑人在汇票上没有记载被参加人名称，则以出票人为被参加承兑人。《日内瓦统一票据法》规定，参加承兑人必须在参加承兑后两个营业日内通知被参加人，不然导致被参加人的损失应由其负担。参加承兑记载形式如下：

Accepted for honour （参加承兑）

Of ________ （被参加承兑人姓名）

On ________ （参加承兑日期）

For ________ （参加承兑人）

Signature （参加承兑人签字）

尽管参加承兑和承兑都是票据的附属行为，都是汇票特有的行为。但两者区别如下。① 主体不同：参加承兑人是经持票人同意的第三人或预备付款人，承兑人是汇票的付款人。② 本质不同：参加承兑人是汇票上的第二债务人，仅在付款人或担当付款人不付款时才负付款责任，承兑人是汇票的第一债务人，负有绝对付款责任。③ 作用不同：参加承兑的作用在于阻止期前追索，而承兑在于确定付款责任。④ 效力不同：参加承兑人付款时，票据权利仍未消灭，参加承兑人、被参加人及其前手仍有取得持票人的权利；而承兑人付款后，则票据权利全部消灭。因为，有些国家的票据法规定，持票人有权不接受任何参加承兑，再加之，一旦持票人遭到拒绝承兑时，也难于寻找参加承兑人，故在实际业务中，参加承兑行为很少发生。

（2）参加付款。参加付款（Payment for Honour）是指汇票遭到拒绝付款而退票时，非汇票债务人对已遭拒绝付款的汇票进行付款的一种行为。参加付款与参加承兑的作用相同，两者都是为了防止持票人行使追索权，维护出票人、背书人的信誉，而且两者都可指定任意债务人作为被参加人。所不同的是参加付款人无须征得持票人的同意，任何人都可以作为参加付款人，而参加承兑人须经持票人的同意。

10）贴现和融通

（1）贴现（Discount）。贴现是指持票人将付款人已承兑但尚未到期的远期汇票背书转让给银行或其他金融机构（如贴现公司），银行或其他金融机构受让汇票时按票面金额扣除一定利息后，将剩余金额交付持票人的一种资金融通行为。

对于持票人来说，贴现可以及时收回资金，保证了企业经济活动的正常进行。对于办理贴现业务的银行来说，贴现相当于对持票人提供了一笔票面金额的贷款，还可以预扣利息，而且贴现率高于银行短期同业拆借利率，银行可以有较大的收益。但银行在取得票据债权的同时，也承担了汇票到期遭到拒付的风险。银行为了保障资金的安全，一般只贴现信用良好的汇票，像经其他银行承兑的汇票或资信程度较高的大企业的汇票。另外，经过贴现的汇票，在资金较紧张时可向中央银行申请再贴现或通过贴现市场予以转让，在资金的运用上有较大的灵活性。

贴现的一般程序如下（如图 2－3 所示）。

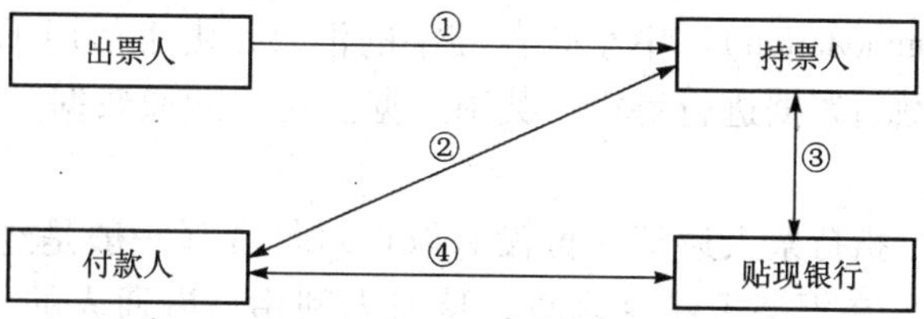


图 2－3　贴现程序

① 出票人开出汇票，交给收款人，收款人为第一持票人，若背书转让，即出现新的持票人。

② 持票人将远期汇票向付款人作承兑提示，付款人承兑后交还汇票。

③ 持票人背书后交付贴现银行，银行扣减到期利息后向持票人支付票款，即为贴现。

④ 贴现银行以正当持票人的身份在汇票到期时向付款人提示，付款人付款。

贴现时发生的费用有承兑费、印花税和贴现息 3 种。

① 承兑费（Acceptance Commission）：伦敦银行对于远期汇票的承兑费，按承兑期每月 1% 算收，最少收 2%，即最少按 60 天承兑期收费。远期付款交易的承兑费一般由买方负担。但卖方开出远期汇票要求承兑公司承兑后，请贴现公司贴现时，承兑费因与买卖交易无关则由卖方负担。

② 印花税（Stamp Duty）：英国对于 3 个月的远期国内汇票按 2% 贴印花，6 个月的远期国内汇票按 4% 贴印花。外国汇票按国内汇票的一半贴印花。印花税由卖方负担。

③ 贴现息（Discount）：伦敦贴现市场的贴现率是由伦敦贴现市场公会（The London Discount Association）决定，按年率计算。汇票出票人和承兑人的信誉好，贴现率就低；反之，贴现率就高。

贴现息的计算是按照贴现天数即从贴现日到付款到期日为止的天数乘以贴现率得来的。由于贴现率多以年利率表示，应将其折算成日利率。英镑以一年 365 天作为基本天数，美元、欧元则以 360 天作为基本天数。贴现息的计算公式为

$$贴现息 = \frac{汇票票面金额 \times 贴现天数 \times 贴现率}{360（365）}$$

例如，面值为 10 000 美元的见票后 90 天付款的汇票于 6 月 20 日得到付款人的承兑，则该汇票应于 9 月 18 日到期。持票人于 6 月 30 日持汇票去某银行要求贴现，银行需计算计息天数，7 月份和 8 月份各 31 天，9 月份 18 天，共计 80 天，如贴现率为 10%，按欧美算法，一年以 360 天计算，则贴现息应为

$$\frac{10\ 000 \times 80 \times 10\%}{360} = 222.22（美元）$$

银行向持票人净付款为

$$10\,000 - 222.22 = 9\,777.78\text{（美元）}$$

银行受让汇票后，于9月18日向付款人提示，收取全额票款10 000美元。

（2）融通（Accommodation）。中小企业签字的汇票，由于信用不足，难以在贴现市场上融资，此时可采用融通票据进行筹资。英国票据法对“融通票据”（Accommodation Bill）做了规定。

所谓融通票据，是指持票人邀请一位没有取得对价者（一般是经营融通票据业务的银行）作为票据的债务人在汇票上签字承兑，持票人利用该融通人的信用提高汇票的身价，得以办理贴现、获得资金的一种筹资行为。

融通人（Accommodation Party）通常作为融通票据的付款人和承兑人；得到融通的筹资者是融通票据的出票人和收款人。

例如，A公司欲融通资金，得到了经营融通票据业务的B银行的承兑信用额度的承诺，A公司可以开出以B银行为付款人的远期汇票，A公司作为该汇票的出票人，同时又是收款人。B银行在汇票上承兑，成为该汇票的主债务人。利用B银行的信誉，A公司得以在金融市场上将汇票贴现，获得所需资金，其金额为汇票面值扣减至到期日的贴现息。然后，在汇票到期日之前，A公司应将足额票款交付B银行。受让汇票的贴现银行于汇票到期日向承兑人B银行提示，B银行即偿付票款。

上例中B银行为融通人，A公司为被融通人（即筹资者），所开立的汇票为无对价关系的汇票，即融通票据。B银行向A公司授信而无须提供资金，但可收取承兑手续费；A公司利用B银行的信用筹措到所需资金，付出的代价是贴现息和授信（承兑）费用；而贴现银行所获取的利益是贴现息。

我国《票据法》规定：“不得签发无对价的汇票用以骗取银行或其他票据当事人的资金。”显然“融通票据”的使用在我国《票据法》中不但没有规定，而且在形式上是被禁止的。实践中，这种以提供信用来取得融资的方式，可用备用信用证的形式得以实现。

### 2.2.2 本票

#### 1. 本票的定义

在国际贸易结算中使用的票据除以汇票为主外，有时也使用本票。英国票据法关于本票的定义是：本票是一人向另一人签发的、保证即期或定期或在可以确定的将来时间，对某人或其指定人或持票人支付一定金额的无条件书面承诺。

英文原文：A promissory note is an unconditional promise in writing made by one person to another, signed by the maker, engaging to pay, on demand or at a fixed or determinable future time, a sum certain in money, to or to the order of a specified person or bearer.

我国《票据法》第七十三条给本票下了如下定义：“本票是出票人签发的，承诺自己在见票时无条件支付确定的金额给收款人或持票人的票据。本法所称本票是指银行本票。”

2. 本票的当事人

由本票的定义可知，本票的基本当事人只有两个，即出票人和收款人，本票的付款人就是出票人本人。本票的出票人在任何情况下都是主债务人。我国《票据法》规定，在持票人提示见票时，本票的出票人必须承担付款责任。

本票可以由两个或更多的出票人一起签发，他们可以对本票共同负责，而使用像“We Promise to Pay”（我们承诺支付）的字样。有时既可以共同负责，也可以分别负责，对此本票就要写成“We Jointly and Severally Promise to Pay”（我们共同和分别承诺支付）。这种共同兼分别负责的本票的写法也可以是“I Promise to Pay”（我承诺支付），但由各出票人自行签名。

3. 本票的必要项目

本票应当具备的内容，各国票据法的规定大同小异。根据《日内瓦统一票据法》的规定，本票必须具备以下项目。

（1）写明“本票”（Promissory Note）字样。

（2）无条件支付承诺。

（3）收款人或其指定人（未写明收款人或其指定人的视为持票人）。

（4）付款期限（未写明付款期限的，视为见票即付）。

（5）付款地点（未写明付款地点的，付款人所在地视为付款地点）。

（6）出票日期和地点（未载明出票地点的，以出票人名称旁的地点为出票地点）。

（7）一定金额货币。

（8）出票人签字。

由此可见，本票比汇票少了一个绝对必要项目——付款人，而是由出票人承担付款责任。

我国《票据法》规定，本票的必须记载事项为：表明“本票”的字样；无条件支付的承诺；确定的金额；收款人名称；出票日期；出票人签章；相对应记载的事项为付款地和出票地。本票上未记载以上必须记载事项之一的，本票无效；关于相对应记载事项的记载也应清楚明确，不过没有记载也不影响本票的效力。我国《票据法》规定，本票上未记载付款地的，出票人的营业场所为付款地；未记载出票地的，出票人的营业场所为出票地。

英国票据法和《日内瓦统一票据法》的规定大致相同，均比我国《票据法》多了一个相对应记载事项：付款期限。这是因为我国《票据法》规定的本票是银行本票，均为见票即付；而国外票据法规定的本票为银行本票和一般本票。一般本票可以是见票即付，也可以是远期付款的，远期的一般本票必须记载付款期限。在实务中，如今已很少使用由企业或个人出具的一般本票。

本票的式样如图 2-4 所示。

PROMISSORY NOTE

"本票"字样

For USD10 000.00　　New York, April 3, 2007

一定金额货币　　出票地点和出票日期

On the 21th July 2007 fixed by the promissory note we promise to pay A the sum of ten thousand US Dollars only.

付款期限　　无条件支付承诺 收款人　　一定金额货币

For and on behalf of B

出票人（付款人）

(Signed)

出票人签章

图2-4　本票的式样

**4. 本票的种类**

1）商业本票和银行本票

按签发人身份的不同，分为商业本票和银行本票，两者都可作成记名和不记名式。

（1）商业本票（Trader's Note），是以工商企业作为出票人，用以清偿自身债务的本票。它是建立在商业信用基础上的。由于本票的出票人负有绝对付款责任，而其付款能力又缺乏有效的保证，所以商业本票的使用范围渐渐缩小。本票在国际贸易中的使用，常见于出口信贷。进口企业利用出口信贷融资进口大型设备时，进口商可开出类似借据的远期分期付款本票。经进口国银行背书后，作为向出口国银行保证偿还贷款本息的书面凭证。这种本票已不是一般意义上的本票。目前已为延期付款的银行保函所取代。现在，除大企业还会签发本票外，中小企业很少签发。

（2）银行本票（Banker's Note），是由商业银行或其他金融机构签发即期付给记名收款人或者付给来人的本票，它建立在银行信用基础上。

2）即期本票和远期本票

按期限的不同，可分为即期本票和远期本票。即期本票就是见票即付的本票。远期本票则是承诺于未来某一固定的或可以确定的日期支付票款的本票。

就商业本票而言，目前在国际贸易中，远期商业本票一般用于出口买方信贷。当出口国银行把资金贷放给进口国的商人以支付进口货款时，往往要求进口商开立分期付款的本票，经进口国银行背书保证后交贷款银行收执。这种本票不具有流通性，仅作为贷款凭证。

但对于银行本票而言，远期本票使用得较少。即期银行本票是指本票一上柜面就能取现的本票，它能代替现金作为支付工具，可用于大额现金交易中。由于即期银行本票在某种程度上和现钞等同，可以代替现钞作为支付工具，其发行在一定意义上会增加货币投放量，容易助长通货膨胀，不利于一国金融局势的稳定，因此各国对它的发行有限制。

3）国际小额本票

国际小额本票（International Money Order）多由设在美元清算中心（纽约）的美国银行签发，以美元定值，用于跨国的中小额货币支付。

4）旅行支票

旅行支票（Traveller's Cheque）是由银行、非银行金融机构或旅行服务机构发行的不指定付款地点、具有固定票面金额、专供旅游者使用的信用工具。购买人在发行机构先行存款购票，然后可在其他地点凭票兑付现款或直接用于支付，故带有支票性质。因付款人就是该票的发行机构，所以旅行支票又带有本票的性质。

由于发行人都是信誉卓著的大银行或大旅行社，因此旅行支票易被世界各地的银行、商号、饭店所接受。大银行或大旅行社签发旅行支票是有利可图的，不仅在一定时间内可无息地占用旅行者资金，可为自己做无成本的广告宣传，还可为旅行者提供安全、方便的服务。

随着计算机技术与网络的不断发展，旅行支票的使用受到了挑战。国际信用卡以其更为安全方便、手续更为简化等特点而成为旅行支票的替代品，这就使得旅行支票使用数量出现下降趋势。

5）国库券

国库券（Treasury Bill）由国家政府财政部门发行，由中央银行转售给商业银行，然后进入市场流通，是本国金融市场的重要流通证券。

5. 本票与汇票的异同

1）相同点

（1）都以无条件支付一定金额为目的。

（2）出票人都是票据的债务人。

（3）对收款人、付款期限、有关出票和背书等行为的规定相同。

2）不同点

（1）性质上不同。汇票是无条件的支付命令，而本票是无条件的支付承诺。

（2）基本当事人不同。汇票的基本当事人有出票人、付款人和收款人，而本票只有出票人（同时也是付款人）和收款人两个基本当事人。

（3）有无承兑行为。远期汇票一般有承兑行为，以保证到期付款；本票的出票人就是付款人，没有承兑行为。

（4）提示的形式不同。汇票有提示承兑和提示付款两种形式；而本票只有提示付款，没有提示承兑。

（5）主债务人不同。对于即期汇票，出票人是绝对的主债务人。而对于远期汇票，在承兑前，出票人是主债务人；承兑后，承兑人为主债务人，出票人退居为从债务人。而本票的出票人是绝对的主债务人。

（6）份数不同。汇票可以是单张，也可以成套签发，即一式两份或数份。商业汇票往往出一套两张，其中一张经承兑或付款，另一张即作废。而本票只出一张正本，而不是一套。

(7) 退票时是否作拒绝证书。在遭遇退票时，汇票要求作拒绝证书，而本票不需要。

### 2.2.3 支票

1. 支票的定义

简而言之，支票（Cheque/Check）是以银行为付款人的即期汇票。详细地说，支票是银行存款户对银行签发的授权银行对某人或其指定人或持票人即期无条件支付一定金额的书面命令。

英文原文：Briefly speaking, a cheque is a bill of exchange drawn on a bank payable on demand. Detailed speaking, a cheque is an unconditional order in writing addressed by the customer to a bank signed by that customer authorizing the bank to pay on demand a sum certain in money to or to the order of a specified person or to bearer.

我国《票据法》第八十一条给支票下了如下定义："支票是出票人签发的，委托办理支票存款业务的银行或者其他金融机构在见票时无条件支付确定金额给收款人或持票人的票据。"

在国际贸易中，支票常被代替现钞作为一种支付工具加以使用。支票的出票人所签发的支票金额不得超过其付款时在付款人处实有的存款金额。出票人签发的支票金额超过其付款时在付款人处实有的存款金额的，称为空头支票。

2. 支票的当事人

1）基本当事人

支票的基本当事人共有3个：出票人、付款人和收款人。由定义可知，支票的出票人和付款人的关系，是储户和开户银行之间的关系。这3个当事人也可以合成两个，例如，以付款银行为抬头人，那么银行既是付款人，又是收款人，这种支票通常用于从账户中提取一笔款项以偿付必须付给银行的金额；支票也可以出票人自己作为收款人，这种支票多半用来从银行中提取现款。

2）出票人的责任

按票据法的一般规则，出票人必须按照签发的支票金额承担保证向正当持票人付款的责任。所以，在签发支票前，出票人先要办理支票存款账户。在向办理支票存款业务的银行申请开立存款账户时，出票人必须使用其本名，并且应当在该账户中存入一定资金，另外还应当预留其本人的签名式样和印鉴。

各国票据法都规定禁止签发空头支票。《日内瓦统一票据法》规定，签发存款不足的空头支票，出票人要负法律责任。此外，出票人不得签发与其预留本名的签名式样或者印鉴不符的支票。我国《票据法》规定，凡签发空头支票或故意签发印鉴不符支票、骗取财物的，应依法追究刑事责任。

3）付款银行的责任

出票人在付款人处的存款足以支付支票金额时，付款人应当在当日足额付款。付款人付款时，有责任核对出票人签字的真实性，但对于支票的背书，银行只检查是否连续，而不管真伪。付款人依法付款后，即解除其对出票人和持票人的责任。

付款人在付款时，应严格按照支票所表达的出票人指示办事。比如划线支票，付款人应按照划线内容进行转账，否则，付款人将承担过失责任。

**3. 支票的必要项目**

根据《日内瓦统一票据法》的规定，支票必须具备以下项目。

（1）写明其为“支票”（Cheque）字样。

（2）无条件支付的命令。

（3）付款银行的名称。

（4）出票人的签字。

（5）出票日期和地点（未写明出票地点者，出票人所在地视为出票地点）。

（6）付款地点（未写明的，付款行所在地视为付款地点）。

（7）写明“即期”字样（未写明者，仍视为见票即付）。

（8）一定金额的货币。

（9）收款人或其指定人。

与《日内瓦统一票据法》所规定的支票的必要项目相比，我国《票据法》规定支票必须含有表明“支票”的字样、无条件支付的委托、确定的金额、付款人名称、出票日期、出票人签章，支票上未记载以上事项之一的，支票无效；却没有将“收款人或其指定人、出票地、付款地”规定为支票的必要事项，而是将其规定为相对应记载事项。另外，我国《票据法》还规定：“支票上的金额可以由出票人授权补记，未补记前的支票，不准使用；支票上未记载收款人名称的，经出票人授权也可以补记。支票上未记载付款地点的，付款人的营业场所为付款地。未记载出票地的，出票人的营业场所、住所或经常居住地为出票地。出票人的签章应当与在付款人处预留的签名式样或印鉴相符。”“支票出票时记载事项，适用出票地法律，经当事人协议，也可适用付款地法律。”它确认了银行在支票业务中的主导地位。因而支票总是由开户银行设计成统一的格式，印刷精良。

支票的式样如图 2-5 所示。

**4. 支票的种类**

1）记名支票和不记名支票

按有无收款人姓名记载，可分为记名支票和不记名支票。

（1）记名支票（Cheque Payable to Order）须在收款人一栏写明收款人名字，如“pay to A or pay to the order of A”（付款给 A 或付款给 A 的指定人），这种支票在取款时必须由收款人签章方能支取，在流通时以背书方式转让。收款人姓名可以由出票人在出票时记载，也可以由出票人授权补记。

Check for USD20 000.00　　　　Shanghai，May 8，2007
支票字样 一定金额的货币　　　　出票地点和出票日期
Pay to the order of John Smith the sum of twenty thousand US Dollars only.
↓ 收款人的指定人　　一定金额的货币
无条件的支付命令
To：Bank of China，　　　　For China National Arts & Crafts
Shanghai，China 付款银行　　　　Import & Export Corp.
出票人
(Signed) 出票人签章

图2-5　支票的式样

（2）不记名支票（Cheque Payable to Bearer）又称来人支票或空白抬头支票，不记载收款人的具体名称或仅记载“To Bearer”（付来人）；取款时，付款人仅凭支票即可向持票人付款，转让时可仅凭交付也可凭背书转让。我国《票据法》未把收款人作为支票必须记载事项，在法律上认可了不记名支票这一形式。

2）一般支票和划线支票

按是否划线，可分为一般支票和划线支票。

（1）一般支票（Uncrossed Cheque）又称开放支票（Open Cheque），即非划线支票。它可以通过银行转账，也可由持票人自行提取现金。只要提示的票据合格，支票的付款银行就必须立即付款。万一支票遗失，容易被人冒领取款。为避免因此类事故造成损失，于是产生了支票所特有的“划线”方法，形成了划线支票。

（2）划线支票（Crossed Cheque），是指在正面上划有两条平行线的支票。划线支票只能通过银行收款，不得由持票人直接提款，其主要目的是防止在遗失时被人冒领，使不正当持票人转让支票或领取票款更为困难。即使被冒领，也有可能通过银行收款线索追回款项。根据线内是否注明收款银行名字，划线支票又可分为一般划线支票和特别划线支票。

支票的划线人既可以是出票人，也可以是持票人或代收银行。出票人作成普通划线，持票人可以把它转变成特别划线；持票人作成普通划线或特别划线，持票人可注如“不可流通”字样。被特别划线的银行可以再作特别划线给另一家银行代收票款。代收票款的银行也可以作成特别划线注明自己为收款人。我国《票据法》中没有支票划线制度的规定，但有对现金支票和转账支票的规定。实务中，在支票左上角加两条平行斜线可作为转账支票使用。

① 一般划线支票（General Crossed Cheque），又称为普通划线支票，是指由出票人、收款人或代收银行在支票正面（一般在左上角）上仅划两条平行线，有的使用印戳盖上划线，

却不注明收款银行的支票。其具体形式有以下四种。

只有两道平行线，平行线内无文字，仅代表是转账票据；两道平行线内注明“ABC Company”字样；两道平行线内加注“Not Negotiable”（不可流通）字样，它可由收款人委托任何银行收取票款，但出票人只对收款人负责，收款人虽仍可转让该支票，但受让人的权利不优于收款人；两道平行线内加注“Account Payee”（请入收款人账户）或“Not Negotiable，Account Payee”（不可流通，请入收款人账户），那么收款人只能委托其往来银行收款入账。

② 特别划线支票（Special Crossed Cheque），是在平行线内写明具体收款银行的划线支票，如两道平行线内加注“Account Payee with B Bank，New York”（由纽约 B 银行收入收款人账户）。因此，持票人只能委托票面指定的银行收账。若该支票的付款银行将票款付给非线内注明的收款指定银行，那么就应对真正所有人承担由此造成的赔偿责任。使用划线支票的目的是保障安全，避免因支票遗失或被盗窃而遭受损失。

3）现金支票和转账支票

支票在我国按不同用途，可分为现金支票和转账支票。我国《票据法》第八十四条明确规定：“支票可以支取现金，也可以转账。在用于转账时，应当在支票正面注明。支票中专门用于支取现金的，可以另行制作现金支票，现金支票只能用于支取现金。支票中专门用于转账的，可以另行制作转账支票，转账支票只能用于转账，不得支取现金。”

4）其他类型的支票

（1）保付支票（Certified Cheque）：保付支票是指由付款银行在支票上加“Certified to Pay”（保付）字样并签章，以表明在支票提示付款时一定照办的支票。为了避免出票人开出空头支票，收款人或持票人可要求银行对支票保付。银行在保付时，须核查出票人的支票存款账户，并将相应金额转入保付支票账户名下。支票一经保付，即由银行承担付款责任，银行成为主债务人；其他债务人一概免责，都可免于追索。持票人可以不受付款提示期的限制，在支票过期后提示，银行仍要付款。经银行保付过的支票可靠性高，有利于流通。美国和日本有关于支票保付的规定，但日本的保付只限于在支票提示期限内有效。我国《票据法》、英国票据法、《日内瓦统一票据法》均无支票保付的规定。

（2）银行支票（Banker's Cheque）：银行支票是由银行签发，并由银行付款的支票，表明出票银行作为客户在另一家银行开立账户而开出的支票。

**5. 支票的提示期（有效期）**

支票是替代现金的即期支付工具，因此有效期较短。在支票有效期内应该提示付款，否则支票失效。但这并不意味着出票人对收款人付款责任的解除。

《日内瓦统一票据法》规定支票的提示期限为：若出票与付款在同一国家，自出票日起 8 天；若出票与付款在不同国家但在同一洲的，自出票日起 20 天；出票与付款不在同一国家又不在同一洲的则是 70 天。追索的期限是从上述提示期限到期起 6 个月。英国票据法对支票的有效期没有什么特殊的规定，仅规定应在合理时间内作付款提示。我国《票据法》

只对按行政区划在同一城市范围内使用的支票规定了提示期：持票人应当自出票日起 10 日内提示付款；异地使用的支票，提示期限由中国人民银行另行规定。超过提示期限的，付款人可以不予付款，持票人丧失对其前手的追索权，但出票人仍应当对持票人承担支付票款的责任，而持票人的延迟提示使出票人受到损失的除外。这种宽泛的规定在一定程度上保护了出票人的正当权益。

例如，甲开立 100 英镑的支票给乙，授权乙向丙银行取款，乙拿到支票后拖延很久不去取款，恰在此时，丙银行倒闭，甲在丙银行账户里的存款分文无着。乙在未获支票款项的情况下，找到了甲，要甲负责。甲可以对乙拒绝负责，但理由并不是因为支票过期。尽管支票的持票人不在合理时间内提示付款，出票人仍必须对支票负责，但有一例外，即：持票人的延迟提示而使出票人受了损失。由于乙的晚提示致使甲受了损失。那么甲就可不对该支票负责，因为乙如果及时去取款，甲就不会受到损失，所以他可对支票不负责任。如果丙银行倒闭清理时，所有债权人尚能分到一定比例的偿付金，那么，甲作为存户债权人应把分到的偿付金付还给乙，如甲按 30% 的比例分到了偿付金，他应按同样的比例付给乙，而对其余的 70% 可不负责任。

### 6. 支票的使用

1） 一般做法

支票是存款人用以向开户银行支取存款而开出的票据，是替代现金的支付工具，收款人可以是第三人，也可以是出票人自己或者付款行。其主要票据行为如出票、背书、付款、追索等，基本上适用于对汇票的规定。

2） 支票的拒付和止付

（1）支票的拒付（Dishonour of Cheque），是指付款行对于不符合付款条件的支票拒付并退票的行为。付款行退票的理由通常是：① 出票人的签名不符或大小写金额不符；② 支票未到期或支票存款账户存款不足；③ 金额需大写或大写金额需出票人确认；④ 支票的开出不符合规定；⑤ 奉命止付；⑥ 支票逾期提示或支票为过期支票；⑦ 需收款人背书；⑧ 需与出票人联系；⑨ 要项涂改需出票人确认；⑩ 付款人的名字欠缺。

（2）支票的止付（Stop Payment of Cheque），是指出票人向付款行发出书面通知，要求银行停止对某张支票付款的行为。当持票人遗失支票，要求付款银行止付时，该行应告诉持票人立即与出票人联系，由出票人发出书面通知后，止付才能成立。以后该支票如提示时，付款行在支票上注明“Orders not to Pay”（奉命止付）字样，并退票给提示人。

《日内瓦统一票据法》禁止有效期内止付支票，即使出票人死亡、破产也不受影响。这样规定是为了防止出票人开了空头支票又止付得以逃避债务。支票的主债务人为出票人，在有效期内（支票提示期）必须承担其保证付款的责任，以保障支票的流通和使用。过了有效期后，付款人有权决定是否对持票人的提示予以付款，此时出票人有权撤销其授权。

英国票据法允许支票止付。英国人认为，支票的流通功能有限，作为一种短期的支付工具，出票人止付支票仅仅是撤销了以支票形式来履行其债务责任，并不能摆脱债务，但他在法律上仍对原有的债务负责。如果他执意不付，债权人可以去法院对他进行起诉，最终出票人还是要付。按照英国票据法规定，支票止付必须由出票人签字以书面通知方式实行，英国银行只有在收到载有支票号码、出票日期、金额、收款人等支票详细内容的由出票人签署的书面通知后，才会止付。英国票据法还规定，在有确凿证据证明出票人已经死亡或破产时，英国银行有权止付支票。

我国《票据法》对支票止付没有规定，但规定了当出票人或持票人遗失支票时，可由失票人书面通知银行挂失，对已挂失的支票，银行应暂停支付。失票人应在挂失后 3 天内，向法院申请公示催告。

3）“远期支票”

支票是一种见票即付的支付委托。所谓“远期支票”，有时也称为期票，是指出票人在出票时，把出票日期填写成将来的某一日期。那个日期实际上应被视为出票日期，对那个时期来说，支票仍是见票即付的即期支票。因为，付款人照例是不能在出票日期前支付支票余额的。“期票”一词除用了填迟出票日期的支票外，也可理解为远期本票或远期汇票。作为要式证券，出票日期是支票必须记载的项目，而出票人在支票上所作的担保和授权当然应在出票日以后，而不应在此之前，因而在贸易实务中，出票人可与收款人约定，以提前写成并交付“远期支票”的方式实施远期付款。

但在各国票据法中，只规定了支票的必要记载，并没有规定出票日期对支票有效性的制约，所以对于“未到期”的支票，只要支票的记载合格，银行可以不理会日期有悖于事实的情形，在持票人提示时予以付款。在实践中，银行则拒付出票日期未到的支票。我国《票据法》明确规定：“支票限于见票即付，不得另行记载付款日期。另行记载付款日期的，该记载无效。”

**7. 支票与汇票、本票的区别**

（1）所有的支票都是即期付款的，所以支票既无到期日的记载，也无承兑、参加承兑、参加付款、保证的行为，而这类记载与行为适用于有即期付款和远期付款之分的汇票；但本票虽然也有即期和远期之分，也有到期日的记载，却无承兑和参加承兑的规定，因为本票的出票人自行承担付款责任。

（2）支票的付款人必须是银行；而汇票、本票的付款人既可以是银行，也可以是一般企业或个人。

（3）支票有划线和保付制度，以防止假冒和便利流通；而汇票（除即期银行汇票）、本票均无这两项规定。

（4）支票签发时，出票人和付款人之间必须有资金关系，即出票人在签发支票前，已在付款银行的支票存款账户中存有足额存款；而汇票的出票人和付款人之间，不必先有资金关系；本票则是无条件的支付承诺，出票人就是付款人。

(5) 支票的基本当事人共有 3 个，即出票人、付款人、收款人，这与汇票是一致的；而本票的当事人仅两位，即出票人和收款人。

(6) 支票只能一式一份，没有复本，这一点与本票相同；而汇票可以有复本，往往是一套，即一式两份或多份。

(7) 在证券性质方面，支票与汇票均属于委托他人付款的证券，即属于委托支付证券；而本票则是由出票人自己付款的票据，故属于自付证券或承诺证券。

表 2－1 对汇票、本票和支票的异同点作了简单的概括。

**表 2－1 汇票、本票和支票的异同点**

<table>
<tr><th colspan="3">种类<br>异同点</th><th>汇 票</th><th>本 票</th><th>支 票</th></tr>
<tr><td rowspan="2">相同点</td><td colspan="2">性质</td><td colspan="3">都是以支付一定金额为目的的票据，都具备必要的内容，都具有一定的票据行为</td></tr>
<tr><td colspan="2">流通</td><td colspan="3">记名式和指示式的票据，经过背书可以转让；来人式的票据，经过交付即可转让，转让后在市场上流通，成为流通工具</td></tr>
<tr><td rowspan="9">不同点</td><td colspan="2">用途</td><td>结算工具、信贷工具</td><td>结算工具、信贷工具</td><td>多用于结算工具</td></tr>
<tr><td colspan="2">期限</td><td>即期、远期</td><td>即期、远期</td><td>即期</td></tr>
<tr><td colspan="2">当事人</td><td>出票人、付款人、收款人</td><td>出票人、收款人</td><td>出票人、付款人（银行）、收款人</td></tr>
<tr><td colspan="2">份数</td><td>多份（正本与副本）</td><td>一份（只有正本）</td><td>一份（只有正本）</td></tr>
<tr><td colspan="2">承兑</td><td>远期汇票尤其是见票后若干天后付款汇票必须承兑</td><td></td><td></td></tr>
<tr><td colspan="2">贴现</td><td>可贴现</td><td>可贴现</td><td></td></tr>
<tr><td colspan="2">责任</td><td>汇票在承兑前，出票人是主债务人。承兑后，承兑人是主债务人。所有承兑人在承兑后须对汇票共同负责</td><td>出票人始终是主债务人，本票出票人（即付款人）超过一人时，可以对本票共同负责，也可以分别负责</td><td>出票人始终是主债务人</td></tr>
<tr><td rowspan="2">追索权</td><td>在票据有效期内</td><td>1. 遇拒付若要保留追索权，应作出拒绝证书<br>2. 持有人对出票人、背书人、承兑人都有追索权</td><td>1. 无须作拒绝证书<br>2. 只对出票人有追索权</td><td>1. 无须作拒绝证书<br>2. 只对出票人有追索权</td></tr>
<tr><td>票据过期</td><td>过期遭拒付，对票据上一切当事人丧失追索权</td><td>过期拒付，对票据背书人丧失追索权，对出票人仍可行使追索权（在 6 年以后，对出票人丧失追索权）</td><td>过期拒付，持票人仍可向出票人追索</td></tr>
</table>

## 2.3 票据行为

票据行为是围绕票据所发生的各种行为，有出票、背书、提示、付款、承兑、退票、追索、参加承兑、参加付款等。不同票据包括行为的种类不同，汇票的行为较本票和支票多。但不同票据的行为具有相同的特征。

### 2.3.1 票据行为的定义及分类

票据行为也称票据的处理手续，是指以发生票据权利义务为目的，而依照票据法所进行的要式法律行为。票据行为有狭义和广义之分。

狭义票据行为是以承担票据文义所载明的债务为目的所做的必要形式的法律行为。具体而言，它是以行为人在票据上进行必要事项的记载，完成签名并予以交付为条件，以发生或转移票据上的权利，负担票据上的债务为目的。

狭义票据行为是基于当事人的意志表示而发生的相应法律效力的行为，所以又称票据的法律行为。这类行为包括出票、背书、承兑、保证、保付、参加承兑六种行为。但是，我国《票据法》规定的狭义的票据行为只有五种，即出票、背书、承兑、保证、付款。狭义的票据行为分为两类：一是出票行为，称为基本的票据行为，也叫主票据行为；一是其他行为，称为从票据行为，由于其他行为都是以出票所设立的票据为基础的，因此也称为附属票据行为。

广义票据行为，统指一切能够引起票据法律关系的发生、变更和消灭的各种行为。广义票据行为除包括狭义票据行为外，还包括提示、付款、参加付款、划线、涂销等行为。狭义票据行为以外的各种行为是基于法律的直接规定而发生相应法律效力的，被称为准票据法律行为，简称准票据行为。

### 2.3.2 有效票据行为应具备的条件

针对狭义票据行为而言，票据行为只有同时满足 3 个条件，即具备必要的行为形式、有明确的意思表示和行为人具备相应的票据能力，才能称为有效票据行为。

1. 具备必要的行为形式

票据行为是一种要式行为，其行为形式包括以下三方面内容。

1）进行必要事项的记载

票据行为的有效成立，首先必须具备符合法律规定的票据记载必备事项的范围及记载方式，如票据金额的记载等。

2）行为人完成签名

票据签名是各种票据行为共同的形式要件。票据签名不仅体现了票据行为人确定参加票据关系、决定承担票据债务的主观意志，而且是确认实际的票据行为人与票据上所载的票据行为人为同一人的客观标准。

票据签名的形式通常有手书签名、盖章、签名盖章、记名盖章、法人签名等。手书签名是指由票据行为人本人亲手书写自己的姓名；盖章是票据签名的变通形式，是指票据行为人加盖自己的印章；签名盖章是指在进行手书签名的同时，再加盖印章的双重签名方式；记名盖章是由行为人以手书签名以外的其他方法表明行为人名称，如打印，然后加盖行为人印章的特殊签名方式；法人签名是指在法人代表签名或盖章的同时加盖该法人的印章。

3）票据交付

票据交付是使票据行为最终能够有效成立的特殊形式要件。通过票据交付可实现票据占有的实际转移。

**2. 有明确的意思表示**

行为人要有以发生或转移票据上权利、负担票据上债务为目的的明确表示。例如，出票以发生票据权利为目的，背书以转移票据权利为目的，承兑以承担票据债务为目的。

**3. 行为人具备相应的票据能力**

票据能力是票据成立的实质要件。关于票据行为人的票据能力，原则上依照民法的一般规定，即行为人必须具备相应的民事能力。就票据行为而言，它要求行为人具备相应的票据能力，包括票据权利能力和行为能力。

票据权利能力是指能够成为票据行为的主体，参加票据关系，享受票据权利与承担票据义务的资格。它为进行有效的票据行为提供了可能性，是票据能力的静态表现。票据行为能力是指具有票据权利能力的行为人，能够实际地以自己的行为，取得票据上权利，承担票据上义务的能力。它为进行有效的票据行为提供了现实性，是票据能力的动态表现。

### 2.3.3 票据行为的特征

票据在社会经济生活中具有特殊作用。为了保障票据在使用上具有极大的流通性、安全性和可靠性，票据法赋予了票据行为不同于一般法律行为的特殊性，即票据行为的抽象性、要式性和独立性。

**1. 票据行为的抽象性**

票据行为的抽象性，又称票据行为的无因性，是指票据行为只须具备其抽象的形式即可生效，而不问其实质。例如，发票人发出票据，只要形式上满足法律所规定的各项要求，即为有效的发票行为。发票行为成立后，不受实质关系的影响。这一点也就是所谓的票据关系与原因关系相分离。票据因此成为抽象证券或不要因证券（无因证券）。对票据来说，票据上的法律关系仅指票据债权债务关系，票据原因关系被称为票据外法律关系。票据行为的抽象性包含以下三方面内容。

1）票据行为的效力独立存在

票据债权债务关系因某种原因关系一经形成，就与先前的原因关系相分离，不再受原因关系的影响而存在。当原因关系发生改变或消失时，票据债权债务关系并不因此发生任何变化。

2）持票人不必证明票据债权的取得原因

法律规定，持票人只要能证明票据债务的真实成立与存续，即可对票据债务人行使票据权利，而无须证明自己及前手是依何种实际的经济关系取得债权的。

3）票据债务人不得以原因关系对抗善意持票人

在通常情况下，付款人与持票人之间是不存在直接原因关系的，因此票据债务人不能以原因关系对善意持票人提出抗辩。

**2. 票据行为的要式性**

票据行为是严格的要式行为。其要式性又称为票据行为的形式性，是指票据行为具有法律规定的行为方式及其效力解释，行为人不得自行选择行为方式，也不能对票据行为的效力任意解释。票据行为的形式性包括以下三方面内容。

1）以书面方式进行

票据行为必须是严格的书面行为。在票据行为中，既不承认口头方式的效力，也不承认信件、电报等准书面方式的效力，只承认证券书面的效力。票据行为人必须签字，否则票据行为无效。

2）以固定方式进行

票据法明确规定了票据行为的固定方式，包括应记载的固定内容、固定记载位置、记载方法等，如承兑只能在票据正面进行、背书只能在票据背面进行等。

3）依票据所载文义解释

票据行为的内容完全以票据上的文字记载为准，即使文字记载与实际情况不符，仍以文字记载为准，不允许当事人以票据上文字记载以外的证据对文字记载进行补充或变更，甚至作出与票据所载文字相反的解释。

**3. 票据行为的独立性**

票据行为的独立性，又称票据债务独立原则或单独行为原则，是指发生在同一票据上的若干票据行为均分别依其在票据上所记载的内容，独立地发生效力，各种行为互不牵连。票据行为的独立性包括以下三方面内容。

1）各票据行为均独立发生

发生在同一票据上的各个票据行为，虽然有逻辑上的先后顺序，但并没有发生的必然性。各个行为人都是按照自己的意志，独立地决定是否作相应的票据行为。如背书行为只能产生于出票之后，但出票并不能导致背书一定发生。

2）先前票据行为并不影响后续票据行为

先前的票据行为无效，并不能免去后续票据行为人所承担的票据责任。例如，出票的无效并不能因此而否定在此票据上背书、承兑行为的有效性，背书人、承兑人必须对其行为负责。

3）某一票据行为无效，并不能影响其他票据行为的效力

在运用票据独立性原则时，不能违背票据行为的要式性要求，即只能在确认某一票据行为在要式上为有效行为，而在实质上为无效行为的前提下，才能适用该原则。对于以要式上显然无效的票据行为为前提的票据行为，是不能依据票据行为的独立性原则确认其为有效票据行为的。

### 2.3.4 票据行为的性质

票据行为属于民法上的法律行为，但究竟属于单方法律行为还是合同行为，在理论上与各国立法上都有分歧。一般来说，大陆法国家多主张票据行为是单方行为，英美法国家主张票据行为属于合同行为。若承认票据行为是单方行为，则出票人一经签发票据，票据即有效成立，而无须对方当事人的合意。这种理论与规定有利于票据的流通与对善意持票人的保护。英美法虽认为票据行为是合同行为，但同时法律推定善意持票人是受合法交付票据的人，而在票据上签名的人又推定其已受对价，因而在善意持票人与票据债务人之间已成立合法的合同关系。所以在实务中，英美法与大陆法实质上无大差别。

### 2.3.5 狭义票据行为

狭义票据行为包括出票、背书、承兑、保证、保付和参加承兑。承兑和参加承兑都是汇票特有的行为；本票和支票都不需要承兑，也不需要参加承兑。由于承兑和参加承兑的内容已经在前面汇票的票据行为部分作了详细的介绍，所以此处不再对这两部分内容加以描述。

1. 出票

1）出票的含义和内容

出票是指出票人依照票据法的规定签发票据并将其交付给收款人的一种票据行为。它是以创设票据权利为目的的票据行为。出票包括两个动作：一是开出票据或写成并签字，二是交付。在汇票、本票、支票的使用中，都存在出票行为。

本票和支票都是只开单张，汇票的开立可以是单张，也可以是两张或两张以上。英美国家的国内汇票多为单张汇票（Sola Bill）。国外跟单汇票一般可开成多份，每张汇票都具有同等的效力，其中一张付讫后，其余几张自动失效，所以每张上要注明是第几份，并说明"付一不付二"［First（Second Being Unpaid）］或"付二不付一"［Second（First Being Unpaid）］的字样。如果汇票在背书转让或承兑时，背书人或承兑人误在同样两张汇票上签名，而这两张汇票分别落入不同的正当持票人之手，则背书人或承兑人应同时对两张汇票

负责。

交付是物权的自愿转移，是票据生效不可缺少的行为。

2）出票的效力

出票行为对不同票据、不同当事人的效力不同。

（1）对出票人的效力。出票后，出票人便成了票据的主债务人，本票和支票的出票人对持票人要担保付款，远期汇票的出票人除担保付款外，还要担保承兑。如果付款人到期不承兑或不付款，那么出票人就要自己清偿票据债务，即接受持票人追索。

（2）对付款人的效力。对于汇票和支票的付款人而言，出票只授予了他付款的权限，他没有必须接受支付票款的指令或委托的义务。也就是说，付款人可以接受付款指令或委托，也可以拒付。这主要取决于出票人的信用、收款人与出票人之间的协议，以及票据提示时付款人与出票人的资金关系。如果出票人信用有限，或双方事先没有达成协议或票据内容不符合协议，或票据提示时，出票人的资金不足，那么付款人可以拒付，并且不会因此而承担任何责任。但本票付款人有所不同，他作为出票人在出票时已保证付款，如果拒付，持票人可以直接对其起诉。

（3）对收款人的效力。出票赋予了收款人付款请求权和追索权。前者是指向付款人提示票据要求付款的权利；后者是指在付款人拒付时，收款人可向出票人要求清偿的权利。

2. 背书

1）背书的含义、性质和内容

背书是指持票人以转让票据权利或设定质权或委托取款为目的，在票据背面签名并记载有关文字，然后将票据交付给受让人的附属的票据行为。背书行为的完成包括两个动作：一是在票据背面或者粘单上记载有关事项并签名，根据我国《票据法》规定，背书必须记载以下事项，即签章、背书日期、被背书人名称等；二是将经过背书的票据交付给被背书人，只有经过交付，背书行为方得以完成。

背书在性质上是一种有相对人的单方法律行为，行为人称为背书人，凡持票人都可以为背书人，相对人称为被背书人，被背书人不必签名，但在支票中付款人不得背书，若付款人作出背书，该背书行为无效。

汇票、本票、支票都可以经过背书而转让。但并不是所有票据都能背书转让，对于限制性抬头或记载有“不得转让”字样的票据，是不可以背书转让的；而对于“来人抬头”票据，不需背书即可转让。因此，背书转让的只是指示性抬头票据。

2）背书的效力

依据背书种类不同，其效力也有差别。一般转让背书的效力如下。

（1）转让权利的效力。转让票据权利是背书的主要效力。背书人必须保证被背书人能得到全部票据权利，因背书而转让的权利是持票人的所有权利，包括对付款人的付款请求权和对前手的追索权。如果被背书人持有的票据在向付款人提示时被拒付，那么他应当接受被背书人的追索。被背书人接受票据后即成为持票人，享有票据上的全部权利。对被背书人而言，背书前手越多，表明其债权的担保人越多。但是，回头背书的被背书人对原来的后手无追索权，他只能向原来的前手追索。

(2) 担保承兑和付款的效力。背书人在无相反记载时，就产生了对背书人担保付款的效力。这种效力并非来自背书人的意思表示，而是来自法律规定，是一种法定效力。

(3) 权利证明的效力。背书人背书可向后手证明前手签名的真实性和票据的有效性。即使前手的签字是无效的，或者票据不具备实质性条件，背书人一旦签字，就必须对票据债务负责。持有连续背书票据的最后被背书人，只要他持有票据，就推定他为合法的权利人，他可以不必证明实际权利转移过程而行使票据上的权利。由此可见，背书具有权利证明效力或者资格授予效力。

3) 背书的种类

(1) 记名背书，又称为特别背书、正式背书、完全背书。记名背书的特点是背书内容完整、全面，包括背书人签名、被背书人或其指定人。背书日期可有可无，如果没有记载背书日期，则视为在票据到期日前背书。经过记名背书的票据，被背书人可以再作背书转让给他人，这种背书可以是记名的，也可以是无记名的。

记名背书通常有以下 3 种写法：①“Pay to the Order of E Co.”（支付给 E 公司的指定人）；②“Pay to E Co. or Order”（支付给 E 公司或其指定人）；③“Pay to E Co.”（支付给 E 公司）。

(2) 无记名背书，又称空白背书、略式背书，是指背书人仅在票据背面签名盖章而不注明被背书人的背书。无记名背书的票据凭交付，权利即可转让，并且受让人可以继续转让。转让方式有以下几种。

① 继续作无记名背书转让。可分为两种情况：一是不作背书，将受让票据直接交付他人，由于没有签名，也就没有被追索的可能；二是在无记名背书票据上加上自己的名字后，再作无记名背书转让。

② 转作记名背书转让。也有两种情况：一是在无记名背书票据上加上自己的名字后，作记名背书转让；二是直接在无记名背书票据上加上被背书人的名字后转让。这种转让也没有签名，从而可避免追索。

(3) 限制背书，是指背书人在票据背面签字、指定某人为被背书人或记载有“不得转让”字样的背书。

对于限制背书的受让人能否将票据转让，各国票据法有不同规定。根据英国票据法，限制背书的被背书人无权再转让票据权利；《日内瓦统一票据法》和我国《票据法》承认不得转让的背书。规定限制背书的票据仍可由被背书人进一步转让，但原背书人即作限制背书的背书人只对直接后手负责，对其他后手不承担保证责任。

限制背书通常有 3 种写法：①“Pay to E Co. Only”（仅付给 E 公司）；②“Pay to E

Co. not Transferable/Negotiable”（支付给E公司，不可转让）；③“Pay to E Co. not to Order”（支付给E公司，不得付给其指定人）。

（4）有条件背书，是指背书人在背书时对被背书人享受票据权利附加了前提条件，只有在记载条件完成时方可把票据交给被背书人的背书。多数国家，包括我国的票据法规定，有条件背书的背书行为是有效的，但背书条件无效。对有条件背书的受让人而言，在行使票据权利或在将票据背书转让时，他可以不理会前手附加的条件，因为这些条件不具有法律效力。例如：

Pay to E Co.，London on Delivery of B/L

On 17th May，2004

For C Co.，New York

Signature

（5）委托收款背书，是指在票据背面记载托收文句，要求被背书人按照委托其代收票款的指示处理票据的背书。这种背书有“for Collection”（委托收款）字样。背书人的背书目的不是转让票据权利，而是委托被背书人代为行使票据权利，即代为收款。委托收款背书的被背书人不得再以背书转让票据权利，因为票据的所有权仍属于背书人而不是被背书人。

委托收款背书有两种方式。一种是特别托收背书，又称记名托收背书。例如：

Pay to the Order of A Bank，London for No. × Account of us

For C Co.，New York

Signature

其中A银行为托收的被记名人（受托人）。

另一种是空白托收背书，又称不记名托收背书。例如：

For Collection Pay to Any Bank

For C Co.，New York

Signature

（6）设定质押背书，是指记载有“质押”字样的背书。被背书人只有在依法实现其质押权时，才可行使汇票权利。在其他任何情况下，票据的所有权都属于背书人，被背书人不得侵犯背书人的票据权利。

（7）其他背书。包括加注“不得追索”（Without Recourse）字样的免责背书、免作拒绝证书背书、免作拒付通知背书等。票据法一般都允许这种背书，但其效力只限于背书人与直接被背书人之间，被背书人的后手不受此类背书的影响。

### 3. 保证

#### 1）保证的含义和作用

保证通常是指非票据债务人对票据债务予以保证的附属票据行为。其目的是为了增强票据的可接受性，使之便于流通和融资。在汇票、本票和支票的使用中，都可以存在保证。

《日内瓦统一票据法》和我国《票据法》允许这一行为，英国票据法无此规定。

由于保证是非票据债务人作出，保证人与被保证人即出票人、背书人、承兑人所负的责任完全相同。为承兑人保证时，应负付款之责；为出票人、背书人保证时，应负担保付款人承兑和付款之责。

2）保证的做法

保证应在票据或粘单上记载保证意旨、保证人名称和住所、被保证人名称、保证日期，并由保证人签名。如果未记载被保证人，对于已承兑的汇票，应以承兑人为被保证人；对于其他票据，则以出票人为被保证人。如果未记载保证日期，出票日期即为保证日期。保证人可以向被保证人收取一定押金或担保物，保证人在偿还票款后，可以行使持票人的权利。保证形式并不统一。例如：

Guaranteed

For Acceptor

23rd July，2004

For F Bank，London

Signature

保证不得附带条件。附有保证条件的，不影响对票据的保证责任，但保证条件无效。

3）保证人的责任和权利

保证人一般由票据债务人以外的其他人担当，我国的规定即是如此。但《日内瓦统一票据法》却允许任何人作保证人，包括本来已在票据上签过名的债务人。

汇票被保证后，保证人所负的票据责任与被保证人相同。但是被保证人的债务因票据记载事项欠缺而无效的例外。我国《票据法》规定，两个或两个以上的保证人之间、保证人与被保证人之间对持票人要承担连带责任。

保证人清偿票据债务后，取得持票人地位，有权对被保证人及其前手进行追索。

在实务中，对票据债务直接进行担保的保证行为很少发生。如果需要对票据债务进行担保，则多采用背书、承兑、共同出票、共同背书等方法，对票据债务进行间接担保。

**4. 保付**

1）保付的含义和内容

保付（Certified to Pay）是指作为支票付款人的付款银行表明保证支付票款的行为。其目的在于承担支票上的绝对付款义务。

保付行为的完成包括两项内容：一是进行保付文句及保付日期的记载、完成签名；二是将支票交付持票人。

保付可由支票的持票人请求付款银行进行，也可由支票的签发人请求付款银行进行。在通常情况下，支票的签发人在出票后，应随即请求付款银行进行保付，然后将已保付的支票交付持票人。

2）保付行为的效力

支票中的保付如同汇票中的承兑，都是付款人表明保证支付票款意愿的行为。在保付后，付款银行即成为支票上的唯一债务人，负有绝对付款的责任，不得以任何理由拒付；出票人和背书人的担保责任均免除，即使付款银行不付款，持票人也不能向出票人和背书人行使追索权；持票人取得绝对的付款请求权。

《美国统一商法典》中规定，除另有约定外，付款人无保付的义务。付款行一经保付，其他债务人一概免责。即使持票人在支票过期后提示，保付银行仍要付款。不过日本票据法规定，保付银行只是在支票有效期内保证付款。英国票据法、《日内瓦统一票据法》和我国《票据法》都没有支票保付的规定。

由于保付对付款银行来说，在资金安全性上有些不利，因而实际业务中很少使用。

### 2.3.6 准票据行为

准票据行为是指狭义票据行为以外的其他票据行为。主要包括提示、付款、拒付、追索、参加付款、划线、涂销和更改、伪造及变造等。

1. 提示

1）提示的含义和种类

提示是指持票人向付款人出示票据、要求其履行票据义务的行为。提示是持票人要求票据权利的行为。

提示可分为承兑提示和付款提示。承兑提示是持票人在票据到期前向付款人出示票据，要求其承兑或承诺到期付款的行为。承兑提示只是针对远期票据（主要是汇票）而言的，即期汇票、本票、支票不必作承兑提示。付款提示是指持票人在即期或远期票据到期日向付款人出示票据要求其付款的行为。汇票、本票、支票均需作付款提示。不论承兑提示，还是付款提示，持票人必须在票据有效期内作出提示程序，若持票人在法定的有效期内没有作出提示，依照有关法律和有关的票据法的规定，可带来一系列的后果。

2）有效提示的要求

根据票据法规定，提示必须在规定的时间及地点作出才有效。

（1）提示时间。关于提示时间，各国票据法的规定有较大不同。《日内瓦统一票据法》规定：即期票据必须在出票日后的1年内作付款提示；见票后定期汇票在出票日后的1年内作承兑提示；远期票据在到期日及以后两个营业日内作付款提示。

英国票据法规定：即期票据、本票须自出票日起1个月、支票（不含异地）10日内作付款提示；见票后定期付款汇票，自出票日起1个月作承兑提示；远期汇票、本票，自到期日起10日内作付款提示。

我国《票据法》规定，见票即付的汇票，自出票日起1个月内向付款人提示付款；定日付款、出票后定期付款或者见票后定期付款的汇票，自到期日起10日内向承兑人提示付款。支票的持票人应当自出票日起10日内提示付款；异地使用的支票，其提示付款的期限由中国人民银行另行规定。我国《票据法》对本票的提示时间没有作明确规定。

在规定期限内未作提示的，持票人丧失对前手的追索权，但在一定期限内，持票人仍有权向出票人和承兑人要求票据权利。如我国规定，即期汇票、本票的持票人在自出票日起的2年内，远期票据的持票人在自到期日起的2年内，有权对出票人和承兑人要求票据权利；支票持票人在出票后6个月内有权对出票人要求票据权利。过了此期限，持票人便丧失票据权利。

（2）提示地点。持票人应在票据上指定的地点向付款人提示票据，如果票据上未指定地点，那么应在付款人营业地或住所提示。此外，持票人还可以通过银行票据交换场所向付款人提示票据。

**2. 付款**

1）付款的定义

付款是指在即期票据或到期的远期票据的持票人向付款人出示票据时，付款人支付票款的行为。付款是票据行为的最终目的，是票据流通过程的终结，是票据债权债务的最后清偿。汇票、本票、支票都存在付款行为。持票人在到期日，经付款人或承兑人正当地付款，票据的使命即告完成。在正当付款之后，付款人的债务被解除。以银行作为付款人的票据，在正当付款后发现票据有伪造、欺诈等行为，付款行不负担责任。

2）付款人付款的必要事项

在付款时，付款人必须做到以下6点。

（1）对票据权利所有人付款。在付款时，付款人首先必须是出于善意，即不知道持票人权利的缺陷；其次是要鉴定背书的连续性。只有在符合以上两个要求的情况下，付款人的付款才被称为正当付款（Payment in Due Course），至此付款人才可以免除债务。

（2）立即付款。当持票人按规定向付款人作付款提示时，付款人应在24小时内付款。

（3）支付金钱。票据权利是一种金钱权利，付款人必须支付金钱。如果票据上规定了支付货币的种类，付款时应支付规定货币；如果没有规定支付货币的种类，一般应支付本国货币。

（4）到期日付款。付款人只能在票据到期日向持票人支付票款，如果付款人在到期日前支付了票款，应承担由此产生的一切后果。

（5）足额付款。我国《票据法》规定，付款人必须足额支付票款，不能作部分付款。国外法律规定有所不同。《日内瓦统一票据法》规定：持票人不得拒绝部分付款；《英国票据法》规定，持票人可以接受部分付款；也可以拒绝。在接受部分付款时，债务并不能完全了结，因此持票人仍需保留票据。

（6）注销票据。付款人作正当付款后，应要求收款人在票据背面签字作为收款证明并收回票据，注上“付讫”（Paid）字样，此时票据就“注销”（Discharge）了。票据注销后，不仅付款人的付款义务被解除，所有债务人的责任都因此消灭。

3）以银行为付款人的付款方法

在国际结算业务中使用的票据，票据的付款人通常为银行，持票人提示票据的方法如下。

(1) 持票人亲临付款行柜台提示票据，付款行凭票支付现金给持票人，要求其在票据上空白背书并将此当作款项付讫的凭据。

(2) 持票人通过票据交换所提示，付款行收到换入票据，即作转账付款借记出票人账户，贷记交换科目。

(3) 持票人向付款行的联行或代理行提示，由该行寄交票据给付款行，付款行作转账付款，借记出票人账户，贷记联行或代理行的往来账户。

4）部分付款

《日内瓦统一票据法》规定，若付款人只支付票面金额的一部分，持票人不得拒绝接受，否则将会导致丧失追索权。因为若其拒绝接受会增加前手债务人的负担，从而损害前手债务人的利益。而英国票据法则规定，持票人可以接受部分付款，也可拒绝。

接受部分付款时，持票人仍需保留票据，因为债务并未完全了结。通常，付款人在票面上记载已付金额，并要求持票人出收据。持票人应将未付金额作成拒绝证书，以行使追索权。

此外，《日内瓦统一票据法》还规定，提示汇票金额的货币与付款地货币不同时，其金额得依到期日行市折合当地货币支付，若债务人到期未能照付，持票人得任意要求该项金额依到期日或支付日行市折合当地货币支付。但出票人指定必须用某种外国货币支付方为有效时，不适用上述折合的办法。

**3. 拒付**

1）拒付的含义

拒付（Dishonour）又叫退票，是指付款人在持票人提示汇票要求承兑或要求付款时，拒绝承兑或拒绝付款的行为。汇票、本票和支票都有可能发生拒付。如果即期汇票和承兑前的远期汇票和支票发生拒付，持票人可依法行使追索权；承兑后的远期汇票和本票发生拒付，持票人可分别对直接承兑人和出票人起诉。

2）拒付的情形

票据流通过程中，下列情况均作“拒付”处理。

(1) 到期日前不获承兑或到期日不获付款。持票人到期前不获承兑的情况有：持票人按规定作承兑提示，付款人拒绝承兑，或在规定期限内未作承兑或仅作保留性承兑、部分承兑以及付款人避而不见或付款人杜撰等原因导致持票人无法向付款人作承兑提示等情况；持票人到期不获付款的情况有：持票人在到期日按规定作付款提示时，付款人明白表示拒付，或付款人避而不见，或持票人无法按规定作付款提示等情况。

（2）已作承兑或未作承兑或未作付款的付款人破产、死亡、丧失行为能力等情况以及非承兑票据（本票和支票）的出票人破产时的情况。

3）拒绝证书

所谓拒绝证书，是指由一个在退票地的、获得当地法律授权的公证机构或知名人士作出的、并经其签字、注明日期的退票陈述书。按照票据法规定，持票人遭到拒付的情况下，依法可行使追索权。持票人行使追索权必须按照法律规定发出拒付通知和拒绝证书。关于持票人遭到拒付，是否需要作成拒绝证书，各国法律也有规定。

英国票据法认为，只有国际汇票被退票，持票人行使追索权才须作成拒绝证书。《日内瓦统一票据法》则规定“承兑或付款的拒绝应以认证之行为（拒绝证书）证明”，并允许在付款人或出票人破产时，以法院判决书代替拒绝证书。

（1）拒绝证书的内容。拒绝证书通常包括以下内容：拒绝者和被拒绝者双方名称、拒付原因、拒绝证书作成时间和地点、拒绝证书制作者签名等。

（2）拒绝证书制作过程及制作人。国内外制作方式有所不同。国外的一般做法是在票据拒付时，持票人应立即将票据交当地公证人，由其再向付款人提示，若付款人仍拒付，则公证人立即作成书面证明交持票人。在当地没有公证人时，可由银行、法院等有权公证的机构或者由两位有影响的人作成。我国的规定是，在拒付时，由承兑人或付款人出具拒绝证明或退票理由书。未出具的应承担由此产生的民事责任；如果因承兑人或者付款人死亡、逃匿或者其他原因，不能取得拒绝证明时，持票人可依法取得其他有关证明；承兑人或付款人被依法宣告破产的，由法院出具的司法文书证明；承兑人或付款人因违法被责令终止业务活动的，由有关行政主管部门的处罚决定证明。

（3）拒绝证书制作时间。拒绝证书只有在规定的时效内作成，持票人才能保证其利益。英国票据法规定，拒绝证书必须在拒付日的第二天终了前作成；《日内瓦统一票据法》关于远期汇票承兑与即期汇票的付款拒绝证书的制作时间规定与英国票据法相同。但远期汇票付款拒绝证书可在到期日以后2天内作成。

如果持票人没有或不能在规定时间内作成拒绝证书及有关证明文件，那么他将从此失去对前手的追索权。但承兑人或出票人仍应对持票人承担责任。

作成拒绝证书后应及时通知前手。我国《票据法》规定作成后3天内、《日内瓦统一票据法》规定作成后4天内、《英国票据法》规定作成后2天内通知前手，否则后果同上。

（4）拒付通知。拒付通知通常由持票人或背书人制作，并在规定时间内通知前手。关于发出拒付通知的时间及未能及时发出拒付通知的法律后果，各国票据法规定不一。英国票据法规定，如果前手在同地，持票人收到通知后必须在第二天通知到；如果前手在异地，持票人必须在第二天发出通知。《日内瓦统一票据法》规定，持票人应于拒绝证书作成后四个营业日内，通知其背书人与出票人，其记有“无费退回”字样者，应于提示之日后四个营业日内作拒付通知。每一个背书人应于收到前项通知日后两个营业日内，将收到拒付通知事由并载明以前通知各人的姓名、地址通知其前手背书人，依次推及出票人。背书人未于票据上记载其住所或记载不明时，该通知可发于其前手背书人。拒付通知可以采用任何方法，如果仅仅将票据退回，亦应认为已作出通知。我国规定在 3 天内通知前手，在规定期限内将通知按法定或约定地址邮寄的，视为已发出通知。

如果未能及时通知前手，英国票据法规定，持票人或背书人将丧失对前手的追索权；《日内瓦统一票据法》和我国《票据法》规定，持票人或背书人仍有追索权，但如因未及时发出通知，致使前手遭到损失，应赔偿前手因此而发生的损失。我国《票据法》还规定，赔偿金额以票据金额为限。

#### 4. 追索

##### 1）追索和追索权的含义

追索是持票人在票据被拒付时，对背书人、出票人及其他债务人行使请求偿还票面金额、利息和有关费用的行为。它是持票人在特殊情况下要求票据权利的一种手段和方式，是票据的一种附属行为。持票人行使上述请求权，即为追索权。各国票据法均确认追索权。

##### 2）追索权的特点

（1）追索权是票据上的权利，是票据法赋予持票人的权利，为各种票据所共有。它是付款请求权不能实现时的一种救济。

（2）当付款请求权不能实现时，才能行使追索权。

（3）追索权的行使，应当具备法定的实质要件和形式要件。

（4）票据上的各债务人，对持票人负连带责任。持票人可就票据债务人中一人、数人或全体进行选择行使追索权。

##### 3）行使追索权的条件

持票人在追索时必须具备一定条件，具体如下。

（1）持有合格票据。即票据的记载和背书的连续两方面合格。须按规定作出提示行为。

（2）持票人尽到了责任但遭到了拒付。即持票人已在规定的时间内作了提示，不按规定作出提示行为的，不能行使追索权；除法律另有规定外，须作成拒绝证书和拒付通知并通知前手。不作拒绝证书即不得行使追索权。

（3）追索金额限于票面金额、利息及为行使追索权所花费的费用。

通常，持票人或背书人必须在法定期限内行使其追索权。《日内瓦统一票据法》规定，持票人对前一背书人或出票人行使追索权的期限为 1 年，背书人对其前手背书人则为 6 个月。英国票据法规定，保留追索权的期限为 6 年。

##### 4）追索的顺序

只要在票据上签了字，就应对票据债务承担全部责任，并且我国《票据法》规定，出票人、背书人、承兑人和保证人对持票人要承担连带责任。因此，持票人可以按顺序向自己的前手追索，也可以向任何一个背书人或出票人、承兑人追索；可以对任何一个票据债务人追索，也可同时对数个或全体债务人行使追索权。

以汇票为例，如果持票人按顺序追索，则债务人的先后顺序如下。① 未承兑汇票：持票人→持票人前手……→第二背书人→收款人（第一背书人）→出票人（主债务人）。② 已承兑汇票：持票人→持票人前手……→第二背书人→收款人→出票人→承兑人（主债务人）。

在实务中，持票人一般都是向出票人追索。这是因为，出票人是票据的原始债务人和基本债务人，如果依次按顺序追索，最后一定是出票人付款。而且按顺序逐一追索不仅手续繁杂，而且相应费用也会增加。即使在承兑人是主债务人的情况下也是如此。因为承兑人付款的资金来源于出票人，实际上是出票人付款。只有在出票人破产或无力支付时，才由承兑人付款。

5）被追索者的权利

被追索者在清偿债务后，有权要求追索者交出汇票和拒绝证书，出示收据及费用表，涂销自己的背书；除出票人外，被追索者与持票人享有同一权利，有权对前手追索。

6）追索的金额

持票人行使追索权时，追索金额包括：被拒付的票据金额，票据金额自到期日或提示付款日起到清偿日的利息，取得有关拒绝证明和发出通知书的费用。

被追索人的再追索金额包括：已清偿的全部金额，前项金额自清偿日起至再追索清偿日止的利息，发出通知书的费用。

如果出票时注明"免作拒绝证书"或"拒付通知"，那么出票人和所有背书人都对免作拒绝证书和拒付通知的费用无责；如果是某背书人注明的，那么仅此背书人无责，持票人可向其他背书人或出票人收取此费用。

### 5. 参加付款

1）参加付款的含义及效力

参加付款是指因票据被拒付，持票人尚未追索时，非票据债务人要求付款的行为。参加付款与参加承兑的目的和作用相同。作出参加付款的行为人称作参加付款人。参加付款后，参加付款人对于承兑人、被参加付款人及其前手取得持票人的权利，有向其请求偿还权。被参加人的后手，因参加付款而免除票据责任。

2）参加付款的主要当事人责任

《日内瓦统一票据法》规定，参加付款人可以是付款人与担当付款人以外的任何人；英国票据法允许任何人参加付款。两者没有实质性差别。因为如果付款人与担当付款人拒付，一般情况下，他们是不会再要求作参加付款的。在两人或两人以上竞相参加付款时，能免除债务人最多者有优先权。根据《日内瓦统一票据法》规定，参加付款人必须在 2 个营业日内，将参加付款的事实通知被参加付款人，否则须赔偿由此而造成的损失。

参加付款人在行为时要出具书面声明，表示愿意参加付款，并说明被参加付款人的名称，在出公证人证明后，方成参加付款人。参加付款人付款后，即免除被参加付款人后手的债务，同时取得向被参加付款人及其前手追索的权利。持票人必须接受参加付款，接受参加付款后应向参加付款人交出票据和拒绝证书，并出具收据。

3）参加付款的做法

作参加付款时，参加付款人应在票据上记载被参加付款人、付款目的及付款事实的说明，英国票据法规定还要由公证人作“参加付款公证”。如果没有记载谁是被参加付款人，则以出票人为被参加付款人。

4）参加付款与参加承兑的异同

（1）相同之处在于：① 有着相同的作用，即防止持票人期前行使追索权，维护出票人、背书人的信誉；② 均可指定债务人作为被参加人；③ 参加付款人和参加承兑人作出付款和承兑后 2 个营业日通知被参加人。

（2）不同之处在于：① 参加付款人不需征得持票人同意，而参加承兑人必须征得持票人同意；② 参加付款是在汇票遭到拒绝付款时为之，而参加承兑是在汇票遭到拒绝承兑时为之。③ 对于持票人来讲，持票人必须接受参加付款，如果拒绝，则失去了对本来可以免除债务人的追索权，而持票人有权不接受参加承兑。

目前，实务中参加付款的做法很少见。

### 6. 划线

划线（Crossing）主要用于支票。英国票据法和《日内瓦统一票据法》都有关于支票划线的规定，我国《票据法》尚未对此作出规定。

### 7. 涂销和更改

1）涂销

票据涂销是指以一定的方法，将票据上的签名或者其他记载事项予以消除的行为。票据涂销通常由有相应权限的人所为。票据涂销仅限于对票据上记载内容的去除，不包括对票据上记载内容的增添。

票据的涂销可以分为两类，即法定涂销和任意涂销。

（1）法定涂销。法定涂销是指票据法明确规定了法律效力的涂销。在一般情况下，法定涂销不影响票据的效力，但依所涂销的具体内容不同，涂销本身可能发生不同的效力。法定涂销主要有以下两类。

① 票据背书的涂销。票据背书的涂销是指将票据上已进行记载的背书予以消除的行为。涂销人通常为背书人本人，也可以为其他票据权利人。可能发生背书涂销的情况有：持票人在将票据交付受让人之前，涂销自己先前拟背书转让的记载；背书人在接受追索后取得票据，将自己的背书涂销；贴现申请人向贴现银行买回贴现票据时，涂销自己先前的贴现背书；涂销错误的背书；背书人涂销后手的背书直接取得票据，以代替回头背书。票据法通常规定，票据背书的涂销视为无记载，即该背书无效，但背书涂销不影响票据的效力，即票据

上的其他记载仍然有效。

② 汇票承兑的涂销。汇票承兑的涂销，是指将汇票上已进行记载的承兑予以涂销的行为。其涂销人只能接受持票人的承兑提示，并在票据上记载承兑文句的付款人或承兑人；涂销时间是在承兑记载之后，尚未将已经承兑的汇票交付提示人之前。如果已经将承兑票据交付提示人，承兑人则不能再将其承兑涂销。汇票承兑的涂销，具有将该承兑记载完全去除，从而表明付款人撤销承兑的效力，但承兑涂销并不影响其他记载的效力。

（2）任意涂销。任意涂销是指票据法未明确规定其法律效力、应依其他有关规定确定其效力的涂销。具体可分为以下两类。

① 保持票据效力的涂销。如果所涂销的是非必要记载事项，票据的涂销不影响票据自身的效力，持票人可依涂销后的票据文义主张权利；如果涂销的是必要记载事项，只要持票人能证明这种涂销并非由有涂销权限的人故意所为及能证明被涂销部分的实际内容，即可要求票据权利。

② 丧失票据效力的涂销。如果涂销为票据权利人故意所为，则所涂销部分的票据权利消灭；如果所涂销的部分为必要记载事项，则票据权利全部消灭。

2）更改

更改是指有更改权限的人更改票据上记载事项的行为。更改不仅包括涂销原记载内容，也包括增加新的内容。

由于票据是要式凭证，有严格的形式要求，因此票据法对票据更改也有严格规定。根据更改后票据的效力不同，更改可分为以下两种。

（1）丧失票据效力的更改。对于票据上的实质性内容，票据法一般不允许更改，否则票据无效。如我国《票据法》规定：票据金额、日期、收款人名称不得更改，更改的票据无效。

（2）保持票据效力的更改。对于一些相对次要的内容，通常可以做更改。如我国《票据法》规定，除票据金额、日期、收款人以外的其他记载事项，原记载人可以更改。不过，更改时原记载人应签章证明。在这种情况下，不仅票据仍然有效，而且更改后的内容也有效。

8. 伪造

1）伪造的含义

广义的伪造是指假冒他人名义而为票据行为的一种行为。狭义的伪造则专指假冒出票人名义而出票的行为。票据伪造的行为人称为伪造人，其票据伪造行为，可以采取模仿他人的手书签名、私刻他人印章、盗用他人印章等方法。被其假借名义的他人称为被伪造人，他人通常是实际存在的人。

2）票据伪造的影响

（1）对真实签名人的影响。伪造票据仅是签名的伪造，在票据形式上是完备的。因此，属于形式上有效的票据。根据票据行为独立原则，签名的伪造并不影响真实签名人的票据行为效力。真实签名人不得以票据上存在伪造的签名，而主张免除自己的票据责任。

（2）对持票人的影响。如果被伪造人对票据伪造一事无重大过失，伪造票据的持票人就不能对被伪造人主张任何票据上的权利，而只能对伪造人提出赔偿请求；如果被伪造人有重大过失，且持票人是善意取得票据的，那么持票人有权对被伪造人主张票据上的权利。持票人负有证明票据签名为真实签名的责任，即证明该票据签名确为名义上的行为人自己的签名，或其印鉴确为名义上行为人自己的真实印鉴。

（3）对被伪造人的影响。由于伪造票据的签名不是依被伪造人自己的意志而完成的票据行为，因而对被伪造人而言，不应因此而承担任何票据责任。不过，被伪造人要能证明其印鉴是被盗用的。但被伪造人本身对票据伪造一事有重大过失的例外。被伪造人有重大过失主要是指在被伪造人与伪造人之间存在关系。在能够成立表现代理时，被伪造人应对伪造票据承担责任。主要包括以下 4 种情况：① 被伪造人虽未向伪造人授予票据代理权，却向第二人宣称向伪造人授予票据代理权，则被伪造人应在自己宣称授予票据代理权的范围内，承担票据责任；② 被伪造人虽未向伪造人授予票据代理权，但已授予其他代理权，对票据伪造人利用此机会伪造的票据，被伪造人应承担伪造票据责任；③ 被伪造人曾经授予伪造人以票据代理权，在该代理权已被撤销后，被伪造人仍应对伪造票据承担责任；④ 在被伪造人同伪造人有雇佣关系时，被伪造人应对伪造票据承担责任。

（4）对伪造人的影响。票据伪造人应该对其票据伪造行为负责。对于票据伪造人来说，由于其并未以自己的名义在票据上签名，根据票据法中“签名人承担责任”的原则，伪造人不承担票据责任。但根据民法规定，他应对受害人承担损害赔偿的责任。此外还要承担刑事责任。我国《票据法》规定，伪造票据或故意使用伪造票据都属于欺诈行为，要依法追究其行为人的民事责任和刑事责任。

### 9. 变造

#### 1）变造的含义

票据变造是指没有合法权限的人在已有效成立的票据上变更票据上签名以外的记载内容的行为。它有以下 4 个特点：

（1）票据变造是无变更权限的人所为；

（2）票据变造既包括对票据上记载内容的单纯去除，也包括对票据上记载内容的更改，以及在原有记载上直接添加新的内容；

（3）票据变造的前提是，该票据在变造前须为形式上有效的票据，变造后仍为形式上有效的票据；

（4）票据变造行为对票据上所有签名人都会产生影响。

#### 2）票据变造的影响

经过变造后的票据，由于其记载事项发生变更，票据的效力也随之发生变化。

(1) 对签名人的影响。变造前的签名人与变造后的签名人所承担的票据责任是不同的。票据法通常规定，对于变造前的签名人，应依变造前的票据所载文义，承担票据责任；对于票据变造后的签名人，应依变造后的票据所载文义，承担票据责任。

(2) 对变造人的影响。变造人擅自变更票据记载事项，应承担由此产生的法律责任。如果变造人是票据上的签名人，就应依票据所载文义承担票据责任。其签名在变造前，依原来的文义负责；其签名在变造后，依新的文义负责。如果变造人不是票据上的签名人，则他不承担任何票据责任，仅应依民法承担不法行为责任。我国《票据法》规定，变造票据和故意使用变造票据属票据欺诈行为，应依法追究其行为人的刑事责任及民事责任。

3) 票据变造的举证责任

一般而言，票据变造的举证责任应由主张票据变造的人承担。实际中有以下两种情况。

(1) 票据义务人负举证责任。如果从外观上不能发现票据有变造等异常状态，持票人即可依票据现有文义，请求票据权利；但如果票据义务人主张应免除依票据现有文义所承担的票据义务，则须提出在自己签名后票据记载事项发生变造的证明。

(2) 持票人负举证责任。如果从外观上已确认票据有变造，票据义务人可拒绝依票据现有文义履行票据义务；但如果持票人要求票据义务人按现有文义履行票据义务，则需提出票据义务人签名是发生在票据变造后的证明。

## 本章小结

票据是用以抵消国际间债权债务的主要信用工具，在国际结算领域占有极其重要的位置。它具有文义性、设权性、流通转让性、无因性、要式性、提示性、返还性和可追索性等特征。其经济作用主要表现在结算、支付、信用、流通和抵消债务五个方面。票据权利和票据义务是一对相对应的概念。票据权利是以出票人的出票行为来设定的，以取得票据金额为直接目的的权利；而票据义务是指票据债务人依票据上所载文义支付票据金额及其他金额的义务。票据权利不同于一般的民事债权，票据义务也不同于一般的金钱债务，它们有各自的特征。票据抗辩是票据义务人的自我保护方式，是票据义务人所拥有的权利，分为对物抗辩和对人抗辩两种类型。为加强票据权利，确保票据付款，促进票据流通，各国大都定有票据法。目前世界上较有影响的票据法有两大法系，即英美法系和大陆法系。票据法是规定票据种类、形式和内容的法律规范的总称，票据法对票据的要件、转让、当事人的权利和义务、基本和附属行为、票据义务的解除及票据的遗失等都有详细规定。狭义的票据仅指金融单据（资金单据），它由汇票、本票、支票构成。

汇票是票据法中最重要的一种票据，由于它最能反映票据的性质、特征和规律，最能集中地体现票据所具有的信用、支付和融资等各种经济功能。因而它是票据的典型代表。汇票的当事人有出票人、受票人、收款人、背书人、被背书人、承兑人、持票人、参加承兑人、参加付款人、保证人、贴现人。汇票的内容根据其性质及重要性不同可分为绝对必要记载项目、相对必要记载项目和任意记载项目三类，必要项目的齐全与否和是否符合票据法的规定决定了汇票的成立和有效与否。根据不同的标准，汇票有不同的分类方法。汇票的行为有出票、背书、提示、承兑、保证、交付、拒付、追索、付款、参加承兑、参加付款、贴现和融通。

本票、支票和汇票都相差无几，三者也有很多相似之处，都属于“支付一定金额”为目的的票据，都具备必要的内容，都具有一定的票据行为；其记名式和指示式的票据，经过背书可以转让，其来人式的票据，经过交付即可转让，转让后在市场上流通，成为流通工具。所以，汇票的许多规定对支票、本票均可适用。英、美票据法对出票、背书、到期日、追索、作成拒绝证书等票据行为的规定，虽然是针对汇票的，但也通用于支票、本票。

票据行为是围绕票据所发生的各种行为，有狭义和广义之分。狭义票据行为是基于当事人的意志表示而发生的相应法律效力的行为，包括出票、背书、承兑、保证、保付、参加六种行为。其中，出票是主票据行为，其他行为都是以出票所设立的票据为基础的，因此称为附属票据行为。广义票据行为，统指一切能够引起票据法律关系的发生、变更和消灭的各种行为。广义票据行为除包括狭义票据行为外，还包括提示、付款、参加付款、划线、涂销等行为。狭义票据行为以外的各种行为是基于法律的直接规定而发生相应法律效力的，被称为准票据法律行为，简称准票据行为。

### 概念与术语

1. 票据：是用以抵消国际间债权债务的主要信用工具。它是指具备一定格式并且可以流通转让的有价证券；由出票人签名于上，承诺由本人或指定他人于一定时间，无条件地向持票人支付规定金额的证券。

2. 票据抗辩：是指票据义务人根据票据法的规定，提出相应的事实或理由，否定票据权利人提出的请求、拒绝履行票据义务的行为。

3. 对物抗辩：是因票据本身所存在的事由而发生的抗辩，是一种效力较强的抗辩。

4. 对人抗辩：是指票据债务人因与特定票据债权人之间的关系而发生的抗辩，由于该种抗辩仅对特定的持票人有效，故又称相对抗辩或主观抗辩。

5. 票据法：是规定票据种类、票据形式、票据行为及票据当事人权利义务关系的法律规范的总称。

6. 汇票：是国际结算中使用最广泛的一种票据。根据英国票据法规定，汇票是由一人向另一人签发的，要求其即期或于一定日期或于可以确定的将来时间，向特定的人或其指定的人或来人无条件地支付一定金额的书面命令。

7. 担当付款人：是出票人根据与付款人的约定，在出票时注明或由付款人在承兑时指定的代付款人执行付款的人，其目的是方便票款的收付。

8. 跟单汇票：是指附带货运单据的汇票，一般为商业汇票。

9. 贴现：是指持票人将付款人已承兑但尚未到期的远期汇票背书转让给银行或其他金融机构（如贴现公司），银行或其他金融机构受让汇票时按票面金额扣除一定利息后，将剩余金额交付持票人的一种资金融通行为。

10. 融通票据：是指持票人邀请一位没有取得对价者（一般是经营融通票据业务的银行）作为票据的债务人在汇票上签字承兑，持票人利用该融通人的信用提高汇票的身价，得以办理贴现，获得资金的一种筹资行为。

11. 本票：是一人向另一人签发的、保证即期或定期或在可以确定的将来时间，对某人或其指定人或持票人支付一定金额的无条件书面承诺。

12. 支票：是以银行为付款人的即期汇票。详细地说，支票是银行存款户对银行签发的授权银行对某人或其指定人或持票人即期无条件支付一定金额的书面命令。

13. 票据行为：也称票据的处理手续，是围绕票据所发生的各种行为。

14. 出票：是指出票人签发票据并将其交付给收款人的一种票据行为。

15. 背书：是指持票人以转让票据权利或设定质权或委托取款为目的，在票据背面签名并记载有关文字，然后将票据交付给受让人的附属的票据行为。

16. 追索：是持票人在票据被拒付时，对背书人、出票人及其他债务人行使请求偿还票面金额、利息和有关费用的行为。

17. 票据涂销：是指以一定的方法，将票据上的签名或者其他记载事项予以消除的行为。

18. 票据变造：是指没有合法权限的人在已有效成立的票据上变更票据上签名以外的记载内容的行为。

## 思考题

1. 什么是票据？
2. 什么是广义的票据和狭义的票据？
3. 试述票据的特性与作用。
4. 票据权利的特征有哪些？类型有哪些？
5. 票据义务的特征有哪些？类型有哪些？
6. 什么是票据抗辩？票据抗辩分为哪几种类型？分别指的是什么？
7. 票据在法的冲突方面应遵循哪些原则？
8. 什么是汇票？其必要项目有哪些？
9. 试述汇票的当事人。
10. 试述汇票的分类。
11. 什么是汇票的贴现与重贴现？
12. 试述汇票的票据行为。

13. 什么是本票？其当事人和必要项目有哪些？
14. 试述本票的分类。
15. 什么是支票？其当事人和必要项目有哪些？
16. 试述支票的分类。
17. 试述汇票、本票与支票的异同点。
18. 针对狭义票据行为而言，有效票据行为必须具备的条件有哪些？
19. 简述票据行为的特征。
20. 试述狭义的票据行为。
21. 什么是准票据行为？准票据行为包括哪些，试加以说明。

# 第3章　基本支付方式——汇付和托收

**学习要点**

- 掌握汇付结算方式的特点、种类及其流程。
- 掌握托收结算方式的特点、种类及其流程。
- 熟悉汇付和托收两种结算方式的在实际业务中的应用。
- 分析汇付和托收两种结算方式的相关案例。

国际支付方式（Mode of International Settlement），又称国际结算方式，是指为清偿发生在国际间的债权债务关系而使用的收付货币的手段和渠道。从国际结算的历史演变过程中可知，国际支付方式已从风险较大且时间较长的现金结算方式，发展到当前较完善的通过银行间的划账冲抵以结清国际间债权债务关系的非现金结算方式。当前，基本的非现金结算方式主要有汇付、托收和信用证。

国际结算按其资金流向和结算支付工具的流向是否相同可以分为两类：顺汇法和逆汇法。

顺汇法（Remittance or to Remit）又称汇付法，系指结算工具的流向与货款的流向是同一个方向，是作为汇款方（通常为债务人）的买方主动将进口货款交给银行，委托银行通过结算工具，转托国外银行将汇款付给作为国外收款方（通常为债权人）的卖方的一种结算方式。顺汇方式流程如图3－1所示。

逆汇法（Reverse Remittance or to Draw a Draft）又称出票法，与顺汇相反，是指结算工具的流向与货款的流向呈相反方向，是由收款人出

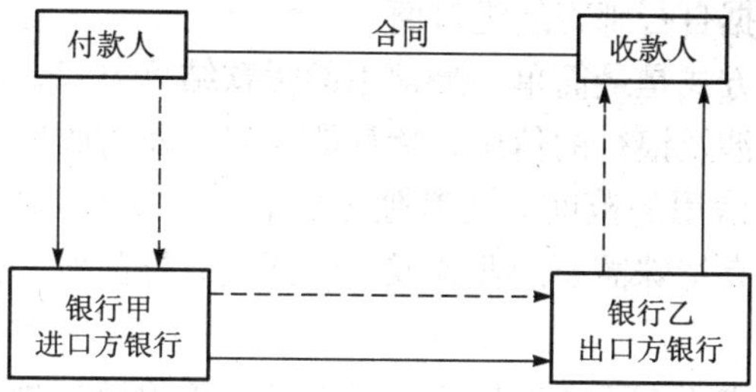


图 3－1　顺汇方式流程

实线为结算工具的流向；虚线为货款的流向

具汇票，交给银行，委托银行通过国外代理行向付款人收取汇票金额的一种结算方式。在银行业务中，汇付方式采用的就是顺汇法。托收、信用证结算方式则采用的是逆汇法。逆汇方式流程如图 3－2 所示。

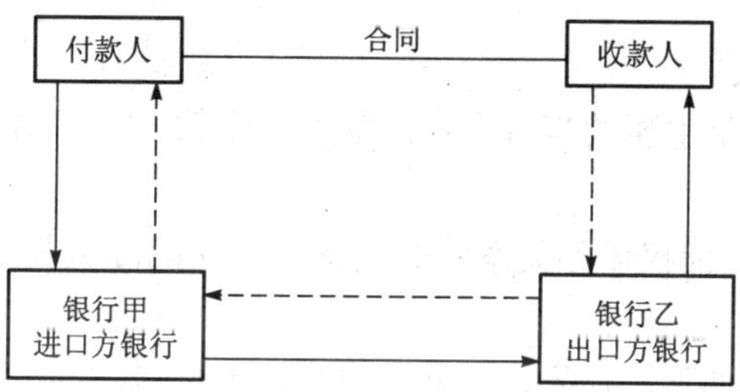


图 3－2　逆汇方式流程图

虚线为结算工具的流向；实线为货款的流向

信用证结算方式在我国进出口业务中占有很重要的位置，将在第 4 章予以介绍，而汇付（特别是交单付现 CAD）、托收等非信用证结算方式也已占贸易结算量的相当比重（沿海地区已达 70% ～ 80%）。本章将详细介绍汇付和托收的相关内容。

## 3.1　汇付

汇付（Remittance）又称汇款，其有动态和静态两种含义。汇款的静态含义是指外汇，是一国以外币表示的、用于国际结算的支付手段的总称。动态含义则是通过银行的汇兑来实现国与国之间债权债务的清偿和国际资金的转移。本书中的汇款都是指它的动态含义，即付款人（进口商）按合同约定的条件（如收到货物或单据）与时间，主动通过银行或其他金融机构将款项汇交收款人（出口商）的一种国际结算方式。在汇款业务中，作为出口商在将货物装运后，则要按照合同的要求缮制各项单据，如商业发票、装箱单、货运单据、商品检验证书等，并将全套单据自行邮寄给进口商。

在国际结算中，汇付方式是最简单、最常用的货款结算方式，其只是利用国际银行间相互划拨款项的便利，并不涉及银行的信用，货款能否安全及时收回完全取决于进口商的信用程度，因此汇付属于商业信用的范畴。与其他方式相比，汇付风险最大，所以在传统业务中，其较多的应用于那些有特殊需要的业务或汇付佣金、样品费、代垫费用等金额相对较少的贸易从属费用。

然而，随着国际贸易中买方市场的形成，卖方已很难争取到预付货款和即期信用证等相对有利的结算方式，像汇付这样相对灵活的商业信用交易方式也就成了一种增强竞争力的手段。根据有关统计，以汇款作为国际结算工具的贸易，占整个国际结算贸易总量的50%～70%，并且还有逐年上升的趋势，具有突出的地位。但是汇付方式存在各种各样的风险，如国家信用风险、商业信用风险和结算风险，也还是需要注意的。

### 3.1.1 汇付的当事人及相互关系

1. 汇付方式的当事人

汇付业务通常涉及4个主要的当事人：汇款人、收款人、汇出行、汇入行。

1）汇款人

汇款人（Remitter）是债权债务关系中的债务人，在国际贸易业务中，一般为进口方付款人。

汇款人的责任和义务如下。首先，汇款人填写汇出行提供的汇款申请书，汇款人应该根据实际情况填写汇款申请书，准确填写包括收款人信息、开户行、汇款金额、汇款方式等内容。其次，汇款人应该提交外汇管理要求的单据。我国是外汇管制的国家，根据我国外汇管理的要求，办理汇款时汇款人应向银行提供有关单据，如采用货到付款的方式时，要提供报关单、合同、发票、运输单据等，预付货款时则要提交形式发票、合同、核销单等。汇款人还应该交付与汇款金额相当的现金或支付凭证，包括应该付予银行的汇出汇款的费用。

2）收款人

收款人（Payee）是债权债务关系中的债权人，一般为国际贸易业务中的出口方（受益人）。

收款人在收妥款项前，要认真审核并且确认款项是否属于自己，并根据我国外汇管理的要求提交相关的资料。对于有疑问的汇款应及时请汇入行进行查询。

3）汇出行

汇出行（Remitting Bank），也称进口地银行（Importer's Bank），是接受汇款人的委托，办理汇出汇款业务的银行。

汇款行应该认真审核汇款申请书，对于不符合要求的甚至会对顺利解付产生不利影响的，应该分情况，请汇款人补充修改。必要的时候退回申请书，不再受理该业务。

根据外汇管理的要求，汇出行要认真审核汇款人提交的有关单据，审核单据的真实性和一致性。

必须强调，在汇款人的现金或支款凭证入账以后，汇款人的账户有足够汇出金额时，汇出行才能办理汇款，严禁透支办理汇出汇款。同时，汇出行应该及时把汇款头寸拨交给汇入行，避免引起汇入行拒绝解付汇款或者加收因为延迟拨交头寸从而产生的利息。汇款头寸是指汇款的资金。

4）汇入行

汇入行又称解付行（Paying Bank），也称出口地银行（Exporter's Bank），通常是汇出行的联行或代理行，其接受汇出行的委托，将汇款解付给收款人的银行。

汇入行应该按照汇出行的支付授权书解付汇款，不能擅自改变内容，否则由此引起的后果由汇入行自身承担。

汇入行收到支付委托书后，应该根据不同的汇款方式来检验真伪，应该遵循收妥头寸解付汇款的原则，在头寸收妥之后再进行解付，如果还没有收到头寸就解付，就会存在头寸资金不能收妥的风险。因此，汇入行应该根据国家外汇管理的要求办理解付，正确处理不能解付的汇款，尽可能及时地向汇出行说明不能解付的理由，要等到汇出行的回复后，再视具体情况具体处理。

2. 汇付方式当事人的相互关系

（1）汇款人与收款人之间的关系，在实务中表现为两个方面：在非贸易汇款中，由于资金单方面转移的特性，使汇、收双方表现为资金提供与接受的关系；在贸易汇款中，由于商品买卖的原因，使汇、收双方表现为债权债务关系。

（2）汇款人与汇出行之间是委托与被委托的关系。汇款人委托汇出行办理汇款时，要填具国外汇款申请书，并告知汇出行其要汇出的金额和承担的相关费用。汇出行则应按照汇款申请书的规定，将款项汇给收款人。可见，汇款申请书是汇款人和汇出行之间的契约。

（3）汇出行与汇入行之间既有代理关系又有委托与被委托的关系。一般代理关系在前，即两行事先签有业务代理契约或有账户往来关系，在代理契约规定的业务范围内，相互承担各自的义务。就一笔汇款业务而言，汇出行一经接受申请，就有义务按照汇款申请书的指示通知汇入行，并通过一定的途径将款项偿付给汇入行。汇入行对汇出行承担向收款人解付汇款的义务。

（4）收款人与汇入行之间通常表现为账户往来关系，即收款人在汇入行开有存款账户。此外，即使二者之间没有账户关系，汇入行也有责任通过与收款人有账户关系的银行向收款人解付该笔款项。

### 3.1.2 汇付方式的类型及其业务流程

在国际结算中，最常见的汇款有3种，即使用电讯方式通知的电汇，使用航空邮件方式通知的信汇，以及使用票据方式通知的票汇。

1. 电汇

电汇（Telegraphic Transfer，T/T）是汇款人委托汇出行以加押电报、电传（Tested Cable/Telex）或者以 SWIFT（环球银行同业金融电讯协会）方式，向汇入行发出付款指示，要求其解付一定金额的款项给收款人的一种汇款方式。其中，电报方式已基本淘汰，目前多以电传和 SWIFT 指示。在电传上，汇出行应加注双方约定的“密押”，以使汇入行核对金额和证实电报的真实性。

电汇的基本内容如下。

FM：汇出行名称

TO：汇入行名称

DATE：发电日期

TEST：密押

OUR REF NO. 汇款编号

NO ANY CHARGES FOR US（我行不负担任何费用）或写成 CHANGES，IF ANY，ARE FOR BEN'S ACCT.

PAY（AMT）付款金额 VALUE（DATE）起息日 TO（BENEFICIARY）收款人（或 FOR CREDITING OF 收款行）

IN FAVOUR OF 收款人名称 A/C NO. 收款人账号

MESSAGE（DETAILS OF PAYMENGT）汇款附言

ORDER/BY ORDER OF（B/O）汇款人

COVER 头寸拨付

举例说明，如图 3－3 所示。

| | |
|---|---|
| Remitting bank：bank of Asia，Tianjin<br>Paying bank：bank of Asia，Luxemburg<br>Date of cable：9 June　Test：2563<br>Ref No. 208TT0219<br>Amount：USD 1 660. 00<br>Payee：Marie Claude Dumont，Luxemburg<br>account No. 0－164/7295/550 with<br>Banque International du Luxemburg<br>Message：payroll<br>Remitter：Crystal Palace Hotel，Tianjin<br>Cover：Debit our H. O. account<br>（有关头寸偿付划转的内容将在下文作出介绍） | FM：bank of Asia，Tianjin<br>TO：bank of Asia，Luxemburg<br>DATE：9 June<br>TEST 2563 OUR REF 208TT0219<br>NO ANY CHARGES FOR US<br>PAY USD 1 660. 00<br>TO Banque International du Luxemburg<br>FOR CREDITING A/C NO. 0－164/7295/550<br>OF Marie Claude Dumont，Luxemburg<br>MESSAGE payroll<br>ORDER Crystal Palace Hotel，Tianjin<br>COVER Debit our H. O. account |

图 3－3　电汇举例

采用电汇的方式资金转移的速度比较快，而且效率很高，收款人可以迅速地收到款项。目前在通常的情况下，世界上任何地方的一笔款项如果是采用电汇方式到另一个地方一般只需要1～3个工作日。

随着电讯技术的发展，电讯的成本在逐步降低，所以现在的汇款业务绝大部分使用电汇的方式。

2. 信汇

信汇（Mail Transfer，M/T）是汇出行应汇款人申请，用信函格式开立汇款通知书（或信汇委托书或支付通知书）航邮给汇入行，通知汇入行解付一定金额的款项给收款人的一种汇款方式。

采用信汇的方式，资金转移的速度与电汇相比较慢，费用相对较低廉。信汇方式的业务流程基本上与电汇相同，只是汇出行发出付款指示时采用的手段不同。但是，由于信汇方式费时费力，再加上电讯成本大幅度降低，所以目前世界上许多发达国家早已不再办理信汇业务。电汇/信汇收付程序如图3－4所示。

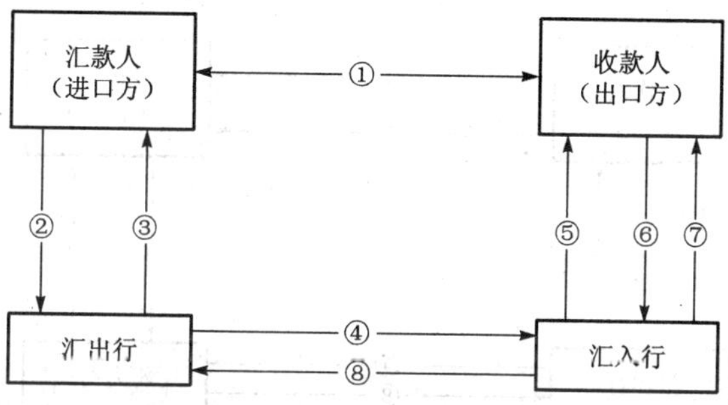


图3－4　电汇/信汇业务程序

① 买卖合同规定以电/信汇付款。

② 汇款人填写电/信汇汇款申请书，交款付费给汇出行。

③ 汇款人取回电/信汇回执。

④ 电汇：汇出行发出加押电报给汇入行，委托汇入行解付汇款给收款人。
信汇：汇出行制作信汇委托书或支付委托书经过两人双签，邮寄汇入行。

⑤ 电汇：汇入行收到电报，核对密押无误后，缮制电汇通知书，通知收款人收款。
信汇：汇入行收到信汇委托书或支付委托书，核对签字无误后，将信汇委托书的第二、三、四联收据正副本一并通知收款人。

⑥ 电汇：收款人收到通知书后，在收款联上盖章，交汇入行。
信汇：收款人凭收据取款。

⑦ 汇入行借记汇出行账户，取出头寸，解付汇款给收款人。

⑧ 汇入行将借记付讫通知书寄给汇出行，通知它汇款解付完毕。

3. 票汇

票汇（Remittance by Bank's Demand Draft，D/D）是汇出行应汇款人申请，代汇款人开立以其分行或代理行为解付行的银行即期汇票或银行本票，并支付一定金额给收款人的一种汇款方式。

如果采用票汇，汇款人可以自己把票据交给收款人，也可以通过邮局把票据寄给收款人，同时汇出行把票据的通知书也就是票根，寄给汇入行。

在收款人或持票人，凭着票据到汇入行取款时，汇入行核对票据和票根相符后，解付票款并且相应通知汇出行。

由于票汇方式需经过汇款人、汇入行、汇出行、收款人，如果这张票据被转让还会产生许多其他的当事人，中间的环节非常多，耗费的时间非常长，且票据的签字会被伪造，通过航邮也可能在途中遗失，安全性相对比较差，资金转移的速度也比较慢，因此在实务中，贸易项下使用票汇的不多，一般用于小额的非贸易业务。票汇业务程序如图 3－5 所示。

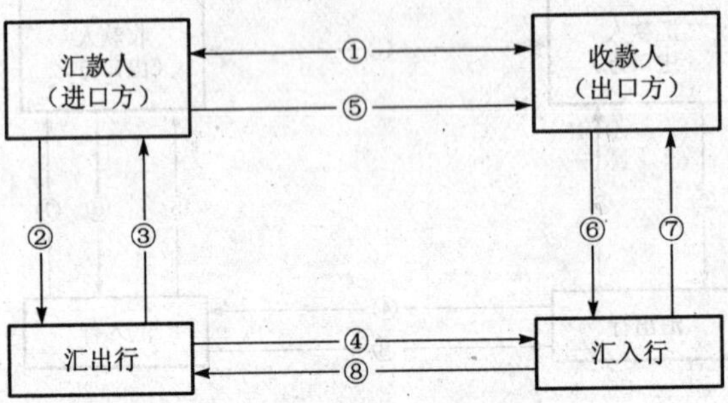


图 3－5　票汇业务程序

① 买卖合同规定以票汇付款。

② 汇款人填写票汇汇款申请书，交款付费给汇出行。

③ 汇出行开立一张以汇入行为付款人的银行即期汇票交给汇款人。

④ 汇出行将汇票通知书（票根）寄汇入行。

⑤ 汇款人将汇票寄给收款人。

⑥ 收款人背书后提示银行即期汇票给汇入行要求付款。

⑦ 汇入行借记汇出行账户，取出头寸，解付汇款给收款人。

⑧ 汇入行将借记付讫通知书寄给汇出行，通知它汇款解付完毕。

电汇、信汇、票汇 3 种汇款方式的比较如表 3－1 所示。

表3-1 电汇、信汇、票汇3种汇款方式的比较

| | 电 汇 | 信 汇 | 票 汇 |
|---|---|---|---|
| 支付工具 | 电报、电传、SWIFT | 信汇委托书/支付委托书 | 银行即期汇票/本票 |
| 汇款人的成本费用 | 较高 | 适中 | 较低 |
| 汇款的安全性 | 较安全 | 一般 | 安全性低 |
| 汇款的速度 | 很快捷 | 较慢 | 很慢 |
| 使用范围 | 目前使用最广泛 | 很少使用 | 介于电、信汇之间 |

**专栏3-1 汇付业务程序中的知识**

1. 汇款申请书

汇款申请书通常为“一式三联”，其中一联为申请书，一联为客户回单，一联为银行支取凭证，有时还须填写外汇额度支出凭证。申请书须书写清楚和完整，最好用英文书写或英文打字机打印。

2. 借记付讫通知书

客户的银行存款

客户：增加（借方）

减少（贷方）

银行：增加（贷方）

减少（借方）

3. 中心汇票

近年来，一些较大的国际银行在办理汇出款项时，票汇与信汇业务分别使用了“中心汇票支付”的办法。“中心汇票”（Draft on Center）是指各家银行开出的以汇票票面货币的清算中心所在城市的银行为付款行的汇票。中心汇票上的出票行即为汇出行，付款行一般是出票行在各货币清算中心的联行或代理行。例如，一张汇票的金额是以美元所表示的，而美元的清算中心在纽约，即应选择纽约的一家银行为汇票付款行。该汇票即为美元中心汇票。以此类推，一张在伦敦付款的英镑汇票为英镑中心汇票；一张在东京付款的日元汇票为日元中心汇票。

中心汇票具有以下特点：购票人将中心汇票交收款人，收款人可委托当地银行托收或买入，还可转让；汇出行不寄票根，不拨头寸，当中心汇票提交付款行时，借记汇出行的账户以付款并向其寄送借记报单。从出票到付款前不占用汇出行的资金。

### 3.1.3 汇付方式的办理程序

1. 国外汇入汇款

国外汇入汇款是指代理行或海外联行接受国外汇款人的委托把款项汇入国内银行，并且指示其把这笔款项解付给收款人的结算方式。

目前常用的汇入汇款方式有电汇和票汇。汇入汇款的使用范围非常广，操作也比较简单；电汇方式速度快，有利于收款人及时收款，加快资金的周转速度；票汇费用低廉，有利于降低财务费用，控制成本。因此如果对资金周转速度或是控制财务费用有比较高的要求，宜选择汇入汇款，同时对于非贸易及资本项下的结算，也需采用汇入汇款的方式。

汇入汇款业务处理程序注意事项：

(1) 电汇凭经审核的电汇凭证解汇，票汇凭经审核的正本票据解汇；

(2) 收款人根据国家外汇管理要求向汇入行提供相关资料，审核并确认款项是否属于自己的款项，汇款解付坚持"谁款谁收"的原则；

(3) 坚持"为客户保密"的原则，非汇款人、收款人查询不予受理；

(4) 汇入行解付款项，汇入行收到汇入汇款款项，经审核无误后，于1个工作日内为客户办理解付手续。如收款人在异地，进出口银行将选择合理路线，在落实头寸后2个工作日内办理转汇手续。

**2. 汇出国外汇款**

汇出国外汇款是指汇出行接受汇款人的委托，以约定汇款的方式委托自己的海外联行或者代理行把一定金额的款项付给指定收款人的结算方式。其包括经常项目下的贸易和非贸易外汇汇款及资本项目下的外汇汇款。

目前常用的是电汇和票汇。汇出汇款有手续简便、费用低廉的特点，电汇的速度非常快，汇款人可以及时付款，树立良好的信誉，赢得收款人的信任。票汇的费用比较低，有利于付款人降低财务费用，控制成本。货到付款项下的汇出汇款，付款人可以避免收不到货、货物短缺或货物质量不符合标准等交易的风险。

以下情况宜采用汇出汇款方式：流动资金充足，当前的主要目标是控制财务费用而不是取得融资便利；贸易结算项下，出口商接受货到付款的方式，但对收款的速度有比较高的要求；与收款人有良好的合作关系，并且对收款人充分信任，愿意接受预付货款的条件；支付资料费、技术费、贸易从属费用（包括运费和保费）；贸易项下的尾款等。

汇出汇款业务处理程序注意事项如下。

(1) 汇款人填写汇出汇款申请书（Remittance Application)，并加盖印鉴将其递交给汇出行。

汇款人在填写汇款申请书时应注意：① 选择汇款人所在地信誉较好的一家银行作为汇出行，信誉好的银行可以为汇款人提供良好的服务，而信誉差的银行可能会使汇款人在汇款过程中产生不必要的麻烦；② 了解国外汇入行的名称、地址及SWIFT代码；③ 了解收款人的名称及账号。

(2) 汇出行审核汇款申请书和汇款人提供的有关单据。

(3) 汇出行根据汇款申请书，在落实头寸后办理对外汇款手续，缮制付款指示发送国外汇入行。

（4）对于首次办理汇出汇款的企业，应提交经营进出口业务证明文件、企业营业执照、企业法人代码证复印件等进出口银行要求的资料，并在进出口银行预留印鉴。

（5）对于货到付款项下的汇出汇款，客户应提交有效商业单据、正本进口货物报关单、贸易进口付汇核销单、进口付汇备案表（如需）等。

### 3.1.4 汇款头寸的调动与退汇

#### 1. 汇款的解付

汇款的解付是汇入行向收款人付款的行为。为了保证付款的正确，解付行往往都很慎重，特别是当汇出行的汇出汇款还未到达汇入行的账户，解付行就垫付了货款，因而需要更加慎重。为了正确验定每笔汇款的真实性，解付行应根据每种汇款的特点，采取不同的查验方法。

1）对于信汇方式

由于信汇方式不附带票据，只有结算工具——信汇委托书，是汇入行所收到的唯一付款请求。因此汇入行要仔细查验信汇委托书的真实性。通常，信汇委托书上有汇出行有权签字人的签字，汇入行只需对照该银行的预留签字样本即可。

2）对于票汇方式

由于有银行汇票这一支付工具，因此，银行只要能确定汇票上的签字人数、级别、名称和预留的内容相符，汇票本身又合乎法定格式，如有背书则背书要连续，银行就会予以付款。较谨慎的做法就是等银行票汇通知书（票根）到达后，再予查验，但这有时会造成付款延迟。有些国家的银行为了防止伪造银行汇款，甚至规定汇票金额超过某一限额，除了寄送票汇通知书外，还要在汇票上加注密押。

3）对于电汇方式

电汇的安全性比信汇和票汇要高。对于电报和电传，解付行只需按约定核对密押即可。而SWIFT则具有自动解押功能，即其自动会与计算机中储存的密押相核对，而无须人工解押，也无须人工加上“押付”字样。

#### 2. 汇款的偿付

汇款的偿付（Reimbursement of Remittance Cover）俗称拨头寸，又称头寸偿付，是指汇出行在办理汇款业务时，应及时将汇款金额拨交给其委托解付汇款的汇入行的行为。

按照国际惯例，汇出行在发出汇款委托书的同时，必须将头寸拨付给付款行，使付款行不致因执行付款指示而垫付头寸。因此，每一笔汇款，必须在汇款通知书上注明拨付头寸的具体指示，即每一笔汇款必然引起一笔相同金额的头寸偿付业务。有的银行在相互建立业务代理关系时，在代理合约中订明汇款头寸偿付的方法，有的银行则采取在逐笔汇款委托书或汇票通知书中注明头寸如何调拨。

根据汇出、汇入两行开设账户情况，汇款头寸的偿付有以下4种转账方法。

（1）汇出行和汇入行之间建有往来账户。即一方银行在另一方银行开有账户，则可直接通过账户收付来偿付汇款头寸（见图3－6）。

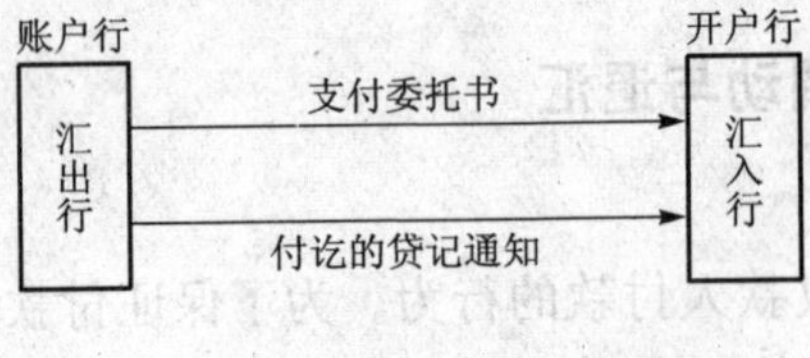


图3－6　汇入行在汇出行开有账户的偿付

汇入行在汇出行或其总行开有账户，则汇出行在发出汇款通知书时，主动将相应头寸贷记汇入行的账户，并在汇款通知书中注明，即写明如下偿付指示：

In cover，We have credited your a/c with us/our H. O. a/c.（头寸已贷你账/你行在我总行账。）

汇出行或其总行在汇入行开有账户，汇出行则应在发出汇款通知书时，授权汇入行借记相应金额在其处的账户（见图3－7）。其偿付指示为：

In cover，please debit our/our H. O. a/c with you.（头寸借记我行/我总行账户。）

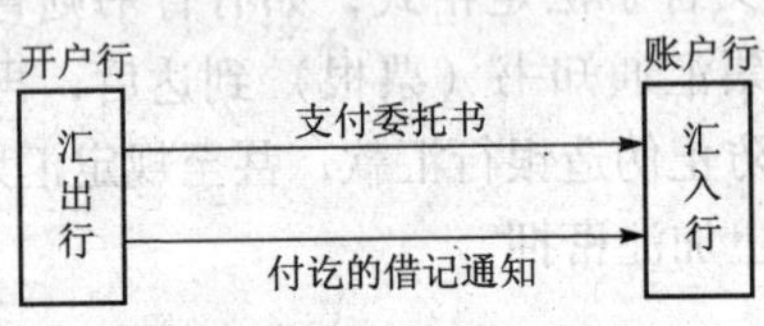


图3－7　汇出行或其总行在汇入行开有账户的偿付

以上两种偿付类型中，资金转移就在两家银行之间发生，手续少，时间快，非常方便。

（2）如果汇出行和汇入行之间没有建立直接的账户往来关系，则需要其他银行的加入，以便能顺利地偿付头寸。

汇入行、汇出行双方在同一代理行开有往来账户，则可以通过这家代理行转账完成汇款头寸的偿付。这家代理行常被称作“碰头行”，它既是汇出行的账户行，又是汇入行的账户行（见图3－8）。偿付指示如下：

In cover，we have authorized X Bank to debit our a/c and credit the above sum your a/c with us.

汇出行、汇入行双方在不同的海外代理银行开立往来账户，此时汇出行要先了解汇入行在哪家银行开户，并寻找一家与两个不同的代理行都有往来账户的银行（X行），然后通过

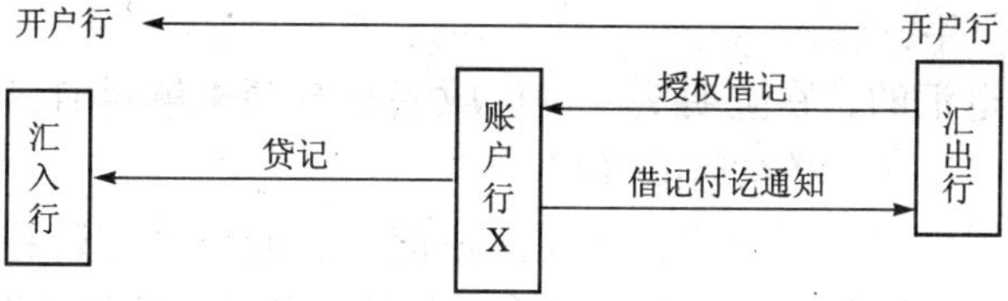


图 3－8　汇入行、汇出行双方在同一代理行开有往来账户的偿付

自己的代理行把汇款头寸拨付到 X 行的账户内，X 行再划拨款项至代理行（B 行）账户，汇入行接到其账户行（B 行）的贷记报单后，即可向收款人解付款项（见图 3－9）。

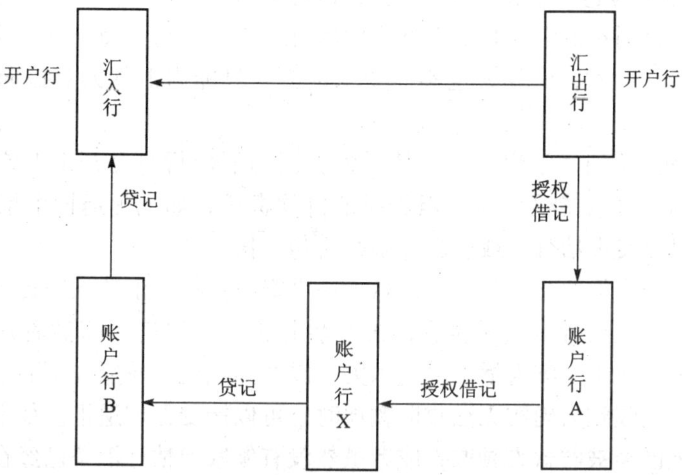


图 3－9　汇出行、汇入行双方在不同的海外代理银行开立往来账户的偿付

以上两种偿付方式中，汇出行要同时通知两家银行，即汇入行和账户行，因此手续较多。账户行根据汇出行的通知转账后，还要通知汇入行。这样，一笔业务就需要有两个信息传递时间。

**3. 汇款的退汇**

汇款的退汇是指汇款在解付以前的撤销。退汇的条件是汇款尚未由汇入行解付给收款人。退汇可能由收款人提出，也可能由汇款人提出。在汇出、汇入汇款业务项下，退汇的办理有所不同。

1）汇入汇款的退汇

（1）因收款人名称、账户、地址不清等原因而无法解付汇入款超过 3 个月的，汇入行将主动退汇。若收款人联系方式清楚，但电汇、信汇汇出后，收款人迟迟不来取款，过了一定时期，汇入行有权主动通知汇出行注销，办理退汇。凭汇票取款的期限，各国银行规定不同，一般是半年或者一年。

(2) 汇出行提出退汇的，在查明头寸确已收妥且款项未解付时，可办理退汇；若已解付，应由汇款人直接与收款人联系退汇事宜。

(3) 收款人提出退汇时，手续比较方便。在信汇、电汇时，只要收款人拒收信汇、电汇，并通知汇入行，汇入行就可以将汇款委托书退回汇出行，必要时说明退汇原因，然后由汇出行通知汇款人前来办理退汇，取回汇款。在票汇下，收款人退汇，要将汇票寄给汇款人，然后汇款人自己到汇出行办理退汇手续。

2) 汇出汇款的退汇

(1) 电、信汇的退汇需由汇款人提出书面申请，并交验汇款回单，汇出行应该凭此立即通知汇入行停止解付，撤销汇款。汇入行接到汇出行要电汇、信汇的通知后，如尚未解付款项，一般可以同意退汇并收妥汇款头寸后办理退汇手续；如果汇入行已经解付款项，汇入行不能向收款人追索，汇款人也不能要求退汇，只能由汇款人直接向收款人交涉要求退款。

(2) 票汇办理退汇时，汇出行应保持谨慎，因为汇出行自己开出汇票，自己即为出票人，对任何合法的、善意持票人均要担负保证付款责任，如无理退回汇票，一方面增加手续，另一方面还可能丧失信誉，或引起许多纠纷与争执。

如果是汇出行开出汇票交汇款人，汇款人还没寄出汇票，汇款人需提出书面申请，交回原汇票正本并背书，汇出行审核无误后，在汇票上加盖“注销”印戳后办理退汇手续。如果属于寄递时遗失，属于天灾人祸、火灾水灾，以及如飞机、轮船失事而造成的毁灭，一般汇出行在了解到汇票收款人确实无法收取款项时，可以接受办理退汇。如果汇款人已经将汇票寄出，汇票款项已经被收款人领取，或者虽然没有领取但估计汇票已经在市场上流通，则不论汇出行还是汇入行都不会办理退汇。

如果汇票遗失、被盗，应该办理挂失、止付手续。即由汇款人向汇出行提出书面申请并出具担保书，担保若发生重付，由汇款人负责。有的银行还要向法院或公证行办理公告等手续进行挂失，汇出行收到担保书和公告后，据以通知汇入行挂失止付，待汇入行回电、回函确认后，才能办理退汇或者重汇。止付对于汇入行来说，如有汇出行的通知，可以不付款，但如果汇入行认为必须付款，则汇出行或汇款人不能因此提出异议。

### 3.1.5 汇付方式在国际贸易中的运用

在国际贸易中，汇付方式通常用于货到付款和预付货款等业务。

**1. 货到付款**

货到付款（Payment after Arrival of the Goods）也称交货后付款（Cash on Delivery, C. O. D）、先出后结，是指出口方在没有收到货款以前，先交出单据或货物，然后进口商在收到货物或单据后付款，或者在约定的某一时间付款的结算方式。出口商先发运货物，由于交货在前、付款在后，此方式实际上属于赊账交易（Open Account Transaction，O/A），或延期付款（Deferred Payment）结算。比如，合同中规定买方应该在装船后若干天内支付全部或一定比例的货款给卖方。（Buyer should pay total or ××% amount to seller by T/T within ×× days after shipment.）

1）货到付款的特点

（1）货到付款对进口方有利，因为进口商可以先取得代表货物的运输单据或货物后，再进行付款，也就是说进口商不必提前支付货款或占用资金，在货物已到达进口地后再履行付款责任，不必承担资金损失的风险。

（2）货到付款对出口方不利，使其承担很大的风险，因为出口商发货后不能立即收到货款，影响资金周转，而且还要承担货到进口地进口商验货以后拒绝付款，拖延时间，以求低价收购出口商的货物，给出口商造成很大的损失。

2）货到付款在国际贸易中的应用

（1）售定（Be Sold Out），是指进出口双方已达成协议并签订了成交合同，规定出口商先发货，再由进口商按合同规定的货价和付款时间（一般是货到即付款或货到后若干天付款）进行汇款的一种结算方式。售定适用于我国部分沿海省市对邻近地区长年出口鲜活商品的贸易结算。这些鲜活商品需要及时出口，以保证其鲜活度，为了避免交单手续造成的延误，一般都是由出口商先行发货，单据随船直接交给进口商，再由进口商根据事先商定好的价格付款。这样可以及时供货，出口商也可以灵活地掌握销售时机，择机出货。

（2）寄售（Consignment），也称委托交易（Consignment Transaction），是由出口商先将货物运至国外，委托国外代销人按照协议在当地市场代为销售，货物售出后，代销人从所得的货款中直接扣除佣金后，再通过银行汇交出口商。出口商选择此方式有利于通过国外代理商了解国外市场的供求状况，以便选择良好的销售时机，但此方式下，如果代理商信誉不好，也会给出口商造成不能收回货款的风险，因此在选择寄售方式时，出口商必须谨慎，应根据市场行情，选择信用好、信得过的代理商代为销售货物。

在实务中，货到付款这种方式仍然被广泛使用，因为欧美一些发达国家往往用集团采购的模式，进口量非常大，一般来说能够达到上亿美元，而且利润比较丰厚，对出口商具有相当大的吸引力，出口商考虑到进口商的信誉比较好，而且购买的产品又处于买方市场，因此往往会同意采用这种结算方式。比如欧美等国进口 DVD 产品，大部分采用货到付款的方式向全球采购，而我国出口商考虑到进口商为这些国家的大型超市，信誉比较好，收汇虽然有一定风险，但是为了扩大营业额，增加利润，通常同意付款方式为收货以后若干天付款，也就是货到付款，当然出口商在使用货到付款方式时，为进一步降低出口以后的收汇风险，可以同时去做出口保理的业务。

**2. 预付货款**

预付货款（Payment in Advance）是指在订货时汇付或交货前汇付货款的办法。前者即所谓随订单付现（Cash with Order，C. W. O），是指进口商于发出订单时，或于双方订立买卖合同后即须将全部货款以汇款方式交付给出口商。随订单付现多应用在一些市场客户提出特殊加工要求或专门为客户加工的特殊商品，或一些市场畅销而又稀缺的商品，采用这种方法可以优先取得供应。后者是指进口商（付款人）在出口商（收款人）将货物或货运单据交付以前，将货款的全部或者一部分通过银行付给出口商，出口商收到货款后，再根据买卖双方事先签订的合约，在一定时间内或立即向进口商发运货物的结算方式。

此方式对进口商来说是预付货款；对出口方来说则是预收货款；对银行来说预付货款属于汇出款项，预收货款属于汇入款项。在国际贸易中，处理汇入款项业务的银行，向出口商结汇后，出口商才将货物运出。所以此种结算方式又称“先结后出”。比如，合同中规定买方应在装船前××天支付全部或一定比例的货款给卖方。（Buyer should pay total or ××% amount to seller by T/T within ×× days before shipment.）

预付货款按预付金额的多少可分为全部预付货款和部分预付货款两种。

1）全部预付货款

全部预付货款是指进口商在收到运输单据或货物之前把全部货款付给出口商，而出口商通常在收到进口商的款项之后发运货物。

全部预付货款对出口商非常有利，出口商不需要垫付资金，没有收汇的风险，而进口商不仅需要预先垫付资金，而且很可能承担钱货两空的风险，因为信誉不好的出口商在收到货款后不交货，或者交付的货物不符合合同的要求。

在实务中，预付货款往往被用于跨国公司内部的结算，或出口商信誉比较好，进口商又急需货物的时候。

2）部分预付货款

部分预付货款是指进口商先预付部分的货款，收到运输单据或货物之后再付清全部货款。

预付的货款有时被称为订金（Down Payment），通常用于大型机械、成套设备，或者金额巨大的贸易中。预付货款是出口商采取的适当的自我保护措施，通过进口商预付部分货款的方式，一方面，可以防止进口商将来取消购买合同，而给出口商带来损失。例如，如果是出口成套的设备，由于种种原因，信誉不佳的进口商，可能在出口商生产了部分零部件后取消购货计划，但是出口商已经投入了大量的人力和物力，如果进口商拒绝购买货物，将会遭到巨大的损失。另一方面，由于是部分预付，既解决了出口商的生产启动资金，又对进口商的资金周转不会产生较大的影响，进出口双方的资金负担相对比较平衡，因此易于进出口双方接受，使用比较广泛。

在部分预付的方式下，进口商也会面临钱货两空的风险，为了确保出口商在收到预付款后，能够及时安排生产按时交货，可以要求出口商的账户行出具一份银行保函。

3）预付货款的特点

（1）预付货款对出口商有利，因为出口商在发货前就可以收到全部或部分货款，相对于进口商对出口商的融资，出口商可以在收到货款后再备货发运，不占用资金，降低了自身的风险。

（2）预付货款对进口商不利，因为进口商在未收到货物前，甚至出口商还未装运货物前，就要先垫付货款，承担垫款利息，造成资金周转困难，而且还要承担将来出口商收款后迟交、不能如期交货或收到的货物与合同规定不符的风险。

4）预付货款的适用范围

（1）出口商的商品在进口国处于买方市场或进口商急需该商品，此时进口商通常不惜预付货款以求尽快得到货物，以取得高额利润。

（2）出口商与进口商首次合作，出口商对进口商的资信状况不甚了解，顾虑进口商收货后不履行合同规定的付款义务，为了安全收汇，出口商提出先预付货款再发货。

在选择预付货款作为结算方式时，为了保障自己的权益，进口商首先要了解出口商的资信状况及出口国的政治经济环境，其次还要在合同中规定保障条款，如约定出口商收取货款时，必须提供银行保函，保证如果出口商违约，银行会负责收回货款并加收利息。

**专程3-2 汇款中的新看点——CAD**

近年来，CAD支付方式越来越受到欧、美等国家和地区的进口商的偏爱。下面，将对这种支付方式作详细的介绍。

1. CAD的概念

CAD（Cash against Documents）即交单付现，就是说，买方付款后，卖方交单。买方付款是卖方交单的前提条件。在卖方对买方资信不了解的情况下，采用此种支付方式，对卖方具有保护作用。

2. CAD的性质

前文已述，在国际贸易中，常用3种支付方式即汇付、托收和信用证，前两者为商业信用，后者为银行信用。CAD属汇付范畴，具有商业信用性质。汇付有3种方式：信汇（M/T）、电汇（T/T）、票汇（D/D）。在国际贸易实务中，预付货款、货到付款（包括售定、寄售）、交单付现（CAD）是汇付的三种做法。预付货款对出口商最安全，货到付款对出口商风险最大，交单付现介于前两者之间，对出口商和进口商比较公平。汇付为顺汇法，即进口商主动将货款汇给出口商；托收和信用证则为逆汇法，即出口商主动索取货款。

3. CAD与D/P的比较

D/P（Documents against Payment）即付款交单，是指买方付款后，通过指定银行获取单据。卖方交单以买方付款为条件。表3-2将即期CAD与即期D/P进行了比较。

表 3－2　即期 CAD 与即期 D/P 的比较

| | 即期 CAD | 即期 D/P |
|---|---|---|
| 相同点 | 都依据商业信用 | |
| | 买方付款在先 | |
| 不同点 | 属汇付范畴 | 属托收范畴 |
| | 顺汇 | 逆汇 |
| | 不受 URC522 约束 | 受 URC522 约束 |
| | 无须汇票 * | 需汇票 ** |
| | 直接寄单给进口商 | 通过银行转交单据 |

注：* 实务中，往往通过银行传递单据，提供汇票；

** 实务中，有些国家进口商为了某种目的（如逃避开立汇票的印花税）不需要汇票

采用 CAD 方式，就等于卖方给予买方信用，应以即期形式为佳，不宜延长信用期限，但在出口实务中，采用见单 30 天、货到 30 天、提单日期后 60 天甚至 90 天等远期形式的 CAD 也不少，而且大多通过银行转交单据，表面看来，已将 CAD 转化为 D/P 即期或远期，实际上，CAD 和 D/P 毕竟是有区别的，宜慎不宜懈。

4. 对 CAD 的出口操作建议

(1) 无论通过银行寄单与否，切不可放 1/3 正本提单给进口商。有的进口商可能找出种种理由，要求出口商同意不付款情况下放一份正本提单，一旦放给进口商一份正本提单，那么出口商的物权就丧失了。众所周知，三份正本提单具有同等法律效力，一份生效后，其余两份自动失效。

(2) 投保短期出口信用险，不失为安全措施之一。但保险公司对进口商的资信调查比较严格，对一个进口商的批准限额很有限，如采用远期 CAD 方式，则不可能做大规模。

(3) 采用保理业务方式，确保收汇安全。涉及四方当事人的保理业务机制有两种：单保理机制和双保理机制。我国银行大多采用双保理机制。随着信用证在国际贸易支付方式中比重的下降，保理业务机制将在我国出口贸易实务中发挥越来越重要的作用。在保理机制保护下，出口商可采用赊销（O/A）、承兑交单等更利于进口商的支付方式。

(4) 综合运用出口信用险、保理机制、进口商资信，扩大出口规模，实现规模效益。

(5) 通过银行交单时，应指示委托行在给代收行面函（Cover）中注明进口商付款后交单，并申明受国际商会《托收统一规则》约束，实际上，将 CAD 转化为 D/P 托收业务。

### 3. 汇付方式运用的特点

1）风险大

预付货款或货到付款依据的都是商业信用。对于预付货款的买方及货到付款的卖方来

说，一旦付了款或发了货就失去了制约对方的手段，他们能否收货或收款，完全依赖对方的信用，如果对方信用不好，很可能银货两空。因而汇款只在国际贸易结算的一些特殊场合和情况下使用。

2）资金负担不平衡

对于预付货款的买方及货到付款的卖方来说，资金负担较重，整个交易过程中需要的资金，几乎全部由他们来提供。对于出口商来说，货到付款弄不好还会出现钱货两空的情况。

3）手续简便，费用少

汇款支付方式的手续是最简单的，就像一笔没有相对给付的非贸易业务，银行的手续费也最少，即只有一笔数额很小的汇款手续费。因此在交易双方相互信任的情况下，或者在跨国公司的不同子公司之间，用汇款支付方式是最理想的。因此，汇款方式尽管有不足之处，但在国际贸易结算中还时有运用。

## 3.2 托收

随着非信用证结算方式的发展，托收越来越受到进出口双方的重视。关于托收的定义，《托收统一规则》（Uniform Rules for Collections，国际商会第 522 号出版物）作出了如下规定：托收是指由接到托收指示的银行根据所收到指示处理金融单据和/或商业单据以便取得付款承兑，或凭付款/承兑交出商业单据，或凭其他条款或条件交出单据。也就是说，托收是银行（托收行）根据委托人（债权人）的指示，通过其在付款人（债务人）所在地的分行或代理行向付款人取得付款和/或承兑，或者在取得付款和/或承兑（或其他条件）后交付单据的一种结算方式。

国际结算中托收为比较常用的结算方式之一，相对于汇款业务，托收业务的处理比较复杂，汇款属于顺汇，结算的工具和资金的流动方向是一致的，都是从进口方到出口方。托收业务中，票据或单据的传递方向和资金流动的方向是相反的，也就是说票据、单据是从出口方到进口方，而货款是从进口方流向出口方，因此托收属于逆汇。

托收业务是利用银行间的联行或代理行的关系和资金划拨渠道，使得两头都是客户的债权债务得以清偿。这种偿债关系的完成依靠的是委托人与付款人之间的信用，与以后要介绍的信用证结算方式比较，托收是建立在商业信用基础上的一种结算方式，缺少了银行信用的重要保证，而银行参与其间，仅仅是提供完善的服务，并没有作出非收妥不可的保证。

### 3.2.1 托收当事人

托收的当事人主要有委托人、托收行、代收行和付款人，必要时可能还有提示行和需要时的代理。

1. 委托人

委托人（Principal or Consignor）是指在托收业务中，委托银行向国外付款方收款的人，也是开出汇票（或不开汇票）委托银行向外国付款人收款的出票人（Drawer），通常为国际贸易中的卖方。

在贸易合同下，委托人应按时按质按量装运货物并且提供符合合同要求的单据。在委托代理合同下，委托人委托银行办理托收时必须填写托收委托书，并且随附凭以向付款人要求付款的单据，包括金融单据和/或商业单据，由于托收委托书是委托人与银行办理托收业务的契约，因此委托人必须全面而准确地表达自己的意图和要求，凡是要求银行托收的一切内容，都必须详细据实填列，有商业合同或其他意向约定的，应按照合同条款和其他约定填列，不能随意地选择对自己有利的填写，否则最后付款人可能根据合同和其他约定审单后，发现不符而拒绝付款。对于意外情况的发生，委托人还应及时作出指示，且还要承担收不到货款的损失。

2. 托收行

托收行（Remitting Bank）是指接受委托人的委托，转托国外银行向国外付款人代为收款的银行，通常为出口地银行。处于出口地的托收行，往往会委托进口地银行代为办理此笔托收业务的汇票提示和货款收取事宜，因此托收行必须将单据寄往进口地银行，所以托收行也称寄单行。

托收行接受出口商申请以后，应该对托收申请书和所附的单据进行审核。托收行仅被允许根据托收委托书的指示和国际商会《托收统一规则》办理，不能擅自超越、修改、疏漏、延误委托人在委托书上的指示，否则如果引起后果，应自己负责，自己承担。

如果委托人没有指定代收行，托收行可以选择一家位于付款或承兑的国家的合适的银行作为代收行，以便通过其把托收委托书及有关单据转交给付款人。托收行收到款项，交委托人以后，责任即告终结。

3. 代收行

代收行（Collecting Bank）是指接受托收行的委托代为提示汇票、向付款人收取货款的银行，通常为进口地银行。它包括除托收行以外的参与办理托收的任何银行。

代收行的责任也要依据国际商会的《托收统一规则》，代收行有选择是否愿意接受托收行委托的权利。代收行在收到单据后应与委托书核对，如果发现任何单据的名称不符或份数不符，必须立刻通知托收行。

对于委托书上的要求，如果不能办理或者不愿照办，应该立即向托收行提出。付款人在审核单据后，如果提出与委托书要求不一致，而需要改变某种条件时，比如远期付款交单改成承兑交单，或者推迟付款期限等，都应该及时转告托收行。

代收行还必须在付款人按照单据上的货币付款以后，才能将单据交给付款人，收妥的款项应该按照托收委托书指示的路线、账号、账户行立即划拨，不能擅自变更、挪用、拖延、错付、漏付等。款项按照委托书规定划拨并且由托收行收妥后，代收行的责任即告终结。

4. 付款人

付款人（Payer/Drawee）是汇票的受票人，即代收行根据托收行的指示向其提示单据和汇票，并要求其付款的人，通常为国际贸易中的进口方，也是债务关系中的债务人。

付款人有审查票据或单据并且决定是否接受单据的权利，同时也有按照交单方式办理付款或承兑的义务。不管单据与单据之间，单据与合同之间是否相符，他都有拒绝接受托收票据或单据的权利。在承兑交单的条件下，即使作了承兑，如果发现货物质量与合同规定不符，付款人仍然可以拒付。

5. 提示行

提示行（Presenting Bank）又称交单行，是指向付款人提示单据的代收银行。一般情况下由代收行兼任。但如果代收行与付款人没有往来关系，而与付款人的往来银行有账户往来时，代收行可以主动或应付款人的请求，委托与代收行有账户关系的付款人的往来银行充当提示行。

6. 需要时的代理

需要时的代理（Principal's Representative in case of Need）是委托人为了避免在付款人拒付时，无人照顾货物的情况发生，而在付款地事先指定的代理人，委托其在付款人拒付时办理货物运出目的港时所有有关货物存仓、保险、重新议价、转售或运回等事宜。

按照国际惯例，如果委托人在托收指示中，有指定需要时的代理委托人的代表，他应该同时明确并且完整地注明代理人的权限，如果没有这样的注明，银行不接受代理人的任何指示。如果代理人发出超越其规定权限的指示，银行也不予接受。

托收当事人之间的关系因各自的责任不同而不同，如图3－10所示。

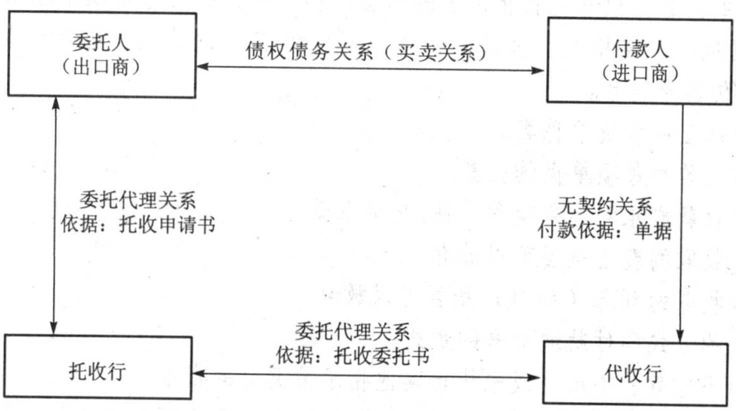


图3－10　托收当事人之间的关系

## 专栏3-3　托收业务中的重要文件

1. 托收申请书

托收申请书（Collection Application）是委托人与托收银行之间关于该笔托收业务的契约性文件，也是银行进行该笔托收业务的依据。

托收申请书的主要内容如下。

(1) 托收的交单条件，即选择何种托收类型，在选择时要用“×”表示选择。

(2) 票款收妥后代收行汇交托收款的方式：信汇（M/T）或电汇（T/T）。

(3) 关于远期付款交单是否委托国外代收行代为存仓、保险。

(4) 银行费用如何处理。一般是贸易双方各自负担本国银行的费用。如果进口商拒付费用，代收行可以从收到的款项中扣除相关费用后再交与出口商，但若托收中明确费用应由进口商负担，不可豁免，银行不能交单也不能代扣。

(5) 如果付款人拒绝付款或承兑，是否要作成拒绝证书。

(6) 明确在付款交单条件下遇拒付时，对于货物的处理办法。

(7) 付款时间的附加规定。包括：付款人延迟付款是否加收利息，提前付款是否给予贴息等。

(8) 关于指定代收行的意见。

2. 托收指示

托收指示（Collection Order）即托收委托书，是托收行根据托收申请书缮制的、授权代收行处理单据的完全和准确的条款。

所有托收单据必须附带托收指示，除非托收指示另有授权，代收行将不理会向其发出托收的一方或银行以外的任何一方或银行的任何指示。

托收指示的内容必须与托收申请书的内容严格一致，并应包括以下各项适用的内容。

(1) 托收银行、委托人、付款人、提示行（如有）的情况。包括全称、邮政地址、电传、电话和传真号码等。

(2) 托收的金额和货币种类。

(3) 单据清单和每项单据的份数。

(4) 取得付款或承兑的条款和条件/交单条款。

(5) 要求收取的费用是否可以放弃。

(6) 要求收取的利息（如有）是否可以放弃。

(7) 付款的方式和付款通知书的形式。

(8) 发生不付款、不承兑或未执行其他指示情况时的指示。

托收行在缮制托收指示书时，应将交款指示明确、清楚地表达出来。交款指示是托收行对代收行在款项收妥后如何汇交的指示。

如果托收行在代收行设有账户：

Collection instruction: Upon collection, please credit the proceeds to our account with you under airmail/cable advice to us.

如果代收行在托收行设有账户：

Collection instruction: Please collect proceeds and authorize us by airmail/cable to debit your account with us.

托收行与代收行之间没有账户，托收行在国外×银行开立账户：

Please collect and remit the proceeds to × Bank for credit of our account with them under their cable/airmail advice to us.

（请代收行将收妥款项汇至×银行，贷记本行账户，并请该行以电报或航邮通知我行。）

### 3. 托收汇票

托收汇票（Collection Draft）中的收款人包括以下内容。

（1）若收款人为出口商，则根据票据法的要求。汇票要进行两次背书，即先背书给托收行再背书给代收行。

（2）若收款人为托收行，则只需进行一次背书，即背书给代收行。

（3）若收款人为代收行（托收申请书重要的是明确指出谁是代收行），而无须背书，可以直接凭汇票要求进口商付款。

在实务中，究竟选择哪一方为收款人，要取决于业务的方便程度。

## 3.2.2 托收的种类及其业务流程

### 1. 光票托收

光票托收（Clean Collection）是指不附带商业单据（主要指货运单据）的金融单据（主要指汇票）的托收。光票托收并不一定不附带任何单据，有时也附有一些非货运单据，如发票、垫款清单等，这时仍被视为光票托收。

光票托收的适用范围比较广，可以作为贸易和非贸易、贸易项下从属费用的结算工具，如贸易中间的小额贸易交易，非贸易中间的捐赠款、赡养款，贸易从属费用中的运费、保险费、佣金等，但一般来说，由于光票的局限和缺陷，用于贸易项下的结算是比较少的。

光票托收的汇票在期限上也应该有即期和远期两种，但是在实务中由于一般金额都不太大，因此即期付款的汇票比较多。光票托收的业务流程如图 3-11 所示。

如遇付款人拒付，除非托收指示另有规定，代收行应在法定期限内作成拒绝证书，并及时将拒付情况通知托收行。

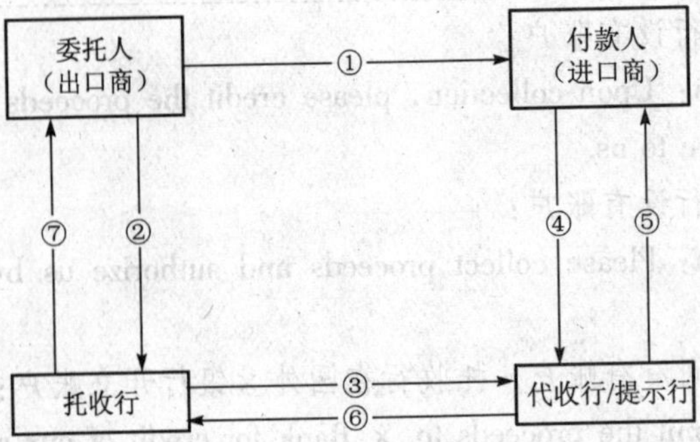


图3-11　光票托收的业务流程

① 买卖合同规定以光票托收方式付款。

② 委托人要填写银行提供的托收申请书，把需要的托收票据交给银行，并且交付银行费用，由于这种托收不一定能收到款项，因此不管收妥与否，银行都需要收取托收手续费和相关的邮费，一般采用预收的方式。

③ 托收行审核票据，把票据作记名背书交给代收行，同时缮制托收指示连同票据递交给代收行代为收款。

④ 代收行接到托收指示和票据，表面核实无误后，向付款人作付款提示或承兑提示。如果是即期票据，付款人立即付款；如果是远期票据，付款人应该作承兑。承兑后，代收行持有承兑汇票，到期再作付款提示，此时付款人应付款。

⑤ 付款人向代收行支付票面的金额或进行承兑。

⑥ 代收行收妥款项以后，就通知托收行（贷记通知书），并且按照托收指示把款项付给托收行。

⑦ 托收行收妥后，就通知委托人，如果委托人开有存款账户，托收行就自动将款项记入委托人账户。

### 2. 跟单托收

跟单托收（Documentary Collection）是指附带商业单据的金融单据的托收和不附带金融单据的商业单据的托收。

金融单据，理论上是指光票托收中的票据，也就是汇票、本票、支票，或者其他类似用于取得款项的凭证。在实务中，跟单托收中的金融单据一般指汇票，是由卖方开具的。商业单据是指发票、运输单据或者其他类似单据，或者其他任何非金融单据，实务中，主要指货物装运单据。

所谓附带商业单据的金融单据的托收，一般都是商业汇票之后随附发票、提单、装箱单和其他单据的托收。这种跟单托收是凭汇票付款，也就是托收的标的物是汇票，其他单据是汇票的附件，起着支持汇票的作用。根据票据法中对票据的定义可知，这种托收是由付款人根据这张无条件支付命令，对汇票上指定的收款人或经其背书转让的持票人，即期或远期或定期支付汇票上所列的货币金额。因此，这一类托收的目的就是收取汇票的票款。这类托收在实务中是大量存在而且是常见的。

至于商业单据不附带金融单据的托收与上述金融单据附带商业单据的托收的标的物的汇

票相比，这种托收失去了无条件支付命令这一重要单据，主要在于有些国家对汇票必须贴有按税法规定比例的印花税才能有效避险，为了减免税款或者避税，在跨国的分支机构、联号或者往来多年彼此信任的客户之间，通常不需要利用汇票作为流通工具，或者当托收的交单方式是即期付款，不必利用汇票进行远期承兑，往往采用只有商业单据没有金融单据的托收。这种托收在顺利的情况下没有问题，付款人按照商业发票的金额付款，托收也就收妥。但是一旦拒付，作成拒绝证书则比较困难，由于缺少公证人的证书，对委托人日后起诉付款人是极为不利的。跟单托收的业务流程如图 3－12 所示。

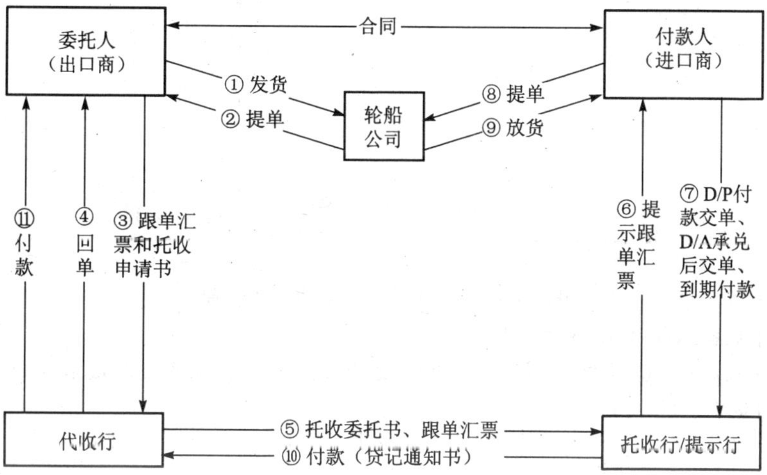


图 3－12　跟单托收的业务流程

跟单托收业务中，作为银行代收货款时，通常掌握包括运输单据在内的商业单据，银行应该按照什么样的条件向付款人（进口人）交付商业单据，特别是交付具有物权凭证性质的运输单据，对于国际货物买卖双方的权益往往关系重大。

托收业务的交单方式应该由委托人在委托书上确定，托收行、代收行和付款人必须遵照执行，如果付款人要求改变原来委托书中的交单方式，必须遵循原路线逆向地征求委托人的意见，在没有正式有效的答复前，无论是托收行或代收行都无权擅自变更或者通融。

跟单托收按照银行向付款人交单条件的不同，大体可分为两种，即付款交单和承兑交单。

1）付款交单

付款交单（Documents against Payment，D/P）是委托人指示托收行、代收行在付款人付清托收款项后将单据交给付款人的方式。付款交单按照付款时间（汇票的期限）可分为即期付款交单和远期付款交单。

（1）即期付款交单（D/P at Sight）是付款交单中最常见的方式。代收行在收到托收行的单据和托收委托书后，立即直接或者通过提示行，向付款人提示有关单据，付款人审核单据并决定接受或者拒收单据，如果付款人接受，必须立即付款，代收行收款以后交单。如果拒绝接受单据，付款人应该提出拒付理由，单据由代收行暂时保管，代收行可以将拒付的情况和理由告诉托收行，等待其进一步的答复。即期付款交单的业务流程如图 3－13 所示。

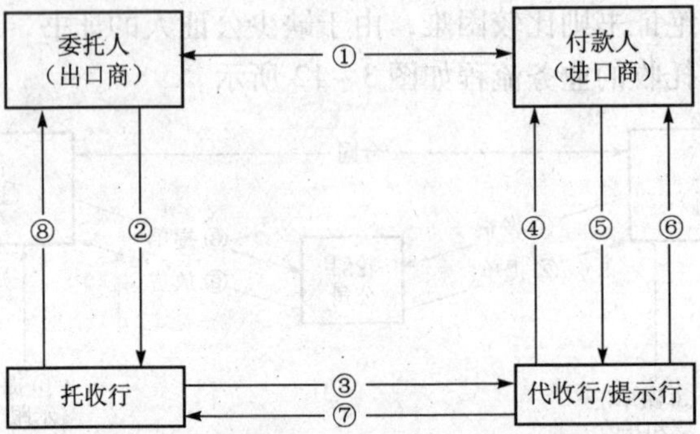


图 3－13　即期付款交单的业务流程

① 买卖合同规定以即期付款交单方式付款。

② 委托人按合同的规定发货后，取得货运单据，连同即期汇票及发票等商业单据，填写银行提供的托收申请书，一并送交托收行代收货款。

③ 托收行审核票据，按照委托人的指示，缮制托收指示连同汇票及商业单据寄交代收行，委托其代为收款。

④ 代收行接到托收指示和汇票及商业单据后，即时向付款人作出提示。

⑤ 付款人向代收行支付票面的金额。

⑥ 代收行收妥款项后，将商业单据递交给付款人。

⑦ 代收行按照托收指示收妥的款项贷记托收行的账户或者托收行指定的账户。

⑧ 托收行收妥后，就通知委托人，并将款项拨交委托人。

（2）远期付款交单

远期付款交单（D/P at × × Days after Sight）是代收行收到托收行的单据和托收委托书后，立即直接或者通过提示行，向付款人提示有关单据，付款人审核单据并且决定接受或者拒收单据，如果接受，付款人应立即向代收行确定付款日、到期日，付款人付款以后才能从代收行取得单据。其业务流程如图 3－14 所示。

如果贸易双方将远期付款交单作为结算方式，可能会出现到货不到期的情况。为了避免此种情况的发生，实际业务中，通常都会规定远期期限要与货物的航程相匹配。例如，假定货物到美国海运的时间需要 30 天，那么远期付款交单的期限就不能超过 30 天，交单方式最好定为见票后 25 天交单，即 Documents against payment at 25 days after sight。

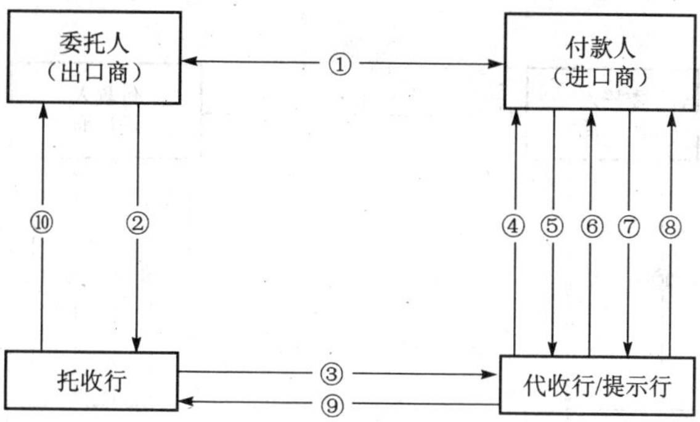


图3－14　远期付款交单的业务流程

① 买卖合同规定以远期付款交单方式付款。

② 委托人按合同的规定发货后，取得货运单据，连同远期汇票及发票等商业单据，填写银行提供的托收申请书，一并送交托收行代收货款。

③ 托收行审核票据，审查托收申请书里面所附的单据，包括申请书的内容是否明确、项目是否齐全、单据的种类和份数是否与申请书所列的相符，然后按照委托人的指示，缮制托收指示连同汇票及商业单据寄交代收行，委托其代为收款。

④ 代收行接到托收指示和汇票及商业单据，审核并且确定托收委托书以及所附的汇票、单据无误以后，即时向付款人作出承兑提示。

⑤ 付款人向代收行承兑汇票，承诺到期付款，代收行收回汇票和单据。

⑥ 汇票到期日，代收行再次作出付款提示。

⑦ 付款人付清货款。

⑧ 代收行收妥款项以后，将商业单据递交给付款人。

⑨ 代收行按照托收指示将收妥的款项贷记托收行的账户或者托收行指定的账户。

⑩ 托收行收妥后，就通知委托人，并将款项拨交委托人。

2）承兑交单

承兑交单（Documents against Acceptance，D/A）是指委托人指示托收行、代收行在付款人审单后决定接受单据时，由付款人在汇票上办理承兑，代收行审查承兑手续齐全后留下汇票，单据交付款人。在汇票到期后，付款人再向代收行付款。

在实务中，承兑交单可以细分为两种，见票后××天承兑交单和提单后××天承兑交单。

（1）见票后××天承兑交单。见票后若干天承兑交单的付款日期，也就是到期日是由付款人见票后确定的，但付款人何时见票，收款人和托收行都无法预知而且不能掌握主动权。

（2）提单后××天承兑交单。提单后若干天承兑交单的付款日期，是从提单日起算。收款人和托收行在单据寄出时就可以确定到期日，一般来说托收行在托收的面函上已经表明了到期日，只是要有付款人和代收行的再次确认。承兑交单的业务流程如图 3－15 所示。

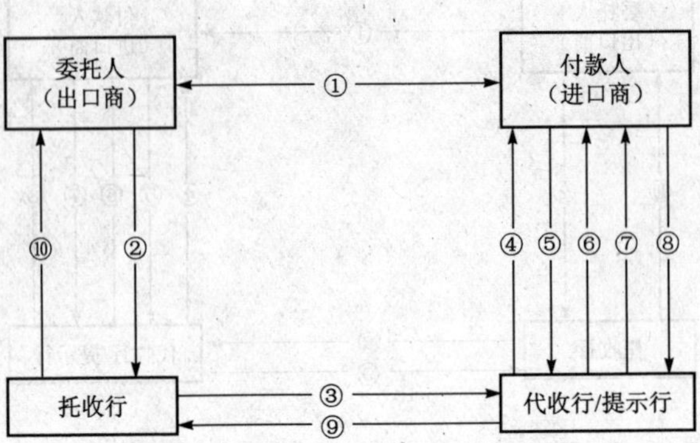


图 3－15　承兑交单的业务流程

① 买卖合同规定以承兑交单方式付款。

② 委托人按合同的规定发货后，取得货运单据，连同远期汇票及发票等商业单据，填写银行提供的托收申请书，一并送交托收行代收货款。

③ 托收行审核票据，审查托收申请书里面所附的单据，包括申请书的内容是否明确，项目是否齐全，单据的种类和份数是否与申请书所列的相符，然后按照委托人的指示，缮制托收指示连同汇票及商业单据寄交代收行，委托其代为收款。

④ 代收行接到托收指示和汇票及商业单据，审核并且确定托收委托书及所附的汇票、单据无误后，即时向付款人作出承兑提示。

⑤ 付款人向代收行承兑汇票，承诺到期付款，代收行收回经过承兑的汇票。

⑥ 付款人承兑后，代收行将商业单据递交给付款人。

⑦ 汇票到期日，代收行再次作出付款提示。

⑧ 付款人付清货款。

⑨ 代收行收妥款项后，按照托收指示将收妥的款项贷记托收行的账户或者托收行指定的账户。

⑩ 托收行收妥后，就通知委托人，并将款项拨交委托人。

### 3.2.3　托收的办理

#### 1. 托收的办理——光票托收

通过银行办理光票托收的好处：比较安全，因为直接向付款人邮寄票据，虽然收款存在比较大的风险，但通过银行间的国际网络的收款可以避免这些风险；方便，国际化银行的网络遍布全球，可以十分便捷地收妥来自世界各地的款项；比较快捷，如果托收行与付款行或代收行签有立即贷记的协议，则可大大缩短收款的时间；办理光票托收，银行的费用相对比较低。

光票托收业务的处理程序如下。

（1）出口商提交光票托收申请书及凭以收款的凭证，托收行审核申请书中填写的内容与提交的凭证所载内容是否一致，项目是否齐全。

（2）审核无误后，选择代收行和索汇路线，并于 2 个工作日内缮制托收委托书，对外办理托收，并及时对外查询催收。

（3）收到代收行有关托收款项后，为出口商办理解付手续。

光票托收适用于各类贸易和非贸易项下的票据及有价凭证的托收。贸易项下光票托收业务原则上只受理以银行或金融机构为付款人的汇票、本票和支票。托收票据的标价货币，应该是可兑换的货币，并且表面应该注明流通地区限制的票据，难以办理托收。已经背书转让的票据容易存在伪造、变造等欺诈风险。陌生的、金额特别巨大或者出票行资信有疑问的票据，以及用于投资、贷款、抵押等目的的大额票据，也容易发生欺诈行为，要特别注意风险的防范。

**2. 托收的办理——出口跟单托收**

1）出口跟单托收业务的处理程序

（1）出口商向托收行提交加盖预留印鉴的出口托收申请书，以及用于办理跟单托收业务的全套单据。

（2）托收行根据 URC522 规则，按照单单一致的原则核对托收单据的种类、份数及与申请书所列明的是否一致，一般在 1 个工作日内完成审核。

（3）选择代收行和索汇路线。

（4）托收行缮制托收委托书，向代收行寄送单据，并及时对外查询催收。

（5）托收行收到出口托收款项后，为出口商办理入账手续。

2）办理出口跟单托收业务的注意事项

（1）首次办理出口跟单托收业务的出口商应向托收行提交经营进出口业务证明文件、企业营业执照、企业法人代码证复印件等托收行要求的资料。

（2）托收业务属于商业信用，款项能否及时收回取决于境外进口商的资信情况。

（3）出口商填写托收申请书时，应明确托收方式，即付款交单（D/P）或承兑交单（D/A）；如未注明，按付款交单处理。

（4）出口商可指定境外代收行（一般是境外客户往来银行），如未指定代收行，托收行可代出口商选择并由其书面确认。

（5）托收行在收到代收行关于付款人拒受单据或拒付的函电后，及时通知出口商，出口商 60 天内不作答复的，代收行有权退单。

（6）出口商如需更改金额、付款期限或交单条件等，必须提交书面申请并加盖预留印鉴。

与信用证方式相比，跟单托收方式操作简单、方便易行，银行的费用也比较低，有利于节约费用、控制成本，进口商只有承兑或者付款以后才能提取货物。与赊销方式相比，承担的风险比较小，所以如果出口商对进口商的资信状况比较了解，并且有足够的资金用于备货和发运，可以选择这种结算方式。当处于卖方市场时，可以选择 D/P 方式。当处于买方市场并且进口商要求给予融资便利，可以选择 D/A 方式。与汇款方式相比，D/A 方式有一定的付款保证。

在托收业务中，银行尽管不提供任何担保，但是仍然提供服务。所以当进口商拒付或者拒绝承兑时，出口商最好及时授权托收行，协助安排货物。另外在 D/A 方式下，实际上是延长了进口商的付款时间，出口商在制定价格时，应考虑利息等相关的成本。

3. 托收的办理——进口代收

1）进口代收业务的处理程序

（1）代收行收到托收行寄交的进口代收单据后，审核来单委托书并依据来单委托书审核单据是否齐全。

（2）审核无误后，代收行缮制进口代收来单通知书，连同主要单据复印件向付款人提示。一般在收到代收单据后 3 个工作日内办妥提示手续。

（3）付款人接到进口代收来单通知后，到代收行办理有关付款或承兑手续。同意付款或承兑时应提交同意付款/承兑书、购买外汇申请书、进口合同、进口付汇核销单及代收行要求的其他材料。

（4）在付款交单条件下，付款人付款后，即可拿到全套正本单据；如果是远期托收，在到期日进口商付款，代收行放单据给进口商，并且把收妥的款项贷记托收行的账户，或者托收行指定的账户。在承兑交单条件下，付款人需办理承兑手续，即按我国《票据法》规定承兑远期汇票后，领取正本单据，在承兑到期日付款。

（5）若付款人拒绝付款或承兑，应到银行柜台办理拒付手续，说明拒付理由。付款人拒付时，代收行将及时通知托收行并代为保管单据听候处理，如自发出通知 60 天内未收到托收行处理单据的指示，代收行将主动退单；如托收行指示退单或授权无偿交单，代收行将按指示办理。

2）办理进口代收业务的注意事项

（1）代收行原则上只接受境外托收行寄来的单据，不接受出票人直接寄来的单据。

（2）代收行将按照有关的国际惯例办理进口代收业务。在符合国际惯例规定的责任范围之内，严格执行境外托收行委托书中所规定的各项指示。

（3）遵循托收委托书的交单条件，向付款人办理交单手续，如付款人有特殊要求，在洽商托收行同意后按照其指示办理。

（4）远期付款交单条件下的进口代收单据，付款人只有在到期付款后方可获得。

### 3.2.4 托收业务中的资金融通

1. 托收出口融资

托收出口融资方式可使出口商在装运货物取得货运单据后，就得到银行的融资。托收业务中，远期付款交单和承兑交单方式对于出口商，都不像即期付款交单方式，出口商可以很快地收回货款。因此出口商可以通过托收出口融资的方式，提前从银行得到货款，以便公司业务的正常进行。

托收出口融资方式主要的做法有托收出口押汇（Outward Bills）。托收出口押汇又称议付，是指托收行买入出口商开立的跟单汇票及/或装运单据。出口押汇的具体做法如下：出口商根据买卖合同规定装运货物后，取得货运单据，连同远期汇票及发票等商业单据，填写银行提供的托收申请书和出口押汇申请书，一并送交托收行。托收行对出口商的信用进行审核，合格后，与出口商订立出口押汇合同，并买入跟单汇票。支付给出口商的押汇金额是按照汇票金额扣除从买入汇票日至预计收到票款日的利息及手续费。如果到期日银行没有收回货款，对出口商是有追索权的。

除此之外，出口商还可以通过托收项下的贷款（相当于用部分贷款作押汇），或者使用融通汇票贴现等托收出口融资的方式，提前取得货款。

**2. 托收进口融资**

托收业务中，远期付款交单是一种很受争议的托收方式，对于付款人，这种托收方式不如即期付款交单或承兑交单方式，权利与义务比较平衡，只要是付出货款或作出付款承诺都能拿到单据。而远期付款交单，尽管付款人审核单据以后，作出了到期付款的承诺，尽到了作为远期付款人的义务，但是没有取到单据的权利，特别是当货物已经到达港口，而远期还没有到期，付款人没有单据无法提货。而对于代收行既要在收到托收行的单据时，立即通知付款人并取得付款人的付款承诺，又要在远期到期前保管好单据，增加了手续与责任。

此时，付款人可以请代收行用信托收据的办法来借出提单，这种办法能否办到要视付款人的资信情况而定。所谓信托收据（Trust Receipt，T/R），就是进口商借取单据时提供的一种书面担保文件，用以表示出具人愿意以代收行的受托人身份代为提货、报关、存仓、保险和出售，同时承认货物的所有权仍属于银行，货物出售后所得到的货款偿还银行，进口商赎回信托收据。

凭信托收据借单提货的具体做法是：代收行接到托收指示和汇票及商业单据，向付款人作出承兑提示后，付款人主动向代收行提出要求提前取出单据并填写信托收据申请。代收行对进口商的信用进行审核，审核合格后，允许进口商在付款前开立信托收据交给代收行，凭以借出货运单据先行提货，以便出售，待售得货款后偿还代收行，换回信托收据。

如果代收行在未经出口商允许的情况下，凭信托收据放单给付款人，那么在远期到期以后，代收行若收不到托收的款项，就有钱货两空的后果。2005 年，中方某外贸公司与非洲某进口商签订了一份外贸合同。合同中规定使用托收支付方式。我方外贸公司备货完毕后将货物发出，并取得了包括海运提单在内的全套运输单据，同时按合同规定开立了 2 个月到期的远期汇票。其后，我方外贸公司将远期汇票连同货运单据交给 A 银行，委托其向非洲的进口商收取货款。A 银行根据我方外贸公司填写的托收申请书缮制托收委托书，连同汇票、货运单据寄交给A银行在非洲进口商所在地的代理银行B，委托B银行向非洲进口商收取货款。该进口商对B银行出具的远期汇票进行了承兑。此时，我方货物已抵达进口国，进口商想急于取得货物，就出具了信托收据交给B银行，B银行将货运单据借给了进口商，进口商提取了货物去转售，但亏损严重。当到了汇票到期日时，进口商无力支付货款。由于出口商并未指示B银行（代收行）允许进口商在承兑汇票后可以凭信托收据先行借单提货，与出口商和托收行无关，B银行最终承担了全部损失。因此有些代收行认为，这种托收是委托人把一切责任推给代收行的不负责任的做法，而不予认可。

在实务中，如某些欧洲、亚洲和拉美国家的银行基于当地的法律和习惯，在收到远期付款交单托收以后，习惯上均在进口商承兑汇票后立即把单据交给进口商，将D/P远期按承兑交单处理，这给出口商带来很大的风险，因为不法商人可凭承兑汇票提取货物，以后又借口推卸责任，造成出口商货款两空。

托收进口融资还有凭银行担保提货、使用融通汇票贴现等方法。

### 3.2.5 使用托收方式应注意事项

托收方式因其是建立在商业信用的基础上，所以在我国的应用还不是很广泛。但是在欧美国家却运作得很好，其坏账率不足0.5%。这说明只要能充分了解托收业务的运作方式并且在使用托收方式时做好防范措施，托收风险是能被控制到最低限度的。因此，在托收业务中，出口商应注意下列几个问题。

1. 交易前必须选择好可靠的合作伙伴

出口商在交易前要慎重调查合作伙伴的资质，选择可靠的合作伙伴，即使是多次打过交道的客户也应仔细调查和考察其资信状况和经营作风。对客户的调查范围主要应包括：进口商的资信情况、经营规模、经营范围、经营能力、产品的市场行情、以往的资信状况等。调查可以通过国内外银行、国外的工商团体或征信机构、我国驻外商务机构、国外出版的厂商年鉴等渠道进行。

2. 正确选用托收种类和交单方式

因为不同的托收种类，其风险和损失的程度是不同的。从跟单托收来看，承兑交单风险最大，因为承兑交单对于出口商来说，在收到货款之前已经失去了对货物所有权的控制，要完全依靠进口商的信用来收回货款。承兑交单的风险损失有：货款的损失、出口商的卖方贷款利息（如果出口商办理贷款的话）、运输的费用、办理各种单证的费用、银行的费用等。

付款交单的风险相对较小，因为在付款交单下只要进口商没有付款，物权凭证仍然掌握在代收行手中，仍然属于出口商所有，但是并不是没有风险损失。如果进口商不来付款赎单，出口商仍然负担以下的损失：出口商的贷款利息，双程的运输费用（如果将货物运回本国处理），在进口商港口存仓、保险支付代理人的费用，货物临时处理而带来的价格损失、银行费用等。假如托收委托书允许远期付款交单凭信托收据借单，或把远期付款交单业务视为承兑交单，此时的风险损失就如同承兑交单。

光票托收的风险损失是托收款项和银行费用，因此在实务中应该尽可能采用付款交单方式，少做或不做承兑交单方式。

3. 掌握采用跟单托收方式的时机

托收方式中，进出口双方的资金负担是不平衡的，出口商（收款人）在订立合同以后就需要垫付自己的资金，进行备货装运然后通过银行收款。而进口方（付款人）在即期付款交单项下，只要付款就可以得到单据，并且能够提货，一手交钱一手取货。

在承兑交单项下，承兑后就可以取得单据并且可以提货，而且往往是在付款到期之前就完成了货物的销售或者转卖，取得了货款，最后才向代收行付款，等于是借出口商（收款人）的资金做了无本买卖，因此应该要求进口商预付部分款项，预付部分订金。所以当出口产品滞销，货物处于买方市场或者是新产品需要促销时，可以考虑采用这种结算方式，来提高自身的竞争能力。

4. 了解进口国的有关贸易政策

这些政策与托收业务关系较密切的主要是进口国家的银行（代收行）是否做远期付款交单业务，以及如何处理这类业务；进口国海关方面在进口手续、港口管理等方面的有关规定；进口国外汇管制方面的有关规定。

在和一个实行严格贸易管制的国家的进口商打交道时一定要倍加小心，因为各个进口国的贸易管制条例和法规不尽相同。比如，有些国家规定进口商在进口某种商品时必须事先获得进口许可证，因此出口商在装运货物之前必须收到进口商寄来的进口许可证副本或取得进口许可证的通知电报后再发货；有的国家规定进口要取得外汇许可，因而出口商也要了解对方是否申请到外汇，否则，出口商的收汇将无法保证。

5. 在托收业务中尽量选用付款交单（D/P）而慎选承兑交单（D/A），并注意 D/P 远期方式的使用

目前，由于 D/P 远期付款方式的具体掌握方法在国际上尚无明确规定，各国的处理方法也不尽相同，D/P 远期托收还存在许多争议，因此出口商应合理使用。如果使用，特别要对期限加以控制，不宜过长，一般应掌握在不超过从出口地到进口地的运输时间。另外，在与欧美及拉美国家的进口商打交道时，尽量不采用 D/P 远期方式结算。

6. 在托收业务中一定要慎选代收行

在出口业务中会经常碰到这样的进口商，他们同意 D/P 支付方式，但提出由自己来选择代收行，这时一定不能贸然答应他们的要求。因为进口商既然特意指定代收行，就说明他与该行具有良好关系，在远期付款交单的情况下很可能凭借自己与代收行的特殊关系提前借出货运单据提货，货到手后再找借口拖延付款，这时，即使出口商想追究代收行的责任，也常常由于地域的问题不能取得理想结果。例如 2004 年，新昌某出口企业一笔 D/P 远期交单

业务提交中国银行办理，代收银行由进口商指定，中国银行在对此银行进行审查时发现在有关资料中无法找到该银行，银行信誉无法掌握，因此有关业务人员将此情况通知出口商，建议更换代收行，由中国银行选择指定，但出口商为了不影响贸易，再加上认为 D/P 交单没问题，因此要求中国银行按原条件办理。单据寄出后，代收行非但没有按照托收规则办理，而且与进口商一起进行诈骗，先是提出变 D/P 远期为 D/A 的要求，被拒绝后又提出退单的要求，但据船舶公司查明，进口商早就凭提单向船舶公司提了货，代收行那里根本就没有单据，最终导致出口商钱货两空的结局。

另外由进口商指定代收行，托收行在觉得不可靠的情况下会拒绝出口商的托收申请，这使出口商的收汇更无保障。例如，我国某出口商与国外客户签订远期付款交单合同，国外客户指定 C 银行为代收行，业务进行时，我国 R 银行（托收行）审查 C 银行的资信时发现其信用不佳，要求我方出口商更换代收行，但国外客户坚持使用，我方便没有更改，R 银行为出口商办理了托收业务，但由于代收行 C 资信不好，R 银行未给出口商办理出口押汇。到期时，发现国外客户已倒闭，且代收行早已放单给客户让其提货。所以在托收项下，选择一家资信好的代收行可以省去许多不必要的麻烦。

**7. 出口合同争取使用 CIF 或 CIP 术语成交**

在托收业务中选择价格术语时，最优选择应是 CIF。因为 F 类价格术语规定运输由进口商办理，出口商不能得到代表货物所有权的单据，进而不能通过控制单据来控制货物。另外，在 CIF 或 CIP 术语中，由出口商来办理货运保险，这样在货物运输途中遇到不测，出口商就可以得到一定的赔偿。如果选择按 CFR、CPT 成交的合同，卖方没有办理货运保险的义务，而由买方根据情况自行办理。如果履约时行情对买方不利，买方无意履约，就有可能不办保险，这样一旦货物在途中出险，买方更不愿付款赎单，卖方将面临钱货两空的风险。

在 CIF 术语下由卖方自办保险，可以投保的险种主要有两种。① 出口信用保险。这是一种国家为了鼓励并推动本国的出口贸易，保障出口企业的收汇安全而制定的一项由国家财政提供保险准备金的非营利性政策保险业务。出口商在操作以托收为结算方式的出口业务时，可能会因为进口商破产或拒付及其他一些政治性、行政性及商业上的原因不能回收货款，如果出口商事先投保该险，就可以得到保险公司的赔偿。目前中国人民保险公司已设立这一险种，并成立了出口信用保险部，国内出口商应充分利用这一有利条件来降低托收结算方式下出口贸易的风险。② 卖方利益险。投保这种险别，主要是为了防止货物一旦在运输途中受损而进口商不愿付款赎单时，使出口商不致遭受太大损失。目前，中国人民保险公司也已设立了这一特殊险种，我国出口企业应充分利用。

**8. 防患于未然，找好必要时代理**

托收业务毕竟是一种以商业信用为基础的结算方式，出口商在采用这种方法回收货款时要做最坏打算，要考虑到因种种原因会导致进口商拒绝付款赎单，使已发运到目的地的货物将面临无人提取进而变质丧失效用的局面。这时如果出口商在托收合同中规定了国外的

“必要时代理”，就可以由其去代收行取单、提货、存仓、保险甚至寻找新的买主，这样会使出口商的损失降到最低。

9. 在采用托收的结汇方式时，尽量使用海运方式，避免使用航空运输

航空运单为记名抬头，航空公司在货物到达时凭航空运单中的详细地址通知进口方提货。这样，由于托收属于商业信用，容易造成进口方在提货后找借口拒付或压价，使出口方限于被动的境地。

因此要尽量选择海运方式，这样可以取得海运提单（B/L），B/L 是物权凭证，拥有提单就拥有了货物的所有权。海运提单一般应作成空白抬头并背书（Consignee：to Order/to Order of Shipper)，不应写成进口方（公司）名称，以防各种情况变化而遭进口方拒付时可以通过背书转让海运提单及时处理该批货物，而不会出现由于当初作成记名提单而无法办理背书转让。例如，我国某出口商 A 向国外进口商 B 以远期付款交单（2 个月）方式出口某货物，出口商 A 备好货后，进口商 B 提出，海运提单的收货人抬头写进口商的名称（这就是所谓的记名提单，此提单下写谁谁就是收货人，因此，此提单丧失了流动性，不可流通转让）。在此情况下，出口商 A 认为货物肯定要由 B 来领取，作成记名提单也无大碍，于是同意。与此同时，还根据进口商 B 的要求将海运提单的副本寄给 B。B 取得副本后，凭此向银行办理担保业务，银行认为记名提单不能流通转让，收货人只能为 B，提供担保也无妨。于是 B 虽然没有正本的海运提单，却凭副本和银行的保函，从承运人那里得到了货物。到期日时，出口商 A 已钱货两空。

### 3.2.6 托收统一规则

《托收统一规则》（国际商会第 522 号出版物），简称 URC522，是托收业务使用的国际惯例。各国银行及进出口商使用托收业务时，应按照 URC522 的规定行事，以保证商业和金融活动的顺利开展。URC522 内容包括：总则与定义，托收的形式和结构，提示的形式，义务和责任，付款，利息、手续费和开销及其他条款等共 26 个条款。下面对托收当中银行的责任作简要的介绍。

1. 作为托收行（寄单行）时

（1）必须依《托收统一规则》（URC522）行事。

（2）所有托收单据必须附有委托人的“托收委托书”。

（3）应核对委托人所交单据与“托收委托书”中列明的单据表面是否相符。

（4）委托人对“托收委托书”的任何修改，必须以书面形式通知我行。

（5）无义务审核托收单据，仅凭载有“依据《托收统一规则》（URC522）”行事的“托收委托书”发出托收指示。但银行必须按照委托书的指示行事，如无法照办时，应立即通知发出委托书的一方。

（6）须在托收指示中明确注明“遵循《托收统一规则》（URC522）”及规则所要求的

相关内容，且明确、完整。

（7）原则上应委托托收行海外联行或代理行办理托收业务。委托人提供的代收行为非代理行时，应视其为提示行，并要在托收指示中列明。

（8）应在托收指示中明确列明交单、付款方式及路径。

（9）应在托收指示中详细准确地列明所寄单据的种类及份数。

（10）应在托收指示中明确付款人采取任何行动的确切期限。

（11）应劝阻委托人对凭付款交单的托收指示包含远期付款的汇票。

（12）应建议委托人在未经代收行事先同意情况下不要将货物直接运交该银行，也不应以银行或银行的指定人为收货人。

（13）原则上不要求代收行对货物采取任何行动，包括对货物的仓储和保险。

（14）在托收指示中原则上不要求代收行在发生不付款或不承兑时作出拒绝证书。

**2. 作为代收行时**

（1）必须依《托收统一规则》（URC522）行事。

（2）对寄单行注明“遵循《托收统一规则》（URC522）”的托收业务，如选择不办理，须在3个工作日内以电传或SWIFT形式通知寄单行，并向其收取由此而引起的我行费用开支。

（3）对寄单行未注明“遵循《托收统一规则》（URC522）”的托收业务有选择办理或不办理的自由。如选择不办理，须在3个工作日内以电传或SWIFT形式通知寄单行，并向其收取由此而引起的我行费用开支。

（4）原则上不接受出票人直接寄来的单据。对于任何签字的真实性或签字人的权限不负责任。

（5）除非托收指示中有政治上我国不接受的条款，一般不拒绝办理托收业务。

（6）只按托收指示中的条款和统一规则行事，不得自行更改；对于不明确的托收指示，应联系寄单行予以澄清。

（7）对于付款人地址不全或有误的托收指示，应立即联系寄单行，请其提供详细正确的地址，同时也应尽力查找。对任何由于传递中发生的遗失或差错概不负责。

（8）对寄单行指定提示行的或付款人要求将单据转给某提示行的，应予照办；同时我行亦可自行选择提示行。以上情况，在向提示行寄单时，应在托收指示中说明只有收妥费用后方可放单及/或缮制收费通知。

（9）收到寄单行的托收单据后，应缮制进口代收通知书，联同副本单据（如有可能）在3个工作日内提示给付款人，请其在寄单行注明的确切期限内付款或承兑。如在此期限内未付款或承兑，应电告寄单行，并等候进一步指示。

（10）对未列明是凭付款或承兑交单的单据，只凭付款交单。

（11）原则上不对货物采取任何行动，包括对货物的仓储和保险。

（12）收到寄单行的托收单据后，应仔细审查单据的种类及份数是否与托收指示中所列表面相符，如发现不符，应即电告寄单行，同时提醒付款人注意。

（13）除非另有约定，不得将款项付给第三方，而只能付给发出托收指示的一方。

（14）原则上不接收办理拒绝证书。

（15）在付款人不付款或不承兑时，应立即电告指示方，并持单听候其进一步指示，若 60 天内未收到新指示，如可能应告知付款人，而后将单据退回指示方。

## 本章小结

国际支付方式，又称国际结算方式，是指为清偿发生在国际间的债权债务关系而使用的收付货币的手段和渠道。国际结算按其资金流向和结算支付工具的流向是否相同可以分为两类：顺汇法和逆汇法。在银行业务中，汇付方式采用的就是顺汇法。托收、信用证结算方式则采用的是逆汇法。

本章主要介绍汇付和托收两种结算方式。在国际结算中，汇付方式是最简单、最常用的货款结算方式，其只是利用国际银行间相互划拨款项的便利，并不涉及银行的信用，货款能否安全及时收回完全取决于进口商的信用程度，因此汇付属于商业信用的范畴。汇付业务可分为电汇、信汇和票汇 3 种方式，通常涉及 4 个主要的当事人：汇款人、收款人、汇出行、汇入行。在国际贸易中，汇付方式通常用于货到付款和预付货款等业务。预付货款对卖方有利；货到付款对买方有利。进出口双方使用时，应当权衡利弊。

托收业务是利用银行间的联行或代理行的关系和资金划拨渠道，使得两头都是客户的债权债务得以清偿，其性质为商业信用，主要的当事人有委托人、托收行、代收行和付款人，需要时可能还有提示行和需要时的代理。托收业务包括光票托收和跟单托收两种。前者用于贸易和非贸易、贸易项下从属费用的结算工具，如贸易中的小额贸易交易，非贸易中的捐赠款、赡养款，贸易从属费用中的运费、保险费、佣金等。后者比较常见，主要用于贸易货款的收取。跟单托收业务还可分为付款交单和承兑交单，其中付款交单还可分为即期付款交单和远期付款交单。在跟单托收业务项下，出口商可以采取出口押汇的办法提前收取货款，进口商可以凭信托收据提前借单取货。使用托收方式进行贸易时，进出口双方应保持谨慎，注意细节，以国际商会制定的 URC522 作为指南。

## 概念与术语

1. 顺汇法：又称汇付法，系指结算工具的流向与货款的流向是同一个方向，是作为汇款方（通常为债务人）的买方主动将进口货款交给银行，委托银行通过结算工具，转托国外银行将汇款付给作为国外收款方（通常为债权人）的卖方的一种结算方式。

2. 逆汇法：又称出票法，与顺汇相反，是指结算工具的流向与货款的流向呈相反方向，是由收款人出具汇票，交给银行，委托银行通过国外代理行向付款人收取汇票金额的一种结算方式。

3. 汇付：又称汇款，即付款人（进口商）按合同约定的条件（如收到货物或单据）与时间，主动通过银行或其他金融机构将款项汇交收款人（出口商）的一种国际结算方式。

4. 电汇：是汇款人委托汇出行以加押电报、电传或者以SWIFT（环球银行同业金融电讯协会）方式，向汇入行发出付款指示，要求其解付一定金额的款项给收款人的一种汇款方式。

5. 信汇：是汇出行应汇款人申请，用信函格式开立汇款通知书（或信汇委托书或支付通知书）航邮给汇入行，通知汇入行解付一定金额的款项给收款人的一种汇款方式。

6. 票汇：是汇出行应汇款人申请，代汇款人开立以其分行或代理行为解付行的银行即期汇票或银行本票，并支付一定金额给收款人的一种汇款方式。

7. 货到付款：也称交货后付款、先出后结，是指出口方在没有收到货款以前，先交出单据或货物，然后进口商在收到货物或单据后付款，或者在约定的某一时间付款的结算方式。

8. 托收：是银行（托收行）根据委托人（债权人）的指示，通过其在付款人（债务人）所在地的分行或代理行向付款人取得付款和/或承兑，或者在取得付款和/或承兑（或其他条件）后交付单据的一种结算方式。

9. 光票托收：是指不附带商业单据（主要指货运单据）的金融单据（主要指汇票）的托收。

10. 跟单托收：是指附带商业单据的金融单据的托收和不附带金融单据的商业单据的托收。

11. 付款交单：是委托人指示托收行、代收行在付款人付清托收款项后将单据交给付款人的方式。

12. 承兑交单：是指委托人指示托收行、代收行在付款人审单后决定接受单据时，由付款人在汇票上办理承兑，代收行审查承兑手续齐全后留下汇票，单据交付款人。在汇票到期后，付款人再向代收行付款。

13. 托收出口押汇：又称议付，是指托收行买入出口商开立的跟单汇票及/或装运单据。

14. 信托收据：是指进口商借取单据时提供的一种书面担保文件，用以表示出具人愿意以代收行的受托人身份代为提货、报关、存仓、保险和出售，同时承认货物的所有权仍属于银行，货物出售后所得到的货款偿还银行，进口商赎回信托收据。

**思考题**

1. 顺汇和逆汇的定义及其区别。
2. 画图说明电汇、信汇、票汇的业务流程并指出它们的异同。
3. 根据汇出行、汇入行的账户不同，指出汇款的几种解付方式。

4. 说明汇款如何在国际贸易中运用。

5. 阐述 D/P at 30 days after sight 和 D/A at 30 days after sight 的区别及各自的风险。

6. 何谓托收，以及托收的分类。

7. 托收当事人之间的关系如何。

8. 托收的交单条件有哪些，如何选择？

9. 2004 年，我国某进出口企业（卖方）与日本某商社（买方）经中间人介绍签订了一份金额为 10 万美元的贸易合同，合同规定：由买方开出即期不可撤销的信用证向卖方付款。但过了合同约定的开证日期仍未见买方开来信用证，经催问，对方称："证已开出，请速备货"。然而，临近约定的装运期前一周，卖方还未收到来证。卖方再次查询，对方才告知："因开证行与卖方银行并无业务代理关系，故此证已开往有代理关系的某地银行转交"。此时，船期已到，合同规定货物需直接运抵加拿大，而此航线每月只有一班船，若错过这一次船期，则要推迟至下一个月才能装船，这样将造成利息和费用的损失。这时，买方提出改用电汇方式把货款汇来，以促成该笔生意。鉴于以上情况，卖方只好同意并要求对方提供汇款凭证传真件，确认后马上发货。次日，买方便传来了银行的汇款凭证，卖方持该汇款传真件到银行核对签字无误后，以为款项已付出，便放心地安排装船。但出运后 10 多天，卖方才发觉货款根本未到账。原来，该买方资信甚差，经营作风恶劣，瞄准卖方急于销货的心理，玩弄花样，先伪造了加盖银行印章的进账单，再传真过来，冒充电汇凭证，蒙骗卖方，使卖方遭受重大的经济损失。请问卖方应从此案中得到什么经验和教训？

10. 我某外贸公司与某国 A 商达成一项出口合同，付款条件为 D/P 45 天付款。当汇票及所附单据通过托收行寄抵进口地代收行后，A 商及时在汇票上履行了承兑手续。货抵目的港时，由于用货心切，A 商出具信托收据向代收行借得单据，先行提货转售。汇票到期时，A 商因经营不善，失去偿付能力。代收行以汇票付款人拒付为由通知托收行，并建议由我外贸公司直接向 A 商索取货款。试分析代收行为其所做的辩护是否正确，原因是什么。

11. 2005 年 7 月，我国某出口企业 B 与国外客户签订合同以见票 30 天 D/P 方式出口货物。B 企业按期装运货物，取得提单，准备将制作好的全套单据交到托收行，按见票 30 天 D/P 方式办理收款手续。但 B 企业突然收到国外客户紧急来电，称希望尽快拿到全套单据，故请 B 企业用 UPS 邮寄方式将全套单据直接寄到其指定的代收银行。B 企业当即表示会考虑国外客户的请求尽快将单据寄出。当日，B 企业经办人拿着全套单据及外商传真来的代收行和付款人名称、地址等资料前往托收行办理托收。托收行在审查全套单据后，以托收行自己的名义签发了托收指示书。但托收行告知 B 企业经办人时间已晚，当日银行不能寄单，于是 B 企业的经办人向托收行提出自行寄单的要求，托收行同意后将全套单据及托收指示函交由 B 企业经办人签收。此后，B 企业通过 UPS 国际快邮公司将全套单据及托收指示书寄往国外客户代收行。代收行于第二日上午签收了该 UPS 快邮件。但代收行认为，在正常的托收业务中应该由托收银行向代收行寄单，而非托收关系的委托人（出口方）向代收行直接寄单。出于谨慎性原则，代收行立即发函给托收行尽心询问，并表示此笔托收业务中托收行同意B企业自行寄出单据及银行的托收指示书的做法属于“没有按照有关托收规程办理寄单托收事宜”。请问收到代收行的询问后，托收行应该如何处理该笔业务？

12. 在2005年春季广州出口商品交易会上，我国A公司与某国B公司经过友好洽商成交一笔业务，在交易会上口头商定即期付款L/C结算，签订合同时支付条款规定“payment by draft drawn on buyer payable at sight”。另外合同中规定“quality certificate by CCIB at loading port to be taken as final”。华振公司按合同规定备妥货物，但始终未见买方开来的L/C，于是6月20日去电催证。但买方复电称合同规定并非L/C结算，是以即期付款交单方式（D/P at sight）办理托收。A公司随即核对合同，发现未明确L/C结算。双方几经交涉，但由于买方的外汇正在申请中，还未正式获批，无法在装运期前开立L/C，买方建议将支付方式改为60天远期跟单托收（D/P 60 days after sight），A公司考虑到货物已经备妥待运及以后的合作关系，根据合同条款和装运期，最后接受B公司的意见，以见票60天付款交单的方式办理托收。但由于原来的即期付款改为远期付款，所以A公司要求B公司负担60天的远期利息，对此B公司表示同意。A公司按期装运货物后，于7月25日交单办理托收，并在托收指示书中规定60天的利息与货款一并收取。9月25日接到托收行通知，该笔托收款已收到，但付款人拒付利息。A公司随即发电向买方追究，而买方回电说提货后发现货物有部分霉变，以未付利息弥补霉变损失。A公司发现买方已提取货物，其认为，既然买方没有按照约定整笔付款，也就是说买方拒付了部分款项，而本公司在托收指示书上已明确指示代收行要货款与利息一起收取，代收行不应当放单给付款人，而应将付款人拒付的情况告知本公司，然后根据本公司的意见决定是否放单，这才符合国际惯例的做法。A公司认为代收行没有按照托收指示的规定进行操作，导致利息不能收回，所以立即通过托收行向代收行提出责问，表示要追究代收行违约放单的责任。请问A公司的理由是否正确，能否向代收行追究责任？

## 案例分析

1. **案情：**国内某公司以付款交单方式出口，并委托国内甲银行将单证寄由第三国乙银行转给进口国丙银行托收。后来得知丙银行破产收不到货款，该公司要求退回有关单证却毫无结果，在此案中，托收银行不负任何责任。

**分析：**根据《托收统一规则》，在托收方式下，银行只作为卖方的受托人行事，为实现委托的指示，托收银行可选择委托人指定的银行或自行选择或由别的银行选择的银行作为代收行；单据和托收委托书可直接或间接通过别的银行寄给代收行。但与托收有关的银行，对由于任何文件信件或单据在寄送途中的延误和丢失所引起的后果，或由于电报、电传、或电子通信系统在传递中的延误、残缺和其他错误，以及由于不可抗力、暴动、内乱、战争或其他所不能控制的任何其他原因致使业务中断所造成的后果，不承担义务或责任。

所以，在本案例中，托收银行只要尽到“遵守信用，谨慎从事”义务，对托收过程中所发生的各种非自身所能控制的差错，包括代收行倒闭致使委托人货款无法收回且单据也无法收回，不负任何法律责任。

2. **案情**：2009年天津某贸易公司向埃及A. B. C. 有限公司出口一笔镀锌钢管。合同规定支付条款为：“Payment by draft payable 30 days after sight, documents against payment.”（凭见票30天到期的汇票付款，付款交单。）

贸易公司按照合同规定在装运期内于4月5日进行装船。4月6日贸易公司接到A. B. C. 公司来电，解释目前资金短缺，但是该钢材在国内需求旺盛，要求出口商予以照顾，把即期付款交单改为D/A 30天付款。贸易公司考虑到货已备好，且对方又是长期客户，若卖给其他客户，一时找不到销路，会引起积压，故不得不迁就对方。经请示主管人员同意后，改为D/A 30天付款。于是4月7日即向托收行办理D/P 30天托收。

5月16日贸易公司接到托收行转来代收行电：“你第×××号托收单据于4月15日已收到，我行当天即向付款人提示，付款人承兑后并于当时交出全套单据。由于4月15日为付款人承兑日，我行于5月15日向付款人第二次提示要求付款，但付款人提出拒付，其理由是“商业发票不符合我当局规定，无法通关”。

贸易公司于18日也接到买方来电：“第×××号合同项下的400吨镀锌钢管，你托收单据中因商业发票内容和形式不符合我当局规定，我无法通关，货在保税库中暂存，无法提取。因此我也无法付款。”

贸易公司接到代收行和买方上述电文后，设法补寄新商业发票，但对方又没有说明需要怎样改正才能符合当局的要求。贸易公司随即联系托收行，托收行查找该地区曾经开来的旧信用证。经对照曾有规定商业发票上要签署原产地和价格声明。贸易公司根据托收行所提供的资料重制新发票，即在发票末端增加了原产地和价格声明。

贸易公司补寄去新发票后，5月28日买方又提出：“你补寄来的发票已收到，我即持发票向海关申报，海关仍然不接受，因你发票上虽然已经证明了有关文句，但书写不规范。据了解货物在保税库期间的高昂保管费，已将接近货值的三分之二，如果你方不能弥补我方损失，我亦难接受该货物，速告知如何处理。”

贸易公司经研究，为了避免更大的损失，最后只好委托我驻外机构直接与买方A. B. C. 公司谈判。经了解才知道其实货物早已被买方提取并销售，只因买方亏损严重，暂时无力付款才以此为借口。最终该批货物被杀价25%，货款在第二年才偿还。

**分析**：该案例说明，该进口商是在正常贸易的掩护下，与出口商签订贸易合同，在合同中采用了常用的支付方式——即期付款交单方式结算货款；该出口商根据合同要求安排生产或采购货物，而对方却以资金短缺，而该钢材在该国需求旺盛为由，千方百计地逼使出口商把即期付款交单方式改为D/A方式；在提货后，寻找种种借口，借故长期不付款，使出口商最终降价销售。从中可以看出，采用D/A方式付款，一定要调查进口商的资信情况，即便是长期合作的客户也应该提高警惕，在采用托收支付方式时应尽可能采用D/P方式，而不采用D/A方式。

此案的另一个问题就是托收方式下的制单问题，与信用证方式相比，托收方式下的制单无章可循，只能靠制单人员所掌握的知识，其必须通晓世界各国有关单证方面的所有规定和惯例。如果本案的单证人员能及时了解国外海关规定商业发票的末端须由出口公司签署的原产地和价格的声明，或许就不会给国外客户以借口而不付款。

# 第 4 章　基本支付方式——信用证

学习要点

- 掌握信用证结算方式的特点、种类及其流程。
- 熟悉信用证结算方式在实际业务中的应用。
- 分析信用证结算方式的相关案例。

信用证是国际贸易中重要的结算方式之一，其依托银行信用，将结算和融资结为一体，提供综合性的服务。和其他的结算方式相比，信用证业务有着无法替代的功能。信用证源于托收，却克服了托收的缺陷，银行作为担保人，能够为买方提供资金融通，在开立信用证时并不需要支付 100% 的现金，并可使买方取得相对较长的支付期；而对于卖方来说，信用证即等于是开证银行的确定的付款保证，卖方不再完全需要依赖买方的付款意愿和能力，从而减少或消除了商业风险、外汇和政治风险。可见，信用证以银行的信用解决了进出口双方的困境，推动了贸易的顺利进行。因此尽管信用证业务处理非常复杂，但是在国际结算中，仍然占据着主导地位。

信用证受到了众多法律法规的支持和保护，而国际商会（ICC）制定的《跟单信用证统一惯例》（UCP）自 1933 年开始生效以来，一直是一套普遍公认的跟单信用证运作的法规。2007 年 7 月 1 日起使用的《跟单信用证统一惯例》的最新版本，也就是 2007 年的修订本——国际商会第 600 号出版物（UCP600）。这一新版本是国际商会在原有版本的基础上浓缩精华而成，更有益于银行、进出口双方明确各自的职责，有利于贸易的顺利进行。

## 4.1 信用证的基本概述

### 4.1.1 信用证的概念

国际商会《跟单信用证统一惯例（2007年修订本）》（UCP600）第二条对信用证作了如下定义：信用证（Letter of Credit，L/C）是指一项不可撤销的约定，无论其名称或描述如何，该项约定构成开证行对相符交单予以付款的明确承诺。这里的付款（Honour）内涵如下。

（1）对于即期付款信用证即期付款。

（2）对于延期付款信用证作出延期付款承诺并于到期日付款。

（3）对于承兑信用证承兑由受益人出具的汇票并于到期日付款。

简而言之，信用证就是银行开立的有条件的付款承诺的书面文件。信用证项下，只要出口商按照信用证的规定提交相符的单据，银行就会在规定的期限内付款给出口商；而进口商只要按时付款，银行就会放单（主要包括海运提单、商业发票、保险单据，可能还有原产地证书、装箱单、重量单、商检证书、海关发票等）。

### 4.1.2 信用证的特点

（1）信用证是一种银行信用（Banker's Credit）。信用证是开证行以自己的信用作出的付款保证，一旦受益人（出口商）提交了满足信用证条件和条款的单据，就可以直接向银行要求付款，而不需要向开证申请人（进口商）要求付款。开证行是主债务人，对受益人负有不可推卸的第一性的独立的付款责任。

（2）信用证是一种纯粹的单据买卖业务（Sale of Document）。银行不是销售合同的当事人，其所处理的是单据，并不关心单据所代表的货物，所以在以信用证、单据本身及国际标准银行实务参照审核时，只要受益人提交的单据中的数据，与单据本身的数据、其他要求的单据中的数据，或者信用证数据不相矛盾，银行就凭单据付款。

（3）信用证是一项自足文件（Self-sufficient Instrument）。信用证是银行与信用证受益人之间存在的一项契约，此契约虽然是以销售合同为基础，但是一经开立就独立于销售合同以外。信用证业务的一切当事人只受信用证条款的约束，银行履行付款责任，仅仅是以信用证受益人满足了信用证规定的条件为前提，不受销售合同争议的影响。

例如：国内某贸易公司收到由加拿大某银行所开立的不可撤销跟单信用证，销售合约规定，有关货物条款为："货物均需涂油，且无锈迹，打小捆包装12支为一捆，，蓝色塑料包装布包装，钢带加固"；信用证却规定："货物均需涂油，且无锈迹，打小捆包装12支为一捆，蓝色塑料包装布包装。”贸易公司提交的单据与信用证规定的相符，即使受益人未完全履行在销售合约项下作为出口商的义务，开证行都会履行其第一性的付款责任。

### 4.1.3 信用证的作用

1. 对出口商的作用

对出口商来说，信用证的主要作用包括以下几个方面。

（1）出口商在履约交货后，只要按照信用证的条款规定向银行提供了相符的交单，就可以获得银行付款的保障，排除进口商不付款的风险。特别是在一些实施外汇管制的国家，只要出口商取得信用证，就可以避免进口国家限制外汇转移或禁止进口所产生的风险，也就相当于银行担保付汇。此外，在出口商收到货款前，物权仍然掌握在出口商手中，即使开证行不付款或拒付货款，出口商损失也不会太大。

（2）对出口商来说，在收到国外开来的信用证后，可向其当地银行申请打包放款，即以“致受益人的信用证”正本和“销售合同”为保证，申请短期资金周转贷款，用于该信用证项下出口商的进货、备料、生产和装运。在货物装运后，只要出口商提交符合信用证条款规定的单据，即可由银行议付单据或贴现汇票，取得货款，这就增加了收款保障，加速了资金周转，扩大了贸易额。

2. 对进口商来的作用

（1）信用证可以保证只要进口商支付货款，即可取得代表物权的单据，并可通过信用证条款来控制出口商所履行的交货义务，如货物的品质、数量、交货期等。

（2）对进口商来说，采用信用证方式付款，开证时只需交付部分押金，待单据到达后才向银行付清全部货款以赎单，减少资金占压。若为远期信用证，进口商还可凭信托收据向开证行提前借单取货，到期再向开证行付款。进口商还可以办理进口押汇，即在收到开证申请人交来的货款之前开证行先对指定银行进行付款，还可通过缴纳保证金的融资、进口商要求延期付款、专项贷款融资等方式融通资金。

3. 对银行的作用

（1）对开证行来说，首先，开立信用证无须动用自身的资金，避免了资金占压，而且还有开证手续费的收入，授出的是信用而不是资金。其次，授出的信用并不是无条件的，而是有保证金或担保的。如果开证行履行了付款义务，其能够以出口商交来的货运单据作为保证，在进口商不付款的情况下，开证行可以处理货物，以抵补欠款。如果出售的货款不足以抵偿欠款，开证行仍有权向进口商追偿不足部分。因此开立信用证对于开证行来说，其所承担的风险是比较小的。

（2）对出口地银行来说，一旦出口商交来符合信用证条款规定的单据，就可以凭开证行的保证，向出口商垫款议付，并收取手续费和贴现利息，然后再向开证行或指定的偿付行索偿。

**专栏 4-1 授信额度**

所谓授信，就是指银行向客户直接提供资金支持，或对客户在有关经济活动中的信用向第三方作出保证的行为，其也是一种风险控制的总的概念。授信的对象是银行客户，主要包括银行的表内、表外等业务，如开信用证也要授信。

授信有两种，一种是银行内部的风险控制，内部授信。还有一种是公开授信，或称客户授信，即在内部控制线或者额度内告诉客户的授信额度，这部分额度可以向外部公开，在这个授信额度内提款审批就非常方便。

**1. 综合授信额度的含义**

综合授信额度是指银行为客户核定的短期授信业务的存量管理指标，只要授信余额不超过对应的业务品种指标，无论累计发放金额和发放次数为多少，银行业务部门均可快速向客户提供短期授信，即企业可便捷地循环使用银行的短期授信资金，从而满足客户对金融服务快捷性和便利性的要求。上述短期授信业务包括期限在一年以内（含一年）的贷款，开证、保函、押汇等，其中，投标保函、履约保函、预付款保函、关税付款保函和海事保函的期限可放宽到一年以上。

**2. 综合授信额度的特点**

方便灵活，随借、随用、随还；适应多种融资方案的需要；降低企业筹资成本，提高财务工作效率。

**3. 综合授信额度的适用范围**

凡独立企业法人客户，均可就其在银行的短期贷款业务向银行申请采用综合授信额度方式进行管理、操作。事业单位、国家机关等非法人客户，以及企业法人下属的不具备法人资格的经济组织（如分公司等），不可申请综合授信额度。

**4. 授信额度的申请步骤**

凡在银行开立了存款账户并有一定存款和结算往来的公司客户，可向银行提出申请，并向银行提供以下资料。

（1）企业借款申请书。

（2）借款人和保证人双方企业法人资格和法定代表人资格，以及有关法律文件。

（3）中国人民银行核发的《贷款卡》。

（4）公司经审计的财务报告及银行需要的其他文件资料。属于抵押、质押担保的，还须提交担保财产的权属证明文件。

（5）银行认可的保证人或抵押、质押担保。

**5. 授信额度的办理手续**

银行同意办理客户的申请后，借贷双方须签订《授信额度协议》。其中属于保证贷款的，保证人还须向银行提交保证函或者签订“保证合同”；属于财产担保的，还须签订“抵押合同”或“质押合同”，并办理公证、登记和抵、质押财产的评估、保险等手续。

### 4.1.4 信用证开立的形式

根据信用证开立方式和记载内容的不同，可以将其分为信开本信用证和电开本信用证。

1. 信开本信用证

所谓信开本（To Open by Airmail），是指银行采用信函的方式开证。开证行以信函的方式开出信用证后，通过平邮、航空挂号、特快专递等方式邮寄给通知行。

2. 电开本信用证

所谓电开本（To Open by Cable），是指以电讯的方式开证。信用证开好后，可通过电报、电传或 SWIFT 等方式传送，具体有以下 3 种。

1）简电本

简电本（Brief Cable）是指开证行将要开出信用证的主要几项内容预先通知给受益人，仅供受益人备货时参考。简电信用证一般包含信用证编号、金额、装运期和有效期、受益人和开证申请人的名称、货物名称和数量等少量的主要项目。

中方某公司与外商按 CIF 条件签订一笔大宗商品出口合同，合同规定装运期为 8 月份，但外商急需该批货物，于合同签好后发简电开证，要求卖方先按此证发货，中方公司考虑后按简电办理装运。之后外商开来信用证正本，正本上对有关单据作了与简电本不符的规定。中方公司审证时未予注意，但开证行以单证不符为由，拒付货款，最终该公司不得不承担相关损失。可见简电本属于非有效的信用证文件，也就是其在法律上是无效的，不能作为受益人装运货物、制单的依据，也不能作为银行付款/承兑/议付的凭证，必须有开证行毫不延误的邮寄的详细证实书（Confirmation）才是有效的信用证。简电本中往往会注明：“详情后告”（Full Details to follow）、“证实书后寄”（Mail Confirmation to follow）、“有效信用证文件随寄”（Operative Instrument Mailing）等类似的词语，以表明该简电本仅仅是预先通知（Preliminary Advice），是无效的文件。

2）全电本

全电本（Full Cable/Telex）在法律上是有效的信用证文件，其内容完整齐全，没有任何保留条件或含糊不清的条款，可以作为受益人交单付款/承兑/议付的凭据，不需要再另寄证实书。如果开证行仍发出证实书，则此证实书无效，不做任何参考。为了明确全电信用证的有效性，银行在电文中有时还会注明：“此证有效”（This is an operative instrument）或“不再邮寄证实书”（No mail confirmation will follow）等类似的文字，而未标明“详情后告”之类的词语的电开本应视为有效的信用证。

3）SWIFT 开证

“SWIFT”是环球银行金融电讯协会（Society for Worldwide Interbank Financial Telecommunication）的简称，是国际银行同业间的国际合作组织。该组织于 1973 年 5 月由西

欧、北美的200多家银行联合发起成立，总部设在比利时的布鲁塞尔。主要是为国际财务业务提供快捷、准确、优良的服务。

凡按照国际商会所制定的电讯信用证格式，利用SWIFT系统设计的特殊格式，通过SWIFT系统传递的信用证的信息，即通过SWIFT开立或通知的信用证称为SWIFT信用证，也有的称为“全银电协信用证”。使用SWIFT开立信用证，必须依照SWIFT使用手册规定的标准，否则会被自动拒绝。使用SWIFT手册规定的代号（Tag），信用证必须按国际商会制定的《跟单信用证统一惯例》（UCP600）的规定，在信用证中可以省去银行的承诺条款（Undertaking Clause），但不能免去银行所应承担的义务。目前开立SWIFT信用证的格式代号为MT700和MT701，在MT700格式中，如关于信用证中对于开证申请人的名址条款，条款代码号50，填表的时候就限制为4行，每行35个字符，而如果这个条款中的实际内容太多，超出了限制字数，就需要用另一套电文格式MT701来进行补充。如对已开出的SWIFT信用证进行修改，则需要采用MT707标准格式传递信息。表4－1、表4－2和表4－3反映了SWIFT各个格式的代码。

目前，已有2 000多家分设在包括我国在内的不同国家和地区的银行参加了该协会并使用该协会电讯业务的信息系统，我国在电开信用证或收到的信用证电开本中，SWIFT信用证占据了很大的比重。

以下为使用SWIFT开立的信用证样本格式。

* * * * * * * * * Other wordings communicated between banks are omitted * * * * * * * * *

27：SEQUENCE OF TOTAL … 1/1

40A：FORM OF DOCUMENTARY CREDIT … IRREVOCABLE

20：DOCUMENTARY CREDIT NUMBER … LC060118

31C：DATE OF ISSUE … 2006×××

31D：DATE AND PLACE OF EXPIRY … 2006×××× BENEFICIARY'S COUNTRY

50：APPLICANT … ABC CO.，LTD. CHINA

59：BENEFICIARY … EFG CO.，LTD. ADDRESS

32B：CURRENCY CODE AMOUNT … USD ××××××.

41D：AVAILABLE WITH/BY … ANY BANK
BY NEGOTIATION

42C：DRAFT AT … ××× DAYS AFTER SIGHT
FOR FULL INVOICE VALUE

42A：DRAWEE … ABOCCNBJ×××
AGRICULTURAL BANK OF CHINA，××× BRANCH

43P：PARTIAL SHIPMENT … ALLOWED

43T: TRANSSHIPMENT … ALLOWED

44A: TAKING CHARGE … ×××××× PORT

44B: FOR TRANSPORTATION TO … CHINESE PORT

44C: LATEST DATE OF SHIPMENT … 2006×××

45A: DESCRIPTION OF GOODS AND/OR SERVICES … GENERAL MERCHANDISE

46A: DOCUMENTS REQUIRED …

1. SIGNED COMMERCIAL INVOICE IN TRIPLICATE

2. FULL SET OF CLEAN ON BOARD B/L MARKED FREIGHT PREPAID MADE OUT TO ORDER OF SHIPPER AND NOTIFYING APPLICANT

3. PACKING LIST IN DUPLICATE

47A: ADDITIONAL CONDITIONS …

1. AGRICULTURAL BANK OF CHINA SINGAPORE BRANCH IS ASSIGNED TO DISCOUNT THE L/C.

2. AFTER NEGOTIATION BANK HAS SENT TESTED TELEX TO ISSUING BANK CERTIFYING DOCUMENTS IN COMPLIANCE WITH THE L/C TERMS AND INDICATION INVOICE VALUE, THEN NEGOTIATION BANK IS AUTHORIZED TO CLAIM REIMBURSEMENT BY TESTED TELEX/SWIFT FROM AGRICULTRUAL BANK OF CHINA SINGAPORE BRANCH AT SIGHT BASIS. SINGAPORE BRANCH WILL EFFECT PAYMENT WITHIN 5 WORKING DAYS.

71B: CHARGES … ALL BANKING CHARGES OUTSIDE OF THE ISSUING BANK (EXCEPT FOR THEDISCOUNT INTEREST AN DISCOUNTCHARGES) ARE FOR BENEFICIARY'S ACCOUNT

48: PERIOD FOR PRESENTATION … DOCUMENTS MUST BE PRESENTED WITHIN ×× DAYS AFTER LATEST SHIPMENT DATE BUT WITHIN THE VALIDITY OF THIS CREDIT

49: CONFIRMATION INSTRUCTION … WITHOUT

53A: REIMBURSEMENT BANK … ABOCSGSG

78: INSTRUCTIONS TO PAY/ACCOUNT/NEGOTIATION BANK …

1. A DISCREPANCY (IES) FEE OF USD ××.00 WILL BE DEDUCTED FROM THE PROCEEDS IF THE DOCUMENTS ARE PRESENTED WITH A DISCREPANCY (IES).

2. ALL DOCUMENTS SHOULD BE DESPATCHED TO US (ADDRESS: ×××××××) IN ONE LOT BY COURIER SERVICE.

72: SENDER TO RECEIVER INFORMATION … THIS CREDIT IS ISSUED SUBJECT TO UCP600 (2007 REVISION)

* * * * * * * * Other wordings communicated between banks are omitted * * * * * * * *

表 4－1 MT700 Issue of a Documentary Credit（跟单信用证的开立 MT700 格式）

| M/O① | Tag<br>代号 | Field Name<br>栏位名称 | Content/Options 内容 | No.<br>序号③ |
|---|---|---|---|---|
| M | 27 | Sequence of Total<br>页次② | 1n/1n<br>1 个数字/1 个数字 | 1 |
| M | 40A | Form of Documentary Credit<br>跟单信用证类别 | 24x<br>24 个字符 | 2 |
| M | 20 | Documentary Credit Number<br>信用证号码 | 16x<br>16 个字符 | 3 * |
| O | 23 | Reference to Pre-Advice<br>预通知的编号 | 16x<br>16 个字符 | 4 |
| O | 31C | Date of Issue<br>开证日期 | 6n<br>6 个数字 | 5 * |
| M | 40E | Applicable Rules<br>适用的规则 | 30x［/35x］ | 6 |
| M | 31D | Date and Place of Expiry<br>到期日及地点 | 6n29x<br>6 个数字/29 个字符 | 7 * |
| O | 51a | Applicant Bank<br>申请人的银行 | A or D<br>A 或 D | 8 |
| M | 50 | Applicant<br>申请人 | 4 * 35x<br>4 行 ×35 个字符 | 9 * |
| M | 59 | Beneficiary<br>受益人 | ［/34x］4 * 35x<br>［/34 个字符］<br>4 行 ×35 个字符 | 10 * |
| M | 32B | Currency Code，Amount<br>币别代号、金额 | 3a15n<br>3 个字母，15 个数字 | 11 * |
| O | 39A | Percentage Credit Amount Tolerance<br>信用证金额加减百分率 | 2n/2n<br>2 个数字/2 个数字 | 12 |
| O | 39B | Maximum Credit Amount<br>最高信用证金额 | 13x<br>13 个字符 | 13 |
| O | 39C | Additional Amounts Covered<br>可附加金额 | 4 * 35x<br>4 行 ×35 个字符 | 14 |
| M | 41a | Available With … By …<br>向……银行押汇，押汇方式…… | A or D<br>A 或 D | 15 * |

续表

| M/O① | Tag<br>代号 | Field Name<br>栏位名称 | Content/Options 内容 | No.<br>序号③ |
|---|---|---|---|---|
| O | 42C | Drafts at …<br>汇票期限 | 3 * 35x<br>3 行×35 个字符 | 16 * |
| O | 42a | Drawee<br>付款人 | A or D<br>A 或 D | 17 * |
| O | 42M | Mixed Payment Details<br>混合付款指示 | 4 * 35 x<br>4 行×35 个字符 | 18 |
| O | 42P | Deferred Payment Details<br>延迟付款指示 | 4 * 35x<br>4 行×35 个字符 | 19 |
| O | 43P | Partial Shipments<br>分批装运 | 1 * 35x<br>1 行×35 个字符 | 20 |
| O | 43T | Transhipment<br>转运 | 1 * 35x<br>1 行×35 个字符 | 21 |
| O | 44A | Place of Taking in Charge/Dispatch from … /Place of Receipt<br>货物监管地/发货地/收货地点 | 1 * 65x<br>1 行×65 个字符 | 22 * |
| O | 44E | Port of Loading/Airport of Departure<br>装货港或装货机场 | 1 * 65x<br>1 行×65 个字符 | 23 * |
| O | 44F | Port of Discharge/Airport of Destination<br>目的港或到达机场 | 1 * 65x<br>1 行×65 个字符 | 24 * |
| O | 44B | Place of Final Destination/ For Transportation to … /Place of Delivery<br>最后目的地/货物运至地/交货地 | 1 * 65x<br>1 行×65 个字符 | 25 * |
| O | 44C | Latest Date of Shipment<br>最后装运日 | 6n<br>6 个数字 | 26 * |
| O | 44D | Shipment Period<br>装运期间 | 6 * 65x<br>6 行×65 个字符 | 27 |
| O | 45A | Description of Goods and /or Services<br>货物描述及/或交易条件 | 50 * 65x<br>50 行×65 个字符 | 28 * |
| O | 46A | Documents Required<br>应提交的单据 | 50 * 65x<br>50 行×65 个字符 | 29 * |

续表

| M/O① | Tag<br>代号 | Field Name<br>栏位名称 | Content/Options 内容 | No.<br>序号③ |
|---|---|---|---|---|
| O | 47A | Additional Conditions<br>附加条件 | 50 * 65x<br>50 行 ×65 个字符 | 30 * |
| O | 71B | Charges<br>费用 | 6 * 35x<br>6 行 ×35 个字符 | 31 |
| O | 48 | Period for Presentation<br>提示期间 | 4 * 35x<br>4 行 ×35 个字符 | 32 * |
| M | 49 | Confirmation Instructions<br>保兑指示 | 7x<br>7 个字符 | 33 |
| O | 53A | Reimbursing Bank<br>清算银行 | A or D<br>A 或 D | 34 |
| O | 78 | Instructions to the Paying/Accepting/Negotiating Bank<br>对付款/承兑/议付银行之指示 | 12 * 65x<br>12 行 ×65 个字符 | 35 |
| O | 57A | "Advise Through" Bank<br>收讯银行以外的通知银行 | A, B or D<br>A, B 或 D | 36 |
| O | 72 | Sender to Receiver Information<br>银行间的通知 | 6 * 35x<br>6 行 ×35 个字符 | 37 |

注：① M/O 为 Mandatory 与 Optional 的缩写，前者指必要项目，后者为任意项目；

② 页次是指本证的发报次数，用分数来表示，分母分子各一位数字，分母表示发报的总次数，分子则表示这是其中的第几次，如“1/2”，其中“2”指本证总共发报 2 次，“1”指本次为第 1 次发报；

③ 这个序号表示的是这些代号如果在一份信用证中出现的话，其出现的顺序即按此序号的顺序出现；

④ 表中序号后标注 * 部分的内容为 SWIFT 为适应 UCP600 而在 2006 年 11 月份所做的升级。

**表 4 – 2　MT701 Issue of a Documentary Credit（跟单信用证的开立 MT701 格式）**

| M/O | Tag<br>代号 | Field Name<br>栏位名称 | Content/Options 内容 | No.<br>序号 |
|---|---|---|---|---|
| M | 27 | Sequence of Total<br>页次 | 1n/1n<br>1 个数字/1 个数字 | 1 |
| M | 20 | Documentary Credit Number<br>信用证编号 | 16x<br>16 个字符 | 2 |
| O | 45B | Description Goods and /or Services<br>货物描述及/或交易条件 | 50 * 65x<br>50 行 ×65 个字符 | 3 |

续表

| M/O | Tag<br>代号 | Field Name<br>栏位名称 | Content/Options 内容 | No.<br>序号 |
|---|---|---|---|---|
| O | 46B | Documents Required<br>应提交的单据 | 50 * 65x<br>50 行 ×65 个字符 | 4 |
| O | 47B | Additional Conditions<br>附加条件 | 50 * 65x<br>50 行 ×65 个字符 | 5 |

**表 4-3 MT707 Amendment to a Documentary Credit（跟单信用证的修改 MT707 格式）**

| M/O | Tag<br>代号 | Field Name<br>栏位名称 | Content/Options 内容 | No.<br>序号 |
|---|---|---|---|---|
| M | 20 | Sender's Reference<br>送讯银行的编号 | 16x<br>16 个字符 | 1 |
| M | 21 | Receiver's Reference<br>收讯银行的编号 | 16x<br>16 个字符 | 2 |
| O | 23 | Issuing Bank's Reference<br>开证银行的编号 | 16x<br>16 个字符 | 3 |
| O | 52A | Issuing Bank<br>开证银行 | A or D<br>A 或 D | 4 |
| O | 31C | Date of Issue<br>开证日期 | 6n<br>6 个数字 | 5 |
| O | 30 | Date of Amendment<br>修改日期 | 6n<br>6 个数字 | 6 |
| O | 26E | Number of Amendment<br>修改序号 | 2n<br>2 个数字 | 7 |
| M | 59 | Beneficiary (before this amendment)<br>受益人（修改以前的） | [/34x] 4 * 35x<br>[/34 个字符]<br>4 行 ×35 个字符 | 8 |
| O | 31E | New Date of Expiry<br>新的到期日 | 6n<br>6 个数字 | 9 |
| O | 32B | Increase of Documentary Credit Amount<br>信用证金额的增加 | 3a15n<br>3 个字母 15 个数字 | 10 |
| O | 33B | Decrease of Documentary Credit Amount<br>信用证金额的减少 | 3a15n<br>3 个字母 15 个数字 | 11 |

续表

| M/O | Tag<br>代号 | Field Name<br>栏位名称 | Content/Options 内容 | No.<br>序号 |
|---|---|---|---|---|
| O | 34B | New Documentary Credit amount after Amendment<br>修改后新的信用证金额 | 3a15n<br>3 个字母 15 个数字 | 12 |
| O | 39A | Percentage Credit Amount Tolerance<br>信用证金额加减百分率 | 2n/2n<br>2 个数字/2 个数字 | 13 |
| O | 39B | Maximum Credit Amount<br>最高信用证金额 | 13x<br>13 个字符 | 14 |
| O | 39C | Additional Amount Covered<br>可附加金额 | 4 * 35x<br>4 行 ×35 个字符 | 15 |
| O | 44A | Loading on Board/Dispatch/Taking in Charge at/from …<br>由……装船/发运/接管 | 1 * 65x<br>1 行 ×65 个字符 | 16 |
| O | 44B | For Transportation to …<br>装运至…… | 1 * 65x<br>1 行 ×65 个字符 | 17 |
| O | 44C | Latest Date of Shipment<br>最后装运日 | 6n<br>6 个数字 | 18 |
| O | 44D | Shipment Period<br>装船期间 | 6 * 65x<br>6 行 ×65 个字符 | 19 |
| O | 79 | Narrative<br>叙述 | 35 * 50x<br>35 行 ×50 个字符 | 20 |
| O | 72 | Sender to Receiver Information<br>银行间备注 | 6 * 35x<br>6 行 ×35 个字符 | 21 |

### 4.1.5 信用证的主要内容

**1. 信用证形式（Form of Credit）**

根据 UCP600 第三条的规定："A credit is irrevocable even if there is no indication to that effect." 结束了原先对信用证可以有"可撤销的"的规定。因此，只要是银行开出的信用证就应该是不可撤销的信用证。在此基础上，有不可撤销可转让信用证、不可撤销备用信用证及不可撤销可转让的备用信用证等形式。

2. 信用证号码（Documentary Credit Number）

此号码是开证行为了信用证开证业务而编制的流水号，供有关方业务处理时引用。

3. 开证日期和地点（Date and Place of Issue）

开证地点是指开证行所在地。开证日期是开证行开立信用证的日期。在没有特殊规定的情况下，开证行对受益人承担责任的时间就从这一天开始。如果信用证要求相关单据、汇票注明开证日期，就应该注明此日期。

4. 适用规则（Applicable Rules）

所开立的信用证适用的规则有6种可供使用的选择，分别为统一惯例最新版本、电子化交单统一惯例最新版本、统一惯例及偿付统一规则最新版本、电子化交单统一惯例及偿付统一规则最新版本、国际备用证惯例最新版本及其他。

5. 有效日期及交单地点（Date and Place of Expiry）

信用证规定的最迟提交单据的日期及地点，如06.12.18 in China；07.06.12 at London。

6. 申请人（Applicant）

信用证的申请人一般为销售合同中的进口商，应该列明其完整的名称和详细的地址。

7. 受益人（Beneficiary）

信用证的受益人一般为销售合同中的出口商，应该列明其完整的名称和详细的地址。

8. 通知行（Advising Bank）

通知行一般是由开证行指定的出口地银行。

9. 信用证金额（Credit Amount）

信用证金额是开证行承担付款责任的最高限额，其应用大写和小写表示。信用证金额应使用国际标准化组织指定的货币符号表示，如USD，GBP等。如果金额前有“about，approximately，circa”等词汇，允许有10%的增减幅度。

10. 兑付方式和指定银行（Available with … by）

根据UCP600第六条规定：“信用证必须规定它是否适用于即期付款、延期付款、承担抑或议付。”信用证必须要明确其适用的付款方式，并且必须注明是由哪一家银行执行指定的付款的行为。

11. 汇票的期限（Drafts at …）

如果信用证规定要提交汇票，必须列明跟单信用证项下的付款期限。

12. 汇票付款人（Drawee）

如果信用证规定要提交汇票，必须列明跟单信用证项下的汇票付款人。

13. 混合付款条款（Mixed Payment Details）

如果信用证采取混合付款方式，必须列明混合付款信用证项下的付款日期、金额及其确定的付款方式。

14. 延期付款条款（Deferred Payment Details）

如果信用证采取延期付款方式，必须列明延期付款的付款日期及其确定的付款方式。

15. 买方投保（Insurance）

如果信用证不要求保险单据，且约定的价格条款中不需要买方投保，而由申请人为货物投保，则可在方格内标上“×”。

16. 分批装运条款（Partial Shipments）

要列明信用证项下的货物是否允许部分装运。在“允许”或“不允许”的方格标上“×”。

17. 转运条款（Transhipment Details）

要列明信用证项下的货物是否允许转运，注意 UCP600 中关于转运的规定，并根据情况在“允许”或“不允许”的方格标上“×”。

18. 接受监管地/发运地/收货地（Place of Taking in Charge/Dispatch from …/Place of Receipt）

用以表明应该在运输单据上显示的接受监管地；如果是多式运输单据，应该显示收货地；如果是公路、铁路或内河运输单据、快递收据、速递单据，应该是发运地及装运地。

19. 装运港/起飞机场（Port of Loading/Airport of Departure）

用以注明应该在运输单据上显示的装运港或者出发机场，避免缩写也不要使用模糊的语言，如 Main Port 等。

20. 卸货港/目的地机场（Port of Discharge/Airport of Destination）

用以注明应该在运输单据上显示的卸货港或者是目的地机场。

21. 最终目的地/运往……/交货地（Place of Final Destination/For Transportation to …/Place of Delivery）

用以注明应该在运输单据上显示的最终目的地或交货地。

22. 最迟装运日（Latest Date of Shipment）

信用证项下允许货物装上信用证规定的运输工具的最迟的一个日期，但不允许规定一个到达的日期。

23. 装运期（Shipment Period）

假如信用证要求货物发运的时间是一个有起点有终点的时段，必须列明信用证允许货物发运的具体时间段，如货物分期装运的时间表等。

24. 货物/劳务描述（Description of Goods and/or Services）

要列明信用证项下货物的名称、包装、数量、价格和交货条件等内容，但不要过于啰嗦，要通俗易懂，多用常识性的条款。货物数量内容前如果有 about、approximately、circa 或类似词语，则数量有 10% 的增减；如以重量、长度、容积作为数量，则有 5% 的增减幅度。货物的价格条款参照使用 INCOTERMS 2000。

25. 单据要求（Documents Required）

信用证必须明确要求受益人应该提交的单据的种类，如商业发票、运输单据、产地证明书、分析证明书、包装单、重量单等，同时还要明确单据的份数、单据是正本还是副本，以及必要时对出单人、单据内容的要求。

26. 附加条件（Additional Conditions）

列明信用证规定的其他方面的条件，如单据寄送的方式、开证行的收单地址、要求向开证行提供的供留档所用的单据的副本份数、开证行向指定银行进行偿付的方式等。

27. 交单期限（Period for Presentation）

列明信用证项下全套单据必须在规定的装运日期后多少天内提交，如没有规定，就视为应该在装运日期后21个公历日内提交。

28. 保兑指示（Confirmation Instructions）

列明开证行是否要求保兑的指示，具体分为加保、可加保和不加保3种。

29. 银行至银行的指示（仅用于“致通知行的通知书”）

开证行在此处规定付款、承兑或议付的银行向何处、如何、当何时获得偿付。例如：借记我行账户开设在你行那里；我行将贷记你行账户开设在我行这里；向某行索偿。

30. 信用证页数

31. 签字

开证行在“致通知行的通知书”和“致受益人通知书”上都要签字。

### 4.1.6 信用证的办理

1. 进口开证

1）进口业务使用信用证方式结算的好处

（1）可以改善谈判的地位。开立信用证相当于为出口商提供了商业信用以外的有条件的付款承诺，增强了进口商的信用，进口商可以据此争取到比较合理的货物的价位。

（2）货物有所保证。开立信用证使商业信用变为银行信用，银行的介入可以使贸易本身更有保证，通过单据和条款有效的控制货权、装期及货物的质量。

（3）减少了资金的占压。对于使用授信开证的进口商来讲，在开证后到付款前这段时间可以减少自有资金的占用。因此，如果进出口双方希望对彼此的行为进行约束，以提高贸易的可信度；进口商品处于卖方市场，且出口商坚持使用信用证方式进行结算；进出口双方流动的资金都不充裕，有使用贸易融资的打算时，可以采用信用证结算方式。

2）进口开证的具体办理程序

（1）进口商向开证行申请开证。申请的时候必须提交开证申请书、进口合同正本（代理进出口须附代理协议）、外贸进口的批文（如进口配额许可证明、机电产品进口登记证明）及外管部门规定的有关文件（如购汇申请书、进口付汇核销单、进口付汇备案表）。如果是首次办理业务，还需要提供经营性进出口业务的批文、工商营业执照复印件、企业中、英文名称、法定代表人授权书等，还要办理保证金账户的开证手续。最后根据开证行的要求缴纳开证保证金或办理抵押、质押、信用反担保或开证授信额度手续。

(2) 开证行对开证申请书内容的合规性与表面一致性审核无误后，开立信用证，寄交出口方银行。

(3) 开证行收到信用证项下的全套单据后进行审核，在5个工作日内向出口方银行付款、承兑或拒付（如有不符点等情况发生）。

(4) 开证行通知申请人付款。

(5) 申请人向开证行付款赎单。

(6) 承兑汇票到期后，开证行向寄单行付款。

3）办理进口开证应注意的事项

(1) 信用证的修改。申请人可以对已开立的信用证内容进行修改，若修改内容超出原有效凭证规定的范围，须提交符合修改条件的有效文件。

(2) 对外付款/承兑日期。银行对外付款或承兑的工作时间为自收到单据次日起的5个工作日内；若远期信用证项下已承兑的，则于到期日付款。

(3) 拒绝付款/承兑。凡收到信用证项下来单，经寄单行提示有不符点或经开证行审核单据发现不符点，开证行将于收到单据后的5个工作日内向寄单行发出拒绝付款/承兑的通知。

(4) 信用证的注销。信用证无论是否发生过支付，逾有效期3个月后银行将予以注销。

(5) 信用证的撤销。在信用证未逾有效期的情况下，经有关各方当事人同意，且通知行已确认收回正本信用证时，信用证可被撤销。

(6) 开立进口信用证。作为进口商将以承担比较多的银行费用为代价，为出口商收款提供了额外的保证，因此在合同签订时，应该要求出口商给予价格方面的优惠或者提供其他的便利。信用证业务的结算流程如图4－1所示。

**2. 出口来证**

对出口商来说，出口信用证风险比较低。开证行的银行信用取代了进口商的商业信用，为出口商提供了有条件付款的承诺。出口商只要保证单据的质量就可以取得开证行的无条件付款承诺，而单据的质量完全是处于自己的控制之下，有很大的主动性，而且有履约的保证。一旦收到了信用证就表明进口商已经基本落实了进口所需的手续，保证了贸易合约的履行。因此，在以下的情况下最好选择出口信用证。① 不了解或不相信进口商资信的情况，需要对方银行提供额外承诺。② 如果进口商所在国，是实行外汇管制的国家，开立信用证就表明获得了监管当局的许可。③ 如果出口商需要向本地的银行申请打包贷款，为准备出口货物进行资金的融通。

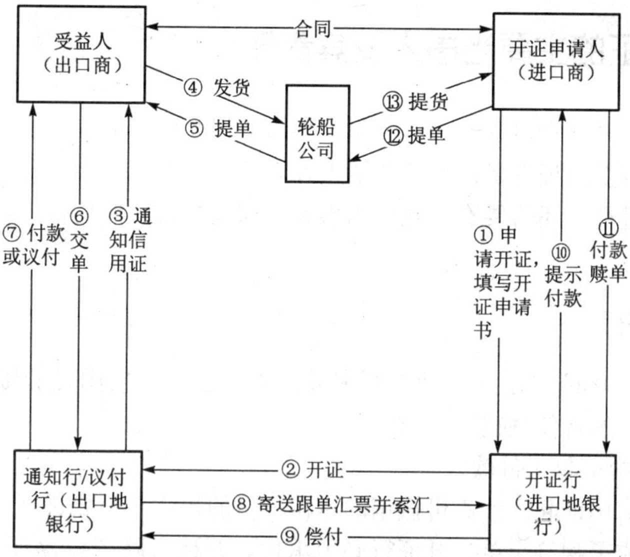


图 4－1 信用证业务的结算流程

1）出口来证的具体办理程序

（1）进出口双方签订买卖的合同，约定使用信用证的方式来结算。

（2）通知行（出口方银行）收到开证行的信用证（含修改书）经核实真实性后，通知出口方（受益人）。

（3）受益人备货发运之后，把信用证所要求的全套单据交给指定银行。

（4）指定银行对单据进行全面审核，然后按照信用证指定的索汇路线和方式（电索或信索）向开证行或偿付行索偿，寄单索汇后超过正常时间仍未收汇的，及时进行查询催收。

（5）指定银行收到信用证项下款项以后，转入受益人提供的有关账户，客户可凭银行编号查询有关收汇情况。

2）办理出口来证应注意的事项

（1）可转让信用证。银行原则上仅受理只可转让一次的可转让信用证，第一受益人应提交转让委托书，第二受益人提交单据后，第一受益人应及时办理换单手续。

（2）信用证的保兑。若开证行来证要求指定银行加具保兑，指定银行对开证行资信、业务往来情况、开证行所在国政治、经济因素等进行审核后决定是否加保。

（3）出口来证的撤销。开证行要求撤销信用证时，应在受益人及其他当事人以书面形式表示同意撤销的情况下，指定银行对信用证办理撤销手续。受益人要求撤销信用证时，应在提交了书面委托书及信用证全套资料后，经开证行及有关方面无异议的情况下，指定银行对信用证办理撤销手续。

## 4.2　信用证的主要当事人及其责任

信用证业务中，开证行对受益人作出付款承诺，因此信用证的基本当事人是开证行和受益人，但是几乎所有信用证都是由开证申请人开立的，所以还应该有开证申请人。同时保证信用证业务的顺利进行，还需要有其他的当事人，如通知行、保兑行、议付行、付款行、偿付行和承兑行等。

### 4.2.1　开证行

开证行（Issuing Bank）是应申请人要求或代表自己开立信用证的银行，一般是进口商所在地银行。开证行的责任/权利义务如下。

1. 凭相符单据向交单人付款

开证行自开立信用证起，就不可撤销的承担承付的责任，只要规定单据提交给开证行或指定银行，并且构成了相符交单，开证行必须承付。开证行除了要保证自己承担即期付款、延期付款承兑的责任之外，当信用证规定由指定银行即期付款、承担延期付款并且到期付款，或者承兑汇票并且到期付款，但是指定银行不履行其指定行为时，开证行也必须承付。开证行一旦付款，就无权向受益人或其他前手追索。

2. 偿付指定银行

指定银行偿付或议付，相符交单，并且将单据转给开证行后，开证行就承担偿付该指定银行的责任，对于承兑或者是延期付款信用证项下相符交单金额的偿付，应该是在到期日办理。无论指定银行是否在到期日前议付，或者购买了单据，开证行偿付指定银行的责任都独立于开证行对于受益人的责任。

3. 自发出证修改之时即承担该修改的相关责任

信用证的修改一经发出，不管受益人是否已经收到修改，只要受益人没有明确表示拒绝此修改，开证行就不能单方面地撤销修改，因为修改的生效时间是修改的开立或者通知及传送的时间，而不是受益人被递交或者是收到修改通知的时间，否则作为受益人可能就要承担虽然已经发出但是还没有收到的修改被撤销的风险。

4. 发出预先通知后应及时开出信用证和修改

有些银行在开立有效的信用证和修改之间，会先发出预先的通知，开证行已作出预先通知以后，必须不可撤销的不能延误开出信用证或者是发送修改，而且此条款是不能和预先通知相矛盾的。

5. 审核单据并决定是否接受单据

信用证业务的特点之一是银行只管单据不管货物，开证行的责任是凭相符单据付款，所以开证行必须审核信用证规定的一切单据，并且仅仅基于单据本身来确定是否表面上的相符，以构成相符交单。至于单据所代表的货物如何，单据是否明显属于伪造，签字是否有效，作为开证行一概不负责任。

6. 有拒绝接受不符单据的权利

开证行收到单据，如果确定交单不符，可以拒绝兑付。拒付单据时要确保不延误，最迟在收到单据次日起第五个银行工作日，向交单人发出一份单独的拒付通知。在发出拒付通知时，要明确拒绝兑付，并且要列明拒付所依据的各个不符点，同时要声明单据的处理方式。是持有单据等候提示人进一步指示，还是持有单据直到收到申请人通知弃权，并且同意接受该弃权，或者在同意接受该弃权前从提示人处收到进一步的指示，或者按照先前从提示人处收到的指示办理。

### 4.2.2 受益人

受益人（Beneficiary）是接受信用证并享受其利益的一方，一般为出口商或卖方，其也是信用证汇票的出票人、货物运输单据的托运人。受益人的责任/权利义务如下。

1. 履行信用证项下义务后得到偿付的权利

受益人按照信用证规定装运了货物，提交了相符的单据，就有权要求开证行或保兑行或指定银行进行偿付。UCP600 第六条表明即使信用证规定了被指定银行，受益人仍可以直接向开证行寄单索汇。这一规则可使受益人交单取款的权利具有更大的灵活性。

如果受益人交单后，遇开证行无法正常履行付款义务，则受益人有权要求进口商付款，进口商仍应承担付款责任。这时，受益人应将信用证项下相符的单据通过银行寄交进口商进行托收索款。如果开证行无理由拒付，受益人或议付行可以诉讼，也有权向进口商提出付款要求。

2. 有提出修改信用证的权利

如果受益人要求修改信用证，应先通知开证人，开证人同意后再由其向开证行提出申请，而后开证行通知通知行向受益人发出修改通知，至此这一修改方能生效。例如，中方一出口商与美方一客户签订合同，约 8 月份装船，后国外来证将装船期改为不得晚于 8 月 15 日。但 8 月 15 日前无船去美，中方出口商立即要求外商将装船期延至 9 月 15 日前装运。随后客商来电称：同意船期展延，有效期也顺延一个月。中方于 9 月 10 日装船完毕，15 日持全套单据向银行办理议付，但银行拒绝收单。根据 UCP600 第十条 a 款规定，未经开证行、保兑行（如有），以及受益人同意，信用证不能修改也不能撤销。由此可见，如受益人只通知开证人而撇开开证行，对信用证进行修改，显然是无效的。因此本例中议付行有理由拒绝议付。

3. 修改或拒绝修改有不必明示的权利

受益人收到修改以后，虽然应该向通知行表明是不是接受该修改，但并不是强制性的，受益人可以通过制作单据的方式表明态度。

修改发出之后，受益人提交的单据，如果是与修改一致，就视为受益人接受了修改，而且此时信用证才被视为已经做了修改。如果信用证允许部分装运的话，那么下一次交单就应该和修改一致。如果受益人提供的单据是和原条款一致，则视为受益人没有接受修改。如果信用证也是允许部分装运的话，当后来的某一次交单和修改一致时，才说明受益人接受了修改，信用证也被视为已经做了修改。受益人对同一份修改通知书的内容，不容许部分接受，因此部分接受修改，将被视为拒绝接受修改。

例如，某信用证规定装运货物数量为200吨，其装、效期均为9月26日（俗称“双到期”），受益人担心两者时间过短，租船订舱有困难，要求开证人将装、效期延至10月15日。后开证人虽修改了装、效期，但同时也将货物的数量减少了50吨。如果受益人备齐货后，于10月14日将装运150吨货物的单据交至银行，则表示受益人接受了修改；如果受益人经过努力，于9月26日装运200吨并提交相符单据，则表示受益人拒绝修改；如果受益人在10月14日装货200吨，并提交单据，则是不允许的。

### 4.2.3 开证申请人

开证申请人（Applicant）是要求开立信用证的一方，也称开证人。一般是进口商或买方，还是运输单据的收货人。开证申请人的责任/权利义务如下。

1. 给开证行明确的开立或修改信用证的指示

申请人要承担有关开立信用证指示不明确所导致的风险。如果开证条款矛盾，或者是指示不清，引起了歧义，作为开证申请人，应该承担责任，因为单证相符，开证行才付款。

当开证人需要修改信用证时，应将明确的修改内容提交给开证行，然后由开证行将修改内容通知通知行，再由通知行将修改转给受益人。如受益人同意，则修改成立；如受益人不同意，则不能修改。

2. 不应要求开证行开立需附加基础合同、形式发票等文件的信用证

信用证和可能成为其依据的销售合同或者是其他任何合同是相互独立的，银行不介入买卖双方的合同。所以申请人在申请开立信用证时，要考虑清楚应该要求提交何种单据，单据应由谁来出具，以及提交单据的期限，而不应该要求把基础合同、形式发票等文件，作为信用证不可分割的一部分，这样可以避免日后给银行审单造成一定的障碍。

### 4.2.4 通知行

通知行（Notifying Bank/Advising Bank）是应开证行要求通知信用证的银行，一般是出口商所在地的银行，往往也是开证行在出口国的代理人（Correspondent Bank）。通知行的责任/权利义务如下。

1. 核验信用证和修改的表面真实性并按原样通知给受益人

通知行的主要责任是核实信用证和修改的表面真实性，也就是核对印鉴、密押是否相

符，但是对于信用证内容的真实性不负责任。如果通知行不能确定信用证或修改的表面真实性，必须不延误地告知开证行。假如通知行仍然决定通知，就要必须明确地告知受益人无法确定信用证或修改的真实性。通知行在向受益人通知时，应该准确地反映所收到的信用证或修改的条款及条件，不可删除某些条款，如索汇的方式。

2. 对信用证有选择通知或不通知的权利

对于通知行来说，可以选择通知信用证也可以选择不通知信用证。如果决定通知信用证，应该不延误地把信用证通知给受益人；如果选择不通知信用证，应该不延误地告诉开证行，以便开证行另外采取措施，再请其他银行来通知。此外，通知行选择通知信用证后，不可拒绝通知其后的任何的修改。

### 4.2.5 保兑行

保兑行（Confirming Bank）是根据开证行的授权或要求，对信用证加具保兑的银行。实际业务中，通常保兑行由通知行兼任，也可由其他银行担任。保兑行承担的责任与开证行相同。保兑行的责任/权利义务如下。

1. 凭相符单据向交单人付款

保兑行从对信用证加具保兑时起，就有不可撤销的承付或议付的责任。只要规定的单据提交给保兑行或者其他任何指定银行，并且构成相符的交单，保兑行就必须承付。保兑行除了要保证自己承担即期付款、延期付款、承兑的责任之外，当信用证规定是由另外一个指定银行即期付款、承担延期付款责任并且是到期付款，或者承兑汇票并且到期付款，或者议付，但是另外一个指定银行没有履行指定行为时，保兑行也必须承付。

2. 偿付指定银行

其他指定银行承付或者议付，相符交单，并且将单据转给保兑行后，保兑行就承担偿付该指定银行的责任。对于承兑或延期付款信用证项下，相符交单金额的偿付，应该是在到期日办理。不管指定银行是否在到期日前议付或购买了单据，保兑行偿付指定银行的责任独立于其对受益人的责任。

3. 有对修改是否加具保兑的权利

虽然未经过开证行、保兑行及受益人的同意，不可撤销的信用证既不能修改也不能撤销，但是保兑行对修改是否加具保兑，握有主动权。保兑行可以将其保兑扩展至修改，此情况下，自通知该修改时起，保兑行就不可撤销的受修改的约束。保兑行也可以选择仅仅是向受益人通知修改，而不加具保兑，例如，在信用证增额的情况下，保兑行为了不扩大自己的责任范围，可以对增额的部分不承担责任，但要不延误地通知开证行和受益人。

如果保兑行对修改不加具保兑，其对原证的保兑仍然有效，并不受修改的影响。如果受益人拒绝接受修改，则原先保兑的信用证仍然是完整的，保兑行的责任也同样是完整的。如果受益人接受修改，保兑行对修改的部分不承担责任。

4. 审核单据并决定是否接受单据的责任

这一点保兑行的责任和开证行的责任相同。保兑行只管单据不管货物，其责任也是凭相符单据付款，所以保兑行必须审核信用证规定的一切单据，并且仅仅基于单据本身来确定是否表面上的相符，以构成相符交单。至于单据所代表的货物如何，单据是否明显属于伪造，签字是否有效，作为保兑行一概不负责任。

如果开证行无法正常履行付款责任，保兑行应代替开证行履行验单付款的责任。如我某出口企业收到国外开来不可撤销信用证一份，由设在我国境内的某外资银行通知并加以保兑。我出口企业在货物装运后，正拟将有关单据交银行议付时，忽接该外资银行通知，开证行已宣告破产。此时保兑行应代替开证行偿付，且保兑行付款后，无论发生什么情况，保兑行都无权向受益人或其他前手追回票款。

### 4.2.6 议付行

议付行（Negotiating Bank）是指接受开证行的委托，买入或贴现受益人提交的符合信用证规定的汇票及/或包括代表货权的提单在内的全套出口单据的银行。议付行的责任/权利义务如下。

1. 议付行有权决定是否议付受益人的汇票和单据

如果开证行资信欠佳或有倒闭的风险、或开证行所在国政局不稳、或受益人未按照规定交单或提交的单据有不符点、或单据为伪造的、或限制议付时受益人将单据提交给了其他指定银行，则议付行有权不议付。如果议付行进行议付，要严格审单，以免日后产生麻烦。

2. 审核单据并凭相符单据付款

议付行应严格审核受益人提交的单据，并凭相符的单据付款，同时议付行有权向受益人收取垫款期间的利息、议付手续费及外汇利差。开证行收到议付行寄交的单据后，审单无误后偿付。如果开证行审单后发现单据有和信用证规定不相符的情况存在，就会拒绝偿付，则议付行作为正当持票人有向受益人或其他前手进行追索的权利。但是在实际业务中，受益人取得议付行议付的款项后，要进行资金运用，否则就不会议付，此时议付行如果进行追索，受益人不仅得不到货款还多支付了利息，得不偿失。所以有的银行会在保证单据质量的情况下，作出不追索的保证，在开证行不付款时，由议付行与开证行交涉，或利用其在国际上的力量对其施加压力。如果议付行只审核单据而未付款，就不能构成议付，在实际业务中，只审核单据而不为受益人垫款的银行只是寄单行（Remitting Bank）。

### 4.2.7 付款行

付款行（Paying Bank）是指受开证行的指示，作为信用证项下汇票上的付款人，也就是执行付款的银行。付款行通常是开证行的付款代理人，可以由通知行或其他指定银行兼任。付款行的责任/权利义务如下。

1. 有权决定是否接受委托

付款行如果拒绝接受开证行的委托，应立即告知开证行，以便开证行另找其他银行。即使付款行接受了委托，如果开证行的存款不足，也可以拒绝付款。

2. 凭相符单据向交单人付款

一旦付款行接受开证行的代付委托，其就和开证行一样承担“终局性”的审单付款责任。此时，付款行就代表开证行对受益人提交的单据进行审核，若单单相符、单证相符，就应予付款。

如果在履行责任的过程中，发现开证行资信不佳或遇到开证行倒闭，付款行有权拒绝代为付款。但是，只要付款行偿付货款，就不得向受益人追索，只能向开证行索要款项或通过法律的手段得到一定的补偿。

3. 有拒绝接受不符单据的权利

如果付款行在审核单据时发现不符点，应立即拒付，若仍然坚持付款，产生的后果由付款行自行承担。如付款行没有发现不符点，而开证行收到付款行寄来的单据却发现不符点并拒付，付款行也要自行承担责任，必要时可自行提货并转卖，以弥补自己所受的损失；若开证行偿还垫款后而又发现单证不符时，有权向付款行追索，付款行应予退款。

### 4.2.8 偿付行

偿付行（Reimbursing Bank），也称清算银行，是指受开证行的委托，对议付行、付款行或承兑行进行偿付的第三国银行。偿付行一般是与开证行有账户关系的银行，其通常是开证行的存款银行或是开证行的分、支行。这样可以方便结算，便于开证行的资金调度。

偿付行的责任/权利义务如下。

1. 有权决定是否接受委托

如果偿付行拒绝开证行的委托，应毫不延迟地告知开证行。若接受委托，只有在开证行存有足够的款项并受到开证行的偿付指示时，偿付行才付款。但若开证行没有存款或账户余额不足，又无透支协议时，即使偿付行接受了委托，也有权拒付。

2. 偿付并非是开证行的最终付款

偿付行按照规定偿付后，可以向开证行索偿，同时偿付行有权向开证行收取手续费以及利息损失。需要明确的是，偿付行不接受单据，也不审核单据，因此，如果偿付行付款后，开证行发现单证不符，只能向议付行或付款行或承兑行追索而不能向偿付行追索。如果偿付行没有对议付行或付款行或承兑行履行偿付义务，开证行仍有责任付款。

### 4.2.9 承兑行

承兑行（Accepting Bank）是指承兑信用证项下，根据开证行的指示，要求受益人出具远期汇票的，并对该汇票进行承兑的银行。

承兑行有决定是否接受开证行委托的权利，如果承兑行拒绝开证行的指示，不承兑汇票，也不承担付款责任。如果承兑行按照规定进行承兑，其承兑汇票后可以向开证行要求偿付。在单证相符下，如承兑行不承兑汇票，开证行可指示受益人另开具以开证行为受票人的远期汇票，由开证行承兑并到期付款。若承兑行承兑汇票后，到期不能履行付款责任，则开证行应负最后付款的责任。

### 4.2.10 信用证中的契约关系

信用证的法律性质就是契约关系，是约束各方当事人履行各自职责的重要契约。信用证项下主要存在着三方的契约关系（见图4－2）。

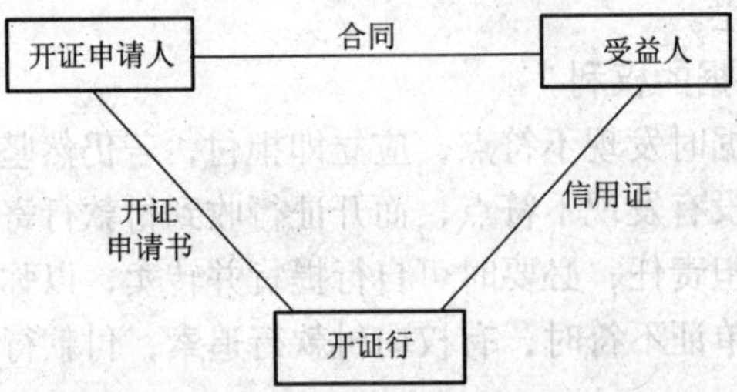


图4－2 主要当事人之间的契约关系

第一份是进出口双方签署的一份贸易合同。这份贸易合同确立了双方间的买卖关系。买卖双方在贸易合同中约定使用信用证结算方式付款，便赋予了双方“开证申请人”和“受益人”的身份。但需要明确的是，买卖双方间的法律关系与申请人和受益人间的法律关系是相互独立的。从信用证的特点可知，其是一项自足的文件且处理的仅仅是单据。即使买卖双方因为其他因素产生分歧甚至纠纷，也不会影响信用证业务的正常进行。可见买卖双方虽为信用证的申请人和受益人，但其在信用证中并无直接关系，而是开证行在其中间，分别形成了不同的法律关系。

第二份是开证申请人和开证行之间的一份开证申请书（还包括开证协议、担保协议等）。这份开证申请书确保了申请人对银行付款赎单的义务，同时还要求申请人承担银行为有效执行其指示而面临的风险。

第三份是开证行与受益人之间的一份信用证。如果信用证项下存在保兑行，则保兑行与受益人间也有一份信用证的契约安排。保兑行既是开证行的代理人，又是对受益人独立负责的当事人。信用证担保受益人只要提交给银行符合规定的单据就会得到偿付，可见信用证是开证行、保兑行和受益人之间的一项约定，而双方间的法律关系就是整个信用证法律关系中至关重要的一部分。

这三份契约之间是相互独立，互不干扰的。开证申请人、开证行和受益人之间的关系受这三份契约的影响。这一点可以从UCP600第四条a款中得到明示：“就性质而言，信用证是独立于可能作为其依据的销售合同或其他合同的交易。即使信用证中涉及该合同，银行亦与该合同完全无关，且不受其约束。因此，一家银行作出付款、议付或履行信用证项下任何义务的承诺，并不受存在于由申请人与开证行之间或与受益人之间关系产生的索偿或抗辩的约束。受益人在任何情况下，不得利用存在于银行之间或申请人与开证行之间的契约关系。"

信用证业务中，所涉及的都会围绕信用证交易相互间形成各种各样的法律关系，除上述3个重要的法律关系外，可能还会有其他的关系形成。

1. 开证行和通知行

开证行与通知行之间的关系是委托代理关系，根据两者之间的业务关系，通常要签订业务代理协议，并相互交换印鉴或密押，以作日后核实之用。开证行是委托信用证通知的委托人，通知行是接受开证行的委托履行信用证通知义务的受托人。开证行还可给通知行其他指定或委托，使其同时又是付款行、承兑行或议付行，并承担相应的义务。

2. 开证行和保兑行、付款行、承兑行、议付行

当开证行指定或授权其他银行付款、承兑、议付或加保兑，且其他银行接受时，双方之间就会形成相应的法律关系。根据开证行与保兑行间的业务代理协议，双方间属于委托代理关系。开证行与议付行间的关系需依据信用证条款的规定来确立，两者间并不存在直接的契约关系，议付行议付票据后，再以持有人的身份对开证行主张权利。付款行是开证行的付款代理人，并根据两者间的业务代理关系承担代理付款的责任。

3. 议付行和受益人

首先，议付行和受益人之间属于票据关系，作为汇票的出票人和出让者，受益人向议付行提交跟单汇票，而议付行以单据作为抵押议付垫款后，即成为跟单汇票的受让者及正当持票人，这就确立了两者之间的票据买卖关系。其次，议付行与受益人之间还属于融资关系，根据融资协议，通过议付行的议付垫款，受益人获得了资金融通，一个是资金的获得者，另一个是资金的提供者。

## 4.3 信用证的种类

### 4.3.1 根据汇票是否附有货运单据划分

1. 跟单信用证

跟单信用证（Documentary Credit）是凭汇票和单据或仅凭单据付款的信用证，也包括不随附货运单据的备用信用证。

2. 光票信用证

光票信用证（Clean Credit）是凭不附单据的汇票付款，或凭随附非货运单据的汇票付

款的信用证。光票信用证并不一定不负担任何单据，有时也附带一些非货运单据如发票、垫款清单等。由于不附带货运单据，所以出口商可以在货物装船取得提单之前，就出具汇票请求银行付款，因此，光票信用证实际上具有预先取得货款的作用。如果进出口双方相互比较信任，也可以将货运单据按信用证规定先寄给进口商提货，然后出具光票，向进口商收款。在实务中，光票信用证不经常使用，所以以下讨论的都是跟单信用证。

### 4.3.2　根据信用证有无加具保兑划分

1. 保兑信用证

保兑信用证（Confirmed L/C ）是指除了开证银行确定的付款保证外，还有另一家银行确定的付款保证的信用证。保兑行对信用证所负担的责任与信用证开证行所负担的责任相当，也就是当信用证规定的单据提交到保兑行或者任何一家指定银行时，在完全符合信用证规定的情况下，就构成了保兑行在开证行之外的一个确定的承诺。因此，保兑信用证有开证行和保兑行双重确定的付款承诺。在开证行给通知行的信用证通知书中可以有如下选择。

□ without adding your confirmation（不加保兑）

□ adding your confirmation（加保兑）

□ adding your confirmation, if requested by the beneficiary（可加保兑）。

如果开证行授权通知行在信用证上加保，通知行可以用加批注等方法，如 This credit is confirmed by us. We hereby added out confirmation to this credit.（此系由我行加保的信用证。我行因此给该信用证加具保兑。）表明保证兑付并签字。

2. 不保兑信用证

不保兑信用证（ Unconfirmed L/C ）是指没有经过另外一家银行加保的信用证，其只有开证行一重确定的付款责任。

### 4.3.3　根据付款时间的不同划分

1. 即期付款信用证

即期付款信用证（Sight Payment L/C）是开证行或付款行收到信用证条款要求的单据后，在规定的时间内审核并且认定相符，就立即履行付款义务的信用证。即期付款信用证也可以要求提交汇票也可以不要求提交汇票，如果要求提交汇票，则汇票的付款人应该是开证行或付款行。

2. 远期信用证

远期信用证（ Usance L/C ）是开证行或付款行收到符合信用证条款的单据，于到期日履行付款义务的信用证。远期付款信用证包括延期付款信用证和承兑信用证，二者之间的差别在于是否需要受益人提交汇票。

延期付款信用证（Deferred Payment L/C）是指履行延期付款责任的银行收到信用证项

下相符的单据后，按照信用证的规定于若干天后付款。该信用证一般不需要受益人开具汇票，只须凭付款银行出具的“付款承诺”，在到期时向银行收款。在资本货物交易中，多使用延期付款信用证，这样便于进口商在付款前先凭单提货。

而承兑信用证（Acceptance L/C）是指履行承兑责任的银行收到信用证项下相符的单据后，承诺到期日付款。该信用证需要受益人开出以银行为付款人的远期汇票，经银行承兑后，持票人既可以将汇票拿到贴现市场办理贴现手续，也可以等承兑的汇票到期时，向承兑行收款。

如果说前面所讲的远期信用证属于真远期信用证，即卖方远期信用证（Seller's Usance Credit）。那么还有一种远期信用证，实际业务中，通常称为假远期信用证/买方远期信用证（Usance Letter of Credit Payable at Sight /Buyer's Usance Credit）。其特点是，汇票为远期，按即期付款；付款银行同意即期付款，贴现费用由进口商承担。换言之，是出口商开立远期汇票，但信用证明文规定按即期收汇，这种做法的实质是由开证行或付款行对进口商提供融通资金的便利，所需支付的利息由进口商承担。采用假远期信用证作为支付方式，对进口商来讲，可拥有银行提供周转资金的便利，但须支付利息；对出口商来讲，可即期获得汇票的票款，但亦承担汇票到期前被追索的风险。假远期信用证中一般会加列以下条款：Usance drafts to be negotiated at sight basis and discounted by us（Issuing Bank），discount charges and acceptance commission are for Importer's account. [远期汇票按即期议付，由本银行（开证银行）贴现，贴现及承兑费由进口商承担。] Usance draft to be negotiated at sight basis，interest is for Buyer's account. （远期汇票按即期议付，利息由买方承担。）The Negotiating Bank is authorized to negotiate the usance drafts at sight for the face amount. （授权议付银行议付远期汇票，依票额即期付款。）Usance drafts drawn under this credit are to be negotiated at sight basis.（本信用证项下开立的远期汇票可按即期议付）。

### 4.3.4 根据出口商对信用证的权利能否转让划分

UCP600 中可转让信用证（Transferable L/C）意指明确表明其“可转让”的信用证。根据受益人（第一受益人）的请求，可转让信用证可以被全部或部分地转让给其他受益人（第二受益人）。[Transferable credit means a credit that specifically states it is ‘transferable’. A transferable credit may be made available in whole or in part to another beneficiary（‘second beneficiary’）at the request of the beneficiary（‘first beneficiary’）.] 而转让的信用证（Transferred L/C）意指经转让行办理转让后可供第二受益人使用的信用证。（Transferred credit means a credit that has been made available by the transferring bank to a second beneficiary.）只有被明确注明“可转让”（Transferable）字样的信用证才可以被转让。可转让信用证可以应受让人（第一受益人）的要求将信用证权利全部或部分地转让给一个受让人（第二受益人），或同时转让给数个第二受益人。可转让信用证只能转让一次，且第一受

益人必须通过转让行办理转让业务。可转让信用证能否同时转让给数个第二受益人，应视信用证是否允许分批装运。若允许分批装运，便可以分割转让给数个第二受益人，且每个第二受益人仍可办理分批装运。

可转让信用证常用于中间贸易。中间商从国外接到订单并收到由国外进口商开具的以其为受益人（第一受益人）的可转让信用证后将订单转给实际供货者，并请银行将该信用证全部或部分转让给真正供货者（第二受益人）使用。同时在转让过程中他可以要求银行将原信用证的一些条款进行更改，如降低信用证中规定的货物的单价、总额；提高投保比例；将装期、效期提前等，从而为其顺利结汇增大安全系数，并留出利润空间。当第二受益人办理交货、装运等手续后以自己的名义向银行提交单证办理议付时，银行可将第一受益人提供的与原信用证金额相一致的，以第一受益人为出票人的商业发票及汇票来替换第二受益人提交的相关单据。第一受益人所提交的发票金额要大于第二受益人的发票金额，两张发票的差额为中间人赚取的利润。议付银行议付后，将第一受益人所提交的发票及其他单据一并寄往开证银行索偿。可转让信用证的业务流程如图 4－3 所示。

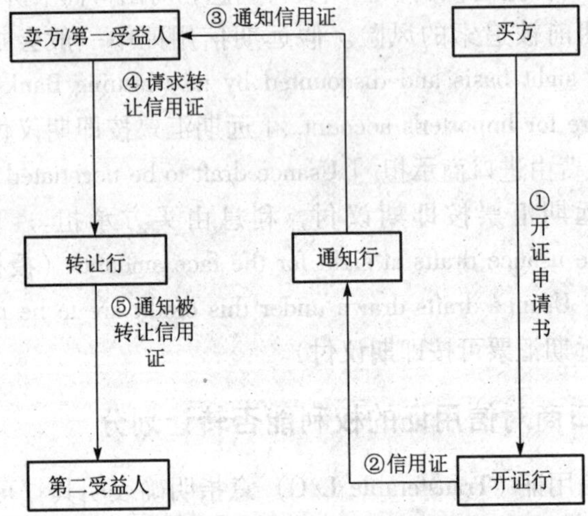


图 4－3　可转让信用证的业务流程

从以上描述中可以看到可转让信用证和转让的信用证不是两个相互独立的信用证，而是一个信用证在不同阶段的不同表现，后者是第一受益人将前者转让的结果。但无论怎样，开证行对第一受益人和第二受益人承担同样的付款责任。有关可转让信用证的具体应用可参考本章案例。

不可转让信用证（Untransferable L/C）是指受益人不能将信用证的权利转让给他人的信用证。

### 4.3.5 其他信用证

#### 1. 备用信用证

备用信用证（Standby L/C）是一种特殊形式的信用证。其最早源于美国和日本，因为两国的法律禁止银行开立保函，故以开具备用信用证代替保函。此后逐渐流行起来，通常用作投标、还款、履约保证金的担保业务，也常用于资金的融通。

备用信用证是开证行根据开证申请人的请求开立的，担保如果开证申请人不能履行相应的义务，只要受益人向指定银行提交备用信用证规定的汇票及/或开证申请人未履约的声明或证明文件，则开证行就要对受益人履行责任，如偿还开证申请人的借款，或支付由开证申请人承担的任何债务，或支付由开证申请人违约所造成的任何损失。如到时开证申请人履约无误，则备用信用证就成为备而不用的结算方式。

UCP600 中规定对在其范围内、不随附货运单据的备用信用证适用。但备用信用证在实际业务中并不是都能适用 UCP600，于是国际商会颁布了《国际备用证惯例 1998》（ISP98）以统一惯例避免纠纷的产生，借以推动备用信用证的广泛应用和发展。

1）根据备用信用证在实际业务中的应用，总结出备用信用证的性质

（1）不可撤销性。除非在备用信用证中另有规定，或经对方当事人同意，开证行不得修改或撤销其在该备用信用证下之义务。

（2）独立性。备用信用证下开证行义务的履行并不取决于：

① 开证行从申请人那里获得偿付的权利和能力；

② 受益人从申请人那里获得付款的权利；

③ 备用信用证中对任何偿付协议或基础交易的援引；

④ 开证行对任何偿付协议或基础交易的履约或违约的了解与否。

（3）跟单性。开证行的义务要取决于单据的提示，以及对所要求单据的表面审查。

（4）强制性。备用信用证在开立后即具有约束力，无论申请人是否授权开立，开证行是否收取了费用，或受益人是否收到或因信赖备用证或修改而采取了行动，它对开证行都有强制性。

2）与一般跟单信用证相比

（1）一般跟单信用证仅在受益人提交有关单据证明其已履行基础交易义务时，开证行才支付信用证项下的款项；备用信用证则是在受益人提供单据证明债务人未履行基础交易的义务时，开证行才支付信用证项下的款项。尽管备用信用证的开证行形式上承担着见索即付的第一性付款责任，但其开立意图实质上是第二性的，具有担保的性质，因此有时也称作担保信用证（Guarantee L/C）。

（2）一般跟单信用证开证行愿意按信用证的规定向受益人开出的汇票及单据付款，因为这表明买卖双方的基础交易关系正常进行；备用信用证的开证行则不希望按信用证的规定

向受益人开出的汇票及单据付款，因为这表明买卖双方的交易出现了问题。

(3) 一般跟单信用证总是货物的进口方为开证申请人，以出口方为受益人；而备用信用证的开证申请人与受益人既可以是进口方也可以是出口方。

(4) 与跟单信用证相比，备用信用证用途更广，它并不限于进出口贸易结算，还可用于各种形式的结算。

3) 按照用途的不同，备用信用证的分类

(1) 履约备用信用证（Performance Standby L/C），用于担保履行责任而非担保付款，包括对申请人在基础交易中违约所造成的损失进行赔偿的保证。在履约备用信用证有效期内如发生申请人违反合同的情况，开证行将根据受益人提交的符合备用信用证的单据（如索款要求书、违约声明等）代申请人赔偿保函规定的金额。

(2) 投标备用信用证（Tender Standby L/C），用于担保申请人中标后执行合同的责任和义务。若投标人未能履行合同，开证行须按备用信用证的规定向受益人履行赔款义务。投标备用信用证的金额一般为投保报价的1%～5%（具体比例视招标文件规定而定）。

(3) 预付款备用信用证（Advanced Payment Standby L/C），用于担保申请人对受益人的预付款所应承担的责任和义务。预付款备用信用证常用于国际工程承包项目中业主向承包人支付的合同总价10%～25%的工程预付款，以及进出口贸易中进口商向出口商的预付款。

(4) 直接付款备用信用证（Direct Payment Standby L/C），用于担保到期付款，尤指到期没有任何违约时支付本金和利息。直接付款备用信用证主要用于担保企业发行债券或订立债务契约时的到期支付本息义务。直接付款备用信用证已经突破了备用信用证备而不用的传统担保性质。

### 专栏4-2　信用证中的软条款

信用证中的软条款是指在信用证中包含的某个或某些条款，这些条款非常灵活，具有很大的弹性，足以改变信用证的性质。简单地说，就是开证行在信用证内列有货方不易办到或即使办到也会被开证行及客户借故拒付的条款。如在信用证中规定“出口人应提供装船前检验证书，该证书须由开证申请人签字，且签字盖章须与开证行留底相符”。由于货方并不知道留存在开证行的签字是何样，一旦该客户存心诈骗，将留存的字样更换，或迟迟不把签字检验证寄回，将造成单证不符而遭拒付。如某私营贸易公司在某次广交会上成交了几笔大额订单，并请一家外贸代理公司帮助代理出口事宜，同时又找了一家物流公司处理报关手续。国外客户开来的信用证规定“THE DOCUMENTS BENEFICIARY PRESENT SHOULD INCLUDE AND INSPEACTION CERTIFICATE SIGNED BY APPLICANT OR ITS AGENT”，即“受益人提供开证申请人或其代表签署的检验证书一份”，而缺乏信用证操作的某私营贸易公司没有拒绝这条对自己极为不公平的条款，误认为信用证已在手中，不会有什么问题。结果开证申请人的检验证书迟迟不到达公司，提交单据时，开证行声称单证不符，拒绝付款。而拿到对方的检验证书时，信用证已过期，开证行仍然拒付。这时，由于货物市价跌落，申请人要求降价1万美元才肯赎单，否则退货。该公司不得不同意对方的要求。可见，忽视信用证中的软条款，会给受益人带来不小的损失。

以下是比较常见的软条款。出口人拿到国外客户开立的信用证时一定要注意。

1. 限制信用证暂不生效的条款

（1）本证生效由开证行另行通知。THIS CREDIT IS NON-OPERATIVE UNLESS THE OPENING BANK GIVE FURTHER ADVISE.

（2）本证尚未生效，除非进口商获准了进口许可证。WHETHER THIS CREDIT IS OPERATIVE DEPENDS ON THE FACT THAT THE IMPORTER COULD OBTAIN IMPORT LICENCE.

2. 限制出口人装运的条款

直至收到本证修改书，通知船名和装运日期，才可实施装运。SHIPMENT CAN ONLY BE EFFECTED UPON RECEIPT OF AN AMENDMENT OF THIS CREDIT ADVISING NAME OF CARRYING VESSEL AND SHIPMENT DATE.

3. 限制出口人单据的条款

受益人所交单据中应包括由开证申请人手签的说明运输船名的信函一封。THE DOCUMENTS BENEFICIARY PRESENT SHOULD INCLUDE A MANULLY-SIGNED LETTER BY THE APPLICANT STATING THE NAME OF CARRYING VESSEL。

4. 限制出口人交单的条款

船样寄开证申请人确认后受益人才可交单。THE BENEFICIARY CAN PRESENT THE DOCUMENTS ONLY AFTER THE SHIPPING SAMPLE HAS BEEN CONFIRMED BY THE APPLICANT.

5. 开证行有条件付款责任的条款

（1）货到目的港后通过进口商品检验才付款。THE OPENING BANK IS OBLIGED TO PAYMENT ONLY AFTER GOODS ARE SHIPPED TO THE PORT OF DESTINATION.

（2）在货物清关或由主管当局批准进口后才支付货款。THE OPENING BANK WILL BE RESPONSIBLE FOR PAYMENT ONLY AFTER GOODS HAS BEEN CLEARED OR APPROVED TO IMPORT BY THE AUTHORITIES CONCERNED。

以上这些软条款在信用证中是比较常见的，当然可能还会有在信用证中附加诸多不必要而难于操作的程序，或信用证前后条款相互矛盾，受益人无论如何都做不到单单一致等情况。因此，作为外贸公司，面对可能出现的风险，首先要严格审核信用证，及早发现可能会出现的“软条款”，不要等业务开展后才发现情况不妙使自己陷入被动。其次还应要求开证申请人选择资信好的大银行。再有在做商检时尽量争取在出口国内做检验，这样既方便也使主动权掌握在出口商手中。当然，需要注意的地方还有很多，还需要出口商在实践中不断总结，保持警惕，以免掉入信用证软条款的“陷阱”。

**2. 背对背信用证**

背对背信用证（Back to Back L/C）是指一份信用证的受益人，以此信用证为保证要求一家银行作为开证行，开立以此受益人为申请人的一份新的信用证。背对背信用证也称转开信用证，原始信用证称为主要的信用证，背对背信用证主要是用于中间商的贸易合作。与可转让信用证不同，背对背信用证与原证是相互独立的，第二受益人只有背对背信用证开证行的付款保证，等不到原始信用证开证行的付款保证。

背对背信用证的业务流程如图4－4所示。

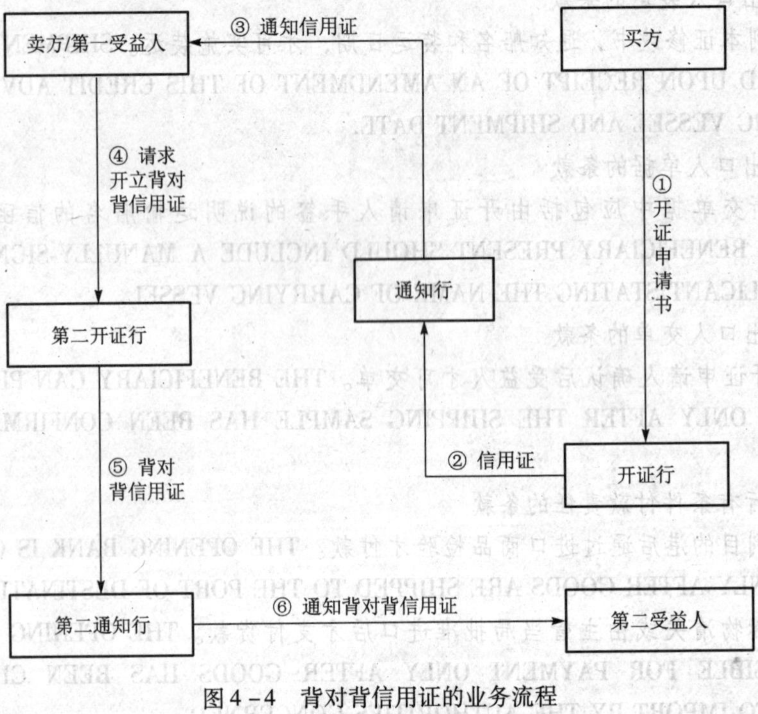


图4－4　背对背信用证的业务流程

**3. 循环信用证**

循环信用证（Revolving L/C）是指信用证被全部或者部分使用之后，其金额又恢复到原来的金额可再次使用，直到达到规定的次数或规定的总金额。循环信用证一般用于定期分批、均衡供应的长期合同，循环的方式有三种：自动循环、半自动循环和非自动循环。所谓自动循环，是指每次交单之后，不需要等开证行的通知，就可以自动恢复到原来的信用证金额；半自动循环是指每次交单之后经过一定时间才恢复到原来的金额，并且可以再度使用；非自动循环是指每次交单之后要经过开证行的通知，才能恢复到原金额。

4. 对开信用证

对开信用证（Reciprocal L/C）是指以交易双方互为申请人和受益人，金额大致相等的信用证。在对开信用证中，第一份信用证的申请人就是第二份信用证的受益人，反之第二份信用证的申请人是第一份信用证的受益人。第二份信用证也称回头证，第一份信用证的通知行一般就是第二份信用证的开证行。对开信用证主要用于易货贸易、来料贸易及补偿贸易等。

5. 预支信用证

预支信用证（Anticipatory L/C）是指受益人有权在提交装运单据之前预支一定百分比信用证金额的信用证。信用证列有特别的条款授权保兑行或其他指定银行，在交单之前预先垫款给受益人。这种信用证除了加注授权在交单前向受益人预先垫款的特别条款之外，与普通的信用证没有区别。

## 4.4 跟单信用证统一惯例

《跟单信用证统一惯例》（Uniform Customs and Practice for Documentary Credits，UCP）最早由国际商会（International Chamber of Commerce，ICC）于 1933 年发布。该惯例历经多次实践和修改，逐渐得到了各国银行及贸易界的普遍认同。1993 年，国际商会又颁布了《跟单信用证统一惯例》（国际商会第 500 号出版物，UCP500），至今 UCP500 已有 10 多年的历史了，在此期间，UCP500 在国际贸易中起到了十分重要的作用，帮助许多企业与银行成功地完成了以信用证方式结算的贸易。但是在实践中，UCP500 也逐渐显露出一些缺陷，极易给各国企业或银行造成不必要的麻烦，甚至产生纠纷。为解决这些问题，适应国际贸易形式的发展变化，以及各种金融行业的迅速发展，国际商会的专家们从 2002 年提出修订建议，于 2006 年 10 月发布了《跟单信用统一惯例（2007 年修订版）》［Uniform Customs and Practice for Documentary Credits（2007 Revision）］，即国际商会第 600 号出版物，简称 UCP600。

2007 年 7 月 1 日最新版本的 UCP600 正式实施生效，全世界大多数银行都会在其开出的信用证上注明适用的是 UCP600。但是，按照 SWIFT 口径统计，全球约有 15% 的国际贸易采用信用证结算方式，但是由于国际贸易的发展和诸多因素的限制，以及欧美地区诚信体系的日趋完善，信用证结算方式的使用，特别是在欧美地区的使用有下降的趋势。相对而言，亚洲、中东地区早已成为信用证最大的应用者，而我国作为全球加工贸易的中心，信用证占有的地位尤为重要。随着 UCP600 的正式实施，它对我国乃至全球的国际贸易业务产生了重大影响。

国际商会对UCP600作出的重要调整，主要表现在以下几个方面。

1. 简化结构和条款

UCP600共有39个条款，相比UCP500，减少了10个条款，而且更加准确清晰，简洁易懂。

具体来讲，UCP600共分为7个部分。第一部分包括第一条至第六条，为总则和定义部分，具体涉及UCP的适用范围、专业术语的定义、常用名词的释义、信用证与合同、单据与货物/服务/行为的关系、适用性、有效期及提示地点。这一部分新增了第二条“定义”，第三条“释义”（该条合并了UCP500中第八、四十六、四十七等条款），对信用证业务中的有关术语重新作了明确的定义，如UCP500的第二条定义条款中将开证申请人定义为“Applicant means the party named in the credit as applicant”．这种以“applicant”定义“applicant”的循环定义毫无意义，UCP600对此做了明确的修改。同样还有如“通知行”、“受益人”、“开证行”、“保兑行”、“信用证”、“指定银行”等，也给出了更加明确的定义。同时UCP600还取消了那些在实践中没有应用价值的条款，如删除了UCP500第八条“信用证的撤销”，由于可撤销信用证对受益人缺乏保障，实践当中很少会采用，所以这其实是一个多余的条款，删除这一条款就意味着确认了凡是信用证都是不可撤销的，增加了受益人对信用证的信任，也加大了开证行的责任感。UCP600第四条还增加了“开证行应劝阻申请人试图将基础合同、形式发票或其他类似文件的副本作为信用证整体组成部分的任何做法”，这一修改避免了由于引用过多内容造成的混乱，在实务中，也会减少单据发生差错的可能性，减少给银行处理业务带来的困难。

第二部分包括第七条至第十三条，为有关当事银行的义务和责任部分，包括开证行义务责任、保兑行义务责任、有关信用证、修改的通知及信用证的修改、电讯传递和预先通知的信用证及修改、指定银行义务责任、银行间的偿付约定。这一部分将UCP500中第九条“开证行和保兑行的责任义务”分拆为现在的第七、八条，更加明确了信用证当事人的法律责任。有关信用证的修改条款中还明确规定了“除非受益人在某一时间段内拒绝接受修改，否则该修改将开始生效的条款将被不予置理，这恰恰反映了ICC一贯坚持沉默不等于接受的立场。第十二条还明确了指定银行的责任及其独立权利，并增加了b款以阐述开证行选择指定银行的具体内容。

第三部分包括第十四条至第十六条，为单据审核部分，包括审核单据的标准、相符提示、不符点单据及不符点的放弃和通知。第十四条增加了“对提交的单据中不是信用证中要求的，银行将不予置理，并且可以退还提示人”，并且明确任何单据都可以将受益人以外的一方作为发货人。

第四部分包括第十七条至第二十八条，为制单内容的规定部分，包括正本单据和副本单据、商业发票、多式联运单据、海运提单、不可转让海运单、租船合约提单、空运单、公路、铁路或内河运输单据、快递收据、邮政收据或投递证明、货装舱面、托运人装载并计数、内容据托运人报称及运费以外的附加费用、清洁运输单据、保险单据及保险责任范围。这部分将原UCP500中有关保险单据的三个条款合并为第二十八条，同时还删除了UCP500中第三十条“运输行出具的运输单据”、第三十三条“运费待付/预付的运输单据”、第三十八条“其他单据”及“不得含有载运船只仅以风帆为动力的批注”等一些过时的条款。

第五部分包括第二十九条至第三十七条，为杂项规定部分，包括到期日/最后交单日的顺延、信用证金额、数量、单价的增减幅度、分批装运和支款、分期装运和支款、交单时间、单据有效性的免责、有关信息传递和翻译的免责、不可抗力、被指示方行为的免责等。如第三十五条明确指出“如果指定银行确定提示相符且将单据寄往开证行或保兑行，无论指定银行是否已经付款或议付，即使单据在指定银行寄往开证行或保兑行的途中，或保兑行送往开证行的途中丢失，则开证行或保兑行必须付款或议付，或偿付指定银行”。这一条更加明确了信用证“单单相符，单证相符”的重要性，只要满足了这一点，不管单据是否在上面所述的途中丢失，开证行或保兑行都要进行偿付，也就是说相符单据是构成开证行或保兑行付款或议付的唯一依据。

第六部分为第三十八条，是关于可转让信用证的规定。

第七部分为第三十九条，是关于款项让渡的规定。

2. 新的重要概念的出现

UCP600中出现了一些新的定义，这些定义对惯例的解释更为简洁统一，对指导信用证实践业务有着十分重要的作用。

（1）银行工作日（Banking Days），意指银行在其营业地正常营业，并按照UCP600规定，履行该惯例所涉及的与信用证有关的业务的日子。即在此工作日内，银行是可以进行国际业务，做通知、议付或付款等行为的。这条规定使得付款时间的计算更为清晰准确。

（2）相符提示（Complying Presentation），意指与信用证条款、UCP600中所适用的规定及国际标准银行实务相一致的提示。在银行的实际业务中对于“相符提示”交单一直都存在争议，且银行的审单尺度也不同。而这个新的提法，要求在与信用证和UCP600相关规定，以及国际标准银行实务相符的情况下，才能提示单据。与UCP500中只规定与信用证条款相符相比，“提示”从只与一方面符合到与三方面符合，更为严格，有助于银行把握审单尺度。但“相符提示”这一定义中虽提及“International Standard Banking Practice”，却并未明确指出所谓的“国际银行标准实务”即是国际商会第645号出版物ISBP。这样就具有相当的灵活性，既有助于减少信用证项下因单据问题而引起的争议，也可促进ISBP的进一步修订。

（3）付款（Honour），意指对于即期付款信用证即期付款；对于延期付款信用证作出延期付款承诺并于到期日付款；对于承兑信用证承兑由受益人出具的汇票并于到期日付款。也就是指开证行、保兑行、指定行在信用证项下，除议付以外的一切与支付相关的行为。与以往各版本的UCP不同，UCP600在第二条中专门解释了“Honour”一词，并且在解释银行行为时"Honour"一词反复出现，使得条款的解释统一而简洁，可以看出国际商会认为银行在信用证项下履行的义务是同质的。在这里将"Honour"一词广译为"付款"，因为如果译为"兑付"容易理解为"承兑"和"付款"的合并，而无论何种信用证最后都会有"付款"这个环节，当然这与"Payment"是有区别的，"Honour"一词包括了付款前后的环节，如提示、付款承诺、承兑等。

(4) 指定（Nomination），在 UCP600 的第十二条中，国际商会用整个条款明确定义了"指定"一词的含义，保证了 UCP600 在整个条款中的解释前后一致，也有利于明确指定银行的义务和责任。在这一定义下，保兑行、付款行、议付行、承兑行都有可能成为开证行的指定银行。但如果一家指定银行并不是保兑行，则该指定银行仅仅具有审核单据和传递单据的责任，并没有义务一定要履行开证行的付款、议付和承兑的指示。

(5) 第二通知行（Second Advising Bank），这是 UCP600 中新增的概念，在银行实际业务中，如果由于通知行和受益人不在同一地点，或者有其他原因，信用证往往会通过第二通知行传递给受益人，且 SWIFT 信用证 MT700 格式中也有"ADVICE THROUGH"一栏，而 UCP500 并未对此作出规定。UCP600 中第九条规定只要第二通知行同意并且通知了信用证，其所承担的责任便和第一通知行相同，应保证该信用证或修改的表面真实性，并准确无误地通知该信用证条款及其修改，这样就使第二通知行的行为准则在实践中有据可依。

### 3. 对重要内容的修改

#### 1）对"议付"一词的重新定义

在 UCP600 中，议付（Negotiation）是指指定银行在其应获偿付的银行工作日当天或之前，通过对受益人预付货款或表示同意向受益人提前付款的方式购买相符提示下的汇票（汇票付款人为被指定银行以外的银行）和/或单据。据此定义，议付强调的是对单据（汇票）的买入行为，而议付行预付或承诺预付款项给受益人，则是向受益人提供资金融通。这些对"议付"新的界定从某种程度上承认了有一定争议的远期议付信用证的存在，同时也将议付行对受益人的融资纳入到了受惯例保护的范围。

议付又称"买单"或"押汇"。议付的具体做法是，受益人开具汇票，连同单据一起向信用证允许的银行进行议付，议付行审单相符后买入单据垫付货款，即按票面金额扣除从议付日到汇票到期之日的利息，将余款付给出口商，然后议付行以善意持票人身份将汇票与单据按信用证规定的方法交与开证行索偿。

议付中，受益人开出的汇票有即期和远期之分。即期汇票的情况是：受益人开立以开证行为付款人、以受益人（背书给议付行）或议付行为收款人的即期汇票，到信用证允许的银行进行交单议付；议付银行审单无误后立即付款，然后将汇票和单据寄开证行索偿。远期汇票的情况是：受益人开立远期汇票，到信用证允许的银行交单议付；议付行审单无误后，将汇票、单据寄交开证行承兑，开证行承兑后，寄出"承兑通知书"给议付行或将汇票退给议付行在进口地的代理行保存，等汇票到期时提示开证行付款，款项收妥后汇交出口商。

如果出口商要求将银行承兑汇票贴现，则议付行在进口地的代理行可将开证行的承兑汇票送交贴现公司办理贴现，出口商负担贴现息。议付还可分为限制议付和自由议付。限制议付是指信用证中指明由某一具体的银行议付，而自由议付是不指定议付行的议付。

在我国信用证的实务中，对“议付”的使用与UCP600中对“议付”的解释有很大不同，我国使用的“议付”即“收妥结汇”，但惯例中的形式明显有利于受益人，明确保护了受益人融资的要求，同时也从规则上解决了一直以来存在争议的“议付”问题。不过我国银行业是否能普遍按照此定义将议付融资落实到受益人，还须进一步观察。

2）处理单据的天数

UCP600已经将争议颇多的银行审核单据的“合理时间”这一含糊不清的概念删除，并将银行处理单据的时间从7个工作日修改为UCP600中的“最多为收到单据次日起第五个工作日”，这样将促使银行提高工作效率，并有利于受益人尽早收汇，并将促使银行更有效率地处理信用证业务，在明确银行责任的同时也起到了加速贸易进程的作用。

同时，UCP600对受益人向银行交单的期限也做了修改。UCP500规定信用证应确定一个交单期限，如未规定，则银行将不接受迟于装运日期后21天提交的单据。UCP600则只是严格规定了受益人必须在不迟于装运日期后21天内提交单据，但无论如何都不得迟于信用证的到期日。

3）对不符单据的处理

UCP600第十六条将开证行对不符单据的处理办法由UCP500中的两种增加为四种，分别为持单听候交单人指示（Holding the documents pending further instructions from the presenter）、持单至申请人同意接受不符单据（Holding the documents until it receives a waiver from the applicant and agrees to accept it）、径直退单（Returning the documents），或者按照交单人事先的指示行事（Acting in accordance with instructions previously received from the presenter）。这样规定有助于受益人、申请人和银行按照具体情况灵活操作，并且能够减少对不符单据的争议，有利于顺利完成交易，特别是处理单据的第二种办法一直被认为存在争议，且在UCP500并未规定，但国际商会考虑到实际业务中，申请人放弃不符点而开证行付款的现象普遍存在的情况，在UCP600中列出此条款，顺应了实践业务的发展，保障了受益人的权益，使其在产生不符点时，只要申请人接受，即使开证行拒付，受益人仍然可以得到开证行的付款，同时也缩短不符点单据的处理周期，减少了不符点争议的产生。

4）对单据制作的细化

UCP500对单据的制作并未给出非常详细的指导，而UCP600对这一部分则有更为细致明确的说明。UCP600从第十七条到第二十八条，共12个条款对单据的制作进行了非常详细的规定，包括对单据的正本副本、商业发票、各种运输方式下的运输单据、保险单据的具体要求，如第十七条删除了UCP500中对将影印和复写方式制作的单据认定为正本的规定，同时也删除了如“风帆动力批注”、“运输行单据”这样的早已不适应目前国际货物运输形势的条款等。这里的“运输行单据”是指单据是由运输行签发的，而不是承运人签发的。UCP600第十四条规定表明信用证项下的运输单据可由除承运人、船东、船长或租船人等以外的任何人签发，只要其签署满足UCP600第十九条至第二十四条运输单据条款的要求。

而UCP600第十四条还规定，“如果信用证中包含某项条件而未规定与之相符的提示单据，银行将认为信用证中未列明此条件，并对此不予置理”，这就明确了对“非单据条件”的处理，如中东地区信用证通常会有如下规定：“货物必须保证非以色列产品并且不含以色列的材料（Goods are not of Israeli origin and do not contain any Israeli material）”，按照UCP600规定，该条款并没有要求提交“产地证或其他单据证明”，可对此不予理会，但在信用证中若规定了产地证，那就不是“非单据条件”了，则必须出具满足以上条件的产地证。可见对于受益人来说，要以UCP600为依据，结合实际情况，根据需要有针对性地妥善处理单据的制作要求，避免因提交的单据模糊或存在不符而使日后的业务出现纠纷，影响及时收汇。

在填写单据上受益人和开证人的信息时，UCP600也作出了明确的规定，任何单据的受益人及开证申请人地址不必与信用证或其他规定单据中显示的地址相同，但必须分别与信用证规定地址处于同一国家内。地址中的详细联系方式（传真、电话、电子邮件及类似的方式）可不予理会，从而避免了因笔误而导致的拒付。然而，运输单据上的收货人或通知方的地址和详细联系方式必须与信用证的规定相同，因为这些信息是承运人及时通知收货人或通知方有关到货及提货事宜。

UCP600还在这一部分引入了许多《关于审核跟单信用证项下单据的国际标准银行实务》（ISBP）中的内容，语言表述更加清楚，具有更强的可操作性。

5）可转让信用证的变化

UCP600对可转让信用证的最大修改主要体现在两个方面。首先，明确了第二受益人的交单必须经过转让行。此条保护了第一受益人的利益，避免了第二受益人绕过第一受益人直接交单给开证行。这个修改对于第一受益人为贸易代理或进出口权的公司来说，有利于贸易的顺利进行。其次，保护了没有过错的第二受益人。可转让信用证有可能对第二受益人不利，特别是在第一受益人可以替换第二受益人单据时。而UCP600则引用国际商会曾发布的一份专门针对转让信用证的指南中的规定，当第二受益人提交的单据与转让后的信用证一致，而单据因第一受益人的替换而出现不符点时，转让行有权直接提交第二受益人的单据给开证行。这一点无疑有利于第二受益人，避免了第一受益人谋取利益赚钱差价的权利。

**4. 应用UCP600需要注意的问题**

综上所述，无论在结构上还是内容上，UCP600都对UCP500进行了较大幅度的修改，这些变动势必会对国际贸易中信用证结算业务的实践操作产生深远的影响，因此信用证的各有关当事人应加强对国际新惯例的学习，尽快熟悉UCP600里的新规定，利用UCP600更好地保护自身权益。

1）对于申请人来说

作为信用证的申请人，采用信用证结算方式，首先应去银行填写开证申请书，开证银行需要对申请人填写的开证申请书进行审核之后，才能开出信用证。因此开证申请书成为决定能否顺利开具信用证的关键。进口商在填写开证申请书的过程中需要注意以下一些问题：填写开证申请书不能与UCP600相冲突，同时根据UCP600第四条中“信用证与合同相互独立”（A credit by its nature is a separate transaction from the sale or other contract on which it may be based）的规定，不得将合同、形式发票等内容作为信用证的组成部分。填写完开证申请书后，还需要注意申请书上是否注明适用UCP600，如果没有就一定要与银行确认，并在申请书上加上适用UCP600的文句。

为了达到顺利开出信用证的目的，进口商必须清楚地了解UCP600中的有关条款，特别是UCP600与UCP500的不同之处。同时，由于UCP600作为国际惯例不具强制性，在进出口商双方开始谈判磋商交易条件时，就应明确提出采用信用证结算要适用UCP600，而且还应该确认双方对UCP600各个条款的理解是否是一致的。交易达成之后，双方还应在买卖合同的支付条款中明确注明以信用证方式支付并且适用UCP600。

2）对于受益人来说

对于受益人来说，为顺利完成买卖交易收回货款的目的，就必须熟悉UCP600的新规定，按照UCP600的要求发货交单。因此，深入理解UCP600的变动其重要性在某种程度上说更大。

首先，出口商在发货制单之前应当先认真细致地审核信用证，如果发现其中有不符合UCP600规定的地方，应及时与进口商（信用证申请人）沟通，要求修改信用证。

在执行合同的过程中，对出口商最为重要的就是UCP600关于交单期限的新规定，即装运日期的21天内交单。出口商必须切记无论信用证对交单期有何规定，一定要在装运日期的21天之内向银行提交单据。因为按照UCP600第十四条c款的规定，只要提交的单据中包含正本运输单据，就必须在不迟于装运日后的21天内交单（Must be made by or on behalf of the beneficiary not later than 21 calendar days after the date of shipment），即使信用证规定了较长的交单期和有效期，也必须在装运日期的21天之内向银行交单；而且还必须注意这21天是指自然日，而非银行工作日。这样的新规定对受益人提出了新的要求。为了确保在装运之后的21天内交单，受益人应切实提高工作效率，在备货的同时就积极准备单据，特别是那些需要其他机构签发的单据，如保险单、商检证书、原产地证书等，更应当尽早联系，提前准备。

对于受益人来说，单据的制作是非常重要的，一定要按照UCP600及信用证的规定进行制作。UCP600对商业发票、运输单据和保险单据的制作都有非常详细的要求，尤其是运输单据，对各种不同运输方式下的运输单据也都分别作出了细致的规定。受益人应当相当熟练地掌握UCP600第十七条到第二十八条的内容（即对这些单据的要求），并在每次交易中都严格按照这些条款的规定制单。由于 UCP600 在单据要求部分借鉴了许多 ISBP 中的内容，出口商有必要安排其制单人员对 ISBP 进行学习。再有，UCP600 第二条中关于“相符提示”的解释仅有一句话：“Means a presentation that is in accordance with the terms and conditions of the credit the applicable provisions of these rules and international standard banking practice”（交单应与信用证条款、本惯例适用的规定及国际标准银行实务一致），看上去似乎很简单，但是切莫因此认为 UCP600 对单据相符的要求比较宽松，还是应当严格按照“单证相符，单单相符”原则认真细致地制作单据，避免因为不符点造成拒付。

3）对于银行来说

信用证业务中涉及的银行有开证行、通知行、议付行、保兑行、其他指定银行等，UCP600 对各银行的责任都有明确的规定，与 UCP500 有一定的区别。例如，我国外贸公司 A 与某进口商 B 公司达成一份合同，合同规定：A 公司向 B 公司出口某商品，合同价格为每公吨 315 美元，共计 1 000 公吨，支付方式为不可撤销即期信用证。按照合同的要求，B 公司开来一张不可撤销即期信用证，表明该信用证受 UCP500 的约束。A 公司审核来证确认无误后，开始备货，并且在信用证规定的装运期内完成了装运，备齐信用证要求的全套单据经通知行向开证行交单。由于货物市场行情变化很快，交单后的前两天货物市场价格均维持在每公吨 300 美元的水平，未来还有降价的趋势。A 公司委托寄单行数次询问单据审核情况，开证行一再以“业务量大”为托词，声称正在审核单据。直到其接到单据以后的第五天开证行才来电拒付：装箱单中对货物数量的描述与发票不符，银行拒付，单据听候处理。A 公司经过查对单据复印件，发现银行所称不符点确实存在，寄单行在寄单前也未发现该不符点。银行拒付当天货物的市场行情降至每公吨 290 美元。A 公司在银行拒付后与 B 公司进行协商，B 公司要求降价，否则不接受单据。此时，货物已经到港，经过再三考虑，A 公司同意将货价降至每公吨 280 美元，该笔交易共计损失 6 万多美元。该例出现的问题在于银行和申请人合谋拖延时间，等货物行情降到一定程度时再表明拒付态度。这就体现了 UCP500 条款中一些不合理的地方。在 UCP600 的新规定中，将银行审单的期限缩短到 5 个银行工作日，并删除了“合理时间”这个模糊的概念，这样就缩短了银行审单的时间也保证了审单的准确性。UCP600 中还加强了银行的“中性”地位，作为支付中介和授信机构，银行履行自身的举证责任并严格保护受益人的权益。

保兑行的责任在 UCP600 中被单独列为一个条款（第八条），该条款指出保兑行也可以进行议付，但这种议付是无追索权的议付。因此，在信用证结算过程中，如果保兑行同时被指定为议付行、或者是指定议付行不予议付、或者自由议付项下，受益人可能会直接向保兑行交单议付。这时，保兑行应当严格审单，不能轻易议付。

最后，UCP600 正式实施之后，开证行应注意及时把信用证中的适用惯例条款改成适用 UCP600：“This credit is subject to the Uniform Customs and Practice for Documentary Credits (2007 Revision) ICC Publication No. 600.”

## 本章小结

本章主要介绍了国际贸易结算方式中的信用证方式。信用证以银行的信用无须动用自身的资金，就解决了进出口双方的困境，推动贸易的顺利进行。因此尽管信用证业务处理非常复杂，但是在国际结算中，仍然占据着主导地位。信用证是一种银行信用，其一经开立就独立于销售合同以外，不受销售合同的影响，处理的仅仅是单据买卖业务，与货物无关。信用证可以保证出口商在履约交货后，只要按照信用证的条款规定向银行提供了相符的交单，就可以获得银行付款的保障，排除了进口商不付款的风险，并且出口商还可提前从银行议付单据或贴现汇票，取得货款，加速资金周转。同时，信用证保证只要进口商支付货款，即可取得代表物权的单据，并且还可通过开证时只交付部分押金，或缴纳保证金的融资，或进口商要求延期付款，或专项贷款融资等方式融通资金。

信用证开立的形式有信开、电开和 SWIFT 开证。信用证开立的形式虽有不同但是其内容却不尽相同，都对信用证本身的内容、货物的要求、单据的要求、运输的要求、付款方式及银行间的偿付方式和开证行的担保条款等内容进行了规定。信用证业务的办理有进口开证和出口来证两种形式，但主要包括信用证的申请、开立，通知受益人，审证，议付，索汇和赎单等环节。

信用证业务中，开证行对受益人作出付款承诺，因此信用证的基本当事人是开证行和受益人，但是几乎所有的信用证都是由开证申请人开立的，所以还应该有开证申请人。同时保证信用证业务的顺利进行，还需要有其他的当事人，如通知行、保兑行、议付行、付款行、偿付行和承兑行等。各个当事人在信用证业务进行时，所履行的义务和责任各不相同，但都有相应的原则可以掌握，以便贸易的顺利进行。

信用证的分类，根据汇票是否附有货运单据，可将信用证划分为跟单信用证和光票信用证。根据信用证有无加具保兑，跟单信用证可划分为保兑信用证和不保兑信用证。根据付款时间的不同，信用证可划分为即期付款信用证和远期信用证，同时远期付款信用证还包括延期付款信用证和承兑信用证。根据出口商对信用证的权利能否转让，信用证可划分为可转让信用证和不可转让信用证；还有其他形式的信用证，如备用信用证、循环信用证、对开信用证、对背信用证、预支信用证等。

跟单信用证现适用于 UCP600。该版本于 2007 年 7 月 1 日正式实施生效，全世界大多数银行都会在其开出的信用证上注明适用的 UCP600。UCP600 简化了 UCP500 的结构和条款；增加了新的重要概念，这些定义对惯例的解释更为简洁统一，对指导信用证实践业务有着十分重要的作用；同时还对重要内容进行了修改，更有利于银行及进出口双方顺利开展业务，减少贸易纠纷。

## 概念与术语

1. 信用证：是指一项不可撤销的约定，无论其名称或描述如何，该项约定构成开证行对相符交单予以付款的明确承诺。

2. 跟单信用证：是凭汇票和单据或仅凭单据付款的信用证，也包括不随附货运单据的备用信用证。

3. 光票信用证：是凭不附单据的汇票付款，或凭随附非货运单据的汇票付款的信用证。

4. 保兑信用证：是指除了开证银行确定的付款保证外，还有另一家银行确定的付款保证的信用证。

5. 即期付款信用证：是开证行或付款行收到信用证条款要求的单据后，在规定的时间内审核并且认定相符，就立即履行付款义务的信用证。

6. 远期信用证：是开证行或付款行收到符合信用证条款的单据，于到期日履行付款义务的信用证。

7. 延期付款信用证：是指履行延期付款责任的银行收到信用证项下相符的单据后，按照信用证的规定于若干天后付款。

8. 承兑信用证：是指履行承兑责任的银行收到信用证项下相符的单据后，承诺到期日付款。

9. 假远期信用证/买方远期信用证：汇票为远期，按即期付款；付款银行同意即期付款，贴现费用由进口商承担。

10. 可转让信用证：意指明确表明其“可转让”的信用证。根据受益人（第一受益人）的请求，可转让信用证可以被全部或部分地转让给其他受益人（第二受益人）。

11. 备用信用证：开证行根据开证申请人的请求开立的，担保如果开证申请人不能履行相应的义务，只要受益人向指定银行提交备用信用证规定的汇票及/或开证申请人未履约的声明或证明文件，则开证行就要对受益人履行责任，如偿还开证申请人的借款，或支付由开证申请人承担的任何债务，或支付由开证申请人违约所造成的任何损失。如到时开证申请人履约无误，则备用信用证就成为备而不用的结算方式。

12. 背对背信用证：是指一份信用证的受益人，以此信用证为保证要求一家银行作为开证行，开立以此受益人为申请人的一份新的信用证。

13. 循环信用证：是指信用证被全部或者部分使用之后，其金额又恢复到原来的金额可再次使用，直到达到规定的次数或规定的总金额。

14. 对开信用证：是指以交易双方互为申请人和受益人，金额大致相等的信用证。

15. 预支信用证：是指受益人有权在提交装运单据之前预支一定百分比信用证金额的信用证。

## 思考题

1. 何谓信用证，信用证的特点是什么？
2. 信用证对各当事人都起到了什么作用？
3. 信用证的主要内容有哪些？
4. 如何办理信用证业务？
5. 信用证的基本当事人有哪几个，都承担什么责任？
6. 信用证各当事人之间的关系？
7. 保兑行议付后，可否向受益人追索？
8. 信用证都有哪些分类？
9. 即期信用证下，开证行收到即期付款的汇票和单据未按时付款，经查询开证行答称：正与开证申请人联系催付，待申请人付款后立即付款。这种答复是否符合国际惯例，为什么？
10. 可转让信用证在转让时，需要对哪些条款进行变更？
11. 某食品进出口公司出口一批冷冻加吉鱼，7 月 16 日接到通知行转来的一张信用证简电通知。该通知中表明了信用证号码、商品品名、数量和价格等项目，并说明“详情后告”。我食品进出口公司收到了信用证简电通知后急于出口，于 7 月 20 日按简电通知中规定的数量将加吉鱼装运出口。在货物装运后制作单据时，收到了通知银行转来的一张信用证证实书，证实书中规定的数量与简电通知书中规定的数量不符。请问：我方应按信用证证实书的规定还是按简电通知书的规定制作单据？它们之间存在的差异应如何处理？
12. 中方某公司以 CIF 价格向美国出口一批货物。合同的签订日期为 6 月 2 日。到 6 月 28 日由美国花旗银行开来了不可撤销即期信用证，金额为 35 000 美元，证中规定装船期为 7 月份，偿付行为日本东京银行。我中国银行收证后于 7 月 2 日通知出口公司。7 月 10 日，我方获悉国外进口商因资金问题濒临破产倒闭。请问：在此情况下，我方应如何处理？
13. 我方某公司向外国某商进口一批钢材，货物分两批装运，支付方式为即期信用证，每批分别由中国银行开立一份信用证。第一批货物装运后，卖方在有效期内向银行交单议付，议付行审单后，即向该商议付货款，随后中国银行对议付行作了偿付。我方在收到第一批货物后，发现货物品质不符合同，因而要求开证行对第二份信用证项下的单据拒绝付款，但遭到开证行拒绝。你认为开证行这样做是否有理？
14. 中方某进出口公司与加拿大商人在 2004 年 1 月份按 CIF 条件签订一出口 10 万码法兰绒合同，支付方式为不可撤销即期信用证。加拿大商人于本年 5 月通过银行开来信用证，经审核与合同相符，其中保险金额为发票金额加 10%。我方正在备货期间，加拿大商人通过银行传递给我方一份信用证修改书，内容为将投保金额改为按发票金额加15%。我方按原证规定投保发货，并于货物装运后在信用证有效期内，向议付行提交全套装运单据。付行议付后将全套单据寄开证行，开证行以保险单与信用证修改书不符为由拒付。请问：开证行拒付的理由对否?

15. 某公司收到由广州中国银行转交之香港汇丰银行开立的信用证一份，证内声明受UCP600文本约束，并载明通知行为广州中国银行。经审证发现装运期与合同不符，不可接受。当即电请开证申请人修改展期。事后，该公司收到由汇丰银行上海办事处直接寄来的修改通知书，由于邮递耽误，致使已经修改的有效期和装期仍无法接受。公司当即将通知书退回上海，再次电请买方修改，适逢市场价格下跌，买方拒绝，以致合同无法履行，公司造成积压损失。请问：受益人应怎么办?

16. 我一公司接到客户发来的订单上规定交货期为2004年8月，不久收到客户开来的信用证，该信用证规定："Shipment must be effected on or before September, 2004." 我方乃于9月10日装船并顺利结汇。约过了一个月，客户却来函要求因迟装船的索赔，称索赔费应按国际惯例每逾期一天，罚款千分之一，因迟装船10天，所以应赔款百分之一。请问：我方为什么能顺利结汇? 客户的这种索赔有无道理? 我公司是否应赔偿?

17. 试述UCP600与UCP500的不同之处。

## 案例分析

1. 与贸易合同不符的信用证案例

**案情**：某年第四季度，我国A公司与国外T公司达成协议、以CFR贸易术语、海运及信用证支付方式进口原料若干公吨，价值百余万美元。双方签订合同后，A公司根据合同内容，通过当地银行向T公司开出即期信用证。由于货物品质规格比较复杂，所以信用证规定："品质按照××年签订的第××号购货确认书为准"，合同内对货物品质要求的关键部分是水分超过5%时，则每超过1%单价应相应下调1%。T公司收到信用证后，按时将货物装出，并将信用证规定的全套单据送交当地银行要求付款，后者按照有关规定，将单据寄至我国开证银行索偿。开证行因证内关于货物的品质规格涉及合同，所以通知A公司检查全套单据是否符合要求。A公司经仔细检查单据后，发现T公司提交的单据存在以下问题：商业发票上关于货物的水分注明是5%，而在品质检验证书内，关于货物的水分却注明是8%。根据以上情况，A公司通知开证行暂停付款，并请银行将暂停付汇的原因通过对方银行转告T公司，同时，也与T公司直接联系，说明根据合同规定，由于货物的实际水分已经超过标准水分3%，所以应相应降价3%。数天后，开证行收到国外银行转来T公司的反驳意见，即按照国际惯例，信用证与可能作为其依据的销售合同或其他合同是相互独立的交易。同时，A公司也收到国外T公司措辞强硬的传真，要求A公司立即按照原价索偿货款，对于降价问题则置之不理。A公司多次与T公司交涉，要求其遵照合同规定降价3%，但均遭到拒绝。A 公司认为商业发票上注明的货物水分与检验证书上注明的货物水分数字不一致，已构成单单不符，因此拒绝付款。

**分析**：在本案例中，信用证规定："品质按照××年签订的第××号购货确认书为准"，这一条款强调了商品品质的参照依据，但并未就此规定受益人应提交何种单据予以满足，比如商品检验证书或是其他可以证明商品品质的文件，就这一点来看，信用证的独立性特征并没有受到影响，或者说信用证只是在说明一种情况，不存在单据条件的约束。UCP600 第十四条规定，"如果信用证中包含某项条件而未规定与之相符的提示单据，银行将认为信用证中未列明此条件，并对此不予置理"，在本案例中，尽管信用证说明了一种情况，但并未作出提交相关单据的规定，可以看作是开证银行不要求受益人就此条件提交证明单据，当然开证行在审单付款环节也不将此陈述作为约束条件。反之，如果信用证要求受益人交单时必须提交商品检验证书，同时证书上应明确显示"商品品质符合××年签订的第××号购货确认书的规定"。此时的条件就需要受益人以相关单据予以满足，以此获得银行的付款，当然付款要在银行审单相符的前提下进行。这一问题的关键在于，信用证条款是否存在单据化规定，银行没有检查货物品质的义务，仅对收到的单据予以审核，并以审单结果决定是否要对受益人付款。即使信用证中提及货物品质的问题，只要不涉及单据化，就不能将此描述视为信用证是"有条件的付款承诺"中的条件。UCP600 第十五条还规定：银行必须仅以单据为基础对提示的单据进行审核，并以此决定单据是否在表面上与信用证条款构成相符提示。这一规定说明付款行仅对受益人交来的单据予以审核，且仅审核单据表面。至于单据记载内容是否与货物的实际相符，这不是银行审单付款的工作范畴。UCP600 第十四条规定：单据中的内容之间、或单据中的内容与其他规定的单据或信用证不得互相冲突。这一规定说明在单证之间、单单之间不应出现两种不同的描述，造成两种不同的理解。只要单据之间出现了表面上的彼此不一致，就将被视为单据表面不符。在本案中，商业发票上关于货物的水分注明是 5%，而在品质检验证书内，关于货物的水分却注明是 8%，显然二者注明的货物水分数字不一致，已构成单据与单据不相符，且是实质内容的不相符，进口商就此提出异议是完全有理由的。本案在水分的规定方面涉及最终货款支付的总额，进口商自然非常关心，出口商提交了不符单据，不能获得付款，但因信用证中有降价的相关规定，可以凭此进行付款。实际上，本案最终是以出口商降价 3% 结案，法庭支持了进口商的观点。正如上文提到的，由于信用证未作出单据化规定，银行不审核是否有单据可以证明货物品质符合合同规定，因而银行拒付的真正理由应是单单之间出现的表面不符问题，这与信用证的独立性无关。在本案中，因为信用证内容涉及合同，开证银行要求进口商自己审单，这种做法欠妥。既然开证行是凭单付款，当然有义务合理、小心、审慎地审单，这既包括单证之间的审核，也包括单单之间的审核，既然信用证项下要求受益人提交品质检验证书及商业发票，开证行本身就有义务对两项单据的表面相符性作出审核，而不是由进口商进行审核。换言之，即便开证行不通知进口商，也可以凭 5% 与 8% 的不符向受益人提出拒付。至于拒付之后的业务处理，还需要参照合同中关于降价的规定，在进出口商之间自行协调后由进口商指示开证行对外付款。这样才真正符合信用证的独立性原则及银行独立审单原则。

2. 有关可转让信用证的案例

**案情：** 我国内地一家成立不久的外贸公司（A 公司）与中国香港中间商（B 公司）于 2006 年 4 月签订了一个服装出口合同，总值 40 万美元。该批货物目的港为德国汉堡，付款方式为即期信用证。同年 5 月 A 公司收到 T 市 C 银行的信用证通知书和所附转让信用证。

通知书上列明开证行为德国 D 银行，转证行为深圳 E 银行。

**信用证标明：**

FORM OF CREDIT：IRREVOCABLE，WITHOUT OUR CONFIRMATION；

APPLICATION HEADER：深圳 E 银行；

ISSUING BANK：德国 D 银行；

FIRST BENEFICIARY：中国香港 B 公司；

SECOND BENEFICIARY：外贸 A 公司

收到该信用证后，A 公司立即安排投产，但在生产过程中由于工艺出现一些问题，加之 B 公司售给 A 公司的辅料未能准时到货，致使 A 公司不能在合同约定的时间内交货。就此情况 A 公司与 B 公司进行了交涉，最终 B 公司同意 A 公司将交货期推迟 10 天，并应 A 公司要求对合同相关条款进行了修改。2006 年 8 月 A 公司将有关单据交由 C 银行议付。因数周后仍不见货款，A 公司遂通过 C 银行查询货款下落。查询结果：E 银行称因德国 D 银行以第一受益人提供的单据与信用证不符为由而拒付，故 E 银行也无法就信用证项下金额付款。当 A 公司再次与 B 公司联系时 B 公司一改常态，埋怨由于 A 公司未能按期交货，导致 B 公司也遭受了经济损失，现正与德国客户联系争取最好效果。最终该笔业务以 A 公司减价 15% 了结，A 公司直接损失近 6 万美元。

**分析：** A 公司之所以遭受如此巨额损失，其原因是对可转让信用证的特点及信用证的性质理解不够，导致无法在信用证项下安全结汇。

本案中的出口商 A 公司恰恰忽略了信用证是独立于合同之外的文件，只要受益人在规定期限内提交相符的单据就可以安全收汇。当 A 公司不能按期交货时，仅仅是向与他签署合同的买方即 B 公司联系更改合同事宜，而忽略了承担“第一性”付款责任的开证行。在信用证结汇方式下，信用证是开证行与受益人之间的支付约定，与合同无关，因此受益人修改合同并不能代替信用证的修改。

在本案中，当 A 公司持过期提单议付时被告知单证不符，按照惯例，A 公司请 B 公司出具了保函，拟通过 B 公司的担保在信用证项下收汇。且不说该担保已经使信用证失去了银行的付款保障，银行信用沦为商业信用，单就此笔业务来讲，B 公司的“保函”还不等同于一般信用证业务当中的买方保函，可以说是毫无意义的废纸一张，因为 B 公司根本不是此信用证的开证申请人，而是信用证的第一受益人。

纵观此案可以看出 A 公司对可转让信用证缺乏了解，没有分清可转让信用证与一般信用证的区别，也没有分清可转让信用证和转让的信用证之区别。与 B 公司买卖合同中约定的付款方式为信用证，当收到的是转让的信用证时丝毫没有引起警惕，仍然认为此笔业务有银行信用作为付款保障。殊不知在此情况下即便他持全套符合信用证的单据议付，其收汇保证也仅仅等同于普通的托收。

此案中 A 公司收到的转让的信用证中有两个关键条款未引起其警惕。

其一，THIS ADVICE IS GIVEN FOR GUIDANCE ONLY AND DOES NOT CONSTITUTE ANY OBLIGATION ON OUR BANK.（此转让通知仅供指导，并不构成我行的任何义务。）

其二，PAYMENT UNDER THIS TRANSFERRED CREDIT WILL BE EFFECTED BY US ONLY AFTER RECEIPT OF FUNDS FROM THE CREDIT ISSUING BANK.（我行仅在收到开证行付款后才对贵公司支付本信用证项下款项。）

由以上条款可以看出第二受益人即真正的出口人手中所持转让的信用证已非传统意义上的信用证，它已没有银行的付款承诺。出口商的命运掌握在可转让信用证第一受益人手中。即便他向银行递交的单据完全符合信用证规定，也可能因第一受益人所换单据或交单日期不符合要求遭开证行拒付而导致自己无法收到货款，甚至于有可能陷入中间商（第一受益人）与进口商（开证申请人）共同设置的陷阱。

此外，当分析本案信用证各方当事人法律关系时还会发现一旦出现问题，第二受益人似乎陷入一个无从解决问题的怪圈：首先来看开证行 D：在可转让信用证项下，尽管存在着两个受益人，但开证行只对第一受益人 B 公司承担第一性的付款责任，当提交单据无误后在确定的金额内进行一次付款。它与第二受益人基本上无任何法律关系。其次来分析转证行 E：它并不因其办理信用证的转让而使自己成为开证行，因此也不会对第二受益人 A 公司承担付款责任，同时作为一个转证行它对单据的拒付和最终的付款与否不负责任（这一点它会在信用证中用相应条款明示）。由于与德国进口商无任何合同关系，A 公司也无法与其进行交涉，唯一与 A 公司有契约关系的 B 公司又会以一个无辜者的面目出现将自己的责任推卸干净。

时间飞快过去，货物在目的港停放多日，不但产生大量费用，长期下去还会被海关拍卖。若将货物运回来则需要支付额外运费，而且手续极为烦琐并将造成大量库存及占压资金。“货到地头死”，无奈的 A 公司只得接受 B 公司建议，将货物降价售出，并不得不签下不再追究 B 公司责任的保证作为请 B 公司从中斡旋的代价。

由此案例可以得出结论：对于实际供货商来讲，接受转让信用证等同于接受 D/P 付款方式。失去了银行信用的保障将给收汇带来很大风险，要慎重对待。若交易中涉及中间商，且中间商出于商业保密目的不想让出口商直接与进口商交易，可建议使用背对背信用证。若只得使用可转让信用证，则作为实际出口方的第二受益人应注意以下事项：① 要对第一受益人的商誉和经营情况有较深的了解；② 建议在销售合同中增加对第一受益人及时无误议付的制约；③ 所涉及出口产品最好是便于转售其他客户的“大路货”；④ 核查清楚进口国贸易管制的有关政策和提货/退运的有关规定；⑤ 为防止进口商与中间商合伙设欺骗陷阱，要尽量采用C组价格术语，自行租船订舱，并向船公司声明严禁无单放货。

# 第5章 其他支付方式

学习要点

- 初步掌握银行保函、国际保理和福费廷的含义与基本做法。
- 了解银行保函、国际保理和福费廷等支付方式的利弊及其在国际贸易中的运用。

在国际结算中，银行往往向有资格的客户提供融资服务，其中，银行保函、国际保理和福费廷都是国际结算中重要的支付方式，也是现代银行的重要中间业务。因此，本章将这3种结算方式单独列出，并对其概念、内容、程序、种类等进行详细的介绍。

## 5.1 银行保函

### 5.1.1 银行保函的概念及其特点

银行保函（Bank Letter of Guarantee，L/G）是我国银行业的习惯称谓，更一般的叫法是“银行担保”或“银行保证书”。它是指银行根据申请人的要求，以自身的信誉为担保，向受益人开立的、担保申请人正常履行合同义务的书面保证，是银行有条件承担一定经济责任的契约文件。如果申请人未能履行合同规定的义务，则由银行向受益人作出赔偿。

在国际经济交易中，交易的双方都非常关心对方的信用和履约能力。如果一方未能履约，就会使对方蒙受较大损失。为了防止此类风险，常常需要一个第三方作为担保人。银行因为有雄厚的资金和较强的经营能力，常应客户要求，担当这种担保人。银行保函表明银行以担保人的身份向受益人保证，其被保证人一定对受益人履行某项义务，否则，将由担保人负责支付受益人的有关损失。

从银行保函的概念中可知，银行保函属于银行信用，它有如下特点。

(1) 开立保函只为了提供信用担保。银行开立保函是以自身的信用向受益人担保申请人履行合同，主要目的在于担保而不是付款。只有在申请人违约或具备索偿条件的情况下，受益人才能依据保函要求开立保函的银行支付。对于担保行来说，是出于对申请人履约能力的信任才出具保函的，其目的不是为了赔款，而是为了提供信用保证，解决交易双方互不信任的问题，使得合同可以顺利实施。因此银行一般不要求申请人交付押金，只要求质押或是提供反担保。

(2) 只有在违约情况发生时才会支付。只有在保函申请人违约时，例如，申请人未履行基础合同义务或未能完全履行基础合同，受益人才会根据保函进行索偿，因此保函下的支付不一定发生。

(3) 银行付款的依据是单据及其他证明文件。银行保函业务中，担保行付款的依据是受益人提出的符合保函规定的索偿条件，包括受益人证明、申请人违约的声明和有关单据的副本及其他证明文件。

(4) 根据保函与基础业务合同的关系不同，银行保函可分为从属性保函和独立性保函。就保函的性质而言，从属性保函从属于基础合约，基础合同的存在是保函成立的前提条件，保函随基础合约的消失而消失。保函产生的基础是双方既定的商业合同关系，没有这样的商业关系就不会有保函的产生。从历史角度看，保函产生的初期，主要是从属性保函。独立性保函是指根据基础合同开立后，不依附于基础合同而存在的保函，具有独立法律效力。当今国际结算业务中使用的大多数是这种保函。独立性保函的优点在于受益人不至于因为基础合同的纠纷而陷入获得付款的风险，开立保函的银行也不至于卷入复杂的商业合同纠纷中去。国际商会第458号出版物《见索即付保函统一规则》规定："保函从性质上是独立于其可能基于之合同的交易，即使保函中包含有对合同的任何援引，担保人与这类合同亦无任何关系，也不受其约束。担保人在保函项下的责任，是在提交了在表面上与保函条款一致的书面索赔要求和保函规定的其他单据时，支付保函项下的金额。"这一规定充分地反映了独立性保函独立于基础合同的新特征。

(5) 银行付款责任因保函性质不同而不同。在从属性保函中，银行的付款责任是第二性的。在使用从属性保函时，通常受益人应先向申请人请求付款，只有在债务人不付款时才可利用保函要求担保人付款。因此从理论上讲，担保人的付款责任是第二性的。在实际业务中，有些保函在受益人索偿时，担保人可以先调查，确定申请人确未付款后才支付。这时作为担保人的银行的确是在申请人不付款时才支付保证金额款项，银行担当第二性付款的责任。在独立性保函中，银行的付款责任是第一性的。也就是说，只要受益人提出的索赔要求符合保函规定的条件，担保行就必须付款，而且不管申请人是否同意，也不必纠缠到基础合同是否真的履行中去。独立性保函中担保行的付款责任是第一性的，只要受益人提供的单据与保函相符，就必须凭单付款。

### 5.1.2 银行保函的当事人与主要内容

银行保函业务的主要当事人有 3 个：申请人、受益人和担保行。此外还涉及其他一些当事人，主要有：通知行、保兑行、反担保行。

**1. 主要当事人**

1）申请人

申请人（Applicant），又称委托人（Principal），是指向银行提出申请并委托银行开立保函的当事人，亦即被保证人。他是与受益人订立货物买卖、劳务合同、资金借贷或其他商务合同的执行人和债务人。其主要义务是：在担保行按照保函规定向受益人付款后，申请人必须立即偿还担保行垫付之款项，负担保函项下的一切费用及利息，预付部分甚至全部押金（担保行认为不必预付的除外）。

2）受益人

受益人（Beneficiary），也是基础合同的债权人（Creditor），是指接受保函并有权按保函规定向担保银行提出索赔的当事人。其责任是履行其在合同中所规定的责任和义务。其主要权利是：在保函申请人未能履行商业合同规定的义务时，有权向担保行提出索偿要求，并得到赔付。当然，在要求索偿时，应按保函规定，提交符合规定的索偿证明或有关单据。

3）担保行

担保行（Guarantor Bank），又称保证行，是根据申请人的要求开立保函的银行或其他金融机构。其义务是：一旦接受了开立保函的申请，就必须按照申请书开出保函；在受益人提出合理索偿时，必须按保函规定的条件支付款项。其权利是：在向受益人作出赔付后，有权向申请人或反担保行索偿，如果申请人不能立即偿还担保行已支付的款项，担保行有权向申请人追索不足部分；在开立保函之前，有权根据保函条件要求申请人提供保证金、抵押或反担保，有权根据付款金额大小和责任大小向申请人收取手续费。

**2. 其他相关当事人**

1）通知行

通知行（Advising Bank），也称转递行（Transmitting Bank），是指受担保行委托，将保函通知给受益人的银行，通常为受益人所在地的银行。其主要职责是负责审核保函的真伪，并严格按照担保行的要求和指示及时通知受益人。通知行对于保函项下的赔付不承担任何责任，在发生索赔时，除可代受益人向担保行转交赔付文件或其他书面单据外，并不受理任何索赔。因此严格地说，通知行实际上并非担保本身的当事人，而只是业务处理过程中一个辅助方而已。如果通知行拒绝通知，或无法通知给受益人时，应及时通知担保人以采取相应措施。

2）保兑行

保兑行（Confirming Bank），是指根据担保行的要求，对保函加具保兑的银行，或者称为第二担保行，一般为受益人所在地的大银行。一旦成为保兑行，在担保行未能按保函规定赔付时，保兑行必须代其履行付款义务。当保兑行履行保函义务代担保行付款后，有权凭担保函及担保行要求加具保兑的书面批示向担保行索赔。保兑行加具保兑后，有权向担保行收取保兑手续费。

3）转开行

转开行（Reissuing Bank），是指根据担保行的请求，向受益人开出保函的银行。通常是受益人所在地的银行。转开保函通常是在受益人的要求下进行的，其目的是将境外担保变为国内担保，一旦产生争议或纠纷，受益人可在国内要求索赔。担保行请求转开行开立保函时，必须提供反担保，转开行通过审查担保行的资信状况和反担保内容等，以决定是否转开保函，并有权拒绝担保行要求转开保函的请求。保函一经开出，转开行就成为担保人，承担起担保人的责任义务，在保函规定的付款条件成立时保证履行付款责任。

4）反担保行

反担保行（Counter Guarantor），又称指示行（Instructing Party），是指为申请人向担保行开出书面反担保函的银行。一般是申请人的上级主管单位或其他银行、金融机构。其责任是保证申请人履行合同义务，同时向担保行承诺，即当担保行在保函项下付款后，担保行有权从反担保人处得到及时、足额的补偿，并且在申请人不能向担保行作出补偿时，由反担保行负责向担保行赔偿损失。

### 3. 银行保函的主要内容

虽然在实际业务中使用的银行保函种类很多，但不同类别的保函具有一些基本相同的内容。通常任何一份保函都包括以下几个方面的主要内容。

（1）保函受益人的名称和地址。

（2）保函申请人的名称和地址。

（3）担保人的名称、国别和地址。

（4）保函的种类及其担保目的。

（5）与保函有关的基础交易合同，即开立保函的原因。

（6）保函的担保金额和所采用的币别。

（7）保函的有效期。

（8）保函的赔付条款。

### 5.1.3 银行保函的业务操作流程

银行保函是以银行信用为手段来保证申请人履行某种合约义务，维护受益人的经济利益，促使交易活动的顺利进行。在保函的有效期内，银行在该笔担保项下承担一种负债，直到保函效期届满为止，或直到保函受益人退回保函正本方可解除。

1. 一笔保函从开立到业务结束所需经历环节

1）申请人向银行申请开立保函

申请人与受益人签订合同或协议之后，申请人应根据合同或协议规定的条件和期限向银行申请开立保函。首先要递交保函申请书；然后要提交交易合同、标书或协议的副本；此外还要提供担保行要求的其他材料，如出口许可证、项目可行性研究报告、财务报表等；最后还要提交反担保文件，落实反担保，或缴存保证金，提供抵押物。

2）担保银行对申请人的审查

由于保函业务涉及面广，风险性大，所以担保银行收到申请人的申请后要对申请人的情况进行审查，然后再根据审查结果和风险程度来决定是否接受申请人的申请。银行保函的审查工作主要有：① 对担保范围进行审查，看其是否符合国家的相关法律政策；② 对申请手续进行审查，看其是否正确、真实；③ 对交易合同或项目进行审查，对其合法性、可行性和可能收益率进行审核判断；④ 审查反担保文件；⑤ 审查反担保及抵押情况，审查保证金或抵押物情况。

3）银行保函的开立

担保行对申请人提供的上述资料审查无误后，可以开立保函，并在10天内将保函及其他有关资料报总行备案。保函到期后，要向总行报告履约情况。

4）银行保函的修改

银行保函可以在有效期内修改。导致修改的原因有多种，为防止责任和风险的加大，修改保函必须经有关当事人各方一致同意后放可尽心修改。担保行在办理保函修改后，应在留底上或保函登记卡上详细批注相关内容，留待日后查考。

5）保函项下的索偿和理赔

如果申请人违约，只要受益人提交符合保函要求的全套单据或文件，担保行即可认定索偿有效，应立即予以赔付，不得以任何理由拖延付款。

6）保函的撤销

保函在到期后或在担保行赔付保函项下全部款项后失效。保函到期后应及时办理到期手续。

2. 银行保函的种类

实际业务中，银行保函的使用范围是极其广泛的，只要当事人需要由第三者担保以防范风险，都可以考虑使用银行保函。因此，银行保函的种类繁多，下面介绍几种常见的保函。

1）出口类保函

（1）投标保函

投标保函（Tender Guarantee or Bid Bond）是指在以招标方式成交的购买和承建项目中，招标方为了制约各投标商的投标行为和保证交易的最终达成而要求投标商委托银行开立的一种书面保证文件。它以招标方为受益人，保证投标商在其报价的有效期内不撤标、不改标、不更改原报价条件，一旦中标将按照招标文件的规定在一定期限内与招标方签订合同并提交履约保函，若投标商日后有违约行为，担保行将立即向招标方赔付一定金额的款项作为补偿。如果投标商落选，亦未有违约行为发生，则招标方将退还投标保函，以供银行结束担保责任。

（2）履约保函

履约保函（Performance Guarantee or Performance Bond）是指担保银行应申请人的要求向受益人开出的保证申请人按合同条款履行各项义务，否则由担保银行赔偿受益人一定金额损失的保证文件。由于履约保函基础交易的性质不同，因此保函金额占基础合同总金额的比例也不尽相同。在实务中，出口履约保函金额通常占总价的10%左右，若为工程承包履约保函，则这一比例将升高至10%～25%。履约保函的生效日一般与合同的生效日相同，其有效期取决于交货期或施工期的长短，通常至合同执行完毕日期，保函的有效期自动终止，有时再加3～15天的索偿期。

（3）预付款保函

预付款保函（Advanced Payment Guarantee），又称还款保函（Repayment Guarantee），在买卖合同中还可称为订金保函（Down-payment Guarantee）。在大额交易中，工程项目的承包商通常要求业主在合约签订后的一定时间内支付一部分款项。业主为防范承包商收取预付款而不履行合同义务，在支付预付款以前，要求承包商提供由银行开立的预付款保函，以担保承包商按期履约。预付款保函的金额一般不超过业主支付的预付款总额，保函的有效期截至合同执行完毕，再加3～15天的索偿期。

（4）质量保函和维修保函

质量保函和维修保函（Quality Guarantee and Maintenance Guarantee）是指担保银行就合同的标的物的质量所出具的一种担保。质量保函和维修保函的委托人为承包方或卖方，受益人是买方或业主。担保行的责任是保证在交货或施工完成之后规定的时间（即保修期或维修期，通常为1年左右）内，货物或工程的质量符合合同要求。如果在这一时期内发现货物或工程的质量与合同规定不符的情况，而供货方或承包方又不愿或不予进行修理、更换和维修，则买方和业主有权凭此类保函向银行索赔。质量保函和维修保函的金额通常是合同标的的5%左右，有效期取决于合同规定的质量保证期或维修期，一般始于工程竣工之日或交货日，止于验收合格之日。

2）其他类保函

（1）付款保函

付款保函（Payment Guarantee）是指对合同某一方在合同项下的付款责任所作出的担保。它是由买方或是业主通过其银行向卖方或承包方所出具的旨在保证货款支付或承包工程进度款支付的付款保证。付款保函的作用是要保证买方或业主履行其对合同价款的支付义务。付款保函一般自开立之日起生效，有时为了防范受益人无理索赔的风险，可要求受益人开立有效的履约保函作为付款保函生效的条件。付款保函的有效期为合同规定的付款期限。

（2）借款保函

借款保函（Loan Guarantee or Security for a Credit Line），俗称贷款保函，是担保行应借款人要求向放款人开立的保证借款人到期归还借款本息，否则由担保行进行赔付的书面保证文件。借款保函的担保金额一般为借款总额及其利息之和，保函自开立之日起生效，至借款人还清全部本息之和之日失效。

（3）透支保函

透支保函（Overdraft Guarantee）是指银行对另一家银行或金融机构给予保函申请人的透支便利作出的偿还责任担保，实质上是借款保函的一种特殊形式。透支保函的有效期取决于银行给予透支的透支便利的期限，一般自透支协议签订日起生效，至透支便利结束后一定天数（如15天）到期。透支保函的最高金额应等于最大透支额及其利息和费用之和。

（4）关税保付保函

关税保付保函（Duty Payment Guarantee），又称海关免税保函（Duty-free Guarantee）、海关保函（Customs Guarantee）、临时进口保函（Temporary Importation Guarantee）。此类保函通常用于劳务承包业务，有时也运用在国内企业、团体在海外举办各种展览、展销、博览会等业务。对于这种临时进口的行为，为了减少退税的麻烦和资金的占压，工程所在国家的海关一般都接受承建人或出展人通过其银行所出具的海关保函，并凭此同意货物暂时免税入关。如日后发生免税入关的施工机具、材料及车辆等被转卖、或展品被销售等情况，将保证承建人或出展人照章补纳税款。海关免税保函一般均按接受保函的海关的要求及格式办理，其金额通常与海关对临时接管的货物所课收的税金相等。此类保函一般自开立日生效，到期日为施工期或展销结束后一定时期，以便让委托人办理打包运回等事宜。

（5）保释金保函

保释金保函（Bail Guarantee or Bail Bond）是指银行所出的一种旨在保释由于海事纠纷或运输合同及贸易合同纠纷或因牵扯到某一其他案件而被法院或港务当局扣留的船只或其他财产，以法院、原告或港务当局及其他有关的债权人或利益受损方为受益人的带有抵押性质的担保付款文件。保函保证船方或运输公司将按照法院的裁决支付赔偿金，否则由银行付款赔偿损失。它是以保函代替保释金，凭此向法院或港务当局作抵押，请求放行被扣船只。保函金额以可能赔偿金额的大小，由当地法院或港务当局确定，自开立之日起生效，至船方按照判决赔偿时失效。

(6) 提货保函

在进出口贸易中，有时会出现货物比单据先到达目的港的情况。进口商为了防止货物因压舱、变质或遭遇市场价格波动而受到损失，在提单到来之前向银行申请开立提货保函，以船公司为受益人，要求船公司允许进口商不凭正本提单提货。提货保函（Shipping Guarantee）保证进口商在收到提单之后立即交还运输公司，并承担因提前提货而可能给运输公司造成的损失。由于提货保函主要针对提单使用，故又称提单保函（Bill of Lading Guarantee）。保函金额由双方协商确定，自开立之日起生效，至交换提单或保函项下付款责任结算之日失效。

(7) 留置金保函

留置金保函（Lien Guarantee）多用于国际承包工程、大型成套设备进出口业务中。这类合同中通常有以下类似规定：合同价款中的一定比例（通常为5%～10%）的金额，将由业主方和买方在每期进度款的支付中予以扣留，只有在项目全部建成竣工的一定时期后，或在所提供的成套设备运转一定时间、并保证所生产出来的产品符合合约规定之后，才能支付给承包方或货方所有。这就是所谓的留置金的规定。留置金实际上是业主或买方以现金留置的方法对承包方或供货方在项目和合同维修期间应负的维修责任所采取的制约手段。留置金保函的金额一般与留置金相等，一般于支付工程款或支付货款时生效，至工程或设备的保修期或保用期期满结束。

## 5.2 国际保理

### 5.2.1 国际保理的基本概念

国际保理（International Factoring），又称国际付款保理或保付代理，是指保理商（Factor）通过收购债权而向出口商提供资信调查、短期融资、信用担保、应收账款的催收、销售账目管理，无追索权的为国际贸易记账赊销方式（Open Account，O/A）提供资金融通及代办托收和财务管理等的综合性贸易结算方式。

《国际统一私法协会国际保理公约》（Unidroit Convention on International Factoring）（以下简称《国际保理公约》）对保理定义如下：所谓保理，是指出口商与保理商通过一种契约关系，将其现在或将来的基于与买方订立的货物或服务合同产生的应收账款转让给保理商，由保理商为其提供下列服务中的至少两项：① 贸易融资（Trade Finance）；② 销售账目管理（Maintenance of Sales Account），卖方叙作保理后，保理商根据卖方的要求，定期或不定期提供应收账款的回收、逾期、信用额度变化等财务统计报表，协助卖方进行账目管理；③ 应收账款的催收（Collection from Debtors）；④ 信用风险控制与坏账担保（Credit Control and

Guarantee of Bad Debts)，保理商与卖方签订保理协议后，为债务人核定一个信用额度，在核准信用额度内所产生的应收账款，保理商提供 100% 的坏账担保。

提供保理服务的公司，即保理商或保理公司，通常是国际上一些信誉卓著、实力雄厚的跨国银行或其全资附属公司。

据有关资料，保理业务产生于18 世纪工业革命时期的欧洲和美国。在20 世纪 60 年代，国际保理业务有了迅速发展。世界最大的保理商组织——国际保理商联合会（Factors Chain International，FCI）一直在为推动全球保理业务的发展而努力。该组织于 1968 年制定了《国际保理惯例规则》（The Code of International Factoring Customs)，1990 年修订，使国际保理业务有了共同的游戏规则。目前保理业务最发达的地区是欧洲和美洲，业务量分别约占全球总量的 60% 和 20%，亚太地区近年来保理业务的发展也十分迅速，其业务总量已占全球总量约 10%。1992 年我国的中国银行率先开办保理业务，并与国外保理公司和保理商组织建立起联系。1993 年，中国银行和中国交通银行加入了国际保理商联合会，成为正式会员。目前，国内已有多家银行对外宣称开办保理业务。

1. 国际保理的当事人

参与国际保理业务的当事人一般有 4 个，即销售商（Seller）、债务人（Debtor）、出口保理商（Export Factor）和进口保理商（Import Factor）。国际保理商联合会制定的《国际保理惯例规则》对这四方当事人的定义如下。

（1）销售商：对所提供的货物或劳务出具发票，其应收账款转由出口保理商作为保理的当事人。

（2）债务人：对由提供货物或劳务所产生的应收账款负有付款责任的当事人。

（3）出口保理商：在出口保理协议下，对销售商的应收账款作为自身的保理业务的当事人。

（4）进口保理商：同意代收由销售商出具发票所表示的，并已转让给出口保理商的应收账款，并依照本规则对已承担信用风险的应收账款有义务支付的当事人。

2. 国际保理服务的主要内容

1）贸易融资

保理业务的最大特点是可以提供无追索权或有追索权的贸易融资，而且手续简便。当出口商在发货或提供技术服务后，将代表应收账款的销售发票交给保理商，就可以立即获得 80% 左右发票净额的有追索权的付款融资，这样就基本解决了在途和信用销售的资金占用问题。出口商可以将从保理商处获得的预付款作为正常的销售收入，有助于提高出口商的资信等级。

2）风险担保

即保理商通过无追索权的购买出口商所拥有的出口债权而提供风险担保。保理商可以购买出口债权的全部，也可以部分购买。保理商对已核准应收账款提供 100% 的坏账担保。如果遇到进口商无力偿还货款，损失将由保理商承担。

3）进口额度核定

保理商对出口商的风险担保只限于核准的信用额度以内。保理商可以通过保理商联合会广泛的网络和官方、民间的商情资讯机构，以及保理商自己的分支机构和代理网络等，通过多种手段获得有关进口商资信变化的最新信息，了解进口商所在地的外汇管制、外贸体制、金融制度、国家政局等方面的变化，核定并随时修改出口商的每个客户的信用核销额度，从而尽可能将坏账降到最低水平。

4）销售账户管理

出口商将应收账款转让给保理商后，有关的账目管理工作也移交给了保理商。由于保理商一般是商业银行或商业银行的附属机构，一般都拥有完善的财务管理制度、先进的技术、丰富的经验和优秀的人才，因此保理商一般都有能力向客户提供高效率的账务管理服务。出口商只需管理与保理商往来的总账，不必管理具体的各类销售分户账目。保理商这方面的专业化高效率服务，大大减少了出口商这方面的劳动，使出口商更好地致力于出口产品的生产、销售和市场开发等方面的工作。

5）债款催收

借助于保理服务，保理商可以提供债款催收方面的业务。保理商拥有债款回收和追讨方面的优势，具体表现在：① 专业优势，包括专门的收债技术和丰富的收债经验等；② 全球网络优势，利用保理商联合会广泛的代理网络，在全世界许多国家和地区都有自己的合作伙伴；③ 资信优势，保理商大多是大银行或其附属机构，有良好的资信；④ 法律方面的优势，保理商有能力利用自己的广泛网络，与许多国家的律师机构和仲裁机构取得联系，能及时提供一流的法律服务。

### 5.2.2　国际保理的业务操作流程

国际保理作为一种综合性的金融服务工具，必然要求一套严格的操作程序，这也是保证业务顺利进行，避免日后产生不必要纠纷的基本要求。实践证明，如果切实按照程序规范运作，各方参与者的权益才能最大限度地加以保护。其中保理商可以是进出口两个保理商的结合，也可以是单一的进口或出口保理商。在双保理运作机制下，国际上通行的融资保理的流程如下。

（1）出口商与保理商签订保付代理协定。出口商与保理商签订保付代理协定时，必须将自身的营业状况、客户分布、财务报表等情况通报给保理商，由保理商审查其资信以决定是否提供保理服务及其保理额度。

（2）保理商调查进口商的资信状况。在签订保理协定之后，出口商要将其海外客户的名称、地址、业务历史、还债表现等情况告知保理商，由保理商亲自（单保理下）或者委托进口地的保理商调查进口商的资信状况，然后根据进口商的付款能力确定一个赊销额度。

凡在额度内得以核准应收账款，保理商可以提供坏账担保，超过额度的部分，其还账风险由出口商自负。

（3）保理商将审定的每个进口商的赊销额度转告给出口商。

（4）进出口双方签订商品或劳务购销合同。

（5）出口商按照合同要求发货并将全套货运单据寄给进口商。

（6）出口商将发票副本交给保理商。由于出口商要将应收账款转让给保理商，因此要在正本与副本发票上注明债权已转让给保理商的文句。

（7）保理商立即提供不超过发票金额 80% 的预付款。在融资保理业务中，保理商为出口商开了两个账户。一个是往来账户（Current Account），其贷方记载出口商出售的应收账款，借方记载保理商对出口商的付款，以及保理商应收取的各种费用（如佣金、管理费、贴现利息等）。另一个是贴现账户（Discount Account），其借方记载对出口商的预付款金额及管理费、贴现利息等，贷方记载已收回的应收账款。该账户借方余额表示未清偿的融资金额。

（8）在赊销到期日保理商向进口商催收款项。

（9）进口商向保理商支付款项。

（10）保理商将货款余额支付给出口商。

### 5.2.3 国际保理的种类

由于保理是一项综合性的金融服务，服务的内容完全可根据客户的具体需求而作灵活调整，因此在实践中保理的品种非常之多。在保理的实际运作中，根据服务要求的不同有不同的操作方式，不同的操作方式可适应供应商的不同需求。充分认识国际保理的各种运作方式对开展和研究国际保理非常必要。依据不同的标准，可分为以下几种类型：

1. 明保理和暗保理

按照保理商是否将保理业务通知买方，可分为明保理（Disclosed Factoring）和暗保理（Undisclosed Factoring）。

明保理又称公开型保理，是指供应商与保理商订立保理协议后将应收账款转让事宜通知债务人，债务人直接将款项支付给保理商。由于大多数国家的法律规定债权的转让必须通知债务人才能对债务人发生效力，因此国际保理大都采用明保理的形式。

暗保理又称隐蔽型保理，指保理商的参与对外保密，供应商与保理商签订保理协议，将应收账款转让给保理商，债务人仍直接付款给供应商，融资与费用的清算，在保理商和供应商之间直接进行。这类保理的功能主要在于融资，保理商不提供其他服务。它在一定程度上满足了一部分供应商的要求，有市场需求量。

此外，目前十分流行的商业发票贴现也是保理的一种，这种业务仅根据销售发票向卖方（出口商）提供融资而无其他相关服务，卖方（出口商）也不必通知买方（进口商），而且保理商对从卖方（出口商）那里收购的应收账款有完全的追索权，因此它实际上是一种有追索权的隐蔽型保理。

2. 双保理和单保理

根据参与国际保理业务的保理商的数量，可将国际保理分为单保理和双保理。

双保理（Double-factoring）是指在国际保理业务中，通过两个保理商的分工协作来共同完成的保理业务，保理的服务职能也是由两个保理商分别提供的。如融资、账户管理服务由出口保理商来提供，账款催收、风险承担由进口保理商来提供。即：双保理是供应商和出口保理商签订出口保理协议，由出口保理商向供应商负责提供保理的各项服务。出口保理商再与进口保理商签订相互保理协议将应收账款转让给进口保理商，由进口保理商直接向进口商收取账款，承担进口商无力清偿时的信用风险。这是国际贸易中最典型的保理运行机制。

单保理与双保理运行机制不同，单保理（Single-factoring）是指在国际保理业务中，只有一个保理商参与，保理商所提供的融资、催收、账户管理、风险承担等服务也只由这一个保理商提供。发货后，供应商通过出口保理协议将应收账款转让给出口保理商，出口保理商不对进口保理商再转让，而是直接负责向债务人收取债款，但进口保理商须承担因债务人清偿能力不足而产生的呆、坏账风险，从概念上讲，单保理其实是双保理的一种变形，又称一个半保理机制。

在国际保理业务中，由于出口商和进口商所在国家和地区不同，出口商和出口保理商通常难于了解进口国的法律、法规和业务惯例，仅靠出口保理商一家难于完成全部保理业务操作过程，出口保理商通常会选择进口国当地的一家保理商合作来共同完成。如果进口国当地没有保理商，那么出口保理商就不得不自己来承担全部保理所提供的职能。与双保理相比，由于单保理只有一个保理商参与保理协议安排，因而保理商收取的费用较低，此外，由于减少了一个保理商中间环节，因而信息传递、款项划转的速度都会相应提高。

3. 无追索权保理和有追索权保理

根据保理商对受让的应收账款是否拥有追索权，可将国际保理分为无追索权保理（Non-recourse Factoring）和有追索权保理（Recourse Factoring）。

如果保理商对毫无争议的已核准应收账款提供坏账担保，称为无追索权保理。在此种保理中，保理商必须为每个买方（进口商）确定信用额度，卖方（出口商）在信用额度内所发货物或提供服务所产生的应收账款，保理商承担100%担保。在信用额度内，保理商对应收账款的收购没有追索权。在无追索权保理中，保理商根据卖方（出口商）提供的买方（进口商）名单进行资信调查，并为每个买方（进口商）核定相应的信用额度。

如果保理商不负责审核买方的资信，不确定赊销额度，不提供坏账担保，只提供贸易融资，账目管理及债款回收等服务，则称为有追索权的保理。在这种保理形式下，一旦出现坏账，无论其原因如何，保理商有权向供货商追索预付款本息，对供应商有较大的局限性。在实务中，许多保理商实际上并不提供全保理服务，有追索权保理是他们的主要业务。尽管如此，在许多国家，有追索权的保理业务被视为基于应收账款的借贷，或者是应收账款融资。有追索权保理中，卖方在与保理商的协议中通常会保证买方会应保理商的要求而付款；如果买方在到期日后约定的一段时间内没有足额付款，则卖方必须进行回购，从保理商处重新购回已转让的应收账款。

4. 到期保理和融资保理

根据保理商是否提供融资服务，可分为到期保理（Maturity Factoring）和融资保理（Financed Factoring）。

如果保理商不提供预付款融资，而是在供应商与债务人的赊销合同到期时才进行支付，则为到期保理。这类保理适用于没有融资需求但希望获取账目管理和坏账担保服务的供应商。这是一种早期的保理业务。到期保理又名托收保理，但“托收”和“到期”这两个词都无法准确刻画这一保理形式的特点。对其最准确的描述应当是“无融资的全保理”。因为不提供融资，所以保理商所要求的安全要素与全保理不尽相同，风险仅在于对潜在买方所提供的信用风险，而不存在卖方风险。出于相同原因，保理商据此获得融资收入，而只能收取保理手续费。

如果保理商提供预付款融资，则为融资保理或折扣保理、预付保理。这种方式既满足了供应商以信用方式销售业务的要求，又使其能在发货后立即取得相当的货款金额，国际保理多采用这种类型。在融资保理中，保理商只要收到卖方（出口商）的融资申请书和代表销售账款的发票的副本，就立即以预付款方式提供不超过发票金额 80% 的贸易融资，余下 20% 的收购价款于货款收妥后再进行清算。

## 5.3 福费廷

### 5.3.1 福费廷的概念、特点和起源

福费廷是英文“forfaiting”一词的音译，也有人将其意译为“票据包购”、“包买票据”或“买断”。该词源自法语“aforfait”，意指将权利放弃给他人。目前，福费廷通常定义为：银行或金融公司（融资商或包买商）从出口商处无追索权地购买由进口商开出或承兑并经进口地银行或政府机构担保的远期汇票（或本票）的国际贸易融资方式。福费廷业务的本质是以票据买卖为形式的应收账款的转让，与传统的票据贴现有明显的区别。其特点如下：① 对出口商没有追索权；② 一般是固定利率，也可以浮动利率；③ 必须由进口方当地银行对票据担保或出具不可撤销的、无条件的、可全额转让的保函；④ 单据较为简单。

一般认为，福费廷业务起源于20 世纪 50 年代后期至 60 年代初期。1965 年瑞士的第一个福费廷公司——苏黎世的 Finanz AG 开始营业，这标志着福费廷业务作为一种融资新产品正式走上国际金融舞台。此后该业务迅速扩展到欧洲其他国家，但瑞士在这方面仍然保持着

领先地位，并一直被视为福费廷市场发展的中心。进入20世纪70年代以后，国际债务危机的加深为福费廷业务的发展提供了空间。到了80年代，发展中国家大多受到债务危机的困扰，又进一步促进了福费廷业务的发展。经过几十年的发展，目前西欧主要有伦敦、苏黎世和法兰克福三大福费廷市场，其中，苏黎世市场的历史最长。但因瑞士对各类交易的流通票据征收印花税（已于1991年8月废除），妨碍了福费廷业务的发展，反而使伦敦市场凭借其雄厚的实力和巨大的容量后来居上，成为目前国际上交易量最大的福费廷市场。福费廷作为一种以无追索权为特点的新型贸易融资方式，是国际贸易实践的产物。尽管它只有几十年的历史，但其因具备使用范围广、无追索权、融资金额大、利率固定等特点，获得了众多出口商的青睐。目前，我国许多商业银行和政策性银行也纷纷加入此行列。如中国银行、中国工商银行、中国农业银行及中国民生银行等都开始介入福费廷业务。近40年来，福费廷业务的发展为国际贸易注入了新的生命和活力，并不断得到推广和应用。

### 5.3.2 福费廷的基本当事人

福费廷业务涉及的当事人主要有以下4个。

（1）出口商。即提供商品或劳务并将应收票据出售的当事人。

（2）进口商。即福费廷业务中的债务人，承担到期支付票据款项的主要责任。

（3）包买商（Forfaiter）。即提供福费廷融资的银行或金融机构。如果业务金额庞大，单个包买商无力承担，可以联合数个包买商构成包买辛迪加（Forfaiting Syndicate）共同承做。

（4）担保人。即为进口商的按期支付提供担保的当事人，通常是进口地的银行。

### 5.3.3 福费廷的业务程序

（1）出口合同的签订、福费廷协议的签订，以及银行担保的申请。进出口双方在洽谈时，如欲使用福费廷业务，出口商便向包买银行询问贴现率，将贴现率计入货价中转嫁给进口商，如果进口商接受报价，双方即可签订买卖合同。同时，出口商向包买银行提供有关该笔业务的交易条件，与包买银行接洽订立福费廷协议。而进口商应及时向担保银行申请开立保函或提供票据保证，并将担保行的情况通知出口商转告包买银行。如果担保银行同意担保，包买银行对交易条件进行评估认为可以接受，则进出口双方正式签订贸易合同，出口商与包买银行签订包买票据协议。

（2）出口商发货、并将货运单据连同汇票寄给进口商。出口商按合同规定发货后，将全套货运单据寄给进口商，如果采用汇票作为支付工具，则出口商签发一系列不同到期日的汇票，一并交寄进口商要求承兑。

（3）进口商将承兑汇票或本票交担保行，获得担保后直接寄给出口商。进口商收到货运单据后审查合格，即承兑汇票，或按合同规定签发以出口商作为收款人的本票，交担保行。担保行可单独开出保函，也可在每张票据上作背书保证，然后寄给出口商。

(4) 出口商将合格的票据作“免除追索”背书后交包买商贴现。出口商检查买方及担保人签字的真实性和有效性，以确保票据和担保均有效。当出口商在选择期内回复包买商的报价时，选择期即告结束。若报价被接受并确认，则自确认日起为承担期。

(5) 包买商贴现票据。包买商收到出口商交来的票据及其他文件后，须准确审核其真实性和有效性，待证实之后才无追索权的买入票据。

(6) 包买商将到期的票据经担保人向进口商提示。

(7) 进口商经担保人支付票款。每付一期款项，该期票据即被进口商收回注销。如果进口商拒付任一期票据，包买商应立即作成有效的拒绝证书，并要求担保人付款。如果担保人违约或破产，包买商无法收款时，可以凭票据及担保向进口商或担保人起诉。如果由于不正当交易、无效票据、不合格担保等原因造成退票，包买商仍可考虑向出口商追索。

福费廷业务的流转程序如图 5－1 所示。

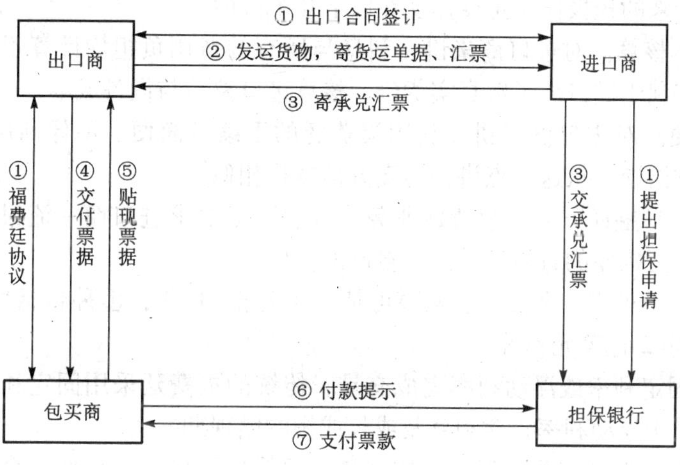


图 5－1　福费廷业务的流转程序

## 5.3.4 福费廷业务的主要特点

福费廷作为一种中长期出口票据贴现业务，不同于一般的票据贴现业务，福费廷业务的特点主要体现在两者的区别上。

(1) 一般票据贴现带有追索权，而福费廷依据无追索权的原则。这是两者最大的区别。具体来讲，在一般票据贴现业务中，倘若票据付款到期遭到拒付，银行作为持票人即向出票人行使追索权，求偿票款。但福费廷是票据买断，如果票据到期遭到退票，贴现银行不能向出口商行使追索权，出口商已将收取货款的风险转嫁给了贴现银行。显然，福费廷业务对出口商一方更为有利。

(2) 福费廷业务手续较为复杂，费用较高。福费廷融资成本及费用包括以下三部分。

① 利息，以年率计算，由基本利率和风险率以及管理费用构成，是融资费用中最主要的一项。

② 承诺费，从买断银行接受该业务之日起到实际购入票据之日止按一定费率和天数收取，以补偿期间由于资金冻结而蒙受的利息损失。

③ 收款宽限期利息，因票据到期作出付款提示直至票款收妥往往有数天差距，为弥补损失的利息，买断银行根据经验判断收取部分费用。出口商应与银行商定上述三项费用，并将其纳入销售价格中以便转嫁给进口商。

### 5.3.5 福费廷给进出口商带来的好处

1. 对进口商的好处

进口商在资金缺乏的情况下，可以借助福费廷这一融资工具，尽快得到所需的机械设备。它给进口商带来的积极作用主要体现在以下几个方面。

(1) 利于成本核算。对进口商来讲，利息与所有的费用负担均计算于货价之内，虽然货价较高，但却有利于进口商了解真实货价，核算进口技术与设备成本。

(2) 手续简便。对进口商来讲，利用福费廷的手续较简便，不像利用买方信贷那样，要多方联系，多方洽谈。从这一点讲，与卖方信贷很相似。

(3) 灵活的贸易融通方式。福费廷业务，虽然一般要求进口商一流银行担保，但也可接受实力强大、财力雄厚的直接进口公司自己的担保。

(4) 期限长、币种广、金额大。期限可从 1 个月至 10 年；币种包括所有的主要货币；金额由 10 万美元至 2 亿美元不等。

(5) 可采用固定利率或浮动利率完成交易。传统的福费廷采用固定利息及 3 ～ 5 年的贴现期，但也可采用浮动利率，含利息及或长或短的贴现期。

(6) 可采用固定汇率或浮动汇率完成交易。福费廷既可为进口商的全期融资承诺一个固定利率，也可提供浮动汇率服务。

(7) 福费廷业务的内容比较单一突出，不像承购应收账款业务那样，内容复杂综合，且常附有资信调查、会计处理、代制单据等服务内容。

(8) 费用简单。无须像买方信贷和卖方信贷那样，一俟合同签定，进口商即需先支付相当于货价 10% ～ 15% 的现汇订金，或者在合同签订后的 60 天或 90 天支付。

(9) 快捷的贸易融通服务。与其他出口信贷相比，福费廷业务可使进口商更容易、更方便、更快捷地及时引进急需的高新技术和先进设备，提高技术水平。

(10) 延缓还款压力。还款期限一般可延长至 5 年，最长可达 10 年。进口商可充分利用该笔贸易融通资金，致力于引进高新技术和先进设备的消化、吸收与创新，增强竞争实力。

2. 对出口商的好处

福费廷业务提供了诸如购买债权、债权管理、银行融资、买方信用风险担保及资信调查等综合性金融服务，足以代替出口信用保险和政府提供的出口信贷的功能。所以，它逐渐被出口商视为在金融市场上进行贸易融资的工具之一。它给出口商带来的积极作用主要体现在以下几个方面。

1）剔除风险

剔除风险包括：① 剔除政治风险、商业风险及转让风险，政治风险是指因战争、叛乱等政治因素而导致拒付或迟付的风险，商业风险是指非主权或私营的买家或借款人无力偿还债务而导致拒付的风险，转让风险是指无法以当地货币兑换成信贷货币的风险；② 保障因利率升高及外汇波动所导致的风险，福费廷可为出口商的全期融资承诺一个固定利率和固定汇率；③ 可根据合约面值为出口商提供高达百分之百的融资，即不同于一般出口信贷，不要求 50% 的第一笔货币支付。

2）加强竞争力

加强竞争力包括：① 能够提供卖方信贷，使出口商产品更具吸引力；② 能够在信贷风险高的国家进行投资，促进出口商产品出口；③ 能够给客户提供更多的信用额度。

3）改善资金流动状况

改善资金流动状况具体包括：① 福费廷把信贷资金交易转变为现金交易，能够使出口商立即获得现金，改善流动资金状况，利于资金融通，推动出口发展；②无追索权的融资，这使得出口商的资产负债表，不会受应收账款、银行借贷的影响而出现负债，从而不会影响其银行的其他信贷额度；③ 在出口商的资产负债表中，可以减少国外的负债余额，提高企业的资信，有利于其有价证券的发行。

4）方便而快捷的服务

方便而快捷的服务具体包括：① 出口商可及时获得适应需求的融资方式，出口商可根据具体情况，向福费廷经营机构开出其可接受的汇票、期票、信用证等单据，从而取得贸易融资；② 出口商可迅即获得快捷的融资服务，出口商可在数小时或数日内获得福费廷经营机构的承诺，也可通过电话、电报、传真等获得福费廷经营机构的真实报价。

5）简洁的交易

简洁的交易具体包括：① 单据要求简单明了，福费廷经营机构根据进口国的不同而向出口商要求的单据多为汇票、期票及信用证，连同付运文件副本及必要时政府的许可证；② 省却出口商的信贷管理及托收问题，出口商的信贷管理及票据托收的费用与风险，均转嫁给银行。

6）没有出口来源的限制

任何出口商，只要满足有关福费廷业务的具体规定和要求，即可获得福费廷经营机构的贸易融资。福费廷对货物的国家来源和货物的新旧程度，均不做限制。而买方信贷，则一般规定必须购买该银行机构所在国的出口商货物。

7）“无条件”的付款义务或付款保证

就是指福费廷经营机构，履行付款的义务或保证，与货物付运无关。即便进出口双方对货物有争议，也不会影响福费廷经营机构向出口商履行其付款的义务或保证。

## 本章小结

在国际经济交易中，为了防止一方未能履约而使对方蒙受较大损失的风险，常常需要银行作为担保人，出具银行保函。

银行保函是指银行根据申请人的要求，以自身的信誉为担保，向受益人开立的、担保申请人正常履行合同义务的书面保证。一笔保函从开立到业务结束大体需要经历以下几个环节：申请人向银行申请开立保函；担保银行对申请人的审查；银行保函的开立；银行保函的修改；保函项下的索偿和理赔；保函的撤销。由于实际业务中银行保函使用的广泛性，银行保函的种类繁多，常见的几种我们应该有所了解。

国际保理是指保理商通过收购债权而向出口商提供资信调查、短期融资、信用担保、应收账款的催收、销售账目管理，无追索权的为国际贸易记账赊销方式提供资金融通及代办托收和财务管理等的综合性贸易结算方式。国际贸易中最典型的保理运行机制是双保理，其基本做法是：在以商业信用出口货物时，出口商按照与保理商事先约定的协议向进口商交货后，把应收账款的发票和装运单据转交给保理商，即得到保理商的资金融通。日后进口商有违约，则由保理商承担付款责任。

福费廷是银行或金融公司（融资商或包买商）从出口商处无追索权地购买由进口商开出或承兑并经进口地银行或政府机构担保的远期汇票（或本票）的国际贸易融资方式，通常在进行大型项目的交易时采用。福费廷业务的本质是以票据买卖为形式的应收账款的转让。

## 概念与术语

1. 银行保函：是我国银行业的习惯称谓，更一般的叫法是“银行担保”或“银行保证书”。它是指银行根据申请人的要求，以自身的信誉为担保，向受益人开立的、担保申请人正常履行合同义务的书面保证，是银行有条件承担一定经济责任的契约文件。如果申请人未能履行合同规定的义务，则由银行向受益人作出赔偿。

2. 投标保函：是指在以招标方式成交的购买和承建项目中，招标方为了制约各投标商的投标行为和保证交易的最终达成而要求投标商委托银行开立的一种书面保证文件。

3. 履约保函：是指担保银行应申请人的要求向受益人开出的保证申请人按合同条款履行各项义务，否则由担保银行赔偿受益人一定金额损失的保证文件。

4. 国际保理：又称国际付款保理或保付代理，是指保理商通过收购债权而向出口商提供资信调查、短期融资、信用担保、应收账款的催收、销售账目管理，无追索权的为国际贸易记账赊销方式提供资金融通及代办托收和财务管理等的综合性贸易结算方式。

5. 福费廷：银行或金融公司（融资商或包买商）从出口商处无追索权地购买由进口商开出或承兑并经进口地银行或政府机构担保的远期汇票（或本票）的国际贸易融资方式。

**思考题**

1. 什么是银行保函？其特点有哪些？
2. 简述银行对外开立保函的一般业务流程。
3. 试述银行保函的主要种类。
4. 什么是国际保理？其主要服务内容有哪些？
5. 国际保理可以进行哪些分类？
6. 什么是福费廷？简述其特点。

# 第6章 发 票

学习要点

- 熟悉和了解商业发票、海关发票和领事发票的内容和作用。
- 掌握发票的缮制。

在我国出口贸易的结算中，常见的发票有商业发票、海关发票和领事发票等。其中商业发票是国际贸易中最重要的单据之一，它全面反映了合同的内容，是货物装出时卖方开立的载运货物的总说明，虽不是物权凭证，但它在全部单据中起着中心作用。

## 6.1 商业发票

商业发票（Commercial Invoice），简称发票（Invoice），是卖方（出口商）向买方（进口商）开立的载有货物名称、规格、数量、单价、总金额等方面内容的价目清单，是卖方向买方计收货款的依据，供买方凭以收货、支付货款和报关完税使用。发票全面反映了合同的内容，是所装货物的总说明，它虽然不是物权凭证，但是是全套单据的中心。

### 6.1.1 商业发票的作用

商业发票的作用表现在以下几个方面。

（1）商业发票全面反映了卖方交付货物的情况，是全部单据的中心。将商业发票与信用证逐条核对，可以了解卖方的履约情况。商业发票是卖方履行合同义务的证明文件，通过了解商业发票的内容，可以掌握所装运货物的全貌，因此可以说商业发票是交易商品的总清单。

商业发票是买卖双方记账及核算的原始凭证。商业发票是卖方销售货物、买方结算的凭证，买卖双方依据商业发票内容将该笔交易登记入账。卖方可以据此了解销售收入，核算盈亏，买方可以依据商业发票逐笔记账，按时结算货款。

（2）商业发票是进出口国报关、纳税的依据。在出口国，商业发票所载金额是当地海关核定税款、验关放行的重要凭证之一。在进口国，进口地海关根据发票内容核定税金，使进口商尽快清关提货。

（3）在不使用汇票的情况下，商业发票可以代替汇票，作为出口商收取货款的依据。在信用证不要求提供汇票的情况下，开证行根据发票金额付款，商业发票于是就代替汇票作为支付货款的凭证。此外，商业发票还可以作为统计的依据，也可以作为向保险公司索赔时的价值证明。

### 6.1.2 商业发票的主要内容与项目缮制

商业发票由出口企业自行拟制，无统一格式，但其基本内容和缮制方法大致相同，一般包括以下几项。

1. 首文部分（Heading）

1）*发票名称*（Name of Invoice）

发票上一般用粗体字在发票的明显位置标明“发票”（Invoice）或“商业发票”（Commercial Invoice）字样。出票人应按照信用证对发票的具体要求进行制作。例如，信用证要求提供Commercial Invoice（商业发票），则发票的名称必须有“Commercial”字样。

2）*发票编号*（Number of Invoice）

发票编号是公司开出发票的顺序号，一般按出口报关单号码编制，便于查对。为了使出口结汇不发生混乱，我国的多数发票使用银行编发的“BP”号（或另加上公司的自行编号），托收项下则使用银行办理托收业务的“OC”号（或另加上公司的自行编号）。每年年底，中国银行将发给各出口公司下一年的业务编号。

3）*合同号及信用证号*（Contract No. and Credit No.）

合同号是一笔业务的基础，内容较完善的发票应包括合同号，如同一发票内显示几个合同的货物，则这几个合同号都应注明，但如果信用证中没有规定，不注明亦可。

信用证是出具发票的依据，因此发票中应注明信用证号码。如果信用证无特殊规定或没有发证行的授权，两个或两个以上信用证项下货物不能合并在同一份发票内反映，所以一份发票内只能注明一个信用证号。但如系转让或转开信用证，则中转行的编号亦可加注。信用证中规定发票加注的，应注意严格按信用证规定加注。

4）*日期*（Date）

日期即出立发票的日期，一般在发票的右上角。发票的签发日期不宜过早，它可以晚于提单日期，但不能晚于汇票日期和议付日期。根据 UCP600 规定，银行接受签发日期早于信用证开证日期的发票，但该发票必须在信用证规定的期限内提交。

5）起讫地（From… to…）

起讫地要填货物自装运地（港）至目的地（港）的地名，有转运情况应予以表示。这部分内容应与提单上相关部分相一致。

6）抬头人（Consignee）

抬头人即收货人或付款人。托收项下为订立合同的买方，信用证项下为信用证的开证人。在实际业务中，只有少数来证在发票条款中指定抬头人，大多数来证对此都不作说明。若证中无具体规定，发票抬头人应填开证申请人或收货人的名址。若证中有指定抬头人，则按来证制单。

7）运输工具（Conveyance）

此栏应填写装运货物的运输方式，如海运则应填船名；陆运加注车号或运单号；空运加注航班号或运单号；邮运加注邮据号等。

2. 本文部分（Body）

1）唛头（Marks & No.）

唛头在发票中没有固定位置，通常置于发票中心内容的左上方。唛头应填明货物的唛头及件号。货物唛头应与提单上的唛头相一致。凡有包装的货物，一般均有唛头。如无唛头，则在该栏内打印"NO MARK"或"N/M"。

2）货物描述（Description of Goods）

商品的名称、品质、规格等应与信用证中规定的名称、品质、规格完全一致。商品名称应与信用证保持严格一致，不可使用简称或同义词、同义名称等。其他单据的货名可用统称，但不能与信用证和发票相悖。

3）包装件数及数量（Packages and Quantity）

信用证项下，如规定内、外包装或其他明细，发票中应填写完整。发票中列明的货物件数、数量应与实际装运情况和信用证中规定的相关部分相一致，与提单等基本单据中的数据相一致。对于散装货，可注"IN BULK"，不注亦可。

4）单价、总价及价格术语（Unit Price，Total Amount and Trade Terms）

单价包括计价货币、计价单位、单价金额和贸易术语 4 个部分，如信用证有具体规定，则与信用证要求一致。如单价中含有佣金或折扣，发票上一般也会注明。发票总金额是货物数量和单价的乘积。发票的金额应与汇票的金额相同。发票的总金额不能超过信用证规定的金额（除非信用证另有规定）。银行只负责从表面数字上与信用证核对。

3. 结文部分（Complementary Clause）

1）细节条款或特殊条款（Detailed Clause or Special Clause）

有时根据信用证的要求，发票上须加注某些细节条款或特殊条款。对证中规定应批注的细节内容，受益人应据实加注在发票货物描述下面。对证中有关特殊条款的规定，发票上应照打或灵活反映。

2）签章（Signature）

出票人签章，通常是在发票的右下角打上出口公司的名称，并由经办人签名或盖章。如信用证规定手签，则必须按规定照办。对墨西哥、阿根廷等地的出口，无论信用证是否规定，都必须手签。

3）发票的份数（Number of Invoice）

出口商提供的发票份数必须与信用证要求一致。发票的份数通常较多，如 IN DUPLICATE/2 COPIES（一式两份），IN TRIPLICATE/3 COPIES（一式三份）。若来证将发票分成正副本，则所有正副本发票上应盖有“Original”字样。

4）其他（Others）

在商业发票正中下端，通常印有“有错当查”（E. & O. E.），即“Errors and Omissions Excepted ”（错误和遗漏除外）。这种字句并非发票的必要项目，它是发货人的预先声明，表示万一发生错误，可以更正。

### 6.1.3 商业发票缮制中的注意事项

按照国际惯例，信用证是独立于合同的自足文件。因此，受益人接受信用证时，从结算角度来说就等于受益人接受了与开证行订立另一新合约。受益人必须按照信用证规定条款提交完全单证一致的单据，开证行在受益人提交单据符合信用证要求的单据后须保证付款。而商业发票是所有单据中的核心单据，所以如何正确缮制商业发票和审核有关信用证条款就成为安全收回货款的一个关键工作。

（1）要严格执行信用证对商业发票签字的要求。最简单的规定是：“已签署的商业发票一式×份”，如“Signed commercial invoices in duplicate”（已签署的商业发票一式两份）。根据 UCP600 第十八条 a4 规定，商业发票无须签字。但是，公司已经接受了信用证条款，即使与 UCP600 条文相互矛盾，也必须完全按照信用证条款办理。信用证如果未规定已签字的商业发票，则允许提交无签字的商业发票，但实务上目前各企业未成习惯。一般外贸企业在商业发票的上方均表明出口商的名称及其地址，并须与该信用证的受益人名称一致。有的信用证规定：“Beneficiary's signed commercial invoice ”，指明由受益人签字的发票。通常情况下，不管信用证是否规定由受益人签字，在实务上商业发票的出票人必须与信用证规定的受益人名称一致。

对于单据签字，目前各外贸公司普遍使用的是橡皮签字章。但若信用证规定：“Signed commercial invoices in duplicate，facsimile signature are acceptable only on duplicate of invoice”，则必须在第一份发票上使用手签，第二份可以接受盖橡皮签字章，或是全部手签。对于商业发票签字的问题，还必须考虑个别国家和地区的特殊习惯和要求，如尼泊尔、泰国、印度、斯里兰卡、巴林、黎巴嫩、墨西哥、阿根廷等国习惯要求发票均需手签（Manually Signed）。

（2）商业发票的抬头人必须与信用证的开证申请人名称一致，转让信用证除外。对于开证申请人条款，各国家和地区的表示方法不完全相同，例如："Applicant…"，"Opener…"，"At the request of…"，"By order of…"，"For account of…"，"You are hereby authorized to draw on…"等。有的信用证规定商业发票以第三者为抬头人，则必须按规定照办。如信用证规定："Commercial invoice must indicate A. B. Co., Ltd. as buyers"，则应以"A. B. Co., Ltd."为抬头人。

（3）信用证规定"Expiry date June 26, 2007 in the country of beneficiary for negotiation."则发票的出具日期不得超过2007年6月26日。一般商业发票的出具日期在信用证开证日期之后，但是如果信用证无特殊规定，银行也接受信用开证日期之前出具的商业发票。还应注意的是，商业发票的出具日期一般应早于汇票等其他票据的日期，但也不宜过早，以免几种单据的日期相距过远。

（4）商业发票所表示的运输方式、装运港和目的港必须与信用证规定的装运条款完全一致，也必须与提单表示一致。有些国家要求表示出具体船名，如科威特。如果信用证允许转运，实际运输过程中也有转运，则要加注"With transshipment at…"。海运以外的其他方式，可以用" By air "，" By rail "，" By truck "等进行表示。

（5）商业发票上的商品名称必须与信用证中的名称完全一致，不得使用商品统称。如果信用证规定"peanut"，而商业发票却写成"nut"，银行就可能因为单证不一致而拒付。如果信用证对品名规定有误，也没有进行改证，那商业发票应将错就错地表示，必要时另在错名后再以正确的名称加括号注明。商品的品质、规格的描述也必须按信用证规定的原词表示，不得随便增减或更改。

（6）关于货物重量、数量的填写，根据UCP600第三十条，"约"（About）或"大约"（Approximately）用于信用证规定数量或重量时，应解释为允许有关数量或重量不超过10%的增减幅度。只要信用证未注明货物以包装单位或个数计数，并且总支付金额不超过信用证金额，货物数量或重量允许有5%的增减幅度。

来证规定要列明"运出重量"（Net Shipping Weight）时，则应在商业发票或重量单上表现出来。来证规定要有净净重（Net Net Weight）时，例如，国外买方要求注明罐头鱼中的鱼肉（不含汁）的重量。商业发票上除了注明净重外，还应另外加列"Net net weight"字样。大批散装货物，如有部分用袋包装，按习惯系"以毛作净"价。来证注明系"以毛作净"，则商业发票上也应该注明部分有包装的货物系"以毛作净"。

有些国家对计量单位也有习惯要求，如科威特要求重量以千克表示，并要加注净重等要求。如果商业发票所列的实际出运货物的重量单位与来证所规定的重量单位不相符时，例如，来证规定为"镑"，而信用证要求出运货物的单位为"千克"，则应折算相等，并应注明原证所规定的重量单位。

（7）关于货物价格条件、单价、总金额、佣金、折扣的填写。货物的价格是商业发票的中心内容，要严格做到单证一致。价格由计价单位、价格数额、货币名称、价格术语4部分组成。价格术语后一定要跟随指定的交货地址，如“FOB Tianjin”。如果信用证有特别提法，例如，FOB Stowed（理舱费）and Trimmed（平仓费）及Unstowed，Untrimmed，Liner terms（班轮条件）等均应照加。如果信用证规定的单价币别和总金额币别不一致时，按照信用证单价币别计算出总金额，然后再折合成信用证总金额使用的币别，特别要注意不得超过规定的总金额。

信用证规定要佣金（Commission）或折扣（Discount）的，在发票上应照样列出。注意这两个词不可混用，因为进口国海关对佣金要收关税，而折扣则可免税。如果彼此串用，则会损害进口商利益，有可能导致拒付。信用证若规定发票上要列明“现金折扣”（Cash Discount）则应全名列出，不能只写折扣字样，因为有些地区海关规定，对发票中列有“现金折扣的，不征收进口税”。若同时有佣金和折扣，则应先减去折扣，再从余数中计算佣金。因为佣金的计算是以实际货价为基数，只有减除折扣之后才是实际货价。受益人在缮制有关单据，特别是缮制汇票时应注意信用证中规定的佣金支付办法是明扣还是暗扣。明扣是指发票上扣佣及自汇佣金等，采用明扣方式发票上的金额应和汇票金额相一致。暗扣是指开来信用证时已经将佣金扣除或由银行代扣，因此，采用暗扣时受益人出具的汇票金额小于发票金额。

（8）信用证如果要求商业发票上必须由中国国际贸易促进委员会（以下简称贸促会）或其他相关单位予以认证，则此项认证绝不能遗漏。某些国家在信用证中经常要求在商业发票上注明进口许可证号（Import License No.）、关税号（Customs Tariff No.）、外汇核准号（Exchange Permit No.）等均应照办。

（9）信用证有时还会要求在商业发票上加注某些特殊词句。如有些国家或地区的信用证，经常要求在商业发票上加注一些证明货物系中国产、价格真实、此系唯一发票等的声明，我方一般可以照办。

如信用证要求提供“证实发票”（Certified Invoice）时，除在发票上要加注“证实发票”字样外，还应加注“兹证明内容真实无误”（We hereby certify that the content herein are true and correct）。同时还应将发票上原印好的“有错当查”（E. &O. E.）字样划去。或加注“兹证明本发票真实无误，是本批货物唯一的发票，货值中并被减除任何折扣，货物的原产地在中国。”（We hereby certify that this invoice is authentic，that it is only invoice issued by us for the goods described herein，and that it shows their exact value without deduction of any discount and that their origin is of China.）

关于产地标志的证明。“兹证明此批货物都已标明产地、国别名称。”（We certify that each piece of the goods carried the name of the country of origin in a non-detachable way.）

关于生产国家的证明。“兹证明此批货物在中国制造，并经××进出口公司监制。”（We certify that the goods are of Chinese manufactured by ×× Import & Export Corp.）

证明货物符合合同。“兹证明本批货物符合第××号合同（确认书）。”（We hereby certify that the goods are in accordance with Contract/or Confirmation No. ××.）

商业发票模板如表6－1所示。

**表6－1　商业发票模板**

TIANJIN FOREIGN TRADE CORP.

TIANJIN, CHINA

COMMERCIAL INVOICE

To:

Invoice No.: ______

Invoice Date: ______

S/C No.: ______

S/C Date: ______

From: ______　　To: ______

Letter of Credit No.: ______　　Issued by: ______

| Marks and Numbers | Number and Kind of Package<br>Description of Goods | Quantity | Unit Price | Amount |
|---|---|---|---|---|
| | | | | |

SAY TOTAL:　　TOTAL:

## 6.2 海关发票

### 6.2.1 海关发票的概念和作用

海关发票（Customs Invoice）是根据某些国家海关的规定，由出口商填制的供进口商凭以报关用的特定格式的发票。即：海关发票是要求国外出口商填写，供本国进口商随附商业发票和其他相关单据凭以办理进口报关的手续。通常在非洲、美洲、大洋洲等某些国家使用。

海关发票的作用主要表现在以下几个方面。

（1）供进口国海关核定货物的原产地国，以便采取不同的差别待遇政策，使用不同的进口关税征收比例。

（2）供进口商向海关办理进口报关、纳税等手续。

（3）供进口国海关掌握进口商品在出口国市场的价格情况，以确定是否低价倾销、虚报价格或接受其本国补贴，以及出口商是否有帮助进口商逃税的情况，以便征收反倾销税。

（4）供进口国海关作为统计的依据。

### 6.2.2 海关发票的主要内容和缮制

海关发票是由有关国家政府规定的，其内容较一般商业发票复杂。尽管各国制定的海关发票格式不同，但其主要内容大致相似，一般包括价值部分（Certificate of Value）、产地部分（Certificate of Origin）和证明部分（Declaration），所以海关发票通常被称为“Combined Certificate of Value and of Origin”。

海关发票的主要内容和项目具体如下。

（1）卖方：填写直接出口货物给该国的我国出口单位或出口人的详细名称和地址。有些国家的海关发票还可填写直接发运货物的发货人名称和地址。

（2）装运时间、转运国和运输情况：装运时间填写直接运至该国的日期，一般可以填提单日期或运单日期。转运国填写货物转运港的国家名称。运输情况的填写包括货物的运输方式，货物的起运地、目的地和转运情况。

（3）其他单证：填写合同号，订单号，商业发票或产地证书等。

（4）收货人：填写目的港的收货人详细名称和地址。一般填信用证的开证申请人，如果开证申请人不是目的港所在地的商人，也可以填提单的收货人，如果提单的收货人栏是空白抬头或银行指示抬头，或者也不是目的港所在地的商人，也可以填提单上的通知方的人名。在个别国家，如加拿大，必须填实际收货人的名称和地址。

（5）买方名称和地址：填写买方名称和地址，即购买我国出口货物的外商名称和地址。如果所要填的买方与收货人同是一人时，一般可以注明：“同收货人”字样。

（6）原产地国：填写货物真实的原产地国家的名称。

（7）贸易和付款条件：填写价格条件和支付方式。

（8）使用货币：填写本出口贸易在结算时所使用的货币名称。

（9）货物的描述及规格：填写货物的包装单位，运输标记和唛头、货物的规格等。

（10）数量：填写所装运的货物数量及计量单位。

（11）单价：填写国内市场单价及货币名称。如果信用证没有特别要求和规定，本发票该项一般可以不填。没有特别要求也可以不填离岸价格。

（12）发票总额：即填写本发票各项累计金额。

（13）费用项目：一般包括包装费、海运或国际运费、保险费、国内运输费用和其他费用，填写时要按规定一一填入相应的栏目里。

（14）签字：即填写本海关发票的签署人的名字，一般填卖方单位负责人的名字。有些国家的海关发票还要求证明人签字。

### 6.2.3 缮制海关发票的注意事项

（1）各个国家（地区）使用的海关发票都有专用的固定格式，不能混用。如果格式用错，进口国海关将拒绝接受。

加拿大的“Canada Customs Invoice”自1985年起采用新格式，把过去的“出口地市场价值”（Fair Market Value）一栏改为“交易价值”（Transaction Value），并据此计算进口税。对于食品类货物的进口，要提供卫生内容的证明。此外，当货价超过1万美元时，除了要填制海关发票外，一般还需填写“Form 31”声明书，此种格式的声明书可以实现要求客户寄来。“Vendor”栏需填写出口公司名称，“Other Reference”栏内填写合同或订单号，“Originator”栏填写出口公司负责人姓名。

美国原规定运往美国的价值超过500美元的货物，如属从价征收关税的，进口时需向美国海关呈报“5515”（Special Customs Invoice，SCI）格式的海关发票，现已取消，现在只要求在商业发票上注明FOB价格即可，但信用证如有规定的，仍需照办。

当向美国出口棉布、棉涤纶、人造棉布时，还须提供“5519”（即：Invoice Details for Cotton Fabrics and Liners）格式的海关发票，这个格式主要用来表示棉纺织品的组织结构，因此，有些美国人称它为棉纺织物组织结构单（Cotton Construction Sheet）。其中要填明每平方码盎司重量、平均纱织数、织造方式等，难度较大。至于向美国出口鞋类，一般还需提供“5523”格式的海关发票。

向新西兰出口货物要填制“59A”（Certificate of Origin for Export to New Zealand）格式的海关发票，按格式上规定的内容填写即可。

（2）凡是商业发票上和海关发票上共有的项目和内容，如金额、数量、毛净重等项目，必须与商业发票保持一致。

（3）“出口国国内价格”一栏，其价格的高低是进口国海关作为是否征收反倾销税的重要依据，填制时需慎重处理。

（4）如成交条件为CIF，应分别列明FOB价、运费、保险费，并且总计应与CIF价相一致。

（5）签署人和证明人必须都以个人名义进行签字，不得以公司名义签章，必须是手签，而且两者不能为同一人。

（6）在填制海关发票时，如有错打及涂改的地方，不能加盖校对章，必须由出票签署人用钢笔加注小签。

（7）海关发票各栏目都必须填写，无实际内容的可注上“NIL”或“N/A”（Not Applicable）或打虚线划掉，不能在海关发票上留有空白栏目。

海关发票样式见表6-2。

## 表 6-2 加拿大海关发票

Revenue Canada Customs and Excise | Revenue Canada Douanes et Accise | **CANADA CUSTOMS INVOICE FACTURE DES DOUANES CANADIENNES** | Page of de

<table>
<tr><td colspan="3" rowspan="2">1. Vendor (Name and Address) Vendeur (Nom et adresse)</td><td colspan="3">2.Date of Direct Shipment to Canada/Date d' expedition directe vers ie Canada</td></tr>
<tr><td colspan="3">3.Other References (include Purchasers Order No.)<br>Autres reterences(inclure ie n de commande de l acheteur)</td></tr>
<tr><td colspan="3" rowspan="3">4. Consignee (Name and Address) Destinataire (Nom et adresse)</td><td colspan="3">5. Purchaser's Name and Address(if other than Consignee)<br>Nom et adresse de l acheteur(S'll differe du destinataire)</td></tr>
<tr><td colspan="3">6. Country of Transhipment/Pays de transbordement</td></tr>
<tr><td>7. Country of Origin of Goods<br>pays d' origine des marchandises</td><td colspan="2">IF SHIPMENT INCLUDES GOODS OF DIFFERENT ORIGINS ENTER ORIGINS AGAINST ITEMA IN12<br>SIL' EXPEDON COMPREND DES MARCHANDISES D'ORIGINES<br>DIFFERENTES PRECISER LEUR PROVENANCE EN12</td></tr>
<tr><td colspan="3" rowspan="2">8. Transportation Give Mode and Place of Direct Shipment to Canada<br>Transport Preciser mode et point d' expedition directe vercte vers ie Canada</td><td colspan="3">9. Conditions of Sale and Terms of Payment<br>(i.e Saie. Consignment Shipment, Leased Goods, etd.)<br>Conditions de vente et modaitites de paiement<br>(P.ex vente, expedition en consignation, location, de marchandises, etc.)</td></tr>
<tr><td colspan="3">10.Currency of Settlement/Devises du paiement</td></tr>
<tr><td>11.No of Pkgs<br>Nore de<br>colis</td><td colspan="2">12.Specification of Commodities (Kind of Packages,Marks,and Numbers,General Description and Characteristics, ie Grade, Quality)<br>Designation des articles (Nature des colis, marques et numeros, description ger erale et caracteristiques, P ex classe, qualite)</td><td>13. Quantity (State Unit)<br>Quantite (Preciser l unite)</td><td colspan="2">Selling Price/Prix de vente<br>14.Unit Price Prix unitaire | 15. Total</td></tr>
<tr><td colspan="3">18. if any Of fields 1 to 17 are included on an attached commercial invoice, check this box ☐<br>si tout renseignement relativement aux zones 1 e 17 ligure sur une ou des factures commerciaies ci-attachees cocher cette case<br>commercial invoice No. 1 N de la factre commerciaie</td><td colspan="2">16. Total Weight/Poids Total<br>Net | Gross/Brut</td><td>17. Invoice Total<br>Total de la facture</td></tr>
<tr><td colspan="3">19.Exporter's Name and Address(if other than Vendor)<br>Nom et adresse de l exportateur(s'll differe du vendeur)</td><td colspan="3">20.Originator (Name and Address)/Expediteur d' origine(Nom et adresse)</td></tr>
<tr><td colspan="3">21.Departmental Rulikg(if applicable)/Decision du Ministere(S' lly a lieu)</td><td colspan="3">22.If fields 23 to 25 are not applicable, check this box<br>Si ies zones 23 e 25 sont sans objet, cocher cette case ☐</td></tr>
<tr><td colspan="2">23.if included in field 7 indicate amount<br>Si compris dans le total a la zone 17, preciser<br>(Ⅰ)Transportation charges, expenese and insurance from the place of direct shipment to Canada<br>Les frais de transport, depenses et assurances a partir du point of expedition directe vers is Canada<br>(Ⅱ)Costs for const: action, erection and assembly incurred atter importation into Canada<br>Les couts de construction, d' erection et d' assemblage, pres imporaation au.Canada<br>(Ⅲ)Export packing<br>Le cout de l emballage d' exportation</td><td colspan="2">24.If not included in field 17 indicate amount<br>Si non compris dans le total a ie zone 17, Dreciser<br>(Ⅰ)Transportation charges, expense and insurance to the place of direct shipment to Canada<br>Les frais de transport, depenses et assurances lusqu' au point d' of expedition directd vers ie Canada<br>(Ⅱ)Amounts for commissions other than buying commissions<br>Les commissions autres que celles versees Pour l achat<br>(Ⅲ)Export packing<br>Le cout de l emballage d' exportation</td><td colspan="2">25.Check (if applicable)<br>Cochet (s'lly a liso)<br>(Ⅱ)Royalty payments or subsequent proceede are paid or payable by the purchaser<br>Des redevances ou produits ont ete ou seront Verses par l acheteur ☐<br>(Ⅱ)The purchaser has supplied goods or services for use in the production of these goods<br>L'acheteur a fouml des merchandises ou des Services pour ia production des merchandises ☐</td></tr>
</table>

## 6.3 领事发票

### 6.3.1 领事发票的概念和作用

领事发票（Consular Invoice）是出口方根据进口国驻出口国领事馆制定的固定格式填写并经领事馆签章的发票。这种发票主要为拉美国家所采用。领事发票属官方单证，格式一般相对固定，但有些国家仅要求卖方出具的商业发票上须由该国领事签字，这种发票称为领事签证发票（Consular Legalized Invoice）。领事发票中应注明的内容视 L/C 上发票认证条款而定，一般须注明“装运货物系××（出口国）制造/出产”。这种发票证明出口货物的详细情况，为进口国用于防止外国商品的低价倾销，同时可用作进口税计算的依据，有助于货物顺利通过进口国海关。出具领事发票时，领事馆一般要根据进口货物价值收取一定费用。

领事发票的作用如下。

（1）证明进口货物的原产地。

（2）证明出口商所申明的货物名称、数量、价格等是否真实准确。

（3）作为进口国征税的依据。

（4）审核有无低价倾销的情况。

（5）方便海关管理统计。

（6）作为控制或限制某些商品进口的手段。

（7）增加领事馆的签证收入。

### 6.3.2 领事发票的主要内容和缮制

领事发票的主要内容包括：出口商与进口商的名称、地址；出口地（港）；目的地（港）；运输方式；品名、唛头与包装号；包装的数量、种类；货物的毛重、净重；货物的品质规格；货物价值与产地。

各国的领事发票格式各不一致，但内容基本相同，一般包括如下内容：① 托运人（Shipper）；② 进口商（Consignee）；③ 装运港（Loading Port）；④ 目的港（Port of Destination）；⑤ 船名（Vessel）；⑥ 唛头与包装号（Marks and NO.）；⑦ 品名（Commodity）；⑧ 包装数量、种类（Quantity and Kind of Packages）；⑨ 货物的毛重、净重（Gross Weight and Net Weight）；⑩ 货物的品质和规格（Description of Goods）；⑪ 货物的单价和总价（Unit Price & Total Value）；⑫ 货物产地（Country of Origin）；⑬ 托运人声明（Declaration）：声明发票内容真实正确，例如：“I/We declare that all the statements herein are true and correct”；⑭ 领事签章。

### 6.3.3 填制领事发票的注意事项

(1) 当信用证规定要提供领事发票时，受益人要考虑是否能做到，签证费由何方来负担，然后再决定是否接受。

(2) 填制领事发票时，应注意各项内容均要与商业发票、提单等其他单据完全相符。

(3) 注意核发的领事发票是否与信用证的规定相符。银行对领事发票的审核主要注意发票份数要符合信用证规定。

(4) 注意应有领事签章，并且签章名应与进口国一致。

(5) 发票内必须注明所装运的货物系由中国制造（或出产）。

(6) 领事发票的日期不应迟于汇票和提单的日期。

**本章小结**

商业发票是卖方（出口商）向买方（进口商）开立的载有货物名称、规格、数量、单价、总金额等方面内容的价目清单，是卖方向买方计收货款的依据，供买方凭以收货、支付货款和报关完税使用。发票全面反映了合同的内容，是所装货物的总说明，它虽然不是物权凭证，但是是全套单据的中心。商业发票的基本内容一般包括首文部分，本文部分，结文部分。在缮制发票时，应特别注意要与信用证规定相符。

海关发票是根据某些国家海关的规定，由出口商填制的供进口商凭以报关用的特定格式的发票。海关发票是由有关国家政府规定的，其内容较一般商业发票复杂。尽管各国制定的海关发票格式不同，但其主要内容大致相似，一般包括价值部分、产地部分和证明部分。缮制海关发票要特别注意其格式。

领事发票是出口方根据进口国驻出口国领事馆制定的固定格式填写并经领事馆签章的发票。各国的领事发票格式各不一致，但内容基本相同。当信用证规定要提供领事发票时，受益人要考虑能否做到，然后再决定是否接受。

**概念与术语**

1. 商业发票：简称发票，是卖方（出口商）向买方（进口商）开立的载有货物名称、规格、数量、单价、总金额等方面内容的价目清单，是卖方向买方计收货款的依据，供买方凭以收货、支付货款和报关完税使用。

2. 海关发票：是根据某些国家海关的规定，由出口商填制的供进口商凭以报关用的特定格式的发票。

3. 领事发票：是出口方根据进口国驻出口国领事馆制定的固定格式填写并经领事馆签章的发票。

## 思考题

1. 商业发票缮制的过程中应注意什么？
2. 如果信用证中要求提供证实发票，我方该作何处理？
3. 为什么有些国家要求提供海关发票？
4. 如果信用证要求提供领事发票，我方该注意些什么？
5. 发票中佣金和折扣的计算应注意什么问题？

# 第7章　运输单据

学习要点

- 掌握运输单据所包含的主要单据及其作用。
- 了解各运输单据在使用过程中的区别。
- 掌握海运提单、海运托运单、国际航空运输单证的内容、分类及缮制等问题。

## 7.1　运输单据概述

运输单据是指证明货物已经装船或已发运或已由承运人接受监管的单据。某些单据还具有代表货物所有权或构成或约束托运人和承运人的运输契约的作用。

对于运输单据，UCP600 取消了 UCP500 第三十条对货运代理人（Freight Forwarder）签发的运输单据的专门规定，业界普遍认为，这表明了货运代理人地位的提高，运输单据也因此调整为7种：① 至少包括两种不同运输方式的运输单据（多式联运单据）；② 提单；③ 不可转让的海运单；④ 租船合同提单；⑤ 空运单据；⑥ 公路、铁路或内陆水路运输单据；⑦ 快递收据、邮政收据或投邮证明书。本书仅介绍以下几种主要运输单据。

### 7.1.1 国际海洋运输单据

1. 海运提单

海运提单（Bill of Lading，B/L）亦称提单，是指用以证明海上货物运输合同和货物已经由承运人接收或者装船，以及承运人保证据以交付货物的依据。

详细内容参见本章第二节。

2. 不可转让海运单

不可转让海运单（Non-negotiable Sea Waybill）是由船长或船公司或其代理人签发的证明已收到特定货物（已接管或已装船）并保证将货物运至目的地交付给指定收货人的一种凭证。它是海上运输合同的证明和货物收据，它不是物权凭证，不能凭以提货，不能背书转让。如果信用证没有表示可接受此类单据时，银行就不能接受。

1）不可转让海运单与提单的区别

（1）提单具有三项作用而海运单仅有其中的两项作用。提单是承运人收到托运人货物的收据；是承运人与托运人之间运输合同契约的证明；是收货人在货物到达地提取货物的物权凭证。作为物权凭证，海运提单一般情况下是可以转让的运输单据，如“指示提单”通过背书手续后，就可以流通转让。海运单具有海运提单的前两项作用，但它不是凭以提货的物权凭证，因此是一种不可转让的运输单据。

不可转让海运单和海运提单中的“记名提单”有类似的地方，两者的收货人是固定的，都不能流通。记名提单中的记名收货人可以凭提单提货，而不可转让海运单不能提货，当海运公司将货物运抵目的港后，便向运单上的收货人发出“到货通知”。收货人须凭通知和证明身份的证件，办理提货手续。在这一点上，不可转让海运单与“空运运单”，以及“国际铁路联运运单”有相似处。虽然不可转让海运单和海运提单的反差极大，但两者都是海洋运输单据，在有关运输的栏目、细节和做法上是基本一致的。

（2）提单背面有各种条款而海运单仅有正面内容。提单的背面一般印有各种条款，受国际法制约，主要受《海牙规则》、《海牙/维斯比规则》、《汉堡规则》制约。可转让提单是运输契约的关系人，它对承运人有权提出任何主张。但是不可转让海运单则不同，它不是运输合同的契约人，无权对承运人提出任何主张。

2）不可转让海运单的其他作用

不可转让海运单是近年来一种新兴的海运单据，它尚未纳入国际法范畴，但却在世界各地得到日益广泛的使用。这种运输单据主要是为收货人服务的。由于收货人不打算再转让货物，同时也担心单据在寄送过程中丢失，所以要求托运人提供这种形式的运输单据。

使用海运单的好处如下。

（1）由于海运单仅涉及托运人、承运人、收货人三方，因此，程序简单，操作方便，有利于货物的转移。

（2）海运单是一种安全凭证，它不具有转让流通性，可避免单据遗失和伪造单据所产生的后果。

（3）提货便捷、及时、节省费用，收货人提货无须出示海运单，这既解决了近途海运货到而提单未到的常见问题，又避免了延期提货而产生的仓储费等。

（4）海运单不是物权凭证，扩大海运单的使用，可以为今后推行 EDI 电子提单提供实践的依据和可能。

3）不可转让海运单的可适用性

（1）跨国总公司与分公司，跨国公司与相互关联公司之间一般不使用信用证付款方式而常采用海运单。

（2）买卖双方有悠久业务往来，双方充分信任、关系密切的贸易伙伴之间的业务，常采用海运单。

（3）买卖双方对于货物价值低、数量少，或者样品的业务，常采用海运单。

（4）出口商已经收到买方的部分或全部货款的业务也常采用海运单。

4）不可转让海运单还需要解决的主要问题

（1）制约海运单的国际法规和必要的条款问题。

（2）信用证方式下使用海运单对进口方、出口方、银行的保障问题。

（3）对出口托运人来说，海运单项下的货物往往是货到而单未到，进口方已先行提货，如果进口人借故拒付、拖付货款，出口方就会有货、款两失的危险。为避免此类情况，可以考虑以银行作为收货人，使货权掌握在银行手中，直到进口方付清货款。

### 3. 海运托运单

1）海运托运单的含义和作用

海运托运单（Booking Note，B/N）是托运人根据买卖合同、信用证的有关内容，向承运人办理货物运输的书面凭证。它虽然不是出口结汇的正式单据，但却是日后制作提单的主要背景材料。

在外贸运输中，托运单的内容应与信用证的内容一致。现行法律对托运单未作规定，一般认为，填托运单是托运人的义务，若承运人要求托运人填发托运单，托运人即有填发的义务。

在运输实务中，发出船期公告是班轮承运人的一般做法，但并非所有的班轮承运人均发出船期公告，此时，若承运人在托运单上签字或盖章，或者以其他行为，如告知托运人进舱单或关单号表示接受订舱，则海上货物运输合同即告成立。

海运托运单的作用主要包括以下几个方面。

（1）托运单是办理托运的凭证。

（2）托运单是船公司接受订舱并安排舱位、调拨装货器材、组织装运、转运、联运的依据。

(3) 托运单是托运人与承运人之间运输契约的书面记录。

(4) 托运单是出口货物报关的货运单据。

(5) 托运单是承运人签发提运单的原始依据。

纸质托运单通常一式十联，各联的作用分别如下。

第一联：货主留底（早先托运单由货主缮制后留存，但现在已不用）。

第二联：船代留底（早先船代将已放关单号后第二联留存，但现在已不用）。

第三联：运费通知（1）（早先作为船东计收运费结算单，但现在已不使用）。

第四联：运费通知（2）（早先作为船东计收运费结算单，但现在已不使用）。

第五联：装货单（S/O）此联由托运人盖章确认托运，由承运人在接受订舱，并填上配船船名、航次、关单号后盖章确认已订舱。此联在海关放行后，被盖上海关“放行章”，据此联，船公司才可以将装货单上的货物装上船。因此，此联是托运单的核心。

第五联（附页）：缴纳出口货物港务费申请书（由港区核算应收之港监港杂等港务费用）。

第六联（浅红色）：场站收据副本大副联。

第七联（黄色）：场站收据（Dock Receipt，D/R）。

第八联：货代留底。

第九联：配舱回单（1）。

第十联：配舱回单（2）。

2）电子托运单的含义和特点

在我国经济飞速发展的今天，利用先进的电子计算机信息技术，各承运人将船期表的内容和其他订舱信息，如舱位、配舱、码头等数据集中存放在公共数据中心，为各托运人跨公司、跨部门核查和网上订舱提供了操作平台。

按照协议，托运人可以在其办公场所，将标准结构的托运电子数据报文，通过终端申报方式，或通过登录船公司的网站方式，在“订舱托运”系统中向船公司计算机系统发送托运单电子数据。船公司或其代理收到电子托运单数据，根据船舶载货量和具体订舱内容来安排舱位，一旦船公司确认订舱后，再发送“接受订舱”回执给托运人，进一步将确定的“船名、航次、关单号和船舶动态”等信息数据，传送回托运人，完成托运订舱手续。电子托运单订舱是未来我国整个“无纸化贸易运输”项目发展的方向。

电子托运单的特点表现在以下几个方面。

(1) 形式简单。与传统的纸质托运单（一式十联）相比，形式简单。由于电子托运单在托运时已将托运数据输入承运人的电子计算机系统中，承运人系统中的各个终端相关部门，如集装箱堆场、财务、港区、海关等就有了电子托运单的报文和数据。如果需要，即刻可打印成书面托运单。

（2）订舱速度快。电子托运单的订舱速度是建立在先进的电子计算机数据交换迅速的基础上，在正常的计算机系统下，完成一票货物的订单只需要几分钟。而传统的纸质托运单订舱从制单、送单、确认、配载到取单，至少需要半个工作日。对于广大托运单位而言，节省了时间和费用。

（3）差错率降低。对于承运人而言，电子托运单可以使配载员有足够的时间配载，来处理托运细节，减少了工作差错，提高了工作效率。

（4）电子托运单可与纸质托运单共存。电子托运单与传统的托运单可以并存使用，这就为过渡时期航运业务的正常开展带来了方便。

（5）改变了“凭场站收据换海运提单”的传统、低效率的做法。电子托运单的使用，使得承运人对于货物的运作状态尽收眼底，计算机系统中会反映出货物进港时间、海关放行时间、集装箱上船时间等，因此，签发提单已不再需要凭传统的“大副签收的场站收据联”。在此计算机订舱系统中，一旦显示“已放关，已上船”信息，承运人就可以签发提单。

显然，计算机化的订舱作业，对各方面产生的高效益是显而易见的。但是，相应的法律技术问题，如确保当发生诉讼时，计算机的记录作为证据而被法庭所接受，电子签名同样具有法律效力等都有待进一步确定。

3）托运单的内容和填制规范

无论是纸质托运单还是电子数据托运单，以下内容和缮制规范都是一样的。

（1）发货人（Shipper）：即托运人，是指委托运输人，一般为出口方，填写卖方的名称，需与提单一致。如果这里为第三方（即第三者提单，Third Party B/L），只要 L/C 无特别声明，也可接受。

（2）收货人（Consignee）：在信用证支付条件下，对收货人的规定常有记名收货人和指定收货人两种。记名收货人虽然是直接将收货人的名字、地址完整地表示出来，却给单据的流通带来麻烦而无法转让，因而少用。指定收货人则克服了记名收货人的缺点，有相当的流通性，因而经常使用。它通常分为记名指示和空白指示，记名指示表现为：“To the Order of ABC Bank”，ABC Bank 可以经背书转让；空白指示表现为“To order”，又叫空白抬头，单据持有人可以自由转让空白抬头的单据。来证要求提供“空白抬头，空白背书”的提单，则应在此栏内填写“To order”，然后由托运人在提单背面签名，以作空白背书。

（3）（被）通知人（Notify Party）：空白抬头的单据虽然可以自由转让，但却使船方通知货方提货有了一定的困难。因而有 Notify Party 一栏作为补充。被通知人栏通常为接受船方发出货到通知人的名址。它可以由买方选择，既可以是买方本人或其代理，也可以是第三方。

（4）集装箱号（Container No.）与封志号、标记与号码（Seal No.，Marks & No.）：这

两部分的内容可以连在一起写。如果托运时已装好箱，即整箱货（FUL），则填集装箱号码及封号（Seal No.）；如果为拼箱货（LCL），则先在 Shipping Marks 一栏内填入货物具体唛头，在场站装箱完毕后，填集装箱号码。但如果 L/C 有规定，则必须严格与信用证规定保持一致。

（5）箱数或件数（No. of Container or Packages）：填写集装箱个数，或者是货物最大包装件数。

（6）包装种类与货名（Kinds of Packages & Description of Goods）：① 填写包装材料及形式（例如：40 Bundles in Wooden Cases），须与合同、L/C 要求一致；② 货名，即货物说明（Description of Goods），这一栏可以只填统称（例如：出口各种用途的化工原料，无须逐一列出颜料的成分；出口尺寸不同、用途各异的竹制品，只须填写"竹制品"；如果同时出口化工颜料和竹制品，则应分别填写"化工颜料"、"竹制品"，而不允许只填写其中一种数量较多或金额较大的商品）。

（7）毛重（Gross Weight）：填写货物毛重，以千克计。

（8）尺码（Measurements）：此处为货物尺码总数，它不仅包括各种货物之和，还应包括件与件之间堆放时的空隙所占体积。尤其对超大、超高货物应该提供详细体积，以便正确计算货物积载因素，安排装货设备。

注：在货物说明类中，毛重、净重和尺码 3 个栏目将作为填写装箱单（Packing List）和重量单（Weight Memo）的重要依据。

（9）集装箱数或件数合计（Total Number of Containers or Packages）：用大写表示集装箱数（整箱托运时）或本托运单项下的商品总件数（拼箱托运时）

（10）运费与附加费用（Freight & Charges）：由船方或其代理填写。

（11）货物交接方式（Service Type on Receiving，Service Type on Delivery）：一般有 9 种，分别是 CY—CY；CY—DOOR；DOOR—CY；DOOR—DOOR；CY—CFS；CFS—CY；CFS—CFS；CFS—DOOR；DOOR—CFS。如为整箱货，则为 CY—CY，CY—DOOR，DOOR—CY 或 DOOR—DOOR。

（12）种类（Type of Goods）：如为危险品，必须提供危险品的化学成分，货名下方注明商品的国际海运危险品法规号码（IMDG Code Page，UN NO. Class，Property）、包装标志和使用鉴定、港监鉴证，外包装上注明危险品标志。

（13）前程运输（Pre-Carriage by）：如货物需转运，在这一栏中填写第一程的船名；如货物不需转运，这一栏空白。

（14）收货地点（Place of Receipt）：如货物需转运，填写收货港名称或地点；如货物不需转运，这一栏空白。

（15）船名、航次（Ocean Vessel，Voy. No.）：如货物需转运，在这一栏中填写第二程的船名；如货物不需转运，填写第一程的船名。

（16）装货港（Port of Loading）：如货物需转运，填写中转港名称；如货物不需转运，填写实际装货港名称。

（17）卸货港（Port of Discharge）：如货物需转运，填写二程卸货港（目的港）名称；如货物不需转运，填写卸货港（目的港）名称。

（18）交货地点（Place of Delivery）：填写最终目的地名称，如果货物目的地是目的港，该栏空白。

（19）可否转船：填写 N/Y 或可/否，注意前后一致。

（20）可否分批：填写 N/Y 或可/否，如为“Y”，则在备注栏内加以具体说明。

（21）装船期限（Time of Shipment）：装运期严格按照信用证或合同规定填写，最好用英文书写。

（22）冷藏温度（Reefer-Temperature Required）：需冷藏货物填写。

（23）有效期（Expiry Date）：在信用证支付条件下，有效期与运期有着较密切的关系。一般规定信用证至运输单据签发后 21 个公历日内有效。这一栏填写要参照信用证规定。如果装运期空白不填的话，这一栏也可空白。

（24）金额：填写货币种类及总金额。

（25）制单日期：它必须早于最迟装运期和有效期。

（26）托运单号码：由船方或其代理人填写，返回时为装货单号码，即后来的提单号码。

出口货物托运单、集装箱货物托运单、海运出口托运单样式见表 7－1、表 7－2 和表 7－3。

### 7.1.2 其他运输单证

**1. 国际航空运输单证**

航空运输具有运送速度快，运输安全准时的特点。小件货物、鲜活商品、季节性商品和贵重商品适宜采用航空运输。

1）航空运输方式简介

航空运输方式主要有班机运输、包机运输、集中托运和航空速递业务。这 4 种空运方式的比较见表 7－4。

2）空运托运单的内容和填制规范

（1）托运人姓名、地址、电话号码（Shipper's Name，Address & Tel No.）：填写托运人的全称、街名、城市、国家名称、电话、传真号。

① 托运人可以是货主，也可以是货运代理人。通常，集中托运的托运人是货运代理人，直接托运的托运人是货主。

② 托运人有时被承运人要求在托运单上提供托运人账号，以便承运人在收货人拒付运费时，向托运人索偿。

**表 7－1　出口货物托运单**

______________________________

单位编号________ 托运日期________ 托运单位编号________

合约编号________

船名________ 船期________ 运往地点________

托运人________________________________________

受货人________________________________________

通知________________________________________

________________________________________

| 标记及号码 | 件数 | 货名 | 重量/千克 | | 容积吨 |
|---|---|---|---|---|---|
| | | | 净重 | 毛重 | |
| | | | | | |
| 合计 | | | 共重 | | |

| 特约事项 | | |
|---|---|---|
| 可否转船 | | （托运人盖章） |
| 可否分批 | | 需要提单正本　　份　副本　　份 |

| 货物堆存地点 | | 装船期限 | | 结汇期限 | |
|---|---|---|---|---|---|
| 运费缴付方式 | | 运费账单开送 | | | |
| 信用证号码 | | 货价 | | FOB | CIF |
| 运往香港船名 | | 实际装船日期 | | | |
| 运费吨： | | 运费率： | | 运费金额： | |

Laden on Board the Vessel

Date ________

**表7-2 集装箱货物托运单**

<table>
<tr><td colspan="5">Shipper（发货人）</td><td>D/R No.（编号）</td></tr>
<tr><td colspan="5">Consignee（受货人）</td><td rowspan="4">集装箱货物托运单</td></tr>
<tr><td colspan="5">Notify Party（通知人）</td></tr>
<tr><td colspan="3">Pre-carriage by（前程运输）</td><td colspan="2">Place of Receipt（收货地点）</td></tr>
<tr><td colspan="2">Ocean Vessel（船名）</td><td>Voy. No.（航次）</td><td colspan="2">Port of Loading（装货港）</td></tr>
<tr><td colspan="3">Port of Discharge（卸货港）</td><td colspan="2">Place of Delivery（交货地点）</td><td>Final Destination（目的地）</td></tr>
<tr><td>Container No.<br>（集装箱号）</td><td>Seal No.<br>（封志号）<br>Marks & No.<br>（标记与号码）</td><td>No. of Containers or Packages<br>（箱数或件数）</td><td>Kind of Packages& Description of Goods<br>（包装种类与货名）</td><td>Gross Weight<br>（毛重/千克）</td><td>Measurement<br>（尺码/立方米）</td></tr>
<tr><td colspan="2">Total Number of Containers<br>or Packages（IN WORDS）<br>集装箱数或件数合计（大写）</td><td colspan="4"></td></tr>
<tr><td>Freight & Charges<br>（运费与附加费）</td><td>Revenue Tons<br>（运费吨）</td><td>Rate<br>（运费率）</td><td>Per<br>（每）</td><td>Prepaid<br>（运费预付）</td><td>Collect<br>（到付）</td></tr>
<tr><td rowspan="2">Ex-Rate<br>（兑换率）</td><td colspan="2">Prepaid at（预付地点）</td><td colspan="2">Payable at（到付地点）</td><td>Place of Issue（签发地点）</td></tr>
<tr><td colspan="2">Total Prepaid（预付总额）</td><td colspan="2">No. of Original B（S）/L<br>（正本提单份数）</td><td></td></tr>
<tr><td colspan="2">Service Type on Receiving<br>□—CY □—CFS<br>□—DOOR</td><td>Service Type on Delivery<br>□—CY □—CFS<br>□—DOOR</td><td>Reefer-Temperature Required<br>（冷藏温度）</td><td>F</td><td>℃</td></tr>
<tr><td rowspan="2">Type of Goods<br>（种类）</td><td colspan="3">□Ordinary（普通） □Reefer（冷藏） □Dangerous（危险品） □Auto（裸装车辆）</td><td rowspan="2">危险品</td><td rowspan="2">Class:<br>Property:<br>IMDG Code Page:<br>UN No.</td></tr>
<tr><td colspan="3">□Liquid（液体） □Live Animal（活动物） □Bulk（散货） □________</td></tr>
<tr><td>可否转船</td><td colspan="3">可否分批</td><td colspan="2" rowspan="4"></td></tr>
<tr><td>装期</td><td colspan="3">有效期</td></tr>
<tr><td>金额</td><td colspan="3"></td></tr>
<tr><td>制单日期</td><td colspan="3"></td></tr>
</table>

**表 7－3　海运出口托运单（散货）**

托运人
Shipper ____________________

编号　　　　　　　　　　　　　　　　船名
No. ____________________　　　　S/S ____________________

目的港
For ____________________

| 标记及号码<br>Marks & No. | 件数<br>Quantity | 货名<br>Description of Goods | | 重量/千克<br>Weight/Kilos | |
|---|---|---|---|---|---|
| 共计件数（大写）<br>Total Number of Packages in Writing | | | | 净重<br>Net | 毛重<br>Gross |
| | | | | | |
| | | | | 运费付费方式 | |
| | | | | | |
| 运费计算 | | 尺码<br>Measurement | | | |
| 备注 | | | | | |
| 通知 | | 可否转船 | | 可否分批 | |
| 收货人 | | 装期 | | 有效期 | |
| | | 金额 | | 提单张数 | |
| 配货要求 | | 银行编号 | | 信用证号 | |

**表 7－4　班机运输、包机运输、集中托运和航空速递业务的比较**

| 运输方式 | 含　义 | 特　点 | 适　用 |
|---|---|---|---|
| 班机运输 | 由具有固定开航时间、航线和停靠航站的飞机承担运输 | 运量较小，运价较贵，航期固定 | 鲜活商品或急需商品 |
| 包机运输 | 航空公司按照约定的条件和费率，将整架飞机租给一个或若干个包机人（包机人指发货人或航空货运代理公司），从一个或几个航空站装运货物至指定目的地 | 费率低，运量较大，但运送时间比班机长 | 货量较大的商品 |
| 集中托运 | 航空货运代理公司将若干批单独发运的货物集中成一批向航空公司办理托运，填写一份总运单送至同一目的地，然后由其委托当地的代理人负责发给各个实际收货人 | 主要优势为运费低，是航空货运代理的主要业务之一 | 一般商品 |
| 航空快递 | 快递公司与航空公司合作，由快递公司派专人从发货人处提取后以最快航班将货物出运，飞抵目的地后，由专人接机提货，办妥进关手续后直接送达收货人 | 最为快捷、方便的运输方式，又称“桌到桌运输” | 各种急需物品和文件资料 |

③ 托运危险货物时，托运人栏必须填写实际托运人，航空公司不接受货运代理人托运。

④ 在信用证结汇方式下，托运人一般按信用证的受益人内容填写。

（2）收货人姓名、地址、电话号码（Consignee's Name, Address & Tel No.）：填写收货人全称、街名、城市、国家名称、电话、传真号。

① 本栏不得填写“TO ORDER”或“TO ORDER OF SHIPPER”等字样，因为航空货运单不能转让。如果托运人依据信用证对装运文件的要求，必须显示这种凭指示字样，承运人有权拒绝接受订舱。

② 收货人可以是实际收货人，也可以是货运代理人。通常，集中托运时的收货人是货运代理人海外代理，直接托运时为实际收货人。

③ 承运人一般不接受一票货物有两个或两个以上收货人。如果实际业务中有两个或两个以上收货人，托运单中收货人栏内填写第一收货人，通知栏内填写第二收货人。

④ 收货人账号仅供承运人使用，一般不需要填写，除非承运人需要。

由于来证经常规定航空运单上的收货人是开证人，因此，就要求受益人在制单时特别注意。因为一旦发生单证不符，受益人将丧失银行保障，而货早已被买主提走，将会造成经济上的损失。除非来证规定收货人是开证行，或者受益人要求对方将收货人更改，由原来规定的开证人改为开证行或受益人在当地的代理。

（3）始发站（Airport of Departure）：填写始发站机场的名称，用英文全称，不得简写。

① 在始发站机场的全称不清楚的情况下，允许填写始发站所在城市名称。

② 相同城市的不同国家，还需要填写国家名称。

③ 同一城市的不同机场，需要填写机场名称。

（4）目的港（Airport of Destination）：填写最后目的站机场名称或三字代码。

① 按国际航空运输协会（IATA）规范的机场代码填报，不得自行编制。例如：日本东京成田机场，可以填写“NRT”，上海浦东国际机场，填写“PVG”。

② 机场名称不明确时，可填写城市名称。如果城市名称用于一个以上国家时，应加上国名。例如：澳大利亚悉尼，可以填写“SYD, AU”，加拿大悉尼，可以填写“SYD, CA”等。

③ 标签上的卸货港机场三字代码与托运单和运单上目的地机场三字代码必须一致。

④ 如果有“转运路线”要求，可以填在专门栏目内。

（5）要求运输路线（Requested Routing）：本栏用于航空公司安排运输路线时使用，但如果托运人有要求时，也可填入本栏。为保证制单承运人收运的货物可以被所有续航承运人所接受，可查阅 TACT RULES 8.1 中的双边联运协议，并在此栏中列明航空公司名称或 IATA 二字代码。

由于航空运单仅仅是运输条件的初步证明，各国航空法规及民航管理部门对公共航空运输企业的承运条件已加以规定，承运人只要在不违反规定的运输条件下，可以改变托运单所要求的路线，但需兼顾托运人的利益。

(6) 要求预订吨位（Requested Booking）：此栏用于航空公司安排舱位时使用，但如果托运人有要求时，也可以按计费吨位填入。

(7) 供运输用声明价值（Declared Value for Carriage）：填写托运人向承运人办理货物声明价值的金额。托运人不办理货物声明价值，此栏内必须打上“NVD”（No Value Declaration）字样。

(8) 供海关用声明价值（Declared Value for Customs）：填写托运人向海关申报的货物价值。托运人不办理此项声明价值，此栏必须打上“NCV”（No Customs Valuation）字样。

(9) 件数和包装方式（No. of Pieces）：填写货物的件数，包装种类。如果使用的货物运价种类不同，应分别填写，并将总件数相加，包装种类用“PACKAGES”。

(10) 毛重（Gross Weight）：与件数相对应，填写货物实际毛重，重量计量单位：千克，代码“K”或磅，代码“L”。

① 以千克为单位时，保留小数后一位，并按 0.5 进位。

② 多项货物时，在下方对应栏内打上毛重之和。

(11) 运价种类（Rate Class）如表 7－5 所示。

**表 7－5　运价种类**

| 运价代码 | 运价英文名称 | 运价中文名称 |
|---|---|---|
| M | Minimum | 最低运费 |
| N | Normal Rate | 45 千克以下普通货物运价 |
| Q | Quantity Rate | 45 千克以上普通货物运价 |
| C | Special Commodity Rate | 指定商品运价 |
| R | Class Rate Reduction | 等级货物附减运价 |
| S | Class Rate Surcharge | 等级货物附加运价 |
| U | Unit Load Device Basic Rate | 集装化设备基本运价 |
| E | Unit Load Device Additional Rate | 集装化设备附加运价 |
| X | Unit Load Device Additional Information | 集装化设备附加说明 |
| Y | Unit Load Device Discount | 集装化设备折扣 |

(12) 计费重量（Chargeable Weight）：填写据以计收航空运费的货物重量。

① 当货物是重货时，可以是货物的实际毛重。

② 当货物是轻货时，可以是货物的体积重量。

③ 可以是较高重量较低运价的分界点的重量。

(13) 费率（Rate）：填写所适用货物运价。

① 当使用最低运费时，填与运价代号“M”相对应的最低运费。

② 当使用代号“N”、“Q”、“C”运价代号时，填写相对应的运价。

③ 当货物为等级货物时，填写与运价“S”、“R”对应的附加、附减后的运价。

（14）货物品名和数量（Nature & Quantity of Goods Incl. Dimensions or Volume）：填写货物的具体名称和数量。

① 不得填写表示货物类别的名称，尽可能填货物具体名称。例如：不能填写玩具、仪表等，尽可能清楚地填写电动玩具、吹塑玩具、长毛绒玩具、温度仪表、电压表等。还要标上货物品名、数量、体积、产地等细节。

② 如果是危险品，应分别填写其标准的学术名称、危险级别、联合国危规号等。

③ 鲜活易腐物品、活体动物等不能笼统作为货物品名。

④ 填写每件货物的外包装尺寸或体积，单位分别用厘米或立方米表示，货物尺寸按其外包装的长×宽×高×件数的顺序填写。

（15）运费（Air Freight Charge）：根据付款方式填写。

① 空运费在始发站支付时，在 PP 的下方打“×”表示预付。

② 空运费在目的港支付时，在 CC 的下方打“×”表示到付。

（16）杂费（Other）：根据付款方式填写。填写始发站运输中发生的其他费用，按全部预付或全部到付托运时可以不填，但货运单上必须填具体金额，冠以规定的操作代号如表 7－6 所示。

**表 7－6　操作代号**

| 操作代码 | 操作费用英文名称 | 操作费用中文名称 |
|---|---|---|
| AC | Animal Container | 动物容器费 |
| AS | Assembly Service Fee | 集装服务费 |
| AW | Air Waybill Fee | 货运单费 |
| CD | Clearance Handling-Destination | 目的地办理海关手续费 |
| CH | Clearance Handling-Origin | 始发地办理海关手续费 |
| DB | Disbursement Fee | 向收货人收取的代理人代付费用 |
| CC | Charge Collect Fee | 到付运费手续费 |
| GT | Government Tax | 政府税 |
| IN | Insurance Premium | 代理保险费 |
| LA | Live Animal | 活动物处理费 |
| MA | Miscellaneous-Due Agent | 代理人收取杂项费 |
| MC | Miscellaneous-Due Carrier | 承运人收取杂项费 |
| MO | Miscellaneous | 杂费 |

续表

| 操作代码 | 操作费用英文名称 | 操作费用中文名称 |
|---|---|---|
| FS | Fuel Surcharge | 燃油费 |
| PK | Packaging | 包装费 |
| DA | Dangerous Goods Fee | 危险品处理费 |
| SD | Surface Charge-Destination | 目的地地面费 |
| SO | Surface Charge-Origin | 发货地地面费 |
| SD | Storage-Destination | 目的地仓储费 |
| TR | Transit | 过境费 |
| TX | Taxes | 税 |
| UH | ULD Handling | 集装设备处理费 |

(17) 托运人签字、盖章 (Signature of Shipper or His Agent)：由托运人或其代理人签字盖章。

(18) 日期 (Executed on Date at Place)：由托运人填写填单的时间和地点。

空运出口托运单样式如表 7－7 所示。

3) 航空运单

在航空运输中，航空公司或者航空货运代理公司作为承运人签发航空运单 (Air Waybill) 作为其接受货物的依据，以及与托运人之间的运输合同的证明，但它不是物权凭证。货到目的地后，收货人凭承运人发出的到货通知书提货。

(1) 航空运单的性质和作用。

① 航空运单是发货人与航空承运人之间的运输合同。与海运提单不同，航空运单不仅证明航空运输合同的存在，而且它本身就是发货人与航空运输承运人之间缔结的货物运输合同，在双方共同签署后生效，并在货物到达目的地交付给运单上所记载的收货人后失效。

② 航空运单是承运人签发的已接收货物的证明。航空运单也是货物收据，在发货人将货物发运后，承运人或其代理人就会将其中一份交给发货人（即发货人联），作为已经接收货物的证明。除非另外注明，它是承运人收到货物并在良好条件下装运的证明。

③ 航空运单是承运人据以核收运费的账单。航空运单分别记载着属于收货人负担的费用，属于应支付给承运人的费用和应支付给代理人的费用，并详细列明费用的种类。

④ 航空运单是报关单证之一。在货物到达目的地机场进行进口报关时，它也通常是海关查验放行的基本单证。

⑤ 航空运单同时可作为保险证书。如果承运人承办保险或发货人要求承运人代办保险，则它也可用来作为保险证书。

⑥ 航空运单是承运人内部业务的依据。它随货同行，证明了货物的身份。运单上载有有关该票货物发送、转运、交付的事项，承运人会据此对货物的运输作出相应安排。

表7-7 空运出口托运单

<table>
<tr><td colspan="2" rowspan="2">托运人姓名及地址<br>SHIPPER'S NAME<br>AND ADDRESS</td><td colspan="2" rowspan="2">托运人账号<br>SHIPPER'S ACCOUNT<br>NUMBER</td><td colspan="2">供乘运人用<br>FOR CARRIER USE ONLY</td></tr>
<tr><td>班期/日期<br>FLIGHT/DAY</td><td>航班/日期<br>FLIGHT/DAY</td></tr>
<tr><td colspan="2" rowspan="2">收货人姓名及地址<br>CONSIGNEE'S NAME<br>AND ADDRESS</td><td colspan="2">收货人账号<br>CONSIGNEE'S ACCOUNT<br>NUMBER</td><td colspan="2">已预留吨位<br>BOOKED</td></tr>
<tr><td colspan="2"></td><td colspan="2">运费<br>CHARGES</td></tr>
<tr><td colspan="4">代理人的名称和城市<br>ISSUING CARRIER'S AGENT NAME AND CITY</td><td colspan="2" rowspan="3">另请通知<br>ALSO NOTIFY</td></tr>
<tr><td colspan="4">始发机场<br>AIRPORT OF DEPARTURE</td></tr>
<tr><td colspan="4">目的机场<br>AIRPORT OF DESTINATION</td></tr>
<tr><td colspan="2">托运人声明价值<br>SHIPPER'S<br>DECLARED VALUE</td><td colspan="2" rowspan="2">保险金额<br>AMOUNT OF<br>INSURANCE</td><td colspan="2" rowspan="2">货运单所附文件<br>DOCUMENTS TO<br>ACCOMPANY AIR WAYBILL</td></tr>
<tr><td>供运费用<br>FOR CARRIAGE</td><td>供海关用<br>FOR CUSTOMS</td></tr>
<tr><td colspan="6">处理事项（包括包装方式、货物标志及号码等）<br>HANDLING INFORMATION（INCL. METHOD OF PACKING，IDENTIFYING MARKS AND NUMBERS，ETC.）</td></tr>
<tr><td>编码<br>NO. OF<br>PACKAGES</td><td>实际毛重<br>ACTUAL GROSS<br>WEIGHT（KG）</td><td>运价类别<br>RATE<br>CALSS</td><td>计费重量<br>CHARGEABLE<br>WEIGHT（KG）</td><td>费率<br>RATE/<br>CHARGE</td><td>货物品名及数量<br>（包括体积或尺寸）<br>NATURE AND QUANTITY OF<br>GOODS（INCL. DIMENSION<br>OR VOLUME）</td></tr>
<tr><td></td><td></td><td></td><td></td><td></td><td></td></tr>
</table>

航空运单的正本一式三份，每份都印有背面条款，其中一份交发货人，是承运人或其代理人接收货物的依据；第二份由承运人留存，作为记账凭证；最后一份随货同行，在货物到达目的地，交付给收货人时作为核收货物的依据。

（2）航空运单的分类。航空运单依签发人不同可分为主运单（Master Air Waybill，MAWB）和分运单（House Air Waybill，HAWB）。主运单是航空公司签发的，分运单是航空货运代理公司签发的，两者在内容上基本相同，法律效力也相同。

（3）航空运单的内容。航空运单与海运提单类似，也有正面、背面条款之分，不同的航空公司也会有自己独特的航空运单格式。所不同的是，航运公司的海运提单可能千差万别，但各航空公司所使用的航空运单则大多借鉴 IATA 所推荐的标准格式，差别并不大。所以这里只介绍此标准格式，也称中性运单。下面就有关需要填写的栏目说明如下。

① 发货人姓名、住址（Shipper's Name and Address）：填写发货人姓名、地址、所在国家及联络方法。

② 发货人账号（Shipper's Account Number）：只在必要时填写。

③ 收货人姓名、住址（Consignee's Name and Address）：应填写收货人姓名、地址、所在国家及联络方法。与海运提单不同，因为航空运单不可转让，所以“凭指示”之类的字样不得出现。

④ 收货人账号（Consignee's Account Number）：只在必要时填写。

⑤ 承运人代理的名称和所在城市（Issuing Carrier's Agent Name and City）。

⑥ 代理人的 IATA 代号（Agent's IATA Code）。

⑦ 代理人账号（Account No.）。

⑧ 财务说明（Accounting Information）：此栏只有在采用特殊付款方式时才填写。填写内容如下。

- 付款方式：现金（Cash）、支票（Check）、旅费证（MCO）等。
- 用旅费证付款时，还需填上 MCO 号码，旅客客票号码、航班、日期等。
- 货到目的地无法交付而被退运时，将原运单号填在新运单的本栏中。
- 货物飞离后运费更改，将更改通知单单号（CAA NO.）填写在本栏中。
- 运费支付方式：预付（Freight Prepaid）或到付（Freight Collect）。

⑨ 始发站机场（Airport of Departure）：需填写 IATA 统一制定的始发站机场或城市的三字代码。

⑩ 去往（To）：分别填入第一（二、三）中转站机场的 IATA 代码。

⑪ 承运人（By）：分别填入第一（二、三）段运输的承运人。

⑫ 货币（Currency）：填入 ISO 货币代码。

⑬ 收费代号（Charge）：表明支付方式。此时可以有两种情况：预付（PPD，Prepaid）或到付（COLL，Collect）。需要注意的是，航空货物运输中运费与声明价值费支付的方式必

须一致，不能分别支付。

⑭ 目的地机场（Airport of Destination）：填写最终目的地机场的全称。

⑮ 航班及日期（Flight/Date）：填入货物所搭乘航班及日期。

⑯ 供运输用声明价值（Declared Value for Carriage）：在此栏填入发货人要求的用于运输的声明价值。如果发货人不要求声明价值，则填入“NVD”（No Value Declaration）。

⑰ 供海关用声明价值（Declared Value for Customs）：发货人在此栏填入对海关的声明价值，或者填入“NCV”（No Customs Valuation），表明没有声明价值。

⑱ 保险金额（Amount of Insurance）：只有在航空公司提供代保险业务而客户也有此需要时才填写。

⑲ 操作信息（Handling Information）：一般填入承运人对货物处理的有关注意事项，如“Shipper's certification for live animals”（托运人提供活动物证明）等。

⑳ 货物件数和运价组成点（No. of Pieces & RCP—Rate Combination Point）：填入货物包装件数。如 10 包即填“10”。当需要组成比例运价或分段相加运价时，在此栏填入运价组成点机场的 IATA 代码。

㉑ 毛重（Gross Weight）：填入货物总毛重。

㉒ 运价种类（Rate Class）。

㉓ 商品代码（Commodity Item No.）：在使用特种运价时需要在此栏填写商品代码。

㉔ 计费重量（Chargeable Weight）：此栏填入航空公司据以计算运费的计费重量，该重量可以与货物毛重相同也可以不同。

㉕ 运价（Rate/Charge）：填入该货物适用的费率。

㉖ 运费总额（Total）：此栏数值应为起码运费值或者是运价与计费重量两栏数值的乘积。

㉗ 货物的品名、数量，含尺码或体积（Nature & Quantity of Goods Incl. Dimensions or Volume）：货物的尺码应以厘米或英寸为单位，尺寸分别以货物最长、最宽、最高边为基础，体积则是上述三边的乘积，单位为立方厘米或立方英寸。

㉘ 需预付（Prepaid）或到付（Collect）的各种费用。

㉙ 需要付与货运代理人（Due Agent）和承运人（Due Carrier）的其他费用合计金额。

㉚ 其他总的费用（Total Other Charges）：是指除运费和声明价值附加费以外的其他费用。根据 IATA 规则各项费用分别用三个英文字母表示。其中前两个字母是某项费用的代码，如运单费就表示为 AW（Air Waybill Fee）。第三个字母是 C 或 A，分别表示费用应支付给承运人（Carrier）或货运代理人（Agent）。

㉛ 预付总金额（Total Prepaid）、到付总金额（Total Collect）。

㉜ 发货人或其代理人的签字（Signature of Shipper or His Agent）。

㉝ 签单时间（日期）、地点［Executed on（Date）at（Place）］。

• 签发日期、装运日期和发运日期，如果信用证没有特别规定，航空运单的签发日就被视为装运日，而且装运日不能迟于信用证规定的最迟装运日期。如果信用证要求一个实际的发运日，应在空运单表面明确批注这类日期，而且这个日期被视作装运日。

• 在航空运单中有时会在“承运人专用”（For Carrier Use Only）栏中出现日期，这个日期不能作为发运日的批注。如果信用证未要求实际的发运日，而航空运单上既显示了签发日又显示了实际的发运日，这时应把签发日作为装运日。

按 UCP600 第二十三条的规定，航空运单显示的其他任何与航班号和起飞日期有关的信息，不能视为装运日期。这是因为：当托运人（货主）将货物交付承运人后，承运人就签发航空运单给托运人，这时飞机尚未起飞，实际起飞日期和航班号需要等货物出运后才能落实。所以，除信用证有特别规定，一般只将航空运单的出具日期作为货物的装运日期对待。

㉞ 承运人或其代理人的签字（Signature of Issuing Carrier or Its Agent）。

以上所有内容不一定要全部填入空运单，IATA 也并未反对在运单中写入其他所需的内容。但这种标准化的单证对航空货运经营人提高工作效率，促进航空货运业向电子商务的方向迈进有积极意义。

航空运单样式如表 7－8 所示。

2. 国际多式联运单证

1）国际多式联运简介

国际多式联运（International Multi-modal Transport），又称国际联合运输，是在集装箱运输的基础上产生和发展起来，有机结合海陆空各种单一运输方式的一种国际性的连贯运输方式。它是指按照多式联运合同，以至少两种不同的运输方式，由多式联运经营人将货物从一国境内接管货物的地点运至另一国境内指定地点交付的货物运输。

根据上述定义，国际多式联运应具备以下特征。

（1）具有一份多式联运合同。该运输合同是多式联运经营人与托运人之间权利、义务、责任与豁免的合同关系和运输性质的确定依据，也是区别多式联运与一般货物运输方式的主要依据。

（2）使用一份全程多式联运单据，并按单一运费率计收全程运费。根据托运人的要求，它可以制作成可转让的，也可以制作成不可转让的。

（3）必须是两种或两种以上不同运输方式的连续运输。

（4）必须是国际间的货物运输。

（5）必须有一个多式联运经营人对货物运输全程负责。多式联运经营人是指其本人或者通过其代表订立多式联运合同的人，负有履行联运合同的义务，他不是托运人的代理，也不是实际承担运输方的代理。他可为实际承运人，办理全部或者部分运输，也可以是无船承运人，将全程运输交由各运输段实际承运人来履行。

表 7－8　航空运单

| Shipper's name and address | **Air Waybill 空运单**<br>Issued by Martinair CARGO |
|---|---|
| Consignee's name and address<br><br>Issuing Carrier's Agent Name and City | It is agreed that the goods described here in are accepted in apparent good order and condition (except as noted) for carriage SUBJECT TO THE CONDITIONS OF CONTRACT ON THE REVERSE HEREOF, ALL GOODS MAY BE CARRIED BY ANY OTHER MEANS. INCLUDING ROAD OR ANY OTHER CARRIER UNLESS SPECIFIC CONTRARY INSTRUCTIONS ARE GIVEN HEREON BY THE SHIPPER. THE SHIPPER'S ATTENTION IS DRAWN TO THE NOTICE CONCERNING CARIER'S LIMITATION OF LIABILITY.<br>Shipper may increase such limitation of liability by declaring a higher value of carriage and paying a supplemental charge if required. |

| Agents IATA Code | Account No. |
|---|---|
| | |

| Airport of Departure (Addr. of First Carrier) and Requested Routing | Accounting Information |
|---|---|
| | |

| To | By first carrier | to | by | to | by | Currency | Declared Value for Carriage | Declared Value for Customs |
|---|---|---|---|---|---|---|---|---|
| | | | | | | | | |

| Airport of Destination | Flight/Date | Amount of Insurance | INSURANCE-If carrier offers insurance and such insurance is requested in accordance with the conditions there of indicate amount to be insured in figures in box marked "Amount of Insurance" |
|---|---|---|---|
| | | | |

| Handling Information |
|---|
| |

| No. of Pieces | Gross Weight | Rate Class | Chargeable Weight | Rate/Charge | Total | Nature and Quantity of Goods |
|---|---|---|---|---|---|---|
| | | | | | | |

| | |
|---|---|
| Prepaid Weight Charge Collect | Other Charges |
| Valuation Charge | |
| Tax | |
| Total Other Charges Due Agent | Shipper certifies that the particulars on the face here of are correct and that insofar as any part of the consignment contains dangerous goods, such part is properly described by name and is in proper condition for carriage by air according to the applicable Dangerous Goods Regulations.<br>Signature of Shipper or his agent |
| Total Other Charges Due Carrier | |

| Total Prepaid | Total Collect | Executed on ____ at ____ Signature of issuing Carrier or as Agent |
|---|---|---|
| | | |

2）国际多式联运单据的性质与作用

（1）它是国际多式联运经营人与托运人之间订立的国际多式联运合同的证明，是双方在运输合同确定的权利和责任的准则。在国际多式联运成立后签发多式联运单据，因此，它不是运输合同，而是运输合同的证明。托运人在订立运输合同前应了解运输单据上所有条款，除非另有协议外，应把单据内容和条款作为双方权利、义务和责任的准则。

（2）它是国际多式联运经营人接管货物的收据。国际多式联运经营人向托运人签发多式联运单据表明已承担运送货物的责任并占有了货物。

（3）它是收货人提取货物和国际多式联运经营人交货的凭证。收货人或第三人在目的地提取货物时，必须凭国际多式联运单据换取提货单（收货记录）才能提货。

（4）它是货物所有权的证明。国际多式联运单据持有人可以押汇、流通转让，因为国际多式联运单据是货物所有权的证明，可以产生货物所有权转移的法律效力。

3）国际多式联运单据的种类

国际多式联运单据可分为两大类：可转让单据与不可转让单据。

（1）可转让国际多式联运单据分为可指示单据（提单）和不记名单据（提单）。

（2）不可转让国际多式联运单据是记名单据（提单），在单据下面收货人一栏中载明作为收货人的特定人（或公司）的提单。一般不能流通转让。

国际多式联运单据在使用的形式上与联运提单有相同之处，但在其性质上又有极大区别。两者主要区别如下。

（1）联运提单限于由海运与其他运输方式所组成的联合运输时使用，而多式联运单据既可用于海运与其他运输方式的联运，又可用于不包括海运的其他运输方式的联运，但必须是两种或两种以上不同运输方式的联运。

（2）联运提单由承运人、船长或承运人的代理人签发，多式联运单据则由多式联运经营人或经其授权的人签发，多式联运经营人可以是完全不掌握运输工具的无船承运人，全程运输由经营人安排其他承运人负责。

（3）联运提单的签发人仅对第一程运输负责，而多式联运的签发人则要对全程负责，即无论货物在任何区段发生属于承运责任范围的灭失或损害，均对托运人负责。

（4）联运提单是货物装船之后，由第一承运人签发的全程联运提单，它属于已装船提单，而多式联运单据可以是已装船的，但大部分是在联运经营人接管货物后准备待运时签发的单据。UCP600 规定，银行将接受注明货物已发运、接受监管或已装载的单据。发运、接受监管或装载，可在多式运输单据上以文字表明，且出单日即视为发运、接受监管或装载日期及装运日期。然而，如果单据上以盖章或其他方式标明发运、接受监管或装载日期，则此类日期即视为装运日期。该惯例还规定，只要同一多式运输单据包括运输全程，即使信用证禁止转运，银行也将接受注明转运将发生或可以发生的多式运输单据。

4）国际多式联运单据的内容

对于国际集装箱多式联运单据的记载内容，《联合国国际货物多式联运公约》及我国的《国际集装箱多式联运管理规则》都作了具体规定。根据我国的《国际集装箱多式联运管理规则》的规定，多式联运单据应当载明下列事项：

（1）货物名称、种类、件数、重量、尺寸、外表状况、包装形式；

（2）集装箱箱号、箱型、数量、封志号；

（3）危险货物、冷冻货物等特种货物应载明其特性、注意事项；

（4）多式联运经营人名称和主营业所；

（5）托运人名称；

（6）多式联运单据表明的收货人；

（7）接受货物的日期、地点；

（8）交付货物的地点和约定的日期；

（9）多式联运经营人或其授权人的签字及单据的签发日期、地点；

（10）交接方式，运费的支付，约定的运达期限，货物中转地；

（11）在不违背我国有关法律、法规的前提下，双方同意列入的其他事项。

当然，缺少上述事项中的一项或数项，并不影响该单据作为多式联运单据的法律效力。

《联合国国际货物多式联运公约》对多式联运单据所规定的内容与上述规则基本相同，只是公约中还规定多式联运单据应包括下列内容：

（1）表示该多式联运单据为可转让或不可转让的声明；

（2）如在签发多式联运单据时已经确知，预期经过的路线、运输方式和转运地点等。

5）UCP600（第十九条）对涵盖至少两种不同运输方式的运输单据的有关规定

（1）本条对运输单据的签发人的身份有具体规定，要求运输单据的签发人：有明确身份的承运人，或承运人明确身份的代理人，或明确身份船长，或船长明确身份的代理人所签发的运输提单（指两种以上运输方式包括一程是海运/水运，所以要有提单）。

（2）本条对至少包括两种不同运输方式单据/提单的签发，要求符合以下要求。

第一种，明确身份的承运人所签发的提单——由明确承运人身份的负责人 Herry 先生签发至少包括两种不同运输方式单据/提单。例如：

ABC Shipping Co. , Ltd.

Herry（负责人签字）

As Carrier（承运人）

第二种，明确身份的代理人代承运人签发的至少包括两种不同运输方式单据/提单——由承运人 ABC 海运公司的代理人 TSS 公司负责人 Johnson 先生签发联运单据/联运提单。例如：

TSS Co., Ltd.

Johnson（负责人签字）

As agent for (or as agent on behalf of)

ABC Shipping Co., Ltd.

The Carrier

第三种，明确身份的船长签发的提单——由承运人 ABC 海运公司船长 Jack 先生签发的至少包括两种运输方式提单（包括海运/水运）。例如：

Jack（船长签字）

Master of ABC Shipping Co., Ltd.

The Carrier

第四种，明确身份的代理人代船长签发至少包括两种不同运输方式提单（包括海运/水运）——由承运人 ABC 海运公司的船长 Jack 先生的代理人 Smith 公司的 Ken 先生签发联运单据/联运提单。例如：

Smith Co.（代理人公司）

Ken（签字）

As agent for (or as agent on behalf of)

Jack

Master of ABC Shipping Co., Ltd.

The Carrier

（3）运输单据的出具日期将被认为是货物发运、接受监管或已装船及装运的日期。然而，如果运输单据以盖章或批注方式注明发运、接受监管或装船的日期，则此日期将被视为装运日期。

（4）运输单据上要注明信用证中规定的发运、接受监管或装运地点及最终目的地的地点，即使运输单据另外表明了不同的发运、接受监管、装船或最终目的地的地点。

由于至少有两种不同的运输方式，因此，在运输单据方面与单纯一种运输方式的单据不同。本条根据实际情况，规定有四个与货物交接有关的地点，即接受监管地（Place of Receipt），它可与装货港（Port of Loading）/装货地（Place of Loading）不同。货物最后到达的目的地（Place of Delivery），它可与卸货港（Port of Discharge）/卸货地（Place of Discharge）不一样。例如，有一批货物采用多式运输方式从西安运到维也纳。在运输单据应这样填写：

Place of Receipt：Xi'an（西安）

Port of Loading：Xingang of Tianjin（天津新港）

Port of Discharge：Hamburg（汉堡）

Place of Delivery：Vienna（维也纳）

（5）对运输单据的正本份数，本条也作了明确规定：一份正本或多份正本，但多份正本的份数必须要和运输单据上所显示的数字一致。如规定运输单据要“正本签字提单 3 份”，则受益人交付给银行的正本提单也应该是 3 份。这样做可以避免某些开证人要求受益人将其中一份正本提单（或多式运输单据），不通过银行而直接寄给开证人，因此对受益人产生的风险。

（6）就本条款而言，转运意指信用证中规定的货物从发运、接受监管、装船到最终目的地的运输过程中，从某个运输工具卸下再重新装到另一个运输工具上的运输方式（无论是否为不同运输方式）。即使信用证禁止转运，银行也将接受注明转运将发生或可能发生的运输单据。

多式联运提单样式如表 7－9 所示。

**表 7－9 多式联运提单**

<table>
<tr><td colspan="2">Shipper</td><td colspan="3" rowspan="5">SINOTRANS B/L No.<br>中国对外贸易运输总公司<br>CHINA NATIONAL FOREIGN TRADE<br>TRANSPORTATION CORP.<br>COMBINED TRANSPORT<br>BILL OF LADING<br>RECEIVED the goods in apparent good order and condition as specified below unless otherwise stated herein. The Carrier in accordance with the provisions contained in this document<br>（1） Undertake to perform or to procure the performance of the entire transport from the place at which the goods are taken in charge to the place designated for delivery in this document, and<br>（2） Assumes liability as prescribed in this document for such transport. One of the Bill of Lading must be surrendered duly indorsed in exchange for the goods or delivery order</td></tr>
<tr><td colspan="2">Consignee or Order</td></tr>
<tr><td colspan="2">Notify Address</td></tr>
<tr><td>Pre-carriage by</td><td>Place of Receipt</td></tr>
<tr><td>Ocean Vessel Voy. No.</td><td>Port of Loading</td></tr>
<tr><td>Port of Discharge</td><td>Place of Delivery</td><td>Freight Payable at</td><td colspan="2">Number of Original B/L</td></tr>
<tr><td>Container, Seal No.<br>or Marks & Nos.</td><td>Number and Kind<br>of Packages</td><td>Description of Goods</td><td>Gross Weight<br>（kgs）</td><td>Measurement<br>（m3）</td></tr>
<tr><td colspan="5">ABOVE PARTICULARS FURNISHED BY SHIPPER</td></tr>
<tr><td rowspan="3">FREIGHT & CHARGES</td><td colspan="4">IN WITNESS where of the number of original Bills of Lading stated above have been signed one of which being accomplished, the other(s) to be void.</td></tr>
<tr><td colspan="4">Place and Date of Issue</td></tr>
<tr><td colspan="4">Signed for or on Behalf of the Carrier<br><br>as Agent(s)</td></tr>
</table>

SUBJECT TO THE TERMS AND CONDITIONS ON BACK

## 7.2 海运提单

### 7.2.1 海运提单的作用

从法律规定角度看，提单的基本作用在于以下几个方面。

(1) 货物收据 (Receipt for the Goods)。它是承运人应托运人的要求所签发的货物收据，表明承运人已按提单所列内容收到货物。

(2) 物权凭证 (Document of Title)。它是一种货物所有权的凭证。提单就是货物的象征。船货抵达目的港后，提单的合法持有人可以凭提单要求承运人交付货物，而承运人也必须按照提单所载内容向提单的合法持有人交付货物。因此，提单具有物权凭证性质。提单的持有人还可通过背书将提单转让从而转移货物的所有权。提单的合法持有人亦可凭提单向银行办理抵押贷款或叙做押汇。至于记名提单，由于不能转让和流通，故不能视作物权凭证。

(3) 运输合同的证明 (Evidence of the Contract of Carriage)。提单条款明确规定了承运人与托运人或提单持有人等各方之间的权利与义务、责任与豁免，是处理他们之间有关海洋运输方面争议的依据。

从外贸业务和运输业务角度看，提单的作用在于以下几个方面。

(1) 提单是承运人有条件地为托运人运输货物的书面确认。托运人签托运单与承运人签提单，相互构成运输合同的契约，共同成为托运人与承运人之间的责任、费用、风险等划分的依据。

(2) 提单是银行结汇文件中最重要的文件。买卖双方的交货收款和收货付款，必须借助于能同时代表物权和债权的提单，借助于有资金信誉的银行机构来操作实现。

(3) 提单是货主和货代之间，货代和承运人之间支付和收取运费的凭证，也是互相在经济上制约的有效文件。付款交单就是其中的一种制约方式。

### 7.2.2 海运提单的关系人

**1. 基本关系人**

基本关系人包括承运人和托运人。

(1) 承运人 (Carrier)，亦称船方，可能是船舶的所有人，即船东或者是租船人。

(2) 托运人 (Shipper)，是与承运人签订运输契约的人。一般为出口人。有时出口人是实际供货商的代理，此时实际供货商也可是托运人。

**2. 其他关系人**

根据提单抬头人的不同和背书转让，又出现以下关系人。

(1) 收货人 (Consignee)，是提单的抬头人、受让人（背书人）、持有人或记名提单指明的特定人。

（2）被通知人（Notify Party），是收货人的代理人，不是提单的当事人。空白抬头的提单注明被通知人，便于承运人在货到目的港时，通知办理报关提货手续。在信用证方式下，被通知人往往是开证申请人（即买方），但因信用证是由银行开出的，在其未赎单付款前，只能作为被通知人负责照顾货物，而没有所有权。

（3）受让人（Transferee），是经过背书转让接受提单的人，也是提单的持有人。受让人有向承运人要求提货的权利，但也承担了托运人在运输合约上的义务。

（4）持有人（Holder），是经过正当手续持有提单的人。

### 7.2.3 提单的分类

提单可以从不同角度加以划分，主要有以下几类。

**1. 按货物是否装船分类**

（1）已装船提单（On board B/L 或 Shipped B/L）。已装船提单是指承运人已将货物全部装上指定船舶后签发的提单，提单上必须注明装运货物船舶的名称，明确表示货物已装船，并写明装运日期（即签发提单的日期）。在目前出口业务中所见到的信用证，除集装箱运输使用运输单据以外都要求提供已装船提单。这是因为，凡已装上船的货物既不会在装运港再卸下也不会改装其他船只，这样对收货人来说有按时收货的保证。故信用证中一般均规定提供已装船提单。

（2）备运提单（Received for Shipment B/L）。又称收讫待运提单，是指承运人收到托运货物等待装运期间应托运人的要求而签发的提单。由于备运提单表示货物尚未装船，能否按时装运及到货时间都没有保障，因此，卖方一般不愿意接受此种提单。在信用证业务中，银行一般也不予接受，不过，当这种提单经承运人加注“已装船”（On Board）字样，并注明船名和装运日期后，就成为“已装船提单”而为银行所接受。应当指出的是，当交易双方使用的是 FCA（货交承运人）或 CPT（运费付至……）或 CIP（运保费付至……）贸易术语，而买方开来的信用证中未规定须提交“已装船提单”时，则卖方提交备运提单应该是可以的，因为这三种贸易术语下，双方风险的划分是当货物交付承运人后，风险即由卖方转让至买方。

**2. 按货物外表状况有无不良批注分类**

（1）清洁提单（Clean B/L）。清洁提单是指货物装船时表面状况良好，一般未经加添表示货物或其包装不良的批注，或者虽有批注，但不影响结汇的提单。国际航运公会（International Chamber of Shipping）于 1951 年提出允许清洁提单上有下列三种内容的批注：一是不明确地表示货物或包装不能令人满意，例如，只在提单上批注“旧包装”、“旧麻袋”等；二是强调承运人对于货物或包装性质所引起的风险不负责任，如批注“对货物生锈免责”（Not Responsible for Rusty）或“对货物或包装破碎免责”（Not Responsible for Breakage）

等；三是否认承运人知悉货物的内容、重量、容积、质量或技术规格。这三项内容，已被大多数国家或组织所接受。清洁提单是买方收到完好货物的保证，也是提单转让时的必备条件。

（2）不清洁提单（Unclean B/L，Dirty B/L，Foul B/L）。不清洁提单是指承运人在提单上加注货物表面及包装状况有不良或存在缺陷等批注的提单。例如，提单上批注“包装不固”（Insufficiently Packed）、“包装残旧玷污”（Covers Old and Stained）、“5 件破损”（5 Packages Damaged）、“短装 5 箱”（5 Cases Short Shipped）、“铁条松散”（Iron Straps Loose）等词句后，便成为不清洁提单。根据惯例，除非信用证明确规定可以接受不清洁提单，否则银行不接受不清洁提单。

**3. 按提单的抬头的不同分类**

（1）记名提单（Straight B/L）。又称“收货人抬头提单”，是指提单上的收货人栏内填明特定收货人名称的提单。记名提单只能由该收货人用以提货，而不能由托运人通过背书的方式转让给第三方。由于记名提单不能流通，所以，在国际贸易中只在特定的情况下使用。

（2）不记名提单（Bearer B/L）。又称“来人抬头提单”，是指提单上的收货人栏内不写明具体收货人的名称，只写明“货交提单持有人”（To Bearer），或不填写任何内容的提单。按《中华人民共和国海商法》第七十九条三款规定，不记名提单无须背书即可转让。但在实际业务中，一般也经托运人背书后转让。在国际贸易中，不记名提单使用极少。

（3）指示提单（Order B/L）。它是指提单上的收货人栏内填写“凭指示”（To Order）或“凭某某人指示”（To the Order of…）字样的提单。这种提单经过背书后可以转让，故其在国际贸易中使用最广。背书的方式又有“空白背书”和“记名背书”之分。前者是指背书人在提单背面签名，而不注明被背书人名称；后者是指背书人除在提单背面签名外，还列明被背书人名称。目前在实际业务中使用最多的是“凭指示”并经空白背书的提单，习惯上称其为“空白抬头、空白背书”提单。

**4. 按运输方式的不同分类**

（1）直达提单（Direct B/L），是指货物装上海轮后，中途不再换船而直接驶往目的港卸货所签发的提单。

（2）转船提单（Transhipment B/L），是指货物装上某一海轮后，在航运的中途港要将货物卸入另一船舶再驶往目的港卸货的情况下所签发的包括运输全程的提单。有的甚至换船不止一次。转船提单上一般注有“在某港”转船字样，有的还注明二程船甚至是三程船的船名。

（3）联运提单（Through B/L），是指经过海运和其他运输方式的联合运输（如海陆、海空联运）时，由第一承运人（船公司）所签发的，包括全程运输并能在目的港或目的地凭以提货的提单。

转船提单和联运提单虽然都是包括全程运输的提单，但这两种提单的签发人一般都在提单中规定，只对他负责运输的一段航程内发生的货损承担责任。至于货物在中途转换运输工具和与下一程承运人进行交接的工作，则由第一承运人或其代理（一般即提单签发人）负责办理。

5. 按船舶营运方式的不同分类

（1）班轮提单（Liner B/L）是指由班轮公司承运货物后签发给托运人的提单。

（2）租船提单（Charter Party B/L），是指承运人根据租船合同签发的提单。提单上通常注明“一切条件、条款和免责事项按照某某租船合同”字样。这种提单受租船合同条款的约束，银行或买方在接受这种提单时，有时要求卖方提供租船合同副本。

6. 按提单内容繁简的不同分类

（1）全式提单（Long Form B/L），又称“繁式提单”，是指不仅具有提单正面内容，而且在提单背面列有承运人和托运人权利和义务详细条款的提单。

（2）略式提单（Short Form B/L），又称“简式提单”，是指提单背面无条款，而只列出提单正面的必须记载事项的提单。这种提单内一般都印有“本提单货物的收受、保管、运输和运费等事项，均按本公司全式提单上的条款办理”的字样。

7. 按提单使用效力的不同分类

（1）正本提单（Original B/L），是指提单上有承运人、船长或其代理人签名盖章并注明签发日期的提单。这种提单在法律上是有效的单据。正本提单上必须要标明“正本”（Original）字样。正本提单一般签发一式两份或三份（个别也有只签发一份的），凭其中的任何一份提货后，其余的即作废。为防止他人冒领货物，买方银行通常要求卖方提供船公司签发的全部正本提单，即所谓的“全套”（Full Set）提单。

（2）副本提单（Copy B/L），是指提单上没有承运人、船长或其代理人签字盖章，而仅供参考之用的提单。副本提单一般都标明“副本”（Copy）或“不可转让”（Non-negotiable）字样，副本提单不得标明“正本”字样。

8. 其他种类的提单

（1）过期提单（Stale B/L），是指提单签发后超过信用证规定期限才交到银行的提单，或者银行按正常邮程寄单，收货人不能在船到目的港前收到的提单。过期提单的原意是指晚于货物到达目的港的提单。自国际商会《跟单信用证统一惯例》规定银行拒绝接受晚于信用证规定的从装运日期后21个公历日提交的单据后，有人也把这种晚交的提单归入过期提单。但究其本质而言，真正的过期提单应当主要是指晚于货物到达目的港的提单。在实践中，近邻国家之间的贸易，常因运输路线短，提单邮寄所需时间往往超过实际运输时间而不能在船到目的港前为进口人所收到，而产生提单“过期”。由于过期提单可能会造成进口人不能如期提货而造成损失的情形，所以，在实际业务中，鉴于近邻国家的贸易产生过期提单在所难免，为便于进口人及时提货，买卖双方往往事先商定，待货物装运后，由卖方负责将一份正本提单委托船公司随货物带往目的地交开证银行或代收银行，由进口商向银行付款后领取，然后，再凭以向船公司提取货物。目前近洋国家之间的贸易，有些是使用电放提单提货的。至于非近邻国家之间的一般交易，如在买卖合同或信用证中规定“过期提单也可接受”（Stale bill of lading is acceptable）的条款，对出口人是有利的。

（2）甲板提单（On Deck B/L），又称舱面提单，是指承运人签发的表明货物装于船舶甲板上的提单。有些货物如危险品或动物等，只能装在甲板上；有些货物因体积过大或舱位不够而装在甲板上。承运人在签发提单时加批“货装甲板”字样。货物装在甲板上受损的风险较大，进口人一般不愿意接受货物装在甲板上的甲板提单。故除非信用证另有规定外，银行一般不接受甲板提单。

（3）预借提单（Advanced B/L），是指信用证规定的装船日期已到期或接近到期，而货主因故未能及时备妥货物装船或因船期延误影响货物装船，在这种情况下托运人要求承运人先行签发已装船提单，以便结汇，即在货物装船前或开始装船前已为托运人借走的提单。虽然托运人在要求签发预借提单时，必须提供“保函”（Letter of Indemnity），以承担一切责任，但仍会给承运人带来风险，收货人可以向法庭控告承运人的欺诈行为，而保函在法律上的有效性，往往是不能成立的。因此，承运人应避免签发这种提单。

（4）倒签提单（Antedated B/L），是指货物的实际装船日期迟于信用证规定，如仍按实际装船日期签署提单，势必影响结汇，为使签发提单日期与信用证规定的日期相符，承运人应托运人的要求，在提单上仍按信用证所规定的装船日期填写的提单。一般提单签发日期应为该批货物全部装船完毕的日期。但有时由于种种原因，不能在信用证规定的装船期内装运，又来不及修改信用证时，为符合信用证规定，采用倒签日期的做法。这种提单与预借提单的签发均属不合法行为，承运人需承担由此产生的风险，特别是在货价下跌时，收货人可以“伪造提单”（False B/L）为理由，拒绝提货并向法院起诉，扣留船只，直到取得补偿或保证金为止。因此，不应使用倒签提单。

除以上介绍的提单分类之外，还有运输代理人提单（House B/L），最低运费提单（Minimum B/L）等。

### 7.2.4 提单的内容与填制规范

#### 1. 提单的内容

提单的内容一般有正反两面。正面记载的内容有：船名、航次、提单号等，具体将在提单的制作规范中介绍。

提单中分别在正面和背面有印刷条款。通常这些条款是根据国际公约、各国法律和承运人的规定而印制，对于托运人和承运人双方都有约束。不同的班轮公司，制定并印刷不同的条款，但基本条款相似，主要有如下几点。

1）提单正面的确认条款

“Received in apparent good order and condition except as otherwise noted the total number of containers or other packages or unites enumerated below for transportation from the place of receipt to the place of delivery subject to the terms and conditions hereof."

上述条款大意是：承运人在货物或集装箱外表状况良好的条件下接受货物或集装箱，并同意承担按照提单所列条款，将货物或集装箱从起运地运往交货地，把货物交付给收货人的义务。

2）提单正面的不知条款

"Weight, measure, marks, numbers, quality, contents and value mentioned in the Bill of Lading are to be considered unknown unless the contrary has expressly acknowledged and agreed to. The signing of this Bill of Lading is not to be considered as such an agreement."

上述条款的大意是：承运人没有适当的方法对接受的货物或集装箱进行检查，所有货物的重量、尺码、标志、数量、品质和货物价值等都由托运人提供，对此，承运人并不知晓。

3）提单正面的承诺条款

"On presentation of this Bill of Lading duly endorsed to the Carrier by or on behalf of the Holder of Bill of Lading, the rights and liabilities arising in accordance with the terms and conditions hereof shall, without prejudice to any rule of common law or stature rendering them of the Bill of Lading as though the contract evidenced hereby had been made between them."

上述条款的大意是：经承运人签发的提单是有效的，承运人承诺按照提单条款的规定，承担义务和享受权利，公平地也要求货主承诺接受提单条款规定，承担义务和享受权利。

4）提单正面的签署条款

"One original Bill of Lading must be surrendered duly endorsed in exchange for the goods or delivery order. In witness whereof the number of original Bill of Lading stated under have been signed, all of this tenor and date, one of which being accomplished, the other to stand void."

上述条款的大意是：承运人签发的数份正本提单，具有相同法律效力，提取货物时必须交出经背书的一份正本提单，其中一份完成提货后，其余各份自行失效。

5）提单背面的承运人赔偿责任条款

在提单背面，通常都有印就的运输条款，这些条款是作为确定承运人与托运人之间，以及承运人与收货人及提单持有人之间的权利和义务的主要依据。提单中的运输条款，起初是由船方自行规定的，后来因为船方在提单中加列越来越多的免责条款，使货方的利益失去保障，并降低了提单作为物权凭证的作用。为了缓解船、货双方的矛盾并照顾到船、货双方的利益，国际上为了统一提单背面条款的内容，曾先后签署了有关提单的国际公约，其中包括如下内容。

（1）1924年签署的《关于统一提单的若干法律规则的国际公约》，简称《海牙规则》(The Hague Rules)。

（2）1968年签署的《布鲁塞尔协定书》，简称《维斯比规则》(The Visby Rules)。

（3）1978年签署的《联合国海上货物运输公约》，简称《汉堡规则》（The Hamburger

Rules）。

由于上述三项公约签署的历史背景不同，内容不一，各国对这些公约所持有的态度也不相同，因此，各国船公司签发的提单背面条款也就互有差异。但其主要内容大致相同，主要包括以下几点。

（1）名词定义（Definition）：解释提单中的名词、术语。

（2）首要条款（Paramount Clause）：是承运人按照自己的意志，明确规定提单适用法规的条款。一旦提单上列有首要条款，承运人就要承担所适用法规规定的责任和享有所规定的免责权利。如果发生纠纷，应按照首要条款规定使用法律裁决。

（3）承运人责任条款（Carrier's Responsibility Clause）：承运人从收受货到交货的全部过程对货物负责。如果是已装船提单，则是对货物从上船到下船的整个过程负责。集装箱提单另有规定。

（4）免责条款（Exception Clause）：承运人对于战争、罢工、政府行为和命令、货方行为或疏忽、货物本身的自然特性或缺陷、货物包装不良等承运人无法控制的原因造成的货物损坏或灭失不承担责任。

（5）包装和唛头（Packages and Marks）：规定货物应妥善包装，唛头需正确、清晰的条款。如因唛头欠缺或不当所产生的一切责任和费用由货方负责。

（6）运费及其他费用（Freight and Other Charges）：规定运费如何支付的条款。运费规定为预付运费（Prepaid），应在装船时连同其他费用一并支付，例如：装运的货物如是易腐货物、低值货物、活动物、舱面货，以及该货物的目的港无承运人的代理人时其运费及其他费用必须在起运时全部付清。到付运费（To Collect）应在货抵目的港交货时连同其他费用一并支付。预付运费和到付运费无论船舶和货物或其中之一遭受任何灭失或损坏，运费一概不予退还或扣减。

（7）留置权（Lien Clause）：承运人可以因未收到运费、空舱费、滞期费和任何其他货方应付的款项、共同海损分摊费用，以及收回此项费用的开支而对货物及任何单证行使留置权，并有权出售或处置货物。如果出售货物所得不足抵偿该收款项和引起的费用，承运人有权向货方收回其欠款。

（8）损坏赔偿条款（Claim Clause）：收货人提货时如发现货物受损或灭失，应提出书面通知。如果货物损坏或部分灭失不明显，则书面通知应于交付货物的3天内提交。如果货物状况在其收受时已经联合检验或检查，就无须提交书面通知。对于货物的灭失或损坏的索赔，应在交货后一年内提出，否则承运人解除所负的一切责任。

承运人对应付的赔偿，其货价以货方的净价加运费、保险费的金额计算。该条款也规定承运人对每件或每单位货物的最高赔偿限额。各航运公司规定的赔偿限额也有所不同。

（9）转船或转运条款（Transhipment Clause）：如果需要，承运人有权将货物交由其他船只或其他运输工具直接或间接地运至目的地。由此而引起的诸如转船、驳船、卸岸、重新装船起运等费用，由承运人负担，但风险却由货方负担。承运人的责任只限于其本身经营船舶所完成的运输。

（10）卸货和交货条款（Discharging and Delivery Clause）：船到卸货港后，承运人可以不预先通知即开始卸货，如果收货人不及时提货或拒收货物，承运人有权将货物卸在岸上或卸在其他适当场所，一切费用和风险应由货方承担。

（11）危险品条款（Dangerous Cargo Clause）：提单必须列明对危险品的装载、保管等方面的特殊要求。如果托运人未申报危险品的名称、数量和性质而装运，一经发现，承运人、船长或其代理人可在卸货前的任何时候将其卸在任何地点，或将其销毁，由此引起的一切损失，均由货方承担。

（12）动植物及舱面货条款（Animals, Plants and on Deck Cargo Clause）：对于舱面货、活动物和植物的接受、装载、运输、保管和卸载均由货方承担风险，承运人对其灭失或损坏不负赔偿责任。

（13）共同海损和碰撞条款（General Average and Collision Clause）：收货人或货物所有人分担船舶互撞和具有共同海损性质的损失。

（14）战争、检疫、冰冻、罢工等条款（War, Quarantine, Ice, Strike Clause）：如遇战争、封锁、海盗、瘟疫、检疫、罢工、港口拥挤等情况导致船舶不能安全到达目的港卸货，承运人有权在任何适合港卸货，并认为承运人已履行承运责任。由此引起的费用应由货主负责。

（15）变更航线条款（Deviation Clause）：为了施救或其他合理目的而改变航线不能认为是违反运输合同的行为，承运人对由此造成的货物损失不负责任。

**2. 提单的填制规范**

提单的格式很多，每个船公司都有自己的提单格式，但基本内容大同小异，主要如下。

（1）承运人名称（Carrier）：提单是承运人签发的，因此承运人的名称一般在提单上事先印刷在显著位置。

（2）提单号码（B/L NO.）：即提单的顺序号，该编号与装货单一致。

（3）装货单编号（S/O NO.）：即租船订舱时装货单的顺序号，有的提单没有这项内容。

（4）发货人（Shipper）：通常是信用证的受益人，可按信用证规定的受益人名称及地址照填。如果信用证未规定受益人地址，提单可不填地址，以确保单证相符。UCP600 第十四条规定，显示在任何单据中的货物的托运人或发货人不必是信用证的受益人。

托收方式下的提单发货人，可以合同规定的卖方为发货人。

（5）收货人（Consignee）：即提单抬头，按信用证规定或根据业务需要，有下列几种打法。

① 记名抬头。如来证提单条款内规定“Consigned to ×××”、“Issued to ×××”、

"Address to ×××"或"Issued in name of ×××"等，这意味着提单收货人应直接填写收货人名称。按信用证规定，收货人有可能是开证申请人、开证行或信用证规定的其他人。如托收项下，收货人栏可以填写合同的买方或代收行。这种提单只能收货人提货，不能转让。提单作成这种抬头，是不用提单而仅凭《到货通知》(Notice of Arrival)即可提货，货权不易控制，特别是以商人为抬头的，应尽量少用。

② 不记名抬头。如来证提单条款内未注收货人，或注"Made out to bearer"或"Issued to bearer"等，应按来证规定，收货人栏留空不填，或填"To bearer"(来人)。

③ 指示抬头：如来证提单条款内规定"Made out to order"(凭指示)，亦称"空白抬头"，提单收货人栏应打"To order"，这种提单需由发货人背书才能转让；如来证规定"Made out to order of shipper"或"Made out to shipper's order"(凭发货人指示)，提单收货人栏应打"To order of shipper"，这种提单也须发货人背书转让；如来证规定"Made out to order of (开证申请人)"(凭开证人指示)，提单收货人栏内应打"To order of (开证申请人名称)"，注意应打开证申请人实际名称，不能用"Applicant"代替，这种提单无须发货人背书转让，而需开证申请人收到提单后自行背书转让；如来证规定"Made out to order of (议付行)"(凭议付行指示)，提单收货人栏应打"To order of (议付行名称)"注意应打议付行实际名称，这种提单须由议付行背书转让；如来证规定"Made out to order of (开证行)"或"Made out to our order"(凭开证行指示)，提单发货人栏内打"To order of (开证行名称)"，这种提单须由开证行背书转让。提单作成这种抬头，开证行可以控制货权。

(6) 被通知人(Notify Party)：根据信用证规定填写，通常是买方。如信用证无规定，则正本提单应留空不填，以确保单证一致，而且在信用证要求提供副本议付时，则副本的这一栏也应留空不填，以保持单单一致。但提交给承运人随船附带的提单副本一定要注明买方的详细名称、地址和电话号码等，以便货到目的港后，承运人及时联系被通知人做好报关、提货准备。托收方式下，倘若买方无特别要求，提单的被通知人应按合同规定买方名称及地址填写。

(7) 海运船名及航次号(Ocean Vessel, Voyage No.)：根据该批货物所实际装运的船名和航次填写。没有航次的船舶可不填写航次，只填列船名。联运方式下，一般应该注明其海运的船名及航次号。如果第一程运输并非海运方式，承运人在签发提单时通常在船名前加注"预期"(Intended)字样。

(8) 装货港口(Port of Lading)：是指直接装运货物上船的港口，是承运人的责任起点。此栏必须如实填写，并且要符合信用证的要求。如果信用证笼统规定"中国港口装运"(Chinese Port)，则应在提单上将具体的装运港表示出来，如"中国上海"(Shanghai, China)，而不能按信用证规定照填"Chinese Port"。

(9) 卸货港口(Port of Discharge)：是指货物最后卸货的港口，是海运承运人运输责任的终点。若货物由装运港直达目的港，未经转船，则在此栏内填上最后目的港。如果是转船运输，应在目的港后写明转船地。倘若信用证笼统规定卸货港名称，如“欧洲主要口岸”（European Main Port），则应按实际情况填写具体的港口名称。

（10）运费（Freight and Charges）：此栏内不写明具体的运费数额，只说明运费是预付还是到付。该项说明应与信用证规定及其他单据所表明的货物价格条件一致。如果采用CFR或CIF条件成交时，通常打“Freight prepaid”如采用FOB条件成交，此栏打“Freight to collect”。

（11）唛头与编号（Marks & Numbers）：唛头是提单与实际货物的主要联系要素，也是收货人提货的重要依据。因此提单上的唛头必须与实际货物，以及其他单据保持一致，如果信用证有规定，亦应与信用证完全一致，否则，就会影响日后的提货和办理结算。无唛头时，列明“N/M”或者空白。

（12）件数（Number of Packages & Containers）：此栏的件数是指预计装船出口的货物包装件的件数，而非货物的数量。对于散装货，应注明“散装”（In Bulk）字样。对于裸装货和包装货，应该详细列明最大包装数量或者件数。若出口货物有若干种，而包装方式、包装材料完全不同，则列明每种货物的最大包装件数。例如：出口的10万码布匹，分别以30个集装袋、21个捆包袋包装，则列为30个集装袋、21个捆包袋。货物如属托盘装运，该栏列明托盘的数量，同时用括号加注货物包装的件数，如“5 PALLETS（60 CARTONS）”。合计栏为合计数，各种包装方式的最大包装件数合计在此栏。合计（Total Number Of）一栏为上述合计数的英文大写。

（13）货物描述（Description of Goods）：即实际货物的名称。货物名称不仅要与信用证规定的品名一致，而且要与其他单据上的货物名称一致。倘若货物描述品种繁多，货名十分琐碎，则不必详列，只列出货物统称即可。

（14）重量（Weight）：通常只注明货物的毛重，一般以千克为单位。货物毛重应按实际数据填写，并须与其他单据上的重量一致。对于散装货，没有毛重只有净重，则应先加注“Net Weight”或“N. W”，再加注具体的净重数量。

（15）尺码（Measurement）：应按实际数据填写，通常用立方米（Cubic Metre）表示，小数点后保留3位。如果以FOB条件成交，除非信用证有特别规定，这栏内可留空不填。

（16）正本提单份数（Number of Original B/L）：填写该次托运所签发的提单正本的份数。签发正本提单的份数，主要根据来证规定。签发提单正本的份数应在本栏用大写英文数字注明，有时在大写后面用括号或斜线隔开加注阿拉伯数字，如“Two/2”、“Three/3”等。托收方式下的正本提单份数一般为1～3份均可。

（17）签发提单的日期和地点（Date and Place of Issue）：签发提单的日期不是接收货物开始装船的日期，而是货物装船完毕的日期。一些来证对提单缮制提出要求，例如，“They must state the date on which the goods are actually shipped and not the date received for shipment.”依据UCP600的规定，已装船的提单签发日期即视为装船日期和装运日期。因此提单日期不能迟于信用证规定的装运期。如果是备运提单，要成为已装船提单就必须盖两个章。其中右下角的章为签发章，签发日期为承运人收受货物的日期；左下角的章为已装船确认章，日期为已装船日期，此时在印章旁边还应该有已装船批注或在已装船栏中加注已装船日期。签发提单的地点应是承运人接管货物或装船的地点，但也可能不一致，例如：货物在我国新港装船，而提单却在天津签发。

（18）其他项。应该注意的是，当货物采用联合运输或需要经转船时，提单上往往还有以下内容。

① 前段运输（Pre-carriage by）：是指正式装上海轮前可采用的运输工具，如“火车”（By train No. ××）。

② 收货地点（Place of Receipt）：是指货物需转运时运抵装货港前一段收货的地点。如在石家庄收货，运至天津新港装船，本栏应填写“SHI JIA ZHUANG”。若货物不需转运，则此栏空白不填。

③ 转船港口（Port of Transhipment）：有的提单或有的来证需要明确转船港口，则应将港口名称填入此栏内，如果在香港转船，则本栏应填“HONGKONG”。

④ 交货地点（Place of Delivery）或最后目的港（Final Destination）：此栏应填上最后目的地（港）。如货物自新港装船，运至马赛，最后转运至巴黎，则此栏内应填写“PARIS”。

### 7.2.5　填制提单应注意的问题

**1. 提单号码**

提单号码是承运人对该批货物的编号。提单号码十分重要，不能漏填，因为没有提单号码的提单是不能成立的。如有装货单（S/O）号码一栏，则亦不能漏填。在我国，提单号和装货单号往往是一致的。

**2. 发货人**

（1）如果外来证没有特殊规定，提单上的发货人应为来证的受益人。如来证规定以第三方作为发货人时，可以运输公司作为发货人。在转口贸易中，中间商为保守商业秘密，不愿让实际用货人从单据上得知实际供货人的名称，通常在信用证中规定以第三方作为发货人。

（2）如来证规定以国外商人作为发货人，我方原则上不能接受，以免船舶在航行中出事或交货后信用证发生意外事故，使我方处于不利地位。另外，提单往往由发货人背书，如以国外商人为发货人，背书时将使我方很被动。

（3）如来证规定我出口公司代外国商号发货，则可接受。提单上发货人一栏内可填作：“××（出口公司）on behalf of ××（外国商号）”，在背书时，亦须加上“on behalf of ××”字样。

**3. 收货人**

（1）须确切按来证规定办理。如来证无明确规定，可在这一栏内填写“To order”或

"Order"字样。

（2）当收货人一栏内填写"To order"或"To order of shipper"时，发货人注意要正确背书。

4. 被通知人

（1）来证要求在提单上加注被通知者，应完整清楚地照为填列。如信用证有详细地址、电话、传真时，一定不能遗漏。否则，可能会影响到货通知的及时发出。

（2）如来证有"仅通知××"（Notify ×× only）字样，则提单被通知人栏内，不能省略"only"。

5. 装货港

（1）装货港要注明实际装船的港口名称。如新港（Xingang）等。如来证规定的装货港与实际装货港不符时，应及时修改信用证，以免影响"单、证一致"。

（2）对于同一地区的几个港口，不能在提单上随便混用。例如，来证规定在天津发货，而货物实际在新港装船，装运港不能仅填写"新港"，而应该填上"天津新港"（Xingang of Tianjin）字样，以免形成单、证不符。

6. 目的港

（1）提单上的目的港应该与信用证内的规定相符。

（2）如该批货物须经转船后才能抵目的港，则提单内目的港一栏一般应写清楚。如"需经转船运往利物浦"（Liverpool with transhipment）。

（3）如信用证规定目的港处有"自由区"（Free Zone）、"自由港"（Free Port），以使进口商享受关税减免的优惠待遇，则提单此栏内应照打。如"赛得港自由区"（Port Said Free Zone）。

（4）海运运往美国的货物，往往在目的港卸货后，还要转运到内陆的城市去。因此，来证除了规定目的港外，往往还要注明"陆上共同点（Overland Common Point，OCP）"字样。美国把北起北达科他州南至新墨西哥州直到东部沿海均划为 OCP 地区。凡从太平洋彼岸的货物经美国西岸各港向东运往 OCP 地区的铁路运费率均较本地费率低。例如："旧金山，陆上共同点，雷诺市（San Francisco OCP Reno）"。意为：运到目的港旧金山陆上共同点，然后集中转运到雷诺。如果漏填"陆上共同点（OCP）"，则货物运到旧金山后，就会只卸在码头而不集中到"陆上共同点"去，由此而产生的费用，就可能转嫁给出口公司方面。

7. 运费支付地

如采用 CFR、CIF 价格，可填装运地名。如采用 FOB 价格，应填目的地地名或填"目的地"（Destination）或填写"Freight to Collect"字样。

8. 正本提单份数

正本提单必须标明"Original"的字样。目前绝大多数运输公司的正本提单都已印好了"ORIGINAL"字样。但是，签发的提单没有标明正本字样的现象也确实存在。这种没有正本字样的提单，一般情况下也能在目的港卸货代理处凭单提货，但其埋下的隐患是严重的。

根据UCP600规定，受益人必须提交全套正本提单。这是为了保护收货人在提单项下的权益。不管提单正本出具多少份，船公司只要见到其中一份便放货，其他各份自动失效。因此，提单正面条款通常有如下规定："为证明以上各项，承运人或其代理人已签署各份内容和日期一样的正本提单，其中一份如果已完成提货手续，其余各份均告失效。（In witness whereof, the Carrier of his Agents has signed Bill of Lading all of this tenor and date, one of which being accomplished, the others to be void）"。

**9. 唛头号码**

（1）提单上的目的港，原则上必须和货物唛头刷好的目的港一致，件数和批号也必须一致。一批货物的件号应该连续，如其中有个别件数因故不能装出时，则应在件号前标上"EX"字样，以表示其中有缺件，如EX NO. 1－100。

（2）如来证规定目的港为"××港自由区"（×× Free Zone）时，货物唛头上应按要求刷制，以防止货物仅在某港而不在自由区卸下。

（3）散装货物的单据上，应注明"无唛头"（N/M）及"散装"（In Bulk）字样。如钢条上刷上红色条纹以便识别时，应在提单上注明"红色条"（Red Stripe）字样，若涂刷的是白色，则填"白色条"（White Stripe）字样。

**10. 货名、件数、重量和尺码**

（1）提单上的货物名称，可为一般概括性的描述，不必列明货物的详细规格。为了节约运费，当同一种货物如使用不同名称而可以节约运费时，应争取在来证中使用运费较低的货名。

（2）提单上除了数字件数外，还有"大写合计数字"（Total Packages in Words）一栏。如果散装货物无件数时，本栏可填上"散装"（In Bulk），如果采用托盘或集装箱装货，而内装的又是单件运输包装货时，则除了写明托盘或集装箱数量外，还需写明实际件数，如"5个托盘，内装50纸箱"[5 PALLETS（50 CARTONS）]。

（3）来证除有特别规定外，提单上的重量，可以仅列明毛重。若提单上的重量单位与其他单据不一致时，应折算相等（如其他单据为磅，而提单上必须以千克为单位）。此外，提单上还应该填列货物的尺码，用立方米表示，不得遗漏。

**11. 运费**

来证一般都规定运费的表示方法，如果证内要求提单列明运输金额，则应要求承运人将具体运费填列在提单上。在不用具体注明运费金额的情况下，关于运费，有以下几种填制方法。

（1）如由我方租船订舱，我方支付运费时，可以填写为"运费预付"（Freight Prepaid）或"运费付讫"（Freight Paid）。

（2）如由对方租船订舱，对方支付运费时，可以填写为"运费到付"（Freight to

Collect)。也有的来证要求打印上“运费由租船人支付”(Freight Pay by Charter Party),此时则应照办。

(3) 如由我方代替对方租船订舱,我方代付运费时,可以填写为“Freight Prepaid”或“Freight Paid”。

(4) 如由我方代替对方租船订舱,而由对方支付运费时,可以填写“Freight to Collect”。

另外,在 CFR 或 CIF 合同项下,若信用证未注明“运费预付”,出口商应在提单上加注“运费预付”,银行一般能通融。

**12. 提单签发者**

以往,对于正本海运提单,一般只查看是否有签字盖章,而不问签字者的身份如何,现在,根据 UCP600 第二十条规定:“承运人、船长或代理的任何签字必须分别表明其承运人、船长或代理的身份。代理的签字必须显示其是否作为承运人或船长的代理或代表签署提单。”即注明代理人是代表承运人或船长签字或证实的。也就是说,银行将拒绝接受没有承运人名称及其身份的提单。

在实际业务中,存在着由于提单签署不合格而引起拒付的案例,值得有关当事人特别是受益人重视。例如,一受益人提交的提单正面标有承运人的名称(BCD CO.),但未注明身份,该提单的签署是“ABC CO.(签署)ABC CO.(具名代理人)as agent for the carrier named above”。开证行宣称:“无法确定提单的承运人,信用证项下单据不符。经联络进口方,其要求降价 20%,否则不予付款。”可见,提单签署必须严格符合 UCP600 的规定。

目前,签发提单大致有以下 4 种情况。

(1) 承运人签字的提单,例如:

ABC Shipping Co., Ltd.(承运人公司)
Herry(签字)
The Carrier(承运人)

(2) 承运人署名代理人签字的提单,例如:

TSS Co., Ltd.
Johnson(签字)
As agent for (or as agent on behalf of)
ABC Shipping Co., Ltd.
The Carrier

(3) 船长签字的提单,例如:

Tom(船长签字)
Master of ABC Shipping Co., Ltd.
The Carrier

（4）船长的署名代理人签字的提单，例如：

Smith Co.，Ltd（代理人公司名）

Jackson（签字）

As agent for（or As agent on behalf of）

Jack（签字）

Master of ABC Co.，Ltd.

The Carrier

海运提单样式如表 7－10 所示。

**表 7－10　海运提单**

**Ocean Bill of Lading**

<table>
<tr><td colspan="2">1. Shipper</td><td colspan="4" rowspan="3">B/L No.<br>COSCO<br>中国远洋运输（集团）总公司<br>CHINA OCEAN SHIPPING（GROUP）CO.<br>COMBINED TRANSPORT BILL OF LADING<br>ORIGINAL</td></tr>
<tr><td colspan="2">2. Consignee</td></tr>
<tr><td colspan="2">3. Notify Party</td></tr>
<tr><td>4. Pre-carriage by</td><td colspan="5">5. Place of Receipt</td></tr>
<tr><td>6. Ocean Vessel Voy. No.</td><td colspan="5">7. Port of Loading</td></tr>
<tr><td>8. Port of Discharge</td><td colspan="2">9. Place of Delivery</td><td colspan="3">Final Destination</td></tr>
<tr><td>10. Marks & Nos. Container Seal No.</td><td>11. No. of containers of Packages</td><td>12. Description of Goods</td><td colspan="2">13. Gross Weight</td><td>14. Measurement</td></tr>
<tr><td colspan="6">TOTAL NUMBER OF CONTAINERS<br>OR PACKAGES（IN WORDS）</td></tr>
<tr><td>15. Freight & Charges</td><td>Revenue Tons</td><td>Rate</td><td>Per</td><td>Prepaid</td><td>Collect</td></tr>
<tr><td rowspan="2">Ex. Rate</td><td>Prepaid at</td><td colspan="2">Payable at</td><td colspan="2">17. Place and Date of Issue</td></tr>
<tr><td>Total Prepaid</td><td colspan="2">16. No. of Original B（s）/L</td><td colspan="2">18. Signed for the Carrier</td></tr>
</table>

Laden on Board the Vessel

Date ____________

### 7.2.6 提单上常出现的差错

当前提单差错表现在以下几个方面。

（1）提单正本的份数与来证要求不符。如来证规定1/3正本提单在装运后24小时内直接寄给申请人，出口商却将整套正本提单（3份）都提交银行议付。等议付行审单时发现，已超过了来证规定的24小时的时限。

（2）提单非关键部分内容变更，但未经承运人或其代理人在更动的地方加注小签。

（3）未按照来证规定正确背书。如来证规定：提单作成“凭托运人指示”（To Order of Shipper）抬头，则必须由托运人在提单背面背书，才能转让物权。否则，货抵目的港，国外客户无法凭提单提货。

（4）提单上漏填信用证号、合同号或预计抵达日期。如来证规定提单需显示上述号码或日期，而业务人员在委托运输时忽略了这些细节，导致单证不符。

（5）提单上的装运日期不符合信用证规定。例如，提单日期超过了信用证规定的最迟装运期。这是因为业务员在装运前未认真审核运输条款，超过了装运期仍安排出运，导致提单日期迟于信用证规定的装运期，构成单证不符，无法安全收汇。

（6）提单提交银行时，虽然在来证规定的有效期限以及装运期限内，但已超过签发日期21个公历日，成为过期提单。

（7）提单上所记载的包装条件与来证规定不相符。例如，某公司向美国出口一批大豆，合同规定以旧、修补麻袋包装，而来证规定麻袋包装。该公司按合同规定，使用了旧、修补麻袋包装，制作提单时，依照信用证规定打成“麻袋包装”。承运人在签发提单时发现货物包装是旧袋且有修补，欲在提单上如实加注，出口商担心由此造成不清洁提单而影响收汇，以为合同既然规定采用旧、修补麻袋包装，进口商应不会提出异议，所以改制提单为旧、修补麻袋包装。但是单到开证行遭拒付，理由是单证不符。后经过多次交涉，才以减价处理结案。

（8）货物被装在舱面而不是装在船舱内。当来证要求提供“已装船提单”时，“舱面提单”是被拒绝接受的。

（9）装运港和目的港与来证规定不符。例如，信用证规定装运港名称为“Chinese Port”，禁止分批。货物于10月18日在新港装出100公吨，10月22日又在浦东港装出100公吨，出口商这样做是依据UCP600第三十一条a款，该条规定运输单据表面上注明货物以同一运输工具装运且航次相同，即使其注明不同的装运日期及/或不同的装运港，只要注明目的地相同，即不视为分批装运。可是出口商忽略了信用证中的“Chinese Port”为单数，为非复数，但提单上出现了新港和浦东两个装运港，显然构成不符点。

（10）货物装船后，拿到的是不清洁提单。

（11）来证规定提单上要注明“已装船”（On Board）字样，但提单上未注明。

(12) 来证声明可以接受备运提单，但应该注明装船日期，而实际并未注明装船日期。

(13) 未按来证规定，明确列出“运费预付”或是“运费到付”。

(14) 提单上的包装件数只有小写，没有大写，或大小写不一致。

(15) 当来证要求提单上要表示实际运费时，提单上没有按要求表示实际运费。

(16) 正本提单未经承运人或其代理人签署。

(17) 正本提单并未注明签发日期，这是提单的一个要项，必须补注。

(18) 正本提单漏注签发地点，这是提单的必要内容，必须补注。

(19) 来证规定不允许分批装运，而实际上货物不能够全部装出。

(20) 唛头与来证规定不相符。

(21) 除非信用证明确规定，否则如向银行递交其他类型的提单，比如包租船提单、代运人提单等，是不会被接受的，所以应退回重换。

### 7.2.7 提单的使用

**1. 关于提单的确认**

提单确认的内容，包括缮制提单内容的确认、提单签发人、签发日期、签发地点、签发份数的确认。在信用证项下，提单确认的内容，应做到“单证相符、单单相符”。

提单确认的方法，一般包括以下两个环节。

1) 托运人在报关后、开船前的确认

一般将提单的每一项内容按照托运单输入规定的电子提单中，然后打印成纸质“提单确认样张”，将此样张传真或电子传送给委托人，在载货船舶起航之前进行书面核对，及时修改。将修改后的“提单确认样张”保存在计算机规定文档中。

2) 当货物装上船舶并离境后的确认

将“提单确认样张”打印在承运人规定使用的空白提单上，持凭有承运人签收的“场站收据”或持凭有EDI系统显示海关已放行和货已装运的计算机指令，交由承运人盖章并签发正本提单。取得提单后核对承运人签发的日期、地点、份数，使签发的提单同时符合信用证要求和UCP600中对签单人的有关规定。

**2. 关于提单的更正**

1) 开船前的提单更正

托运人在开船前要求更改提单时，在不损害承运人、其他托运人的利益，也不违反海关规定的情况下，一般船公司或其代理应予以满足。

2) 船已驶离，收货人还未提货前的提单更改

托运人在船已驶离，收货人还未提货前提出要求更正提单时，必须出示书面的正式更改申请书并保证支付由此产生的费用，在不损害承运人、其他托运人的利益，也不违反海关规定的情况下，一般船公司或其代理也应予以满足。但有时候这种更改的成本很高。

3. 关于倒签提单和预借提单

应该指出的是：倒签提单和预借提单都是错误的做法。个别承运人从本单位的利益出发，为了揽住客户，在得到托运人的书面“保证”后，往往就将已签字的正本提单“借”给托运人。其实，托运人交给承运人以换取提单的“保证”，其内容基本相同或相似，即愿意承担一切后果。但实际却不是这样的。一旦进口方发现提单弄虚作假，承担责任的不仅仅是托运人，承运人也难以推脱其应负的责任。这种事例，已经屡见不鲜。有人认为，只要有海上运输，这两种提单就难免使用。事实上，不少进出口企业，由于各方面密切配合，做到证（信用证）、同（合同）、船（运送商品的船舶）、货（待装货物）有机配合，合理安排，从未使用倒签提单或预借提单来解决“燃眉之急”。成功的经验，值得学习和借鉴。

4. 关于直达提单、转船提单、联运提单

直达提单，由于只使用一艘船从事货物的装船—运输—卸货，因而运输时间可以节省，运输费用可以减少（不用支付转船费用）。凡是合同或信用证规定有不许转运的条款，则必须提供直达提单。例如，某公司向欧洲出口大豆 500 公吨，买方要求直达船，不得中途转运，以避免货物遭受损失，在合同及信用证内均规定“Transhipment not allowed”字样。则卖方必须使用直达船来运输这批大豆，货物装船后，卖方还要向买方提供直达提单，以资证明货物是由一艘船直接运到目的港口的。在直达提单内，仅列有装运港和目的港而无中途“转船”、“在某港转船”等批语。

转船提单的特点是：运输方式不发生改变。提单内一般都注有“在××港转船”（With transhipment at ×× port）字样，如××港是香港（Hong Kong）。但也有在提单内仅注明“需经转船”（With transhipment）字样的。由于运送的货物要在中途港口转船，一般要转一个，个别港口由于偏僻，有时要转两次，甚至还有需要转三次之多。不仅货物由于要装上、卸下容易破损，而且还会因为等候换装船舶而延误了到货时间。另外，转船还要支付转船附加费。因此，只有在不得已的情况下，卖方才同意转船。

联运提单，货物在中途转换别的运输工具和交接工作，均由第一承运人或其代理人负责向下一航程承运人办理，托运人不需亲自办理。应该指出的是，联运提单和转船提单虽然都包括全程运输，但签发提单的承运人或其代理人，一般都在提单条款中规定：只承担货物在他负责运输的一段航程内所发生的损失责任。当货物从他所有的运输工具卸下后，他的责任即告终结。

5. 关于指示提单中“收货人”的填法

在指示提单中“收货人”（Consignee）一栏内常使用的填写方法如下。

（1）“凭指定”（To order）。这种填写方法，是指提单内所标明商品的所有权，只要有托运人（Shipper）的背书就可以转让出去。在指示提单中，以这种填写方法最多。对银行来说，最欢迎这种填写方法。

（2）“凭发货人指定”（To order of shipper），这种填写方法与第一种相似，如果“托运人”（Shipper）就是信用证内的“受益人”（Beneficiary）或托收方式的“委托人”（Principal），那么，第二种和第一种相同。但是，第二种的托运人有时是与受益人或委托人无关的第三方时，在“收货人”一栏内，就应该填为“凭指定”了。

（3）“凭……银行指定”（To order of… bank），是指提单必须经××银行背书后，才能将提单上货物的所有权转让给第三方。所谓××银行，大多数是指开证银行而言。提单之所以要由银行指定，实际上是银行要控制货物的所有权。这种填写方法，在使用信用证方式时可以经常见到。如果信用证的受益人（出口方），能切实按信用证的规定办事。这样填写也是可以的。

（4）“凭买方指定”（To order of buyer），即提单必须经过买方背书后，才能将货物的所有权转让给第三方。这种填写方法，对出口商人和银行的保障最小。除了特殊情况外（如预付全部货款等情况），一般不宜采用。

6. 关于对外寄出正本海运提单

因为正本海运提单代表货物的所有权，能够凭其提取货物。所以，无论银行或出口方在对外寄出正本提单时，一定要特别注意，一般要用快递（Express）或挂号，以免丢失。如果寄出的正本提单在两份以上时，一定要分开寄出，以保证安全。因为提单签发人对丢失的正本提单通常不再补签。

在国际贸易中，进口方从本身利益出发，经常要求出口方在装船后直接将提单寄出。对此提出应注意的事项如下。

（1）如进口方已预付全部货款，可以自行寄出正本提单。

（2）在托收方式甚至信用证方式下，不宜自行寄出正本提单，如果是托收方式，进口方凭寄来的提单提取货物后，很可能不理睬银行的“提示”而拒付货款。在使用信用证方式时，如出口方径自寄出正本提单，则银行完全可能宣称对能否收回货款不承担责任。至于出口方是否可以将正本提单用传真方式传送给进口方，因为提单正本传真件不能提取货物，不涉及货物所有权的转移问题，纯属协助进口方办理进口提货手续，出口方应从开展贸易的角度出发，满足进口方要求。

### 7.2.8 UCP600 对提单的规定（UCP600 第二十条）

（1）本条对提单的签发者有具体要求，这种要求和至少包括两种以上不同运输方式单据的签发人基本一样。即：提单的签发人必须是承运人或承运人的具名代理或代表，或者船长或船长的具名代理或代表，并要求签发人在提单上标明他们的身份。为什么要有这样严格的规定？笔者认为，因为提单和至少包括两种不同运输方式单据的作用是一样的，都可以凭它提取货物，通过背书，还可以转让。所以，对这种运输单据要特别慎重。

（2）本条根据不同的贸易术语对提单有不同的要求。如 FOB、CFR、CIF 就必须签发“已装船提单”（On Board B/L）。但使用 FCA、CPT、CIP 术语用于海上运输时，承运人就可以签发“备运提单”。

那么如何表明货物已在信用证规定的装运港装上具名船只？

① 预先印就的词语，或注明货物装船日期的装船批注。

② 提单的出具日期被视为装运日期，除非提单包含表明装运日期的已装船批注，此时装船批注中注明的日期将被视为装运日期。

③ 如果提单包含“预期船”字样（即船名前有“Intended”字样）或类似有关限定船只的词语时，装船批注必须注明装运日期以及实际装运的船名，即注明：

On board

at ×× vessel

yy/mm/dd

（3）本条对于提单正本的规定很仔细。规定正本提单是一份或一份以上，如果开证人要求提供一份以上正本时，所提供正本提单的份数，应该和提单上所标明的数字一致。如来证要求提供三份正本提单时，受益人应按规定办理。提单上也要注明：“签发三份正本。”

（4）本条规定，即使信用证规定不允许转运，但只要提单上证实货物采用集装箱、子母船或拖车运输，银行可以接受将发生/可能发生转运的提单。因为集装箱必然有一段陆上运输。子母船也有从大船到小船或者小船到大船的转运过程。而拖车运输也有一段距离不是海上运输。因此，信用证规定“不允许转运”显然是不恰当的。

## 本章小结

在国际货物买卖中，凡涉及运输的买卖合同，都需要就货物的运输方式以及当事人在有关货物运输方面的责任作出规定。运输单据是指证明货物已经装船或已发运或已由承运人接受监管的单据。运输方式不同，运输单据各异。某些单据还具有代表货物所有权或构成或约束托运人和承运人的运输契约的作用。

海运提单亦称提单，是指用以证明海上货物运输合同和货物已经由承运人接收或者装船，以及承运人保证据以交付货物的依据。在当今的国际贸易中，绝大部分交易是采用FOB、CFR和CIF等几种主要的贸易术语成交的，这意味着熟悉海运提单的作用、种类、内容、填制规范及填制过程中应注意的问题对买卖双方极为重要。

根据INCOTERMS 2000的有关规定，买卖双方中的一方必须与承运人订立运输合同并承担相应事宜。所以了解并掌握运输单据相关知识在日常进出口业务中尤为重要。

## 概念与术语

1. 海运提单：亦称提单，是指用以证明海上货物运输合同和货物已经由承运人接收或者装船，以及承运人保证据以交付货物的依据。

2. 不可转让海运单：是由船长或船公司或其代理人签发的证明已收到特定货物（已接

管或已装船）并保证将货物运至目的地交付给指定收货人的一种凭证。

3. 海运托运单：是托运人根据买卖合同、信用证的有关内容，向承运人办理货物运输的书面凭证。

4. 国际航空运输单证：在航空运输中，航空公司或者航空货运代理公司作为承运人签发航空运单作为其接受货物的依据，以及与托运人之间的运输合同的证明，但它不是物权凭证。

5. 国际多式联运单证：是指证明多式联运合同及证明多式联运经营人接管货物并负责按合同条款交付货物的单证。该单证包括双方确认的取代纸张单证的电子数据交换信息。国际多式联运单证不是多式联运合同，只是多式联运合同的证明，同时是多式联运经营人收到货物的收据和凭其交货的凭证。

## 思考题

1. 海运托运单有哪些作用？
2. 电子托运单的含义和特点是什么？
3. 航空运单的性质和作用是什么？
4. 提单的性质和作用是什么？
5. 国际贸易中经常使用的提单有哪些？
6. 不可转让海运单与提单有何区别？
7. 什么是“倒签提单”和“预借提单”？使用这类提单的危害性有哪些？
8. 案例分析：

国外开来不可撤销信用证，证中规定最迟装运日期为 2007 年 12 月 31 日，议付有效期为 2008 年 1 月 15 日。我方按照证中规定的装运期完成装运，并取得签发日期为 2007 年 12 月 10 日的提单，当我方备齐议付单据于 2008 年 1 月 4 日向银行议付交单，银行以我方单据已经过期为由拒绝付款。请问：银行的拒付是否有理？为什么？

# 第8章　保险单据

**学习要点**

- 掌握保险单据的作用、分类及背书转让。
- 了解保险合同的当事人、保险险别和办理投保手续的方法。
- 掌握保险单的主要内容和缮制及填制过程中的注意问题。
- 了解 UCP600 对保险单据的有关规定。

## 8.1　保险单据概述

由于国际贸易中，出口商将货物运抵进口商需经过长途运输，中途多次搬运有可能受到自然灾害、意外事故或外来因素导致的货损。因此，为了减少风险，避免损失，往往需要对货物投保运输险，由保险公司承担货物运输途中的损失赔偿。投保后，投保人得到代表保险合同的保险单，国际货物运输保险属于财产保险范畴，保险的目的可概括为补偿损失、分散风险、预防损失。

### 8.1.1　保险单据的作用

保险单据是由保险公司签发的，承保一定航程内的某一批货物的风险和损失的一种单据，是保险合同的证明。

保险单据是保险人与被保险人之间订立保险合同的证明文件，它反映了保险人与被保险人之间的权利和义务关系，也是保险人的承保证明，是一种潜在的利益凭证。当发生保险责任范围内的损失时，它又是保险索赔和理赔的主要依据。在CIF/CIP合同中，出口商提交符合规定的保险单据是必不可少的义务。

### 8.1.2 保险合同的当事人

（1）保险人，又称承保人，即收取保险费并按照合同规定负责赔偿损失或履行给付义务的人，通常是指经营保险事业的各种组织。

（2）投保人，也称要保人，即对保险标的具有保险利益，与保险人签订保险合同并缴纳保险费的人。

（3）被保险人，是受保险合同保障的人，即按照保险合同向保险人取得赔款或期满给付的人。财产保险的被保险人，通常就是投保人，是对被保险财产具有利益的人。国际货物运输保险在实际出口业务中，先是出口商办理投保（CIF条件下），投保人和被保险人都是出口商，但当货物的物权和风险转移至进口商后，只要进口商持有投保人背书转让给他的保险单，进口商即成为被保险人。

### 8.1.3 保险险别

#### 1. 伦敦保险业协会海运货物保险条款

现行的伦敦保险业协会的海运货物保险条款有6种险别，这里主要介绍3种，即协会货物（A）险条款［ICC（A）］，协会货物（B）险条款［ICC（B）］，协会货物（C）险条款［ICC（C）］。

1）（A）险条款

ICC（A）险的承保责任范围较广，不便把全部承保的风险一一列出，因此对承保风险的规定采用"一切风险减除外责任"的方式，即除了在除外责任项下所列风险所致损失不予负责外，其他风险所致损失均予负责。（A）险的除外责任有以下4类。

（1）一般除外责任。是指被保险人故意的不法行为所造成的损失或费用；保险标的自然渗漏、重量或容量的自然损耗或自然磨损；由于包装或准备不足或不当所造成的损失或费用；因保险标的内在缺陷或特征所造成的损失或费用；直接由于延迟所引起的损失或费用；因船舶所有人、经理人、组传人经营破产或不履行债务所造成的损失或费用；因使用任何原子或热核武器所造成的损失或费用。

（2）不适航、不适货除外责任。主要是指被保险人在保险标的装船时已知船舶不适航，以及船舶、运输工具、集装箱等不适货。

（3）战争除外责任。是指由于战争、内战、敌对行为等所造成的损失和费用；由于捕获、拘留、扣留等（海盗除外）所造成的损失；由于漂流水雷、鱼雷等所造成的损失或费用。

（4）罢工除外责任。是指由于罢工、被迫停工所造成的损失或费用；由于罢工者、被迫停工工人等造成的损失或费用；任何恐怖主义者或出于政治动机而行动的人所致损失或费用。

2）（B）险条款

ICC（B）险对承保风险的规定是采用“列明风险”的方式，即把所承保的风险一一列举，凡属承保责任范围内的损失，无论是全部损失还是部分损失，保险人按损失程度均负责赔偿。

（B）险承保的风险是灭失或损害要合理归因于以下原因：① 火灾、爆炸；② 船舶或驳船触礁、搁浅、沉没或者倾覆；③ 陆上运输工具倾覆或出轨；④ 船舶、驳船或运输工具同水以外的任何外界物体碰撞；⑤ 在避难港卸货；⑥ 地震、火山爆发、雷电；⑦ 共同海损牺牲；⑧ 抛货；⑨ 浪击落海；⑩ 海水、湖水或河水进入船舶、驳船、运输工具、集装箱、大型海运箱或储存处所；⑪ 货物在装卸时落海或跌落造成整件的全损。

（B）险的除外责任方面，除对“海盗行为”和恶意损害险的责任不负责任外，其余均与（A）险的除外责任相同。

3）（C）险条款

ICC（C）的风险责任规定，也和（B）险一样，采用“列明风险”的方式，可是仅对“重大意外事故”（Major Casualties）所致损失负责，对非重大意外事故和自然灾害所致损失均不负责。

（C）险的承保范围是灭失或损害要合理归因于：① 火灾，爆炸；② 船舶或驳船触礁、搁浅、沉没或倾覆；③ 陆上运输工具倾覆或出轨；④ 船舶、驳船或运输工具与水以外的任何外界物体碰撞；⑤ 在避难港卸货；⑥ 共同海损牺牲；⑦ 抛货。

（C）险的除外责任与（B）险完全相同。

另外，恶意损害是新增加的附加险别，其承保被保险人以外的其他人（船长、船员等）的故意破坏行动所致被保险货物的灭失或损坏。但是，如果是出于政治动机的人的行动，不属于恶意损害险承保范围，而应属于罢工险的承保范围。由于恶意损害险的承保责任范围已被列入（A）险的承保风险，所以，只有在投保（B）险和（C）险的情况下，才在需要时可以加保。

**2. 我国海洋运输货物保险险别**

根据中国人民保险公司的规定，我国海洋运输货物保险的基本险别分为平安险、水渍险和一切险 3 种。

1）平安险

保险公司对平安险（Free from Particular Average，F. P. A.）的承保责任范围如下。

（1）被保险货物在运输途中由于恶劣气候、雷电、海啸、地震、洪水等自然灾害造成整批货物的全部损失或推定全损。当被保险人要求赔付推定全损时，须将受损货物及其权利委付给保险公司。被保险货物用驳船运往或远离海轮时，每一驳船所装的货物可视作一个整批。

(2) 由于运输工具遭受搁浅、触礁、沉没、互撞、与流水或其他物体碰撞，以及失火、爆炸等意外事故造成货物的全部或部分损失。

(3) 在运输工具已经发生搁浅、触礁、沉没、焚毁意外事故的情况下，货物在此前后又在海上遭受恶劣气候、雷电、海啸等自然灾害所造成的部分损失。

(4) 在装卸或转运时由于一件或数件货物落海造成的全部或部分损失。

(5) 被保险人对遭受承保责任内危险的货物采取抢救、防止或减少货损的措施而支付的合理费用，但以不超过该批被救货物的保险金额为限。

(6) 运输工具遭遇海难后，在避难港由于卸货所引起的损失，以及在中途港、避难港由于卸货、存仓及运送货物所产生的特别费用。

(7) 共同海损的牺牲、分摊和救助费用。

(8) 运输契约订有"船舶互撞责任"条款，根据该条款规定应由货方偿还船方的损失。

2) 水渍险

保险公司对水渍险（With Average/With Particular Average，W. A. /W. P. A.）的承保责任范围，除包括上列平安险的各项责任外，还负责被保险货物由于恶劣气候、雷电、海啸、地震、洪水自然灾害所造成的部分损失。

3) 一切险

一切险（All Risks）的责任范围是，除包括上列平安险和水渍险的各项责任外，还负责被保险货物在运输途中由于一般外来风险所造成的全部或部分损失。

除基本险别之外，还有附加险，附加险是对基本险的补充和扩大。投保人只能在投保一种基本险的基础上才可加保一种或数种附加险。附加险又包括一般附加险和特殊附加险两种。

一般附加险包括碰损、破碎险，串味险，淡水雨淋险，偷窃、提货不着险，短量险，渗漏险，混杂、玷污险，钩损险，受潮、受热险，锈损险，包装破裂险等11种险别。当投保为平安险或水渍险时，可加保上述11种一般附加险中的一种或数种险别。但如果已投保了一切险，就不需要再加保一般附加险，因为保险公司对于承保一般附加险的责任已包含在一切险的责任范围内。

特殊附加险包括战争险、罢工险、黄曲霉素险、交货不到险、舱面险、进口关税险、拒收险、货物出口到中国香港（包括九龙）或中国澳门存仓火险责任扩展条款等险别。被保险人不论已投保何种基本险别，均可另行加保有关的特殊附加险别。

### 8.1.4 保险单据的分类

1. 保险单

保险单（INSURANCE POLICY）俗称大保单，是使用最广的一种保险单据，是一种正规的保险合同。货运保险单是承保一个指定航程内某一批货物的运输保险，它具有法律上的效力，对双方当事人均具有约束力。保险单上一般需注明：当事人的名称和地址；保险标的的名称、数量或重量、唛头；运输工具；保险险别；保险责任起讫时间和地点及保险期限；保险币别和金额；保险费；出立保险单的日期和地点；保险人签章；赔款偿付地点，以及经保险人和被保险人双方约定的其他事项等内容，保险单背面载明的保险人与被保险人之间权利和义务等方面的保险条款。

2. 保险凭证

保险凭证（INSURANCE CERTIFICATE）俗称小保单，是一种简化的保险契约。这种凭证除背面不载明保险人与被保险人双方的权利和义务等保险条款外，其余内容均与保险单相同。保险凭证与上述保险单具有同等法律效力。但近年来，为实现单据规范化，不少保险公司已经废弃此类保险凭证。

3. 联合凭证

联合凭证（COMBINED CERTIFICATE）是一种将发票和保险单相结合的，比保险凭证更为简化的保险单据。保险公司将承保的险别、保险金额，以及保险编号加注在投保人的发票上，并加盖印戳，其他项目均以发票上列明的为准。这种凭证曾在我国对某些特定地区的出口业务中使用，现已很少使用。

4. 预约保单

预约保单（OPEN POLICY）又称预约保险合同（OPEN COVER），是指被保险人（一般为进口人）与保险人之间订立的总合同。订立这种合同的目的是为了简化保险手续，又可使货物一经装运即可取得保障。合同中规定承保货物的范围、险别、费率、责任、赔款处理等条款，凡属合同规定的运输货物，在合同有效期内自动承保。在实际业务中，预约保单适用于我国从国外进口的货物。凡属预约保单规定范围内的进口货物，一经起运，我国保险公司即自动按预约保单所订立的条件承保。但被保险人在获悉每批货物装运时，应及时将装运通知书送交保险公司，并按约定办法缴纳保险费，即完成了投保手续。事先订立预保合同，可以防止因漏保或迟保而造成的无法弥补的损失。

5. 批单

保险单出立后，投保人如需要补充或变更其内容时，可根据保险公司的规定，向保险公司提出申请，经同意后即另出一种凭证，注明变更或补充的内容，这种凭证即称为批单（ENDORSEMENT）。保险单一经批改，保险公司即按批改后的内容承担责任。其批改内容如涉及保险金额增加和保险责任范围扩大，保险公司只有在证实货物未发生出险事故的情况下才同意办理。批单原则上须粘贴在保险单上，并加盖骑缝章，作为保险单不可分割的一部分。

### 8.1.5 保险单据的背书转让

保险单据可以经背书或其他方式进行转让。根据国际保险行业的习惯，保险单据经被保险人背书后，即随着被保险货物的所有权转移自动转移到受让人手中。背书前后不需要取得保险人的同意，也不需要通知保险人。因此，出口方只需要在保险单据上背书就完成了转让手续。受让人有权以自己的名义要求保险人在出险时赔偿承保范围内的损失。

从保险单据的背书形式上看，一般保险单据的背书有两种：空白背书和记名背书。

从不同形式背书的做法与作用看：空白背书的具体做法是在保险单据背面打上被保险人公司的名称或盖上公司图章，再加上背书人签字。此外不再作任何批注。如信用证规定“ENDORSED IN BLANK”或“BLANK ENDORSED”就需要这样做。如果信用证对保险单据的背书无明确规定，也应作成空白背书。保险单据作成空白背书意味着被保险人或任何保单持有人在被保货物出险后享有向保险公司或其代理人索赔的权利并得到合理的补偿。记名背书的具体做法除了在保险单据背面作成上述“空白背书”外，还应在被保险人的名称上面打印上“DELIVERY TO（THE ORDER OF） ××BANK（Co.）”，即［交由××银行（或公司）的（指示）］。

记名背书必须以银行或公司为被背书人，保险单大多采用记名背书给开证行。记名背书在日常业务中较少使用。保险单据作成记名背书意味着保险单据的受让人在被保货物出险后享有向保险公司或其代理人索赔的权利。

在FOB和CFR贸易术语下，理应由买方办理投保。如果买方要求卖方代办保险以买方为被保险人，这种保险单就无须卖方背书，与其他单据一并交买方即可。

### 8.1.6 办理投保手续

投保人根据合同或L/C规定向保险机构提出投保要求（以传真等形式发送投保单/发票/货物明细单等），保险机构或其代理同意后出具正式单据，一般为三正二副。除L/C另有规定，保险单据一般应作成可转让的形式，以受益人为投保人并由其背书。

## 8.2 保险单的缮制

### 8.2.1 保险单的主要内容及缮制

各家保险公司根据自身印制的保险单固定格式和投保要求制作保险单，一般包括以下内容。

（1）保险公司名称（NAME OF INSURANCE COMPANY）。此栏应按信用证和合同要求办理，尤其是在信用证支付方式下，如来证规定“INSURANCE POLICY IN DUPLICATE BY PICC”，PICC 即中国人民保险公司，即信用证要求出具由中国人民保险公司出具的保险单，则必须照办。

（2）保险单据名称。此栏按照信用证和合同规定填制。如来证规定“INSURANCE POLICY IN DUPLICATE”，即要求出具保险单而非保险凭证（INSURANCE CERTIFICATE），则必须出具保险单。

（3）发票号码（INVOICE NO.）。此栏填写投保货物商业发票的号码。

（4）保险单号（POLICY NO.）。此栏填写保险公司的保险单号码。

（5）被保险人（INSURED）。采用托收时，应填出口商；采用信用证方式时，如信用证和合同无特别规定，此栏一般填信用证的受益人，即出口公司名称。有时，按信用证要求，填 to order of ×××或 in favor of ×××，这时，出口商必须在保险单背面进行背书。也有少数被保险人为开证行或开证人。

如果信用证指定某特定方为被保险人，则在被保险人一栏内直接显示该特定方，受益人不需要背书。

如果信用证规定保险单据背书给某银行，即“ENDORSED TO THE ORDER OF ××× BANK”。则在被保险人栏内显示受益人名称，然后背书，即在保险单背面注明“PAY TO THE ORDER OF ××× BANK”，或“CLAIM IF ANY，PAYABLE TO THE ORDER OF ××× BANK”，再由受益人背书。

如果信用证规定保险单据作成指示抬头“TO ORDER”，则在被保险人一栏内直接显示“TO ORDER”，再由受益人背书。

（6）标记（MARKS AND NOS.）。此栏填制装运唛头，与发票、提单上同一栏目内容相同或填上“AS PER INVOICE NO. ×××”。

（7）包装及数量（QUANTITY）。此栏填制最大包装件数，与提单上同一栏目内容相同。

（8）保险货物项目（DESCRIPTION OF GOODS）。按发票品名填写，如品名繁多，可使用统称，即可与提单上名称相同。如来证要求保险单上加注信用证号码、合同号码或买方的进口许可证号码等，这些号码也应加注在本栏内。

(9) 保险金额（AMOUNT INSURED)。保险金额是指保险人承担赔偿或者给付保险金责任的最高限额（已包括贸易方利润），这是计收保险费的基础。信用证对于投保金额为货物价值、发票金额或类似金额的某一比例的要求，将被视为对最低保额的要求。保险金额按照合同上的要求填制，如信用证和合同无明确规定，应按照货款的 CIF 或 CIP 价值的 110% 作为保险金额。本栏均用阿拉伯数字填写。

如货价中含有佣金额应为扣佣前的 110% 的金额。

如果信用证明确规定保险金额为 CIF 或 CIP 金额的 110%，则保险金额大于或小于 110% 者均不可接受。

如果所计算出的保险金额有小数，必须采用进一法而不是四舍五入法。按“进一法”，即不论是“1 008.23”还是“1 008.54”都按“1 009”填。保险金额的大小写必须一致。

(10) 总保险金额（TOTAL AMOUNT INSURED)。这一栏目只需将第 9 栏中的保险金额以大写的形式填入，计价货币也应以全称形式填入。注意：保险金额使用的货币单位应与信用证中的一致。

(11) 保费（PREMIUM)。此栏一般由保险公司填制或已印好 AS ARRANGED，除非信用证另有规定，如“INSURANCE POLICY ENDORSED IN BLANK FULL INVOICE VALUE PLUS 10% MARKED PREMIUM PAID”时，此栏就填入“PAID”或把已印好的“AS ARRANGED”删去加盖校对章后打上“PAID”字样。

(12) 费率（RATE)。此栏由保险公司填制或已印上“AS ARRANGED”字样。

(13) 装载运输工具（PER CONVEYANCE S. S)。此栏应按照实际情况填写，当运输由两段或两段以上运程完成时，应把各程运输的船只名填在上面，如提单上的一程船名是“EAST WIND”，二程船名为“RED STAR”，本栏应这样填：EAST WIND/RED STAR，依次类推。

(14) 开航日期（SAILING ON OR ABOUT)。此栏填制提单的签发日期或签发日期前 5 天内的任何一天，或可简单填上 AS PER B/L。该栏目办理投保时也可暂时不填，待签发提单后再如实填具。

(15) 起讫地点（FROM…TO…)。此栏填制货物实际的起运港口和目的港口名称，货物如转船，也应把转船地点填上如 FROM SHANGHAI，CHINA TO NEW YORK，USA VIA HONGKONG（OR W/T HONGKONG)。保险单据须标明承保的风险区间，至少涵盖从信用证规定的货物监管地或发运地开始到卸货地或最终目的地为止。如海运至目的港，保险承保到内陆城市，应在目的港后注明，例如：FROM NINGBO TO LIVERPOOL AND THENCE TO BIRMINGHAM.

(16) 承保险别（CONDITIONS)。此栏应根据信用证或合同中的保险条款要求填制，并注明保险条款名称。

填制的顺序是先主险，其次是一般附加险、特殊附加险。例如，海运一切险（平安险/水渍险）加战争险，本栏应填写“Covering All Risks（FPA/WPA）and War Risks as per Ocean Marine Clauses and Ocean Marine Cargo War Risk Clauses of the People's Insurance Company of China dated ×/×/×.”

（17）赔款偿付地点（CLAIM PAYABLE AT…）。此栏应具体列出赔付地点及检验理赔代理人的名称和地址，且应符合信用证的规定。赔付地点一般填写保险单上所载明的目的港（地）。赔款货币为与投保金额相同的货币。如来证要求“INSURANCE CLAIMS PAYABLE AT A THIRD COUNTRY GERMANY”。此时，应把第三国“GERMANY”填入此栏。如果来证规定不止一个目的港或赔付地，则应全部照填。

（18）日期（DATE）。此栏填制保险单的签发日期。由于保险公司提供仓至仓服务，所以保险手续应在货物离开出口方仓库前办理，保险单的签发日期不得晚于提单签发的日期，可以与提单日期同一天。

（19）投保地点（PLACE）。此栏一般填制装运港口名称。

（20）盖章和签字（STAMP& SIGNATURE）。此栏与第一栏相同的保险公司印章及负责人的签字。

（21）特殊条款（SPECIAL CONDITIONS）。如信用证和合同中对保险单据有特殊要求就填在此栏中。如来证要求“L/C NO. MUST BE INDICATED IN ALL DOCUMENTS”，即在此栏中填入 L/C NO. ×××。

（22）保险单的份数和“ORIGINAL”字样。如信用证无明确规定保险单的份数时，保险公司一般出具一套三份正本（ORIGINAL）的保险单。如果保险单表明其以多份正本出具，所有正本均须提交。

在信用证没有特别规定交几份的情况下，必须向银行提交全套正本。如果保险单未注明正本份数，而信用证也没有特别规定，则银行可以接受只提交一份正本的保险单。

（23）投保币种。如果信用证没有特别规定，保险单据必须表明以与信用证相同的货币表示。

（24）免赔率。如果信用证要求不计免赔率（Irrespective of Percentage，I. O. P），则保险单据中不应表明此类条款。但是如果信用证未明确规定，银行可接受表明有免赔率和免赔额的保险单。保险单据可以注明受免赔率或免赔额（减除额）的约束。

（25）赔付代理人。保险赔付代理人的名称及地址，一般是在货物的进口地。

（26）查勘人。保险查勘人的名称及地址，而且所在地一般情况下就是货物的进口地。

表 8－1 是一份中保财产保险有限公司的海洋货物运输保险单。

## 表8-1　海洋货物运输保险单

MARINE CARGO TRANSPORTATION INSURANCE POLICY

被保险人：
Insured：GUANGDONG LONGHUA TRADING CO.，LTD.

中保财产保险有限公司（以下简称本公司）根据被保险人的要求，及其所缴付约定的保险费，按照本保险单承担险别和背面所载条款与下列特别条款承保下列货物运输保险，特签发本保险单。

This policy of Insurance witnesses that the People's Insurance（Property）Company of China, Ltd.（hereinafter called "The Company"），at the request of the Insured and in consideration of the agreed premium paid by the Insured，undertakes to insure the under mentioned goods in transportation subject to the conditions of this Policy as per the Clauses printed overleaf and other special clauses attached hereon.

| 保险货物项目 Descriptions of Goods | 包装 Packing　单位 Unit　数量 Quantity | 保险金额 Amount Insured |
|---|---|---|
| TRIANGLE BRAND 3U-SHAPE ELECTRONIC ENERGY SAVING LAMP | 400 CTNS | USD74 250.00 |

承保险别
Conditions
COVERING RISKS F. P. A OF PICC. INCLUDING WAREHOUSE TO WAREHOUSE CLAUSE UP TO FINAL DESTINATION AT HELSINKI，FOR AT LEAST 110 PCT OF CIF-VALUE

货物标记
Marks of Goods
ABC
HELSINKI
NO. 1-400

总保险金额：
Total Amount Insured：US DOLLARS SEVENTY-FOUR THOUSAND TWO HUNDRED AND FIFTY ONLY

保费
Premium　As arranged

载运输工具
Per conveyance S. S　SUISUN V. 103

开航日期
Slg. on or abt　DEC. 13，2003

起运港
From　GUANGZHOU

目的港
To　HELSINKI

所保货物，如果发生本保险单项下可能引起索赔的损失或损坏，应立即通知本公司下述代理人查勘。如有索赔，应向本公司提交保险单正本（本保险单共有2份正本）及有关文件。如一份正本已用于索赔，其余正本则自动失效。

In the event of loss or damage which may result in a claim under this Policy，immediate notice must be given to the Company's Agent as mentioned here under. Claims，if any，one of the Original Policy which has been issued in 2 Original(s) together with the relevant documents shall be surrendered to surrendered to the Company. If one of the Original Policy has been accomplished，the others to be void.

中保财产保险有限公司
THE PEOPLE'S INSURANCE（PROPERTY）COMPANY OF CHINA，LTD.

赔款偿付地点
Claim payable at　HELSINKI

日期
Date　DEC. 12，2003

在
at　GUANGZHOU

地址：
Address：

### 8.2.2 填制保险单应注意的问题

（1）保单和保险凭证的关系。两者同效，前者有背面条款，较常见，如要求前者，不可提供后者；如要求后者，提供前者不会有问题。

（2）预约保险单多见于常有货物运输的公司或我国进口业务中，这样做的最大好处是：防止漏保、方便客户并可省去逐笔、逐批投保的若干手续。

（3）FOB、CFR出口卖方代保问题。如保险费用有保障，卖方可以按照L/C或合同规定予以代办。

（4）避免业务中一律投保一切险的做法。应针对不同商品、按不同条款选择投保合适的险别。

（5）保险责任起讫时间规定为W/W不意味着这期间发生的损失保险公司都会赔偿（按FOB和CFR成交，装运前的风险由出口方负责）。

（6）投保单可以中英文混合填写，而保单则必须用英文制作。

（7）保险单内容须与信用证、发票、提单的有关内容三者相互核对，做到单证、单单的完全一致。

（8）如果来证所列的目的地笼统，范围过广，保险人无法控制保险责任期限等时，则应要求修改信用证，要求开证人具体列明目的港口或城市。如来证规定"欧洲主要港口"、"非洲任何城市"等内容，保险人不便掌握，因此，需要修改信用证。

（9）如来证表明不接受我保险公司委请的代理人，一般也要改证。因为保险公司有权使用自己的检验理赔代理人。但是，如最后目的地没有保险公司的检验理赔代理人时，则可以由当地合法的代理人检验，但应与保险公司事先商议后再决定。

（10）如果来证要求赔偿地点笼统为"国外"时，则应要求对方修改，因为不明确赔偿地点，容易使工作被动。

（11）来证要求在国外某一具体地点赔付时，如系贸易需要或为商人的正当要求，则可接受。但检验人仍应是保险单上的最后目的港（地）的代理人。如某批货运往荷兰鹿特丹，来证要求赔款地点在巴黎。

（12）目的港与理赔地不一致时，如目的港（地）在英国以外的其他国家，但来证要求赔款地点伦敦时，为了避免扩大保险公司在伦敦的代理人的权限，一般应修改信用证。但如根据贸易情况确实需要在伦敦付款时（如外地无代理人）也可同意，但检验人仍应在保险单上所注明的目的港（地）。

### 8.2.3 UCP600对保险单据的有关规定

UCP600第二十八条对保险单据及保险责任范围作了以下规定。

（1）本条规定，签发保险单据的签发人，不仅有经常见到的承保人或他们的代理，新增加承保人的代表也可签发保险单据。

(2) 如果保险单据表明所出具正本单据系一份以上，则必须提交全部正本保险单据。

(3) 明确规定银行不接受暂保单（Cover Notes）。规定银行接受保险单以代替预保单项下的保险证明或者保险声明。

(4) 除非保险单据表明保险责任不迟于装运日生效，则保险单据签发日期不得晚于装运日期。

(5) 保险单据必须注明投保金额并使用与信用证相同的货币出具。

(6) 信用证中关于投保金额为货物价值、发票金额或类似金额的一定比例的要求，应视为对最低保额的要求。

如果信用证中未规定投保金额，则投保金额至少为货物 CIF 或 CIP 价格的 110% 。

如果从单据中不能确定 CIF 或者 CIP 价格，投保金额必须基于信用证要求付款或议付的金额，或者发票上显示的货物总值来计算，两者之中取金额较高者。

保险单据注明的保险责任范围应至少包括从信用证规定的货物监管地或装运地开始到卸货地或最终目的地为止。

(7) 信用证应规定所需投保的险别种类及附加险（如有)。如果信用证使用诸如“通常险别”或“惯常险别”等意义不明确的条款，则无论是否漏保任何险别，保险单据将被照样接受。

(8) 当信用证要求投保“一切险”时，只要保险单据含有任何“一切险”批注或条款，不论其是否有“一切险”标题，甚至表明不包括某些险别，均将被接受。

(9) 保险单据可以援引任何免责条款。

(10) 保险单据可以注明受免赔率或免赔额（减除额）约束。

### 8.2.4 保险单上常出现的差错

(1) 保险单据的种类弄错。例如，来证规定提交保险单，而保险公司签发的是保险凭证，此时受益人必须退回重换，否则将构成单证不符。倘若信用证规定为保险凭证，而保险公司出具的是保险单，则银行可以接受。

(2) 保险单不是由保险公司或其指定人签发的，如中间人发出、代理商发出的保险单，银行一般拒绝接受。

(3) 保险金额所使用的货币与信用证金额所使用的货币不一致。如来证金额为美元（USD)，而保险单上保险金额却为英镑（STG)。当进口商凭保险单据向保险公司索赔时，可能因汇率变动而遭受损失。

(4) 保险单上对货物说明与信用证规定不相符。

(5) 保险单上的装运港（地）与信用证规定不相符。

(6) 保险单上的目的港（地）与信用证规定不相符。

（7）保险单没有背书或没有正确背书。在 CIF 和 CIP 价格条件下，保险单上的投保人和被保险人均为出口商。出口商在保险单上正确背书，就意味着保险单的全部权益在出口商交单议付后就转让给了进口商。倘若出口商没有在保险单上正确背书，保险单的权益便无法转让。这种情况下，货抵目的港，如发生保险人责任范围内的损失，进口商不能获得应有的赔偿。

（8）没有按照信用社规定的险别投保。例如，合同中规定投保平安险及破碎险，而国外来证却规定投保一切险。出口商考虑货物是易碎品，投保时按合同规定办理。由此造成单证不符。

（9）没有按照信用证规定的加成数投保。

（10）没有按照信用证规定的保险条款投保。如来证规定要按“协会 A 条款”（ICC Clause A）投保，而实际按中国保险条款（CIC）投保一切险。

（11）保险单的出单日期晚于提单日期。

（12）未按信用证规定提供全套保险单。

（13）保险单上擦拭和更改的地方过多。

（14）来证规定要提供保险单，实际以保险凭证代替保险单。

（15）投保金额大小写不符或大写金额不正确。

（16）保险单上船名差错。一般地说，保险单上的船名与商业发票、提单上的船名是一致的。但有时因为某种原因，轮船公司通知出口公司更改船名。此时，商业发票和提单上的船名被相应地更改了，但忘了通知保险公司，所以发生类似错误。

（17）应尽量避免保险单上加粘附属条款；如必须加粘时，应有戳记或签章，明确它是保险单不可分割的一部分。如无戳记或签章，则被认为是差错。

## 本章小结

在国际贸易中，货物要经过长途运输，中途可能会受到自然灾害、意外事故或外来因素导致的损失，因此为了减少风险，避免损失，对货物投保运输险是非常必要的。投保后，投保人得到保险单据。保险单据是保险人与被保险人之间订立保险合同的证明文件，它反映了保险人与被保险人之间的权利和义务关系，也是保险人的承保证明，是一种潜在的利益凭证。

保险合同的当事人有保险人、投保人和被保险人等，依照合同享有权利或履行义务。根据格式和内容的不同，保险单据分为保险单、保险凭证、联合凭证、预约保单和批单五类。

保险单可以经背书或其他方式进行转让。根据国际保险行业的习惯，保险单被保险人背书后，即随着被保险货物的所有权转移自动转移到受让人手中。背书前后不需要取得保险人的同意，也不需要通知保险人。一般保险单据的背书有两种：空白背书和记名背书。

各家保险公司印制的保险单有其固定格式，在填写保险单时要按照投保要求认真填写，同时要注意其中的一些问题。除此之外，填写保险单时还应注意要符合有关国际惯例对此的要求，如 UCP600 等对保险单据的有关规定。

## 概念与术语

1. 保险人：又称承保人，即收取保险费并按照合同规定负责赔偿损失或履行给付义务的人，通常是指经营保险事业的各种组织。

2. 投保人：也称要保人，即对保险标的具有保险利益，与保险人签订保险合同并缴纳保险费的人。

3. 被保险人：是受保险合同保障的人，即按照保险合同向保险人取得赔款或期满给付的人。

4. 保险单：俗称大保单，是使用最广的一种保险单据，是一种正规的保险合同。货运保险单是承保一个指定航程内某一批货物的运输保险，它具有法律上的效力，对双方当事人均具有约束力。

5. 保险凭证：俗称小保单，是一种简化的保险契约。这种凭证除背面不载明保险人与被保险人双方的权利和义务等保险条款外，其余内容均与保险单相同。保险凭证与上述保险单具有同等法律效力。

6. 联合凭证：是一种将发票和保险单相结合的，比保险凭证更为简化的保险单据。

7. 预约保单：又称预约保险合同，是指被保险人（一般为进口人）与保险人之间订立的总合同。

8. 批单：是指保险单出立后，投保人如需要补充或变更其内容时，可根据保险公司的规定，向保险公司提出申请，经同意后即另出的一种凭证，注明变更或补充的内容。

9. 保险金额：是指保险人承担赔偿或者给付保险金责任的最高限额（已包括贸易方利润），这是计收保险费的基础。

## 思考题

1. 保险单据的作用是什么？
2. 保险合同的当事人有哪些？
3. 保险单和保险凭证的相同点和不同点各是什么？
4. 保险单据是否可以背书转让？如果可以背书转让，在转让过程中应该注意什么问题？
5. 在填制保险单据时，保险金额是如何确定的？
6. 填制保险单都应注意哪些问题？

# 第9章　附属单据

学习要点

- 了解商品检验检疫的概念和检验检疫机构。
- 掌握报验的基础概念及报验单据。
- 了解检验检疫证书的定义、种类及其基本内容。
- 掌握原产地证明书的含义、种类及其申领、缮制要求。
- 掌握装箱单和重量单的主要内容及缮制。

## 9.1　商品检验检疫证书

### 9.1.1　进出口商品检验检疫概述

1. 进出口商品检验检疫的概念

进出口商品检验检疫是指在国际贸易中对买卖双方成交的商品，由具有权威的检验检疫机构对商品的质量、数量、重量、包装、安全及装运条件进行检验并对涉及人、动植物的传染病、病虫害、疫情等进行检疫的工作。通常习惯称为商检工作。

通过对进出口商品的检验检疫，维护国家经济的顺利发展，保护人民的生命和生活环境的安全与健康。简而言之，通过对进出口商品的检验检疫，不仅要确定商品是否符合我国的相关标准，而且还要看是否符合合同的相关规定。

2. 检验检疫机构

在国际贸易中，商品检验检疫机构从性质上划分，有官方的、半官方的、同业公会、协会、商会或私人设立的半官方或民间商品检验机构。

1）官方检验机构

官方检验机构是指由国家或地方政府投资，按照国家有关法律、行政法规对进出口商品的质量检验工作实施法定检验检疫和监督管理的机构。如中华人民共和国国家质量监督检验检疫总局（AQSIQ，以下简称“国家质检总局”）、英国标准协会（BSI）等。

2）半官方检验机构

半官方检验机构是指由国家批准设立的公证检验机构。它由政府授权，使其代表政府行使商品检验鉴定工作或某一方面检验管理工作，作为国家行政执法部门实施监督管理的有效依据。如美国安全实验所（Underwriter's Laboratory）。

3）民间检验机构

民间商品检验机构承担的民事责任有别于官方商品检验机构承担的行政责任，在国际贸易中更易被买卖双方所接受。民间商品检验机构根据委托人的要求，自己的技术、信誉及对国际贸易的熟悉，为贸易当事人提供灵活、及时、公正的检验鉴定服务，受到对外贸易关系人的共同信任。目前在国际上比较有名望、有权威的民间商品检验机构有：瑞士通用公证行（SGS）、日本海事鉴定协会（NKKK）、美国保险人实验室（UL）、美国粮谷检验署（FGES）、英国劳合氏公证行（Lloyd's Surveyor）、美国食品药物管理局（FDA）、中国进出口商品检验总公司（China National Import & Export Commodities Inspection Corporation）。

3. 我国检验检疫机构的基本任务

根据我国于2002年施行的《中华人民共和国进出口商品检验法》（以下简称新《商检法》），国家质检总局主管全国进出口商品检验工作，国家质检总局设在各地的出入境检验检疫局（以下简称商检机构）负责管理其所辖地区内的进出口商品检验工作。

新《商检法》规定，在进出口商品检验方面商检机构的基本任务有三项：对进出口商品实施法定检验；办理进出口商品检验鉴定业务；对进出口商品的质量和检验工作实施监督管理。

1）实施法定检验

法定检验是指检验检疫机构根据国家法律法规，对涉及社会公共利益的进出口商品和有关的检验检疫项目实施强制检验检疫。法定检验的范围包括以下几点。

（1）对列入《出入境检验检疫机构实施检验检疫的进出口商品目录》（以下简称《法检目录》）的进出口商品进行检验。《法检目录》由国家质检总局制定、调整和公布。

（2）对出口食品的卫生检验。

（3）对出口危险货物包装容器的性能鉴定和使用鉴定。

(4) 对装运出口易腐烂变质食品、冷冻品的船舱、集装箱等运载工具的适载检验和鉴定。

(5) 对有关国际条约规定，须商检机构检验的进出口商品进行检验。

(6) 对其他法律、行政法规规定须经商检机构检验的进出口商品检验。

2) 实施监督管理

商检机构对法定检验以外的进出口商品，可以抽查检验并实施监督管理。对贸易合同约定或者进出口商品的收货人、发货人申请检验机构签发检验证书的，由商检机构实施检验。

3) 提供公证鉴定服务

经国家质检总局许可的检验机构，可以接受对外贸易关系人及国内有关单位或外国检验机构的委托，办理规定范围内的进出口商品检验鉴定业务，签发检验鉴定证书。如进出口商品的重量鉴定、进口商品的残损鉴定、短缺鉴定、出口商品船舱检验和监视装载鉴定等，出具重量证明、产地证明、价值证明、包装证明、签封样品、发票签证等。

### 9.1.2 报检单证

**1. 报检的概念**

进出口商品的报检是指进出口商品的收发货人或其代理人，根据新《商检法》及其实施条例等有关法律、行政法规的规定，在检验检疫机构规定的地点和期限内，向出入境检验检疫机构申请对向实施法定检验的进出口商品办理申请检验、配合检验、付费、取得商检单证等手续的全过程。

**2. 报检单位**

出入境检验检疫报检单位有两类：自理报检单位和代理报检单位。

(1) 自理报检单位是指经报检单位工商注册所在地辖区出入境检验检疫机构审查合格，办理过备案登记手续并取得报检单位代码后，自行办理相关的报检/申报手续的境内企业法人或其他报检单位。

(2) 代理报检单位系指经国家质检总局注册登记，受出口货物生产企业的委托或受进出口货物发货人、收货人的委托，或受对外贸易关系人等的委托依法代为办理出入境检验检疫报检/申请事宜的，在工商行政管理部门注册登记的境内企业法人。

**3. 报检员**

我国报检员是指经国家质检总局统一考试合格取得“报检员资格证”，并在出入境检验检疫机构注册登记，取得“报检员证”后持证上岗，代表所在企业向检验检疫机构办理进出口货物报检的专业人员。

**4. 电子报检**

电子报检是指报检人使用电子软件通过检验检疫业务服务平台将报检数据以电子报文方

式传输给检验检疫机构，经检验检疫机构业务管理系统和检务人员的处理后，将受理报检报验信息反馈给报检人，实现远程办理出入境检验检疫报检的行为。

5. 出入境货物报检

1）出入境货物报检应提供的单据

商品出境时，应填制《出境货物报检单》，并提供下列单证：

（1）外贸合同或销售确认书或订单；

（2）生产单位出具的厂检单（需盖章）；

（3）检验检疫机构签发的《出境货物运输包装性能检验结果单》正本；

（4）出口的商业发票；

（5）出口的装箱单（重量单）；

（6）报检委托书；

（7）信用证或有关函电（必要时）；

（8）检验检疫机构认为需要提供的其他资料或单证（如产品说明书）。

商品入境时，应填报《入境货物报检单》，并提供下列单据：

（1）外贸合同或销售确认书；

（2）商业发票；

（3）运输单据（如海运提单或航空运单等）；

（4）装箱单（重量单）；

（5）报检委托书；

（6）无木质包装证明书或无木质包装声明；

（7）原产地证明书；

（8）熏蒸证书（使用木质材料包装）；

（9）检验检疫机构认为需要提供的其他资料或单证（如产品说明书）。

2）出入境货物报检的时限和地点

（1）出境货物最迟在出口报关或装运前 7 天报检，个别检验检疫周期长的货物，应留有相应的检验检疫时间。法定检验检疫货物，除了活动物由口岸检验检疫外，原则上应在产地检验检疫。审批、许可证等有关政府批文中规定了检验检疫地点的，须在规定的地点报检。

（2）输入植物、种子、种苗及其他繁殖材料的，应在入境前 7 天报检；输入微生物、人体组织、生物制品、血液及其制品、种畜、种禽及其精液、胚胎、受精卵，应在入境前 30 天报检；输入其他的动物，应在入境前 15 天报检；大宗散装商品、易腐烂变质商品、废旧物品、在卸货时发现破损、短缺的商品在卸货口岸检验检疫机构检验；审批、许可证等政府有关批文中已规定检验检疫地点的，必须在规定的地点报检；其他入境商品，应在入境前或入境时向报关地检验检疫机构办理报检手续。

6. 电子转单与电子通关

1）电子转单

“电子转单”是指通过系统网络，将产地检验检疫机构和口岸检验检疫机构的相关信息相互连通，对出境货物产地检验检疫机构已经检验检疫合格的相关电子信息传输到出境口岸检验检疫机构。对入境口岸检验检疫机构已经签发的《入境货物通关单》相关电子信息传输到目的地检验检疫机构，实施检验检疫的监管模式。

2）电子通关

国家质检总局和海关总署联合开发了电子通关联网核查系统，并于2003年1月1日起，在主要口岸的检验检疫机构和海关推广使用。该系统采用网络信息技术，将检验检疫机构签发的出入境通关单的电子数据传输到海关计算机作业系统，海关将报检、报关数据比对确认相符合的，予以放行。

7.《出境货物报检单》的主要内容和填制规范

《出境货物报检单》由各口岸出入境检验检疫局统一印制，除编号由检验检疫机构指定外，其余各栏由报检单位填制并签章确认。出境货物报检单所列各栏必须填写完整、准确、清晰，栏目内容确实无法填写的以“* * *”表示，不得留空。其主要内容和填制规范如下。

(1) 编号（No.），由检验检疫机构受理人指定，前六位为检验检疫机构代码，第七位为报检类代码，第八位、第九位为年份代码，第十位至第十五位为流水号。

(2) 报检单位（Declaration Inspection Unit），本栏填报报检单位的中文名称，并加盖与名称一致的公章。

(3) 报检单位登记号（Register No.），是指报检单位在国家质检总局登记的登记证号码。

本栏填10位数登记证号码，填报检人员姓名和报检人员联系电话。

(4) 报检日期（Date of Declaration Inspection），是指检验检疫机构接受报检当天的日期。报检日期统一用阿拉伯数字表示。

(5) 发货人（Consignor），是指本批货物的贸易合同中卖方名称或信用证中的受益人的名称，如需要出具英文证书的，填写中英文。

(6) 收货人（Consignee），是指本批出境货物的贸易合同中或信用证中买方名称，如需要出具英文证书的，填写中英文。

(7) 货物名称（Description of Goods），按贸易合同或发票所列货物名称所对应国家检验检疫机构制定公布的《检验检疫商品目录》所列的货物名称填写。填写中英文。

(8) H. S. 编码（H. S. Code），是指货物对应的海关《商品名称及编码协调制度》中的代码，填写8位数或10位数。以当年海关公布的商品税则编码为准。

(9) 产地（Producing Area），在出境货物报检单中指货物的生产/加工制造的省（自治区、直辖市），以及地区（市）名称。在进境货物报检单中是指该进口货物的原产国或地区。

（10）数/重量（Quantity/Weight），填写报检货物的数/重量，重量须列明毛/净/皮重。本栏可以填报一个以上计量单位，如第一计量单位："个"；第二计量单位："千克"等。

（11）货物的总值（Amount），按本批货物合同、发票或报关单上所列的货物总值填写（以美元计），如同一报检单报检多批货物，需列明每批货物的总值。（注：如申报货物总值与国内，国际市场价格有较大差异，检验检疫机构保留核价权利。）

（12）包装件数及种类（Number and Type of Packing），是指本批货物运输包装的件数及种类。

（13）运输工具名称号码（Means of Conveyance），填写货物实际装载的运输工具类别名称（如船、飞机、货柜车、火车等）及运输工具编号（船名、飞机航班号、车牌号码、火车车次）。报检时，未能确定运输工具编号的，可只填写运输工具类别。

（14）贸易方式（Terms of Trade），本栏填报与实际情况一致的海关规范贸易方式。常见的贸易方式有：一般贸易；来料加工贸易；易货贸易；进料加工；补偿贸易。

（15）货物存放的地点（Place of Goods），是指本批货物存放的地点位置。

（16）合同号（Contract No.），是指贸易双方就本批货物出境而签订的贸易合同编号或订单、形式发票的号码。

（17）信用证号（L/C No.），是指本批货物所对应的信用证编号。

（18）用途（Purpose），是指本批货物出境用途，如种用、食用、奶用、观赏或演艺、伴侣动物、试验、药用、饲用、其他等。

（19）发货日期（Shipment Date），按本批货物实际开船日或起飞日等填写。

（20）输往国家（地区）（Destination Country/Area），是指贸易合同中买方（进口商）所在国家或地区。

（21）许可证/审批单号（License No./Approve No.），是对国家出入境检验检疫局已实施《出口商品质量许可证制度目录》下的出口货物和其他已实行许可制度、审批制度管理的货物，报检时填写安全质量许可证编号或审批单编号。

（22）启运地（Place of Departure），是指装运本批货物离境的交通工具的启运口岸/地区城市名称。

（23）到达口岸（Final Destination），是指装运本批货物的交通工具最终抵达目的地停靠的口岸名称。

（24）生产单位注册号（Manufacture Register No.），是指生产/加工本批货物的单位在检验检疫机构的注册登记编号。

（25）集装箱规格、数量及号码（Type of Container，Container Number），填写装载本批货物的集装箱规格（如40英尺、20英尺等），以及分别对应的数量和集装箱号码全称。若集装箱太多，可用附单形式填报。

（26）合同、信用证订立的检验检疫条款或特殊要求，是指贸易合同或信用证中贸易双方对本批货物特别约定而订立的质量、卫生等条款和报检单位对本批出境货物的检验检疫的其他特别要求。

（27）标记及号码（Marks and Number of Packages），应根据实际合同、发票等外贸单据上相同内容填报。如没有标记，填写 N/M，标记填写不下时可用附页填报。

（28）随附单据（Attached Files in √），按实际提供的单据，在对应的窗口打“√”。

（29）需要证单名称，按需要检验检疫机构出具的证单，在对应的窗口打“√”，并应注明所需证单的正副本的数量。

（30）签名（Signature of Authorized Signatory）由持有“报检员证”的报检员签名。

出境货物报检单和出口货物通关单样式如表 9－1、表 9－2 所示。

### 9.1.3 检验检疫证书的种类

#### 1. 检验检疫证书的定义和作用

检验检疫证书（Inspection Certificate）是指由政府机构或公证机构对进出口商品检验检疫或鉴定后，根据不同的检验结果或鉴定项目出具并且签署的书面声明，证明货物已检验达标并评述检验结果的书面单证。

在国际贸易中，检验检疫证书起着重要作用，主要表现在以下几个方面。

（1）证明履约情况，便利交接货物。

（2）按质（量）论价的依据。

（3）结算出口货价不可缺少的依据。

（4）是银行议付和出口结汇的单证。

（5）准许通关和放行的证明文件。

（6）核定关税或减免关税的依据。

（7）解决进出口商品质量问题责任归属的依据。

（8）是承运人和托运人计算运费的依据。

（9）是对外索赔的依据。

#### 2. 检验检疫证书的种类

（1）品质检验证书（Inspection Certificate of Quality），是证明进出口商品品名、规格、等级、成分、性能等产品质量实际情况的证书。品质检验证书的样式如表 9－3 所示。

（2）重量或数量检验证书（Inspection Certificate of Weight or Quantity），是证明进出口商品的重量或数量的证书。

（3）包装检验证书（Inspection of Packing），是证明进出口商品包装及标志情况的证明。

**表 9－1　中华人民共和国出入境检验检疫出境货物报检单**

报检单位（加盖公章）：青岛捷顺报关有限公司　　　　　　　　＊编号______

报检单位登记号：　　联系人：王利　　电话：82983175　　报检日期：2006 年 05 月 10 日

| 发货人 | （中文）五环（集团）股份有限公司 | | | | |
|---|---|---|---|---|---|
| | （外文）FIVE RINGS（GROUP）SHAREHOLDING CO.，LTD. | | | | |
| 收货人 | （中文）奥论特克罗恩亚洲有限公司 | | | | |
| | （外文）ORIENT CROWN ASIA LIMITED CORP. | | | | |
| 货物名称（中/外文） | H.S. 编码 | 产地 | 数/重量 | 货物总值 | 包装种类及数量 |
| 全棉坯布 100PCT COMBED COTTON | 52081100.10 | 西安 | 95 包<br>12350 千克 | USD60730.00 | 95 包 |
| 运输工具名称号码 | BY VESSEL | 贸易方式 | 进料对口 | 货物存放地点 | 铁路港口 |
| 合同号 | FRJ－016 | 信用证号 | | 用途 | 其他 |
| 发货日期 | 2004－07－26 | 输往国家（地区） | 韩国 | 许可证/审批号 | |
| 启运地 | 青岛 | 到达口岸 | 釜山 | 生产单位注册号 | |
| 集装箱规格、数量及号码 | SGXU072894 40 ‘X1 | | | | |
| 合同订立的检验检疫条款或特殊要求 | 标记及号码 | 随附单据（划“√”或补填） | | | |
| | N/M | ☑合同<br>☑信用证<br>☑发票<br>☑换证凭单<br>☑装箱单<br>□厂检单 | □包装性能结果单<br>□许可/审批文件 | | |
| 需要证单名称（划“√”或补填） | | ＊检验检疫费 | | | |
| □品质证书 _正_副<br>□重量证书 _正_副<br>□数量证书 _正_副<br>□兽医卫生证书 _正_副<br>□健康证书 _正_副<br>□卫生证书 _正_副<br>□动物卫生证书 _正_副 | □植物检疫证书 _正_副<br>□熏蒸/消毒证书 _正_副<br>□出境货物换证凭单<br>□出境货物通关单 | 总金额（人民币元） | | | |
| | | 计费人 | | | |
| | | 收费人 | | | |
| 报检人郑重声明：<br>1. 本人被授权报检。<br>2. 上列填写内容正确属实，货物无伪造或冒用他人的厂名、标志、认证标志，并承担货物质量责任。<br>签名：______ | | 领取证单 | | | |
| | | 日期 | | | |
| | | 签名 | | | |

注：有“＊”号栏由出入境检验检疫机关填写。　　　　◆国家出入境检验检疫局制

## 表 9－2 出境货物通关单

中华人民共和国出入境检验检疫

出境货物通关单

编号：310050204528548000

| 1. 发货人<br>浙江正泰电器股份有限公司<br>＊＊＊ | | | 5. 标记及号码<br>ELMA<br>WARSAW<br>C/NO.： |
|---|---|---|---|
| 2. 收货人<br>＊＊＊<br>＊＊＊ | | | |
| 3. 合同/信用证号<br>GH0204060456/＊＊＊ | 4. 输往国家或地区<br>波兰 | | |
| 6. 运输工具名称及号码<br>船舶＊＊＊ | 7. 发货日期<br>2004.07.02 | | 8. 集装箱规格及数量<br>＊＊＊ |
| 9. 货物名称及规格<br>电容器<br>＊＊＊<br>＊＊＊<br>（以下空白） | 10. H.S. 编码<br>85321000<br>＊＊＊<br>＊＊＊<br>（以下空白） | 11. 申报总值<br>＊7671.6 美元<br>＊＊＊<br>＊＊＊<br>（以下空白） | 12. 数/重量、包装数量及种类<br>＊360 个<br>＊656.5 千克<br>＊53 纸箱<br>（以下空白） |
| 13. 证明<br>上述货物业经检验检疫，请海关予以放行。<br>本通关单有效期至 二〇〇四 年 八 月 三十 日<br>签字： 日期：2004 年 07 月 02 日<br>检验检疫专用章 | | | |
| 14. 备注 | | | |

4936290　　① 货物通关　印刷流水号：D4936290　　[2－2（2000.1.1）]

(4) 兽医检疫证书（Veterinary Inspection Certificate），是证明植物基本不带有其他的有害物，因而符合输入国或地区的植物要求。

(5) 动物检疫证书（Animal Health Certificate），是证明出口动物产品经过检疫合格的书面证件，适用于冻禽肉、冻禽、皮张、肠衣等商品，且必须由主任兽医签署。

(6) 卫生检验证书（Sanitary Inspection Certificate），是证明可供食用的出口动物产品、食品等经过卫生检验或检疫合格的证件。适用于肠衣、罐头、冻鱼、冻虾、乳制食品等。

(7) 熏蒸/消毒证书（Fumigation/Disinfection Certificate），是证明出口动植物产品、木制品等已经过消毒或熏蒸处理，保证安全卫生。适用于猪鬃、针叶木、马尾、羽毛、羽绒制品等。

(8) 温度检验证书（Certificate of Temperature），是证明出口冷冻商品温度的证书。

(9) 残损鉴定证书（Inspection Certificate of Damaged Cargo），是证明进口商品残损情况的证书，供索赔时使用。

(10) 船舱检验证书（Inspection Certificate on Tank/Hold），是证明承运出口商品的船舶清洁、牢固、冷藏效能及其他装运条件是否符合保护承载商品的质量和数量完整与安全要求的证书。

(11) 货载衡量检验证书（Inspection Certificate on Cargo Weight and Measurement），是证明进出口商品的重量、体积吨位的证书，是计算运费和制订配载计划的依据。

(12) 出境货物运输包装性能检验结果单，适用于经检验合格的出境货物包装性能检验。

(13) 价值证明书（Certificate of Value），主要用于证明发票所列商品的价格属实。

**3. 报检通关凭证**

1）出境货物换证凭条

产地检验检疫机构是以电子数据的形式，传输至出口口岸的检验检疫机构，由出口口岸的检验检疫机构办理通关证明，供出口企业在报关时使用。换证凭条是电子转单的凭证，也就是在报检地通过报检后有关数据就已通过系统自动传送到出境地检验检疫机构，企业只需凭换证凭条上的转单号或者换证凭条的传真件就可到出境地检验检疫机构换取正本通关单。

2）出境货物通关单

我国自2000年1月1日起，对实施进出境检验检疫的货物，正式启用“入境货物通关单”和“出境货物通关单”，对列入《商品目录》范围内的进出口货物（包括转关运输货物），海关一律凭货物报关地出入境检验检疫局签发的“入境货物通关单”或“出境货物通关单”验放。

实际在进口中，都是先报检，再报关，然后根据实际情况，检验检疫部门决定现场检验；出口中，在本地报检，如果是异地报关，则签发换证凭条，出口报关前，凭换证凭条在出入境检验检疫部门换取通关单，如果是本地检验本地报关，则直接签发通关单；只有检验检疫部门出具了通关单，海关才会放行。另外，如果不是法定检验的货物，也需要盖报检章才能通关。

表 9-3　品质检验证书

中华人民共和国出入境检验检疫<br>
ENTRY-EXIT INSPECTION AND QUARANTINE<br>
OF THE PEOPLE'S REPUBLIC OF CHINA<br>
品质检验证书<br>
QUALITY CERTIFICATE<br>
编号<br>
No. :

发货人:<br>
Consignor<br>
收货人:<br>
Consignee<br>
品名:<br>
Description of Goods

标记及号码<br>
Mark & No.

报检数量/重量:<br>
Quantity/Weight Declared<br>
包装种类及数量:<br>
Number and Type of Packages<br>
运输工具:<br>
Means of Conveyance<br>
检验结果:<br>
Results of Inspection

我们已尽所知和最大能力实施上述检验，不能因我们签发本证书而免除买方或其他方面根据合同和法律所承担的产品质量责任和其他责任。

All inspections are carried out conscientiously to the best of our knowledge and ability. This certificate does not in any respect absolve the seller and other related parties from his contractual and legal obligations especially when product quality is concerned.

**4. 检验检疫证书的基本内容和填制规范**

（1）证书的名称、种类。检验、检疫证书因其证明内容有别、各国标准不一、货物差异、当事人要求不同等而名称各异。包括正本和副本、证书印制顺序号、证书号和签证时间。

（2）出证机构。包括出证机构的中英文名称、地址和电话等内容。

（3）商品识别部分。包括发货人、收货人、商品名称、报检数量或重量、标记及号码、运输工具、发货港、目的港等。

（4）证明内容。这部分是证书的核心部分，即检验或鉴定的结果和评定。

(5) 签署部分。包括检验日期和地点、签证机构签证专用章、签署人的签字。

5. 填制检验证书应注意的问题

(1) 证书要有适当的标题、签字和日期。日期应早于运输单据日期。

(2) 由信用证指定的检验机构出具检验证书。如有些不是必检商品，而客户又没有要求提供，在结汇时可不提供。

(3) 商品检验证的种类符合信用证的要求，检验要求与信用证相符。

(4) 证书所列明的货物规格、品质、数量等与发票一致。

## 9.2 原产地证明书

### 9.2.1 原产地证明书的含义和作用

原产地证明书（Certificate of Origin），简称产地证书，是由出口国政府或有关机构签发的一种证明货物的原产地或制造地的法律文件；也是决定出口产品在进口国享受何种关税待遇的重要证明文件。

原产地证明书的作用在于：供进口国海关掌握进出口货物的原产地国别，从而采取不同的国别政策，决定进口税率和确定差别关税；是对某些国家或某种商品采取控制进口额度和进口数量措施的依据；也是进口国进行贸易统计的依据。

### 9.2.2 原产地证明书的种类

现将目前常用的产地证书分类如下。

1. 一般原产地证明书

一般原产地证明书，即为中国国际贸易促进委员会产地证明书，简称贸促会产地证。由各地进出口商品检验局或贸易促进会签发。中国国际贸易促进委员会（China Council for the Promotion of International Trade，CCPIT），相当于资本主义国家中的商业公会或工商联合会等类似的组织。凡进口方要求出具官方机构一般原产地证的，由检验检疫局签发；凡进口方要求民间机构签发一般原产地证的，由贸促会签发；未明确要求的可出具出口公司的产地证，也可由检验检疫局或贸促会签发产地证。

2. 普惠制产地证明书

普惠制产地证明书是发达国家给予发展中国家出口制成品和半制成品一种普遍的、非歧视的、非互惠的关税优惠证书。普惠制产地证明书就是一种受惠国有关机构就本国出口商向给惠国出口受惠商品而签发的用以证明原产地的证明文件。

在我国，普惠制产地证由各口岸的检验检疫机构办理签证、发证和管理。出口商在对给惠国出口“可受惠商品”时，不管信用证是否要求提供 GSP 产地证，都应申领此证交收货人，使其能享受普惠制的待遇。目前全世界共有 40 个给惠国，给予我国普惠制待遇的国家共 39 个：欧盟 27 国（比利时、丹麦、英国、德国、法国、爱尔兰、意大利、卢森堡、荷兰、希腊、葡萄牙、西班牙、奥地利、芬兰、瑞典、波兰、捷克、斯洛伐克、拉脱维亚、爱沙尼亚、立陶宛、匈牙利、马耳他、塞浦路斯、斯洛文尼亚、保加利亚、罗马尼亚）、挪威、瑞士、土耳其、俄罗斯、白俄罗斯、乌克兰、哈萨克斯坦、日本、加拿大、澳大利亚、新西兰和列支敦士登。

普惠制产地证主要有 3 种格式：普惠制产地证格式 A、普惠制产地证格式 59A 和普惠制产地证格式 APR。其中，格式 A 使用较广泛。

需要说明的是，在给惠国中，只有两个国家例外，即新西兰采用格式 59A；而澳大利亚不用任何规定的格式，只需在商业发票上加注指定声明文句即可。例句："Declare：A，that the final process of manufacture of the goods for which special parts are claimed has been performed in China and B，that not less than one half of the factory cost of the goods is represented by the value of the labor and material of China."

### 3. EEC 纺织品产地证明书

EEC 纺织品产地证明书（European Economic Community Certificate of Origin），专门用于需要配额的纺织类产品，是欧盟进口国海关控制配额的主要依据。EEC 纺织品产地证与 EEC 纺织品出口许可证的内容一致，我国专门由商务部签发。

### 4. 对美国出口的原产地声明书

对美国出口的原产地声明书（Declaration of Country Origin），简称 DCO 产地证，又称"美国产地证"。凡出口至美国的纺织品，出口商必须向进口商提供该类原产地声明书，作为进口商清关的单据之一。

对美出口的原产地声明书主要有以下 3 种形式。

（1）格式 A：为单一国家产地声明书（Single Country Declaration），声明商品的原产地只有一个国家。一般适用于本国原料并由本国生产的产品。

（2）格式 B：为多国产地声明书（Multiple Country Declaration），一般用于来料加工、来件装配的产品，由多国生产。

（3）格式 C：为否定式声明（Negative Declaration），亦称非多种纤维纺织品声明书。凡纺织物的主要价值或主要重量为属于麻或丝的原料构成，或其中所含羊毛量不超过 17% 的，即可用该格式。

### 5. 其他证明书

（1）经中国转口的国外商品，不能取得中国原产地证，但可以申请《转口证明书》。

（2）在中国制造但工序不足而未取得中国产地证的货物，可申请《加工、装配证明书》。

（3）含有进口成分的商品，应根据《原产地规则》和《中华人民共和国含有进口成分出口货物原产地标准主要制造、加工工序清单》的规定，由签证机构审核后判断出证与否，必要时还将下厂调查。

### 9.2.3 一般原产地证明书的申领手续和缮制要求

**1. 一般原产地证明书的申领手续**

1）申领的时间

（1）企业最迟于货物报关出运前3天向签证机构申请办理原产地证，特殊情况（非申请单位过失）可在货物装运后一、二天之内申请原产地证，超过3天的，按后补证处理。

（2）申请后补证应提交下列文件：① 提交解释迟交申请的证明文件，填写补发证书申请书；② 货运单据或报关单。经签证机构审核上述文件后，可酌情办理补证：① 在原产地证第五栏加注“后发”（ISSUED RETROSPECTIVELY）印章；② 在第十二栏签署补发日期，如特殊情况可以根据结汇有效期签署签发日期。

2）申领所需要的文件

（1）提供规定格式并已缮制的《一般原产地证明书申请单》一份。

（2）提供缮制完毕的《中华人民共和国原产地证明书》一套（一正三副）。

（3）出口货物的商业发票正本一份。

（4）签证机构认为必要的其他证明文件。

（5）企业可委托有关主管部门批准的货运代理公司代理申领原产地证，货运代理公司须持由申请单位签署的委托书和上述文件，按规定申请办理原产地证及有关单证，原产地证须由被代理企业填妥并签署。

**2. 一般原产地证明书的缮制要求**

1）出口商名称、地址、国家（Exporter's business name，address，country）

（1）此栏不能填报境外中间商名称，即使信用证有规定也不可以。

（2）出口商名称要完整。若信用证项下，一般为受益人；若托收项下，一般为托收人。

（3）地址要详细完整，包括街道名称、门牌号码和邮政编码。

（4）中国地名的英文应采用汉语拼音。

2）收货人名称、地址、国家（Consignee's name，address，country）

填报本批货物最终目的地收货人名称、地址、国家全称。如果需要填写转口商时，可在收货人后面加注英文“VIA”＋转口商名称、地址、国家。

3）运输方式和路线（Means of transport and route）

填报装运港、目的港、中转港的名称，并说明运输方式。

4）运抵国/地区（Country/Region of destination）

一般按信用证或合同规定的目的港和国家或地区，填报港口名称和国家或地区名称。在转口贸易时，一般不能填报转口商的国家，而要填报最终进口国的国名或地名。

5）供签证机构使用（For certifying authority use only）

供签证机构对后发证书、补发证书、签发副本或其他事项加注声明时使用，证书申领单位应将此栏留空。

6）唛头和包装号（Marks and numbers）

（1）应按信用证或合同中的规定填写，且与商业发票同项内容一致图案、文字、数字和包装号。

（2）唛头不能出现中国以外地区或国家制造的字样。

（3）若没有唛头，应填写“N/M”，或“No Marks”。

7）商品名称、包装件数和种类（Description of goods，number and kind of packages）

填报的商品名称应系发票中所描述的货物，但可采用与其他单据无矛盾的统称。包装件数和种类与货运单据一致，即为外包装数量及包装种类。若散装货物，用“In Bulk”表示。

8）商品编码（H. S. Code）

根据《中华人民共和国进出口商品的目录对照表》中规定的商品名称和编码，本栏应按正确的商品编码填入8位数或10位数。

（1）同一张产地证中包含几种不同商品时，应分别标明不同的商品编码，全部填报。

（2）此栏有时填报10位商品编号，其中最后两位为补充编码。

（3）填报的商品编号必须与实际货名一致，并与报关单中显示的商品编码完全一致。

9）数量/重量（Quantity/Weight）

依照发票和货运单据中显示的毛重或其他数量来填报。

（1）若计量单位为重量，应标明毛重和净重。

（2）用规范的计量单位英文词或缩写。

10）发票号码及日期（Number and date of Invoice）

按发票实际号码及日期填写。

（1）月份一律用英文缩写表示，顺序为：月、日、年。

（2）发票号与日期分行填报。一般第一行为发票号，第二行为日期。此栏不得留空。

11）出口商声明（Declaration by exporter）

出口商声明已事先印制，内容为：“兹出口商声明以上所列内容正确无误，本批出口商品的生产地在中国，完全符合中华人民共和国出口货物原产地规则。”

出口商在此声明栏空白处，由法人或手签人员签字并盖公章（有中英文）。并且还需填制申报地点、申报日期。此栏日期不得早于本证第十栏内的发票日期。

12）签证机构证明（Certification）

签证机构证明已事先印制，内容为：“兹证明出口商的声明是正确无误的。”签证机构在此加盖签证机构印章并由授权人签名，两者不能重叠。签证机构在此注明签发地点和签发日期，签发日期不得早于发票日期和申请日期。

**3. 审核产地证明书应注意的问题**

（1）资料必须齐全、有效，单证填写完整、正确，文字清晰，印章（正、副全部加盖）和签字无错漏。

（2）原产地证内容须与申请书、发票或合同/信用证一致。

（3）对含进口成分的货物要提供明细单，如明细单难以查清的，申请人应提供补充说明，并接受签证机构的核查。

（4）经审核，含进口成分的货物未达到原产地标准的，应申请《加工装配证明书》或《转口证明书》。

一般产地证明书样式（中英文对照）如表9－4所示。

**表9－4　一般原产地证明书（申报和证书合一）**

<table>
<tr><td colspan="3">1. 货物运自（出口人名称、地址、国家）：</td><td colspan="3">编号：<br>________签发<br>（国家或地区）</td></tr>
<tr><td colspan="3">2. 货物运至（收货人名称、地址、国家）：</td><td colspan="3">3. 官方使用</td></tr>
<tr><td colspan="6">4. 运输工具及路线</td></tr>
<tr><td>5. 税则号列</td><td>6. 包装唛头及编号</td><td>7. 包装件数及种类；货物名称</td><td>8. 原产地标准（见背页说明）</td><td>9. 毛重或者其他数量</td><td>10. 发票编号及日期</td></tr>
<tr><td colspan="3">11. 出口人声明<br>下列签字人证明上述资料及申明正确无讹，所有货物产自<br>________<br>（国家或地区）<br>且符合亚太贸易协定原产地规则的相关规定，该货物出口至<br>________<br>（进口国或地区）<br>________<br>申报地点、日期及授权签字人的签字</td><td colspan="3">12. 证明<br>根据所实施的监管，兹证明上述出口商的申报正确<br><br>地点和日期，签字和签证机构印章</td></tr>
</table>

**ORIGINAL**

| 1. Exporter<br>GUANGDONG LONGHUA TRADING CO., LTD.<br>152 ZHENGLONG ROAD, GUANGZHOU, CHINA | Certificate No.<br><br>**CERTIFICATE OF ORIGIN<br>OF<br>THE PEOPLE'S REPUBLIC OF CHINA** |
|---|---|
| 2. Consignee<br>ABC COMPANY LIMITED, FINLAND<br>AKEDSANTERINK AUTO P. O. BOX 9, FINLAND | |
| 3. Means of transport and route<br>ON/AFTER DEC. 13, 2003<br>FROM GUANGZHOU TO HELSINKI<br>BY VESSEL | 5. For certifying authority use only |
| 4. Country/Region of destination<br>FINLAND | |

| 6. Marks and numbers | 7. Number and kind of packages; description of goods | 8. H. S. Code | 9. Quantity | 10. Number and date of invoices |
|---|---|---|---|---|
| ABC<br>HELSINKI<br>NO. 1－400 | FOUR HUNDRED CARTONS OF TRIANGLE BRAND 3U-SHAPE ELECTRONIC ENERGY SAVING LAMP | 2007.9910 | 20000PCS | LH－29038<br>DEC. 3, 2003 |
| SAYTOTAL: TWENTY THOUSAND PIECES ONLY | | | | |

| 11. Declaration by the exporter | 12. Certification |
|---|---|
| The undersigned hereby declares that the above details and statements are correct, that all the goods were produced in China and that they comply with the Rules of Origin of the People's Republic of China.<br><br>GUANGZHOU DEC. 03, 2003<br><br>Place and date, signature and stamp of authorized signatory | It is hereby certified that the declaration by the exporter is correct.<br><br>Place and date, signature and stamp of certifying authority |

### 9.2.4 普惠制产地证明书的申领手续和缮制要求

1. 普惠制产地证明书的申领手续

1）申领的时间

根据我国检验检疫局有关规定，出口企业最迟于货物出运5天前，持签证机构规定的正本文件，向签证机构申请办理普惠制产地证明书。

2）申领所需要的文件

(1) 提供规定格式并已缮制的《普惠制产地证明书申请单》一份。

(2) 提供缮制完毕的《普惠制产地证明书 FORM A》一套（一正两副）。

(3) 提供出口商“商业发票”正本一份。

(4) 发证机构所需的其他证明文件，如“加工工序清单”等。

(5) 如果出口商品含有进口成分，还应缴纳“含进口成分受惠商品成本明细单”一式两份。

2. 普惠制产地证明书的缮制要求

普惠制产地证明书 FORM A 共有12项内容，其中，证书右上角标题栏已显示签证机构所编制的证书号，在标题横线上方必须填上中华人民共和国签发的英文字样，即“Issued in the People's Republic of China”。其他内容缮制要求如下。

1）出口商的名称、地址、国家（Exporter's business name，address，country）

此栏是强制性的，应填报在中国境内的出口商详细地址，包括街道名、门牌号、邮政编码、城市、国家。若信用证项下，一般按信用证规定的受益人全称、地址、国别填制。

2）收货人名称、地址、国家（Consignee's name，address，country）

本栏显示本批货物最终目的地给惠国收货人的名称、地址、国别。若信用证项下，一般为开证申请人。如果预先不确定最终收货人，则可显示提单上通知人或发票抬头人。银行接受开证申请人、提单通知人、发票抬头人等作为收货人。需要提醒的是：不可将中间商的名称填入此栏，收货人应是在给惠国。

3）运输方式和路线，就所知而言（Means of transport and route—as far as known）

填本批货物最终装运港、目的港或到货地点的名称，并说明运输方式。

(1) 如因运输的需要而发生转运，应注明转运地。不明确转运地时用 W/T 表示。

(2) 若目的地为内陆地，则允许产地证上目的地名称与提货单上卸货港名称不一致。

(3) 对于输往没有海岸的给惠国，如瑞士、奥地利等，如确系海运，填证时需注明“从×××港口经转×××港口抵达×××给惠国”。

(4) 本栏一般还需加注预计离开中国的日期，此日期必须真实，不得捏造。

4）供签证方使用（For official use）

本栏留空，供签证机构加注说明时用。

5）商品顺序号（Items number）

如果同一批出口货物有不同种类商品品种，则按每一项商品归类品种后，用阿拉伯数字“1”、“2”、“3”、……编一个顺序编号填入此栏。单项商品用“1”表示，或省略不填。

6）唛头和包装号（Marks & Number of packages）

与一般原产地证相应栏目填法相同。

7）商品名称、包装件数及种类（Description of goods，number and kind of packages）

与一般原产地证明书相应栏目填法相同。

8）原产地标准（Origin criterion—see Notes overleaf）

此栏文字最少，但却是国外海关审核的核心项目。对含有进口成分的商品，因情况复杂，国外要求严格而极容易退证查询。应认真审核，仔细填报。一般应根据原产地标准选择正确代码填报本栏。

9）毛重或其他数量（Gross weight or other quantity）

与一般原产地证填法相同。

10）发票号码及日期（Number and date of Invoice）

与一般原产地证填法相同。

11）签证机构证明（Certification）

签证机构证明事先已印制，内容为：“兹证明出口商的声明是正确无误的，本批货物已由承运人运出。”

12）出口商声明（Declaration）

出口商声明已事先印制，须填写的内容有以下四项。

（1）生产国：须填报生产国国名（英文）。

（2）进口国：须填报进口国国名（英文）。

（3）申报单位签署，且加盖申报单位公章（正、副本均须手签并盖章）。

（4）申报日期、地点，应填写申报的具体日期及城市名、国别。申报日期应合理。“兹由出口商声明以上所列内容正确无误”已印制。

普惠制产地证明书样式和实例如表9-5和表9-6所示。

### 表 9－5　普惠制产地证明书样式

<table>
<tr><td colspan="3">1. Goods consigned from（Exporter's business name，address，country）<br>出口商的名称和地址</td><td colspan="3" rowspan="2">Reference No.　　参考编号<br>GENERALIZED SYSTEM OF PREFERENCES<br>CERTIFICATE OF ORIGIN<br>（Combined declaration and certificate）<br>FORM A<br>Issued in THE PEOPLE'S REPUBLIC OF CHINA<br>（country）<br>See Notes overleaf</td></tr>
<tr><td colspan="3">2. Goods consigned to（Consignee's name，address，country）<br>进口商的名称和地址</td></tr>
<tr><td colspan="3">3. Means of transport and route（as far as known）<br>最迟装运日期<br>从装运港到目的港<br>采用的运输方式</td><td colspan="3">4. For official use</td></tr>
<tr><td>5. Item number<br>编号</td><td>6. Marks and numbers of packages<br>唛头和包装数量</td><td>7. Number and kind of packages；description of goods<br>货物的描述和包装要求及数量<br>* * * * * * * * * * * *</td><td>8. Origin criterion（see Notes overleaf）<br>产地标准</td><td>9. Gross weight or other quantity<br>商品总毛重</td><td>10. Number and date of invoices<br>发票编号及开票日期</td></tr>
<tr><td colspan="3">11. Certification<br>It is hereby certified，on the basis of control carried out，that the declaration by the exporter is correct.<br><br>颁发证书的地点和日期<br>______________________________<br>Place and date，signature and stamp of certifying authority</td><td colspan="3">12. Declaration by the exporter<br>The undersigned hereby declares that the above details and statements are correct，that all the goods were<br>produced in 原产国家名称<br>（country）<br>and that they comply with the origin requirements specified for those goods in the Generalized System of Preferences for goods exported to<br>目的国的国家名称<br>______________________________<br><br>申请证书的地点和日期<br>______________________________<br>Place and date，signature and stamp of authorized signatory</td></tr>
</table>

注：表内中文是该栏目应填的内容。

**表9－6　普惠制产地证明书实例**

| 1. Goods consigned from (Exporter's business name, address, country)<br>GUANGDONG LONGHUA TRADING CO., LTD.<br>152 ZHENGLONG ROAD, GUANGZHOU, CHINA | Reference No. GZ8/80266/0113<br>GENERALIZED SYSTEM OF PREFERENCES<br>**CERTIFICATE OF ORIGIN**<br>FORM A<br>Issued in THE PEOPLE'S REPUBLIC OF CHINA<br>(country)<br>See Notes overleaf |
|---|---|
| 2. Goods consigned to (Consignee's name, address, country)<br>ABC COMPANY LIMITED, FINLAND<br>AKEDSANTERINK AUTO P. O. BOX 9, FINLAND | |
| 3. Means of transport and route (as far as known)<br>ON/AFTER DEC. 13, 2003<br>FROM GUANGZHOU TO HELSINKI<br>BY VESSEL | 4. For official use |

| 5. Item number | 6. Marks and numbers of packages | 7. Number and kind of packages; description of goods | 8. Origin criterion (see Notes overleaf) | 9. Gross weight or other quantity | 10. Number and date of invoices |
|---|---|---|---|---|---|
| 01 | ABC<br>HELSINKI<br>NO. 1－400 | FOUR HUNDRED (400) CARTONS OF<br>TRIANGLE BRAND 3U-SHAPE ELECTRONIC<br>ENERGY SAVING LAMP<br>* * * * * * * * * * * | "P" | 20000PCS | LH－29038<br>DEC. 3, 2003 |

| 11. Certification<br>It is hereby certified, on the basis of control carried out, that the declaration by the exporter is correct.<br><br>GUANGZHOU DEC. 04, 2003<br>________________<br>Place and date, signature and stamp of certifying authority | 12. Declaration by the exporter<br>The undersigned hereby declares that the above details and statements are correct, that all the goods were<br>produced in CHINA<br>(country)<br>and that they comply with the origin requirements specified for those goods in the Generalized System of Preferences for goods exported to<br>FINLAND<br>GUANGZHOU DEC. 03, 2003<br>________________<br>Place and date, signature and stamp of authorized signatory |
|---|---|

## 9.3 装箱单和重量单

### 9.3.1 装箱单和重量单的主要内容与缮制

装箱单（Packing List）的主要内容与缮制如下。

（1）出口企业名称和地址（Exporter's Name and Address）：应与发票同项内容一致，缮制方法相同。

（2）单据名称（Name of Document）：通常用英文粗体标出。常见的英文名称有：Packing List（Note），Packing Specifications，Specifications。实际使用中，应与信用证要求的名称相符，倘若信用证未作规定，可自行选择。

（3）装箱单编号（No.）：一般填发票号码，也可填合同号。

（4）出单日期（Date）：填发票签发日，不得早于发票日期，但可晚于发票日期1～2天。

（5）唛头（Shipping Mark）：与发票的唛头相一致。

（6）品名和规格（Name of Commodity and Specifications）：必须与信用证的描述相符。规格包括商品规格和包装规格，例如，Packed in polythene bags of 3 kgs each，and then in inner box，20boxes to a carton。（每3千克一塑料袋，每袋装一盒，20盒装一纸箱。）

（7）数量（Quantity）：填写实际件数，如品质规格不同应分别列出，并累计其总数。

（8）单位（Unit）：是指外包装的数量单位，如箱、包、桶等。

（9）毛重（Gross Weight）：填入包括包装在内的每件货物的重量，规格不同要分别列出，并累计其总量。

（10）净重（Net Weight）：填写每件货物的实际重量并计其总量。

（11）尺码（Measurement）：填写每件包装的体积，并标明总尺码。

（12）签章（Signature）：出单人签章应与商业发票相符，如果信用证规定中性包装，此栏可不填。

重量单（Weight List）的主要内容与缮制如下。

（1）出口企业名称和地址（EXPORTER'S NAME AND ADDRESS）。

（2）单据名称（NAME OF DOCUMENT）：通常用英文粗体标出，重量单就写CERTIFICATE OF WEIGHT或者WEIGHT LIST，实际使用中应与信用证要求的名称相符。

（3）重量单编号（NO.）：一般填发票号码，也可填合同号码。

（4）出单日期（DATE）：填发票签发日期，不应早于发票日期。

（5）唛头（SHIPPING MARK）：与发票和箱单的SHIPPING MARK一致。

（6）品名和规格（NAME OF COMMODITY AND SPECIFICATIONS）：必须与信用证的描述相符。

(7) 数量（QUANTITY）：填写实际件数，如品名规格不同应分别列出，并累计其总数。

(8) 单位（UNIT）：是指外包装的数量单位，如箱、包、桶等。

(9) 毛重（GROSS WEIGHT）：包括包装在内的每件货物的重量，并累计其总量。

(10) 净重（NET WEIGHT）：每件货物的实际重量并计总量。

(11) 签章（SIGNATURE）：出单人签章应与商业发票相符。如信用证规定中性包装，此处可不填。

装箱单模板如表 9－7 所示。

**表 9－7 装箱单**

**广东龙华贸易有限公司**

**GUANGDONG LONGHUA TRADING COMPANY LIMITED**

**152 ZHENGLONG ROAD, GUANGZHOU, CHINA**

**装箱单**

**PACKING LIST**

**ORIGINAL**

Exporter:

ABC COMPANY LIMITED, FINLAND

AKEDSANTERINK AUTO P. O. BOX 9, FINLAND

Date.: DEC. 3, 2003

Invoice No: LH03－29038

S/C No.: 98SGQ468001

Transport details:

FROM GUANGZHOU TO HELSINKI

BY VESSEL

| 标记<br>Marks& Numbers | 件数<br>Quantity | 货名<br>Description of Goods | 净重<br>N. W. | 毛重<br>G. W. | 尺码<br>Measurement |
|---|---|---|---|---|---|
| | | TRIANGLE BRAND 3U-SHAPE ELECTRONIC ENERGY SAVING LAMP | | | |
| ABC | 100CTNS | TR-3U-A 110V 5W E27/B22 | @7.5KGS | @9KGS | @(50×50×28) CBM |
| HELSINKI | 100CTNS | TR-3U-A 110V 7W E27/B22 | @7.5KGS | @9KGS | @(50×50×28) CBM |
| NO. 1-400 | 100CTNS | TR-3U-A 110V 22W E27/B22 | @7.5KGS | @9KGS | @(50×50×28) CBM |
| | 100CTNS | TR-3U-A 110V 26W E27/B22 | @7.5KGS | @9KGS | @(50×50×28) CBM |
| | 400CTNS | | 3000KGS | 3600KGS | 28CBM |

TOTAL QUANTITY: 20000PCS

TOTAL: FOUR HUNDRED CARTONS ONLY

GUANGDONG LONGHUA TRADING COMPANY LIMITED

152 ZHENGLONG ROAD, GUANGZHOU, CHINA

### 9.3.2 填制装箱单和重量单的注意事项

1. 填制装箱单的注意事项

(1) 装箱单应表明“装箱单”字样，它是一份独立的单据，不与其他任何单据联合出具。

(2) 该单据中的货物名称应与其他单据一致。

(3) 必须与信用证的要求一致。如要求提供详细装箱单，应载明每件的内容清单和有关情况。

(4) 装箱单可以不显示货物的价值、装运情况及收货人，除非特别规定。

(5) 装箱单出具的日期，不得早于发票日期，但可与发票日期相同。如信用证不作规定，也可不注明出单日。

2. 填制重量单的注意事项

(1) 它是一份单独的单据。

(2) 数据和货物名称与其他单据一致。

(3) 重量应与发票、提单上的重量一致。

(4) 重量单如冠以 Certificate of weight（重量证书），则应经过签字且加上日期，要符合信用证的规定，并且加上“We certify that the weights are true and correct ”证明句为好。

**本章小结**

商品检验检疫证书是指进出口商品经商品检验检疫机构检验、鉴定后出具的证明检验检疫结果的书面文件。商品检验检疫证书的种类很多，在实际进出口商品交易中，应在检验检疫条款中规定检验检疫证书的类别及其商品检验检疫的要求。

商品检验检疫证书由商品检验检疫机构出具。在国际贸易中，商品检验检疫机构从性质上划分，有官方的、半官方的、民间商品检验机构。其中我国的中华人民共和国国家质量监督检验检疫总局属于官方检验机构。

对进出口商品进行的报检，须由自理报检单位或代理报检单位的专业报检员向商品检验检疫机构出具进出口商品所需的报检单据，并填制《出境货物报检单》或《入境货物报检单》进行报检。当前国际贸易中，电子报检方式普遍使用。

原产地证明书是由出口国政府或有关机构签发证明商品原产地或制造地的法律文件，是商品进入国际贸易领域的“经济国籍”，是进口国对货物确定税率待遇，进行贸易统计，实行数量限制（如配额、许可证等）和控制从特定国家进口（如反倾销税、反补贴税）的主要依据之一。现在常用的产地证为一般原产地证明书、普惠制产地证明书、EEC 纺织品产地证明书、对美国出口的原产地声明书等。

国际贸易中，装箱单和重量单能够补充商业发票内容的不足，通过表内的包装件数、规格、重量、唛头等项目填制，明确阐明了商品包装的情况，便于买方对进口商品包装及数量的了解和掌握，也便于国外买方在货物到达目的港时，供海关检查和核对货物。

## 概念与术语

1. 检验检疫证书：是指由政府机构或公证机构对进出口商品检验检疫或鉴定后，根据不同的检验结果或鉴定项目出具并且签署的书面声明，证明货物已检验达标并评述检验结果的书面单证。

2. 原产地证明书：简称产地证书，是由出口国政府或有关机构签发的一种证明货物的原产地或制造地的法律文件；也是决定出口产品在进口国享受何种关税待遇的重要证明文件。

3. 一般原产地证明书：即为中国国际贸易促进委员会产地证明书，简称贸促会产地证。由各地进出口商品检验局或贸易促进会签发。

4. 普惠制产地证明书：是发达国家给予发展中国家出口制成品和半制成品一种普遍的、非歧视的、非互惠的关税优惠证书。

5. EEC 纺织品产地证明书：专门用于需要配额的纺织类产品，是欧盟进口国海关控制配额的主要依据。

6. 对美国出口的原产地声明书：简称 DCO 产地证，又称“美国产地证”。凡出口至美国的纺织品，出口商必须向进口商提供该类原产地声明书，作为进口商清关的单据之一。

## 思考题

1. 简述检验检疫证书的种类和基本内容。
2. 我国检验检疫机构的基本任务是什么？
3. 普惠制产地证明书的基本内容是什么？给予我国普惠制的国家有哪些？
4. 一般原产地证明书及申领手续是什么？
5. 简述装箱单的主要内容及注意事项。

# 第10章 信用证方式下单据的审核

学习要点

- 掌握信用证结算审单的原则。
- 了解常用的审单方法。
- 了解常见的单据不符点及其产生原因。
- 掌握对单据不符点的预防与处理方法。

## 10.1 信用证结算审单的原则

所谓信用证审单，是指信用证开证行对信用证受益人或单证合法持有人所提交的货运单据、汇票、商业发票、保险单据、装箱单、原产地证、检验证书等（统称“单据”）进行审核，确定单据与信用证的规定和要求是否相符的法律行为。

审单的指导原则具体如下。

(1) 审单与可能作为信用证依据的销售合同无关。

(2) 审单与受益人和申请人之间的关系无关。

(3) 审单与货物无关，银行处理的是单据，而不是单据所涉及的货物、服务或其他行为。

(4) 单据审核作出的决定只能取决于审单本身，单证是否相符，与审单以外可能获得的知识无关。

根据 UCP600 第二条（定义）中的规定：“相符提示是指与信用证条款、本惯例的相关适用条款，以及国际标准银行实务一致的提示。”

(Complying presentation means a presentation that is in accordance with the terms and conditions of the credit, the applicable provisions of these rules and international standard banking practice UCP600 Art. 2.) 这是《跟单信用证统一惯例》第一次对于相符提示进行了清晰的定义。特别值得注意的是，这一定义与传统上人们对于相符交单提示的理解存在着较大的差异。

传统上，在银行从事国际结算工作的员工及进出口企业的单证人员对于相符交单的理解是所谓的“八字真言”，即“单证相符、单单一致”；而在 UCP600 的规则之下，相符交单的含义被扩大了：受益人提交的单据不但要做到“单证相符、单单一致”，而且要做到与 UCP 的相关适用条款相一致，还要做到与《国际标准银行实务》(ISBP) 一致，只有同时符合以上三个方面的要求，受益人所提交的单据才是相符单据。

UCP500 对单据的制作并没有给出非常详细的规定，而 UCP600 则在第十七条至二十八条的 12 个条款中对单据的制作进行了非常详细的规定，其中包括对单据的正本副本、商业发票、各种运输方式下的运输单据、保险单据的具体要求。

### 10.1.1 按照《跟单信用证统一惯例》的规定审单

即受益人提交的单据须与 UCP600 的相关适用条款保持一致。《跟单信用证统一惯例》是确保在世界范围内将信用证作为可靠支付手段的准则，已被大多数的国家与地区接受和使用。《跟单信用证统一惯例》所体现出来的国际标准银行惯例是各国银行处理结算业务必须遵循的基本准则。人们必须按照《跟单信用证统一惯例》的要求，审核信用证要求的所有单据，以确定其表面上是否与信用证条款相符。UCP600 将单据与信用证相符的要求细化为“单内相符、单单相符、单证相符”。银行对任何单据的形式、完整性、准确性、内容真实性、单据真伪性或法律效力，或对于单据中规定的或添加的一般或特殊条件，概不负责；银行对于任何单据所代表的货物、服务和其他履约行为的描述、数量、重量、品质、状况、包装、交货、价值或其存在与否，或对于发货人、承运人、货运代理人、收货人、货物的保险人或其他任何人的诚信与否，作为或不作为、清偿能力、履约和资信状况，也概不负责。

众所周知，一份信用证的背后往往存在着一份由进出口商双方签订的销售合同，但信用证与其所可能依据的销售合同在法律上是完全独立的两份法律文件，UCP600 第二条对于信用证的定义是：信用证意指一项约定，无论其如何命名或描述，该约定不可撤销并因此构成开证行对于相符提示予以兑付的确定承诺。既然如此，信用证不可能也没有必要完完整整地把基础合同中的条款全部反映到信用证条款中来，开证申请人（进口商）通常只是有选择性地在信用证中规定那些证明受益人履行其各项义务的单据。这就可能出现下述情形：在信用证对某些事项未作出明确规定的情况下，受益人应当如何办理呢？这时 UCP600 中的“相关适用条款”就发生效力了。例如，当信用证规定了受益人需提交正本运输单据，却未明确规定受益人装运后提交单据的期限，这时受益人或其代表就要按照 UCP600 第十四条（单据审核标准）中 c 款的规定，在不迟于装运后的 21 个公历日内交单，但无论如何都不得迟于信用证的到期日。这就是说，当信用证条款未有明确规定时，按照 UCP600 的相关适用条款办理。但即使信用证规定了较长的交单期和有效期，也必须在装运日期的 21 天之内向银行交单。

UCP600 规定，银行不审核信用证中未规定的单据，如果银行收到此类单据，将退还提交人或予以转交并对此不负责任。关于银行审核单据的期限，银行需要多长时间审核卖方提交的单据，并通知卖方单据是否完备？在 UCP500 中规定：开证行、保兑行（如已保兑）或代表他们的被指定银行各自应有一个合理的时间，即不超过收到单据后的 7 个银行营业日审核单据，决定是否接受或拒收单据，并通知从其处收到单据的当事人。而在 UCP600 中改为了“最多为收单翌日起第五个工作日”，而“合理时间”这一概念不复存在。在实际业务中，由于经常出现处理时间是否“合理”的争议，这一概念受到当地行业惯例的影响，而一旦诉诸法律，还受到法官主观判断的影响，因此，围绕这一概念的纠纷不断发生。针对这种现状，UCP600 把单据处理时间的双重判断标准简化为单纯的天数标准，使得判断依据简单化。另外，最长时限的缩短，也使银行、公司各个环节的操作人员都要更加富有效率地工作。同时，对于出口商而言，在新的规定下也有望更早收到头寸。由于我国产品大量出口到东南亚及中东地区，而这些地区的银行业务处理普遍欠规范，新的规定也有望帮助我国出口商提前收汇。

UCP600 规定，显示在“任何”单据中的货物托运人或发货人，不必是信用证的受益人。这个规定，显然对使用“背对背信用证”十分有利。另外，除运输单据、保险单据和商业发票外，对其他单据的出具人不作规定，这就使受益人制作单据时，得到极大便利。例如，信用证内规定要提供包装单（Packing List），受益人提供的包装单，既可由生产厂家制作，也可由受益人以出口企业的身份自行制作。关于单据的出单日期问题，UCP600 规定，允许单据的出单日期早于信用证的开立日（但不得迟于信用证规定的提示日期），也就是货物出运在前，出口成交在后。这个规定是配合“卖路货”的交易方式而设定的，并考虑此种方式下信用证受益人的利益。所谓“卖路货”，是指货物在成交前装上运输工具，运往国外目标市场，与此同时，卖方积极寻找买主，如果成交，卖方所提交单据的日期（特别是提单、保险单等主要单据）必然会早于信用证开证日。如果卖方找不到合适的买方，运出的货物不能在运输途中售出，则待货运到目的地后，由受卖方委托的代理人代替卖方提货、存仓和出售。这种“卖路货”的销售方式，对于一些竞争激烈的商品，为争夺市场，具有一定积极意义。

值得注意的是：UCP600 放宽了审核单据的标准。UCP500 中第二十一条规定：“当信用证要求提供除运输单据、保险单据和商业发票以外的单据时，信用证中应规定该单据由何人出具，应有哪些措辞或内容。如信用证对此未作规定，只要所提交单据的内容与提交的其他单据不矛盾，银行将予接受。”于是，信用证业务精神在 UCP500 里就如此表述：“单证相符、单单不得不一致”。一旦出现不相符、不一致的情况，就造成了信用证的不符点，就意味着银行不需要再承担付款责任。这就可能产生这样一种后果：银行在审单时，实施"严格相符"，甚至故意寻找不符点，使信用证丧失了原本的功能，进而使得出口商在外贸结汇时，对信用证不再信任，信用证业务大量萎缩。鉴于此，UCP600 的精神有了变更。UCP600 中第十四条 d 款规定："单据中内容的描述不必与信用证、信用证对该项单据的描述，以及国际标准银行实务完全一致，但不得与该项单据中的内容、其他规定的单据或信用证相冲突。"第十四条 f 款规定："如果信用证要求提交运输单据、保险单据和商业发票以外的其他单据，却未规定该单据的出单人或单据的内容，则只要所提交的单据内容看似满足其功能需要，且其他方面符合第十四条 d 款，银行将接受该单据。"由此可以看出，UCP600 的精神是"单证相符，单单不得互相冲突"，比过去单单之间"不得不一致"的说法更体现了审单标准宽松化的倾向，充分体现了 UCP600 扶持信用证的使用、规范信用证业务实施的重大作用和意义。当然该条款并不表明审单放弃了"相符"的原则。

此外，UCP600 还放宽了对受益人和申请人地址的要求。信用证上的地址与单据上的不一致导致了大量的单证不符，原因可能是申请人一开始就写错了，可能是第三方写错，也可能是受益人本身就有几个不同的地址。为减少实务中的此类纠纷，UCP600 吸收了国际标准银行实务成果，在第十四条 j 款中规定：除信用证中规定的运输单据中的收货人或被通知方必须完全一致外，其他地方出现的受益人和申请人地址不必与信用证或其他规定单据中显示的地址相同，但必须与信用证中涉及的各自地址位于同一国家内。电话、电传等详细联系资料银行将不予理会。这个修改可能会增加欺诈的风险，但无疑也会大量减少因地址不一致而引起的拒单，这对银行和进出口商都比较有利。

最后，UCP600 明确了遗失单据的风险分担根据。UCP600 第三十五条规定："如果指定银行确定交单相符并将单据发往开证行或保兑行，无论指定的银行是否已经承付或议付，开证行或保兑行必须承付或议付，或偿付指定银行，即使单据在指定银行送往开证行或保兑行的途中，或保兑行送往开证行的途中丢失。"本条规定旨在明确：只要指定银行确认单据符合信用证，那么遗失单据的风险将由受益人转移到开证行或保兑行。

### 10.1.2 按照信用证所规定的条件、条款审单

信用证是根据买卖双方的贸易合同而开立的，它一旦为各有关当事人所接受，即成为各有关当事人必须遵循的契约性文件。在信用证结算业务中，各有关当事人必须受其约束，按照信用证所规定的条件、条款，逐条对照，以确定单据是否满足信用证的要求。当信用证的规定与《跟单信用证统一惯例》有抵触时，则应遵循信用证优先于《跟单信用证统一惯例》的原则。按照信用证的要求审核单据，即"单证相符、单单相符"，其中又包括表面一致性和内容相符性两条原则。

#### 1. 单据与信用证内条款表面一致性原则

在信用证方式下，银行的责任是在收到单据时，必须对提示的单据进行审核，并仅以单

据为基础，认真审核信用证规定的一切单据，以决定单据在表面上看是否与信用证的规定相符。单据表面与信用证条款不符的，单据本身或单据之间发生矛盾冲突的，银行可以拒绝接受。通知行只需确定信用证的表面真实性，以及条款完整性，无须审核信用证或相关修改的条款。指定银行、保兑行、开证行审核单据，以确定其表面上符合信用证条款。

所谓单据“表面”符合信用证条款，包含单证表面相符和单单表面一致两种含义。单证表面相符是指受益人或单证合法持有人提交的单据名称及其内容等表面上必须与信用证规定相符。银行对于单据所代表的货物、交易的真实性、单据是否伪造、签字是否有效等概不负责，除非银行知道所进行的是欺诈行为，否则这些实际发生的情况与银行无关。此外，银行对任何单据的形式、完整性、准确性、真实性或法律效力，或单据中载明、附加的一般及/或特殊条件概不负责。因而，如受益人制造表面上与信用证规定相符的假单据，也能得到货款。但是如受益人已经以适当的方式装运了所规定的货物，在制作单据时未能做到信用证所规定的一些条件，银行将拒绝接受单据，而受益人绝不能得到货款。而单单表面一致是指各单据之间所表示的货物、数量、金额、信用证号码等必须相互一致，也即每一单据从表面上与其他单据有一种联系，且各单据之间不得有矛盾。例如，所有单据列有货名必须相符，发票、汇票列有金额必须相同，发票、保险单、提单列有唛头，必须一致。

例如：公司名称为 ABC Co., Ltd. 既不能写成 abc co., ltd. 也不能写成 ABC CO., LTD。否则，就可能被认为单证不一致。因为，这样做等于把对方的“大号”给改了，如果对方强调“单证不符”，是有理由的。再如，某信用证将货物描述为 ATTACHES SANITAIRE（卫生洁具附件），而受益人具体的货为 EXPASION BOLT（膨胀螺栓）。虽然如此，有关单据中货物描述仍必须与信用证的规定相一致。可能有的单据因某种特殊作用如清关报税等需显示具体货名时，仍必须将信用证所规定的 ATTACHES SANITAIRE 显示在其上，而在其后加注具体货名 EXPASION BOLT。

**2. 单据与信用证条款内容相符性原则**

内容相符性是原则性审单标准在法律上的反映。所谓内容相符性原则（Rule of Strict Compliance），是指受益人向银行提交各种单据请求银行依信用证付款时，这些单据中内容的描述不必与信用证、该项单据本身，以及国际标准银行实务完全一致。但该项单据中的内容之间、或单据中内容与其他规定的单据或信用证不得互相冲突，即要做到“单内相符、单单相符、单证相符”，银行有权拒收不符合信用证条款的单据。因此，在审单时应注意避免照搬、照抄信用证的原话，只要内容或情理相符即可。

*1）单据与信用证内条款对应一致的原则*

即受益人提供单据的内容，除单据之间要一致外，也必须符合信用证的要求。如国外来证规定需要受益人提供“由专家签发的品质证明书”（Cert. of quality must be given by experts）。装运后，受益人提供有一位专家签字的品质证明书，结果遭到银行拒付。拒付的理由是来证规定要一位以上专家“experts”，而提供的证书只有一位专家签字，显然是单证不符。又如来证有以下规定，唛头如下：

BBS

HAMBURG

No. 1-up

出口装运时，共200个纸箱，如果单据上仍按来证规定，照办写上1-up，结果当然会造成银行拒付。有时制作单据人员不明白银行拒付的原因。关键是来证不知道货物将来要装多少箱或多少包，所以只写上No. 1-up，“up”是“起”的意思。而装运时已经有了具体包装的数量。所以，单据上应写成No. 1-200。如果还照来证上所写生搬硬套，显然是不行的。

再如信用证的有关人称、指向、时态、语态等，转到单据上时，即应作相应的调整，以避免不必要的误会。例如，信用证规定“Shipment from Shanghai or Qingdao”，提单装货港照样表示成“Shanghai or Qingdao ”就是不符。又如，信用证规定“Goods must be packed in boxes which effect to be indicated in the invoice”，若发票照样表示成“Goods must be packed in boxes”而不是“Goods have been packed in boxes”，就是不符。

2）单据与信用证条款逻辑一致的原则

如CIF贸易术语规定卖方投保、支付保险费并提供保险单据，同时，还要提供检验货物的品质证书及其他有关证书。在诸多证书中，保险单的日期，必须在签发提单日之前，这是为了表示货物是在装船前投保，符合保险责任起讫“仓至仓”条款的要求。同样，检验证书的检验日期，也应该在装船前，表示货物是在装船前报请检验的（极个别货物的投保和检验除外）。至于其他单据的出单日期，根据实际情况，可以有前有后，这就是逻辑一致的原则。

3）单据与信用证条款含义一致的原则

例如，一份来证规定货物采用海运，CIF贸易术语，货物自天津新港运到维也纳（奥地利）“From Xingang of Tianjin to Vienna”。这种规定显然不对，因为奥地利的维也纳在内陆，不能用CIF这个纯海运的贸易术语。如果货物确实要求运到维也纳，改用CIP贸易术语为宜。因为一般在这种情况下，要先用海运方式从天津新港将货物运到德国的港口，如汉堡，再由汉堡用陆运方式将货物运至维也纳。所以，同样货物的CIF和CIP的单价自然不同。后者的承运人由于负责将货物运到目的地，付出的运输等费用比前者相对要高，因而转向托运人收取的费用也就相应提高。另外，由于这笔业务的整个运输过程不仅只是一种运输方式，所以海运单据，就不应该使用直达/转船提单（Direct/Transhipment Bill of Lading），而应该使用联运提单（Through Bill of Lading）。

### 10.1.3 按照《国际标准银行实务》的要求审单

单据要与国际标准银行实务相符。《国际标准银行实务》（ISBP，全称《关于审核跟单信用证项下单据的国际标准银行实务》）是国际商会继UCP500之后在信用证领域编纂的最新的国际惯例，ISBP不仅是各国银行、进出口公司信用证业务单据处理人员在工作中的必备工具，也是法院、仲裁机构、律师在处理信用证纠纷案件时的重要依据，新版ISBP681包括引言及185个条文，它不仅规定了信用证单据制作和审核所应该遵循的一般原则，而且对目前跟单信用证的常见条款和单据都作出了具体的规定。其目的旨在统一并规范全球各地银行在审核信用证项下单据的不同做法，减少单据的不符点，降低单据的拒付率，以使得信用证的操作更为简便。

当信用证和UCP都未对某些事项作出明确规定时，ISBP就开始产生效力。比如：当信用证要求提交Form A产地证，同时要求提单必须作成To order of shipper或To order of issuing bank这类指示性抬头，在这种情况下，Form A产地证上的第二栏收货人信息应如何显示呢？ISBP对此作出了明确的规定：如果信用证要求运输单据作成“凭指示”、“凭托运人指示”、“凭开证行指示”或“货发开证行”式抬头，则原产地证明书可以显示信用证的申请人或信用证中具名的另外一人作为收货人。

### 10.1.4 按照银行的经营思想、操作规程审单

国际贸易结算作为银行经营的一项重要业务，在操作过程中，必须按照银行的有关操作规程行事。尤其是在向客户融资时，更应明确银行的观点和看法，更有权对单据有关条目的处理作出自己的选择和判断，以体现银行的经营方针和经营作风。由于银行不审核信用证没有规定的单据，因此，银行收到此类单据，应该退还交单人或将其照转，并对此不负责任。UCP600规定，如果信用证中包含某项条件而未规定需提交与之相符的单据，银行将认为未列明此条件，并对此不予置理。如果信用证要求提示运输单据、保险单据和商业发票以外的单据，但未规定该单据由何人出具或单据的内容。如信用证对此未作规定，只要所提交的单据内容与其他规定单据不矛盾，银行将对提示的单据予以接受。

UCP600在第十七条专门对正、副本单据问题进行规范以为业界提供操作指南。该条款要求：交单时对信用证规定的单据必须提供至少一份正本（a款）；如果信用证使用诸如“一式两份”、“两张”、“两份”等术语要求提交多份单据，则可以提交至少一份正本，其余份数以副本来满足（e款）；如果信用证要求提交副本单据，则提交正本单据或副本单据均可（d款）。

在实际业务中，如果来证规定要提供“一式两份”、“两张”、“两份”单据时，笔者认为应提供两张正本为宜。因为多数银行向外寄出单据时，为防止单据丢失，习惯做法是分两批（Two Lots）寄出，如果仅有一份正本，其余是副本，一旦正本单据丢失，就会影响提取货物（如正本提单丢失，则不能提货）或保险索赔（如正本保险单丢失，则不能办理索赔），使当事人的利益受到损失。

对于正本单据的认定体现在第十七条的b和c两款，即除非单据本身表明其不是正本，银行将视任何单据表面上具有单据出具人正本签字、标志、图章或标签的单据为正本单据

(b 款)；除非单据本身表明或显示不是正本，凡是符合下列情况之一者，银行将接受该单据作为正本单据；① 表面上显示由单据出具人手写、打字、穿孔签字或盖章；② 表面上显示使用的是单据出具人的正本信笺；③ 声明单据为正本，除非该项声明表面显示出与所提示的单据不符（c 款）。

### 10.1.5 按照合情、合理、合法和单据的商业功能与结算功能相统一的原则审单

所谓合情、合理、合法，是指审单员应根据自己所掌握的国际贸易结算知识，对各种单据的完整性和准确性，作出合乎情理的判断。例如，普惠制产地证是给惠国赋予受惠国出口货物减征关税的一种优惠凭证，其“收货人”一栏，应填写最终买主。如信用证未作明确规定，应根据提单的收货人、通知人及货至目的地对最终买主作出合理的选择。

在信用证交易中，即使受益人提交的单据符合信用证、UCP 及 ISBP 的规定，但仍不能保证这样的单据一定能够获得开证行的付款。比如，UCP 与一般的信用证中都没有汇票必须由出票人签字的规定。但是一张没有出票人签字的汇票肯定是不合格的，根据票据法，没有这项内容，票据不成立。所以，合格的单据还必须符合法规（Legally Acceptable）及常规（Common Sense）。比如毛重应大于净重（除非是“以毛作净”，即 Gross for Net），否则进口商或开证行有权拒付。此外，按照 UCP600 的最新规定，“单据必须满足其功能”需要。

单据的商业功能即在商务流转及商品买卖过程中的作用是主要的，结算功能是次要的，审单时应着重考虑其商业功能。大家应该了解各类单据的作用及功能，按照各类单据自身的功能及用途审单，避免将不必要的内容强加于单据。受益人向银行提交单据后，银行有义务认真审核单据，以确保单据表面上显示出符合信用证要求和各单据之间的一致性。

### 10.1.6 按照普遍联系的观点，结合上下文内容审单

信用证是一个与商务合同分离的独立文件，其内容是完整的、互为联系的。其中要求的条件、单据等是相辅相成、前后一致的。审单时必须遵循普遍联系的观点，结合上下文内容进行，避免片面、孤立地看待某一条款。例如，欧盟某国开来一信用证，要求提交的单据中有一项是 CERTIFICATE OF ORIGIN（产地证），而在后文中又要求受益人将正本 GSP CERTIFICATE OF ORIGIN FORM A（普惠制产地证）寄交开证申请人。结合上下文内容，能判断出信用证要求向银行提交的是副本 GSP CERTIFICATE OF ORIGIN（普惠制产地证），而非一般的产地证。

## 10.2 信用证结算审单的方法

单证的审核是对已经缮制、备妥的单据对照信用证（在信用证付款情况下）或合同

（非信用证付款方式）的有关内容进行审单，对单证及时地检查和核对，发现问题，及时更正，达到安全收汇的目的。

### 10.2.1 单证审核的基本要求

1. 及时性

及时审核有关单据可以对一些单据上的差错做到及时发现，及时更正，有效地避免因审核不及时造成的各项工作的被动。

2. 全面性

应当从安全收汇和全面履行合同的高度来重视单据的审核工作，一方面，应对照信用证认真审核每一份单证，不放过任何一个不符点；另一方面，要善于处理所发现的问题，加强与各有关部门的联系和衔接，使发现的问题得到及时、妥善的处理。按照“表面相符”的原则，做到“单内相符、单单相符、单证相符”。“单内相符、单单相符、单证相符”是安全收汇的前提和基础。

### 10.2.2 单证审核的基本方法

1. 纵横审单法

1）横向审核法

横向审核法是指以信用证或合同（在非信用证付款条件下）为基础对规定的各项单据进行一一审核，要求有关单据的内容符合信用证的规定，做到“单、证相符”。

（1）拿到信用证和单据后，应先查看有无信用证修改，而且这些修改中是否有受益人“不接受”的批注。

（2）如果该证有修改，而且受益人都接受，那么应将修改内容在信用证的原条款上做好相应记录，确保信用证条款是有效完整的。

（3）以修改条款核对有关单据，若是符合修改条款，表明受益人接受修改。

（4）按信用证条款的先后顺序对单据逐一审核。每涉及一种单据，立即与此种单据核对，以达到单证一致。或者按单据的主次关系审核。首先将一些核心单据，如发票和提单先行审阅，然后以它们为参照物，将其他辅助单据，如装箱单和受益人证明等与之核对。同时注意将信用证有关这类单据的规定贯穿于此，做到单证一致，单单相符。如发现任何不符点，应立即记录在工作单上。

（5）阅读信用证文句，并与单据核对，发现不符点立刻记录在审单记录表上。例如：写上“改”、“加”、“补”。待受益人改妥时，在上述之字画圈表示改妥。当全部的“改”、“加”、“补”都已画圈就表示单据全部改妥相符了。

（6）待全套单据审完，未被审核的单据就是受益人交来信用证未规定的单据，应退还受益人。

2）纵向审核法

在横向审核的基础上，以商业发票为中心审核其他规定的单据，使有关的内容相互一致，做到“单单相符”。纵审的目的是要达到单单一致。

（1）以发票为中心，与其他单据逐个核对，特别注意共有项目是否相一致。

（2）将提单与保险单核对。

（3）审单完毕后，将所发现的不符点一并与前道业务环节沟通，落实解决的办法。

如果经过横审和纵审没有发现不符点，或发现不符点已经改妥，即可确定单据全部相符。

**2. 先数字后文字审单法**

在单据的数量比较集中时，可以先将单据的所有数字，如单价、总价、数量、毛净重、尺码、包装件数等数据进行全面的复核，然后再采用纵横审单法对其他内容进行审核。

**3. 按装运日期审单法**

出口业务量大，批次又多的企业。为了保证及时收汇，可以按照货物装运日期的先后依次进行审单，争取在提单签发之前完成预审工作，及时改正差错，以便在取得正本提单后可以立即向银行交单。

**4. 分地区客户审单法**

不同的国别地区，不同的进口商对出口单证的要求各异，但同一国别地区或同一客户对出口单据的要求则基本相同，审单人对世界各地区或进口商的单证特点往往不能全面掌握，因此，对某一地区客户的特殊要求往往会有所疏漏。为了提高效率和质量，业务量较大的单位，可以采用分地区客户审单的工作方法。

**5. 综合审核法**

综合审核的要点：检查规定的单证是否齐全包括所需单证的份数，检查所提供的文件名称和类型是否符合要求。有些单证是否按规定进行了认证，单证之间的货物描述、数量、金额、重量、体积、运输标志等是否一致，单证出具或提交的日期是否符合要求。

## 10.3 对单据不符的处理

如前所述，开证行在审核单据与信用证完全相符后，才承担付款的责任。开证行对提交的单据如发现任何不符点，均有拒付货款的可能。因此，各种结汇单据的缮制是否正确完备，对安全、迅速结汇有着十分重要的关系。所谓不符点单据，是指信用证受益人向银行提交的结汇单据存在着不符合信用证条款规定的内容。其表现形式有单证不符和单单不符两种。

### 10.3.1 常见的单据不符点

**1. 时间方面**

（1）信用证过期。

（2）信用证装运日期过期。

（3）受益人交单过期。

（4）提早装运。

**2. 装运方面**

（1）货物短装或超装并超金额、迟装船并迟交单。

（2）运输单据不洁净。

（3）运输单据类别不可接受。

（4）没有“货物已装船”证明、已装船批注没有日期；或注明“货装舱面”。

（5）运费由受益人承担，但运输单据上没有“运费付讫”字样。

（6）启运港、目的港或转运港与信用证的规定不符。

**3. 汇票方面**

（1）汇票上面付款人的名称、地址等不正确。

（2）汇票上面的出票日期不明；汇票付款日期不确定。

（3）汇票、发票或保险单据金额的大小写不一致。

**4. 金额方面**

（1）发票与汇票金额不一致。

（2）汇票金额超过信用证金额。

（3）少开支款金额。

**5. 发票方面**

（1）发票上的参考号码与信用证上的不一致。

（2）发票上面的货物描述与信用证不符。

（3）发票的抬头人的名称、地址等与信用证不符。

**6. 保险方面**

（1）保险比例与信用证不符。

（2）保险金额不足、投保金额非指定货币。

（3）投保的险种与信用证规定不符。

（4）保险单据的签发日期迟于运输单据的签发日期。

（5）提交保险单据的类型与信用证要求的不符。

（6）保险生效日期未自提单装运日期起算。

（7）保险单/保险凭证没有正确背书。

（8）保险单理赔地点与信用证规定不符。

（9）批单日期与保单日期不一致。

7. 单据与单据之间

（1）各种单据上面的“Shipping Mark”和号码互不一致。

（2）商检证书不符合要求。

（3）各种单据的类别或份数与信用证的要求不符。

（4）单据没有必要签字或有效印章。

以上原因，看似很多，但只要稍加分析不难发现，绝大多数情况下，只要业务人员、制单人员责任心强一点是完全能够避免的。

在整套结汇单据中，一般是以商业发票为中心的。除来证另有规定外，各种单、证应该和商业发票一致，但在内容上，可以从简，以不发生矛盾为原则。以下情况，均不属于单证不符：① 如信用证内货物名称、规格过于复杂，对于提单和其他单据（商业发票除外），一般可以使用该项商品的总称或统称；② 单据与单据之间的日期，可以不完全一致，但应注意各种单据之间的关系。例如，保险单的日期，不能在提单日期之后；而商业发票的日期，也不应在汇票日期之后。

常见的错误出单日期：汇票日期早于发票日期；汇票日期早于提单日期；发票日期晚于交单日期；保单日期晚于提单日期；箱单日期早于发票日期；产地证日期晚于提单日期；检验证书日期晚于提单日期；出口许可证日期晚于提单日期；受益人证明或声明日期早于提单日期。

运输单据是所有单据中最后得到的。因此，其他诸如商业发票、原产地证书、装箱单、商品检验证书、受益人证明等单据应在货物出运之前，按照合同和信用证条款规定备妥，送交银行审核。这种做法，称为预审单据。其次，要求承运人密切配合，发货后尽快出单（因为承运人对出单时间都有一定的工作日要求，比如船公司一般有货物装船后3个工作日内签发提单的要求规定），以便受益人在获得运输单据，经审核无误后，立即送交银行，办理结汇手续。结汇单据提前送交银行，可以让银行有充裕的时间审核单据，检查单据与单据之间、单据与信用证（或合同）之间有无矛盾，尽量把问题解决在装运之前，避免造成损失。

### 10.3.2 产生单据不符点的原因

信用证项下付款是以单据相符为条件，单据的准确程度决定了出口货款的顺利收回与否，而在实务中，能以正点单据索回货款在整个信用证交易中仅能占到几成。国外曾做过调查，70%～80%的单据在第一次交单时存在不符点。国内许多公司在实际业务中碰到的情况也大致与此相同，而信用证项下一交单就可正点出单的则比较少。

既然在信用证交易中单据具有无可比拟的作用，从事国际贸易的每一个人也都知道其重要性，为什么还有这么多单据存在不符点呢？对于这个问题的分析有助于在整个信用证业务流程中及时防范，以尽量减少单据中不符点的产生。

1. 设置的合同条款相互之间不配套、不协调

合同条款中有价格条款、装运条款、支付条款等相对独立的条款，如果在同一合同中条款的设置不协调、不配套，结汇单据将不可避免地出现不符点。如某出口合同规定："价格条款：CIF 伊斯兰堡。装运港：上海……提供港至港已装船海运提单……"根据常识，大家知道伊斯兰堡是内陆城市，按照合同要求，要完成货物的运输，其经过海上的合理的运输路线应该是"上海港口→卡拉奇港口→伊斯兰堡"，第一段运输属于港至港海上运输，第二段运输属于港口至内陆的陆地运输，整个运输就是标准的海陆联运。但是由于该合同所设置的条款相互间不协调、不配套，就此而言，单据不可避免地出现下述不符点之一：如果提供联运提单，虽然符合合同把货物从上海港口运到伊斯兰堡的规定，但是这违反了合同规定提供港至港海运提单的要求；如果提供港至港海运提单，满足了合同对单据的要求，但是，目的港变为了卡拉奇港，这又违反了合同中目的地为伊斯兰堡的规定。

此外，也有的合同中设置的条款本身有错误，条款内容不符合国际贸易惯例，或不符合相关行业的习惯做法。例如：货物出口到非欧盟等向我国提供普遍优惠制的国家，却要求提供 GSP FORM A 格式的产地证；CIF 条款的合同，要求过高的保险加成，以致保险公司不能接受。再如，有的合同条款对单据表面内容的规定，违背第三方出证机构的常规，如某些合同，特别是在转口合同中，往往出现这样的条款："除发票、汇票外，其他所有单据不得显示发票号、发票金额、信用证号等内容"，如果合同规定了类似条款，并且要求提示 GSP FORM A 产地证等单据，那么出口企业将得不到符合合同规定的单据。

2. 缺乏对信用证及 UCP 的了解

许多进出口企业错误地以为信用证是一种百分之百安全的结算方式，能给他们的交易带来保险。殊不知信用证是开证银行的一种有条件的付款承诺，条件就是受益人在规定的时间内交付与信用证相符的单据，从实践看来，这个条件有时显得是那么的苛刻。再者，信用证无法保证买方付款后就一定能得到合同中所描述的货物，更无法保证卖方交单后就一定能从银行收到货款。在实际中，有不少业务人员在对信用证一知半解后就开始操作信用证，事后被银行拒付都不知为什么。他们想不明白的是，所提交的单据与信用证表面并不矛盾，但银行拒付的依据却不是信用证本身，而是一个叫作 UCP 的文件。在信用证都是依据 UCP 开立的情况下，受益人所提交的单据除了要与信用证相符外，还要与管辖信用证的 UCP 相符。

3. 对银行及客户过于信任

对银行的过度信赖有时也是形成不符点的一个因素。许多出口公司因自身素质问题，往往在业务中尤其是单据制作和审核方面不作深入管理，而是完全仰赖银行，银行从为客户提供优质服务角度考虑也往往迁就客户，长久下来的后果是公司业务素质一直得不到提高。如果银行业务水平和能力高，自是高枕无忧，但一旦碰到业务不娴熟、水平欠佳、能力平平、

责任心不强的银行或银行经办员，那就不容乐观了。其实银行在审核单据的过程中存在一些不良做法，比如曲解 UCP 的条文，奉行"字字相符"的审单标准，或为了推脱责任，或为了"创收"（不符点费）故意挑刺，以致无理拒付；将单据交由开证申请人审核，完全按开证申请人的意愿行事；拖延付款时间等。当信用证有必要修改时，又完全相信客户口头或书面的承诺或担保说不必改证了，就这样交单好了，到时他会去接受不符点并付款赎单，理由是改证需要时间和费用。有的出口商甚至在交单时将客户出具的保函一并交给银行，以为这是一把尚方宝剑，可换来一路绿灯。殊不知由于信用证极强的独立性，客户的承诺或担保对开证行并无任何的约束力，银行仅凭相符单据付款。如此一来，不知不觉中就将结算方式改成托收了，在支付了不菲的银行费用之后，能否收到货款还完全受制于买方，或许此时出口商已经落入了对方事先设置的某种圈套。

4. 出口企业制单员的业务知识局限和操作疏忽

不符点产生的最直接也是最常见的原因是公司制单员的业务知识局限和操作疏忽。由于业务范围的限制，有的公司可能与欧洲业务较多，与中东及其他国家的业务量不大，或者情况正好相反，而每个地区的信用证有不同特点，如欧洲的信用证较为规范，中东来证大多条款较为复杂，要求的单据多，有些单据要求还较为独特，这就决定了业务员不可能对所有类型的信用证均熟悉。另外，一般公司的客户较稳定，信用证条款相同或相似，单据制作基本也一成不变，这就导致制单员业务知识的局限，一旦有异于先前的信用证出现，业务人员在制作单据时往往就会出现这样那样的问题。另外制单员的制单疏忽也是产生不符点的一个因素，小则打字错误引起 MINORDISCREPANCY，大至一时疏忽造成实质性不符点。例如，曾有一案例，信开信用证规定了唛头，由于唛头在信用证的下方，同一页打不开，开证行在最后一行打上了 P. T. O. 三个字，公司制单员对此也未深究，把 P. T. O. 三个字也包括在单据的唛头中，导致开证行拒付。大家知道，P. T. O. 是 Please Turn Over 的缩写，也即是汉语的"请见反面"。该不符点的造成纯粹是因为制单员的大意和不求甚解。

5. 信用证本身不规范和信用证本身的缺陷

信用证在全球范围内广泛使用，由于为数众多的进口商及开证行的相关业务人员的业务水平包括对语言的驾驭能力参差不齐，导致开立的信用证本身不规范，比如拼写错误、前后矛盾、语义不清、指示不明等。有统计数据表明，在出口商收到的信用证当中有 48% 的信用证存在不规范或无法操作的情形。

信用证本身的缺陷往往会引起致命的不符点。这包括以下几种情形。

1）信用证含有软条款

软条款使出口商无法执行信用证，或不能获得信用证项下要求的单据，如信用证规定货物须经开证人检验，出具由开证申请人或其代表签字的检验认可报告方可付运，检验报告作为议付单证之一。这个条款的风险在于，假如交货前因市场变化，客户有意毁约，则故意拖延检验，不出具检验报告，导致无法装运并提交单证议付。再如：3 份正本提单中，有 1 份直接寄给开证申请人。大家知道，凭借一份正本提单，就可以提货了。这个条款一经执行，就意味着客户可以在银行议付单证以前就径直去提货。假如客户蓄意欺诈，或对货物不满意，此时就有可能有意挑刺拒绝赎单，信用证受益人即出口商面临财货两空的危险。

软条款的表现形式虽然五花八门，但其中有个共同的特点，就是让信用证在不同程度上丧失执行的独立性和不可撤销性。也就是说，有了软条款的信用证，客户可以通过各种手段使其在实际执行过程中可以单方面废止。

2）信用证本身含糊或自相矛盾

这主要是开证行在开出信用证时考虑不周全或开证申请人的疏忽或故意导致，如信用证要求全套正本提单，而同时规定1/3提单直接邮寄开证申请人。

3）信用证修改也有可能引发不符点

这类不符点的产生经常是由于开证行疏漏和受益人忽略对修改内容以外条款的审查引起的。如信用证修改将提单改成要求空运单，而受益人证明未将相关的邮寄提单改换成邮寄空运单；改CIF价格条款为FOB时，未将提单运费条款由Freight prepaid改成Freight to collect；改装期未延展效期；改CIF价格条款为CFR或FOB时未删除信用证所要求的保险单等。一般来讲，信用证条款之间是相互关联的，牵一发而须动全身，若只改其中一个条款而对其他条款不作修正，则显得不伦不类，导致信用证实际无法执行，形成单证不符而遭国外开证行拒付。

4）信用证条款与实际操作有冲突

在实务中信用证的一些规定往往在实际操作中无法执行，如在转让信用证和背对背信用证中经常遇到一个条款，“除发票外其他任何单据均不允许出现发票号码”，当信用证同时要求普惠制产地证时就会遇到问题，因为根据相关惯例，普惠制产地证必须注明发票号码。又如信用证规定提交一份有商检部门出具的检验证书，并同时规定一份受益人证明，证明正本商检证已直接寄给开证申请人。我国商检部门往往只出具一份正本商检证，这就使受益人很为难，若信用证条款提示正本商检证，则只能给申请人寄副本，若将正本寄交申请人则无法在信用证项下提交正本，若虽寄副本，而提交正本商检证和符合信用证要求的受益人证明则形成对开证行和开证申请人的欺诈。

### 6. 受益人未能仔细审证并要求改证

由于出口商的业务人员的业务水平包括语言的理解能力的问题，使得未能仔细审核信用证，也就没能就信用证中存在的诸多问题要求客户予以修改，如此则不可避免地为日后的单据出现不符点留下隐患。

### 7. 缺乏内部管理及协调

我国一些具有一定规模的出口企业，机构设置及内部分工较细，比如由外销员与客户联系并订立合同，收到信用证后由财务部门负责审核并提出改证意见，货物由储运部门发运，单据由单证部门缮制或申领，出现问题则由法律部门负责解决……但问题是，在缺乏内部管理及协调的情况下，分工越细，情况越糟。

8. 制单粗糙

由于业务能力及经验问题，未能正确理解信用证的要求，还有单据的整体结构、前后逻辑、措辞等细节问题，导致单据的制作粗糙，当然也就会出现不符点。

9. 交单前未能仔细审单

在交单前由于时间紧迫，或由于工作疏忽，未能仔细审核单据与信用证是否相符，单据之间是否一致，有无矛盾之处，从而导致提交的单据与信用证规定不符。

10. 受益人在经营过程中的脱节

信用证只是一种结算工具，对于开证申请人来讲，旨在规范受益人及时履行合同，而就信用证本身而言，在规定的时间内按质按量地备货、生产、发运显得尤为重要，单据的一些缺陷可以修改。但由于公司经营造成的失误，如货物无法在规定时间内产出，产生短装、船期赶不上；或信用证规定要某部门出具的检验证书，公司因疏忽出运前未让其检验而无法获得等，则往往无法更改。

总之，不符点的产生原因是多方面的，绝不只是制单过程中才会产生不符点，公司人员尤其是公司的高级管理人员一定要明白这一点，努力在信用证交易的每一个步骤，从谈判到对信用证的审核，乃至生产、储运、制单等都要时刻留心，早加防范。杜绝单据的不符点要靠整个过程中所有人的努力才能奏效，单靠哪一个具体环节，哪一个人是很难做到的。

### 10.3.3 信用证项下不符点的预防与处理

1. 做好不符点的预防工作

在所有信用证纠纷中，单证不符占了绝大多数。信用证交易发生拒付和贸易纠纷时，受益人轻则延迟收回货款，损失利息，重则损失部分或全部货款。因此，单据质量直接关系到能否顺利、安全收汇。所以，受益人出单前做好防范单据不符点工作非常重要。关于防范单据不符点，笔者认为有以下几点值得注意。

1）熟悉信用证的游戏规则、UCP600的规定及《国际标准银行实务》

首先要掌握信用证的操作流程及其相关规则，熟悉信用证的游戏规则，特别是UCP600及国际商会颁布的《国际标准银行实务》（ISBP）。只有成竹在胸，方可做到对信用证运用自如，处变不惊。

ISBP是国际商会继UCP500之后在信用证领域编纂的最新国际惯例，ISBP不仅是各国银行、进出口公司信用证业务单据处理人员在工作中的必备工具，也是法院、仲裁机构、律师在处理信用证纠纷案件时的重要依据，它不仅规定了信用证单据制作和审核所应该遵循的一般原则，而且对目前跟单信用证的常见条款和单据都作出了具体的规定。其目的旨在统一并规范全球各地银行在审核信用证项下单据的不同做法，减少单据的不符点，降低单据的拒付率，以使得信用证的操作更为简便。因而，无论是在制单、审单，还是日后与银行交涉的各个环节，ISBP 对于信用证的从业人员都是不可或缺的有力工具。

2）了解开证行及客户的资信状况

国际商会早就提醒有关当事人“Know-who is even more important than know-how”，也就是要充分了解你的对手。尽管信用证属于基于银行信用的结算方式，但银行信用也分三六九等。信用等级不高的银行往往会与不法进口商沆瀣一气，损害出口商的正当权益。因此要通过卖方银行了解对方的信用等级，以便采取相应措施。

3）制定完善的交易条款

这是指在签订合同时就应在合同中订立一个完善的交易条款。比如合同应对开证行、信用证金额、信用证的种类、开证最迟时间等事项作出明确的规定，而且最好同时规定卖方应该提交的单据种类及相关要求，以避免日后买方在申请开证时随意地加列一些出乎卖方意料的单据或要求。

设置的条款要灵活，便于履约操作，对各项条款的设置，不能死板，不能过于烦琐细致，应该灵活，为签约后的履约操作留下足够的空间，减少单据不符点的出现。比如，货物运输应尽量争取可转运、可分批装运。再如，商品重量、数量等条款的规定如果过于细致，使得业务操作缺乏灵活性，如钢材的出口合同中详细地规定了每根钢材的重量范围，以及钢材总根数、总重量，但未规定溢短装条款，最后会出现比较尴尬的局面：钢材的数量和重量出现了矛盾，钢材的数量符合合同规定时，重量超过合同的规定；重量符合合同的规定时，钢材的数量又不符合合同规定，合同对数量、重量过于详细、死板的规定使单据非常容易出现不符点。因此，对有些商品，应规定数量溢短装条款及相应的金额的增减幅度，以便于在货物装运时，作为出口方可以比较方便地根据实际情况对货物数量、航线进行灵活、适当的调整，减少因条款死板而产生的单据不符点。

对客户的某些过分要求，切忌随意让步。为了促进出口业务的发展，在交易中，适当向客户提供方便、优惠是可以考虑的，但在为客户提供方便的同时，必须为自己签约后的履约留下足够的操作空间，不能使自己陷入履约困境。为了安全及时结汇，在磋商贸易条款时，必须维护自己作为出口人的正当权益，考虑合同条款的设置是否使履约方便、灵活，获取单据是否方便，对客户的某些过分要求，切忌以牺牲自己的权益为代价，而随意作出让步。

4）开证前要求客户提供开证申请书的副本

要求客户提供开证申请书的副本的目的在于让卖方事先确认信用证条款，这是为避免日后陷入无休止的改证怪圈的一种行之有效的办法。

5）仔细审证

收到信用证后受益人审证的目的在于确定信用证规定的付款条件是否超出买卖合同的约定。受益人能否满足这些条件，否则应要求予以改证。正如前文所提到的，对受益人而言，信用证是一份以银行信用为基础的有条件的付款承诺。只要受益人在正常交易的情况下依约行事，该信用证条件应能够得以满足，以保证受益人能够按时收到货款。但如果信用证规定提交非由受益人控制的单据的条款，而受益人未提出修改，则日后就很可能发生单据不符的情况。因此，认真、仔细地审核信用证，不能接受的内容一定要求对方修改，这是避免出现单据不符的重要防范措施。

比如，如果在信用证中规定受益人必须提交由开证申请人出具和/或副签的单据，也就是在实务中通常所指的典型的“软条款”（如客检证），则意味着受益人能否满足信用证的条件还必须取决于开证申请人的行为。换言之，这类条款实际上是在银行信用之前又套上了一个开证申请人的商业信用的前提条件，如此一来，大大减损了信用证作为付款保证的价值。因此，国际商会一直劝阻当事人在信用证中规定提交非由受益人控制的单据的做法；同时也警告受益人不要接受要求提交非其所能控制的单据的信用证，也不要接受在开证申请人从银行系统收到单据以前，收货人就可以取得货物的运输单据（比如要求卖方自寄1/3提单给收货人）的信用证。如果受益人收到含有此类条款的信用证，应要求加以修改，否则受益人应遵守该条款并自行承担其风险。

6）精心制单并严格审单

在缮制单据时，要做到正确、完整、及时、简明、整洁，并在交单前仔细审核全套单据，以确保“单货相符、单证相符、单单一致”。

要熟悉各种单据的内容，将客户对单据内容的要求控制在出证机构的许可范围内。单据作为履约证明，是出口方的收款凭证。对出口方来说，官方机构及其他第三方出具的各种单据，是不可控制的单据。那么，在签订合同之前，出口方就必须了解官方机构及其他第三方出证机构出具单据的相关规定，熟悉他们出具的单据的具体内容：单据表面格式怎样、哪些内容是必须显示的，哪些内容是可以按要求添加的，等等，在签订合同之时，为顺利获取官方机构及其他第三方出证机构出具单据提供必要的平台，减少因设置错误条款而产生的单据不符、单单不一致的情况。例如，对于不是自己出具，而是第三方如货运公司出具的提单一类，事先务必与他们仔细核对草稿，并书面确认。拿到正本以后，再检查一次，看是否与确认的草稿一致。出现问题的，在分清责任的同时，火速更换。对于国家机构比如商检局出具的单据，不易灵活处理，因此要慎重一些。如信用证条款中对这类单证有特别要求的，先与商检机构沟通咨询，看是否能满足客户要求。无法完全满足的，坚决要求修改信用证条款。因外贸市场灵活多变，品质要求也参差不齐，对于商检局提出异议的产品，可以通过“客户确认”的保函形式协商解决。

在实际业务中，单单不一致，即同一套单证里不同单据相同栏目的内容不一致。这个问题通常是由于部门分工协作制单中的疏漏造成的。因此，预防的方法，就是养成事先编制交易档案，按照栏目分别归类，像一个数据库一样，根据交易编码，各部门或者各单证直接调用。此外，审单证时，不仅要逐张审核，还可以“横”审，即对比不同单证同一栏目内容。实务中，也允许有些地方在合理范围内某些栏目单单不一致。比如品名描述栏，在发票中也许细致翔实，按照同类产品不同款式逐一分列，而提单和原产地证中就简单合并了。一般的限度是，只有类别一样的产品才能合并。所谓类别一样，以海关产品编码（即所谓 H. S. CODE，国际通行的对产品分类编码，避免因各国表述不同造成的分类混乱）为依据。这种单单不一致，一般都不予计较。但碰到有风险的交易，存在客户有意挑刺的可能时，尽量避免这样的节外生枝。

7）及时交单

及时交单的好处在于：如果单证相符，则受益人早日收款，加速货物及资金的流转；如果单证不符，且在不符点是被议付行发现的情况下，还有充裕的时间更正单据；即使单据已经寄到了开证行，开证行发现不符点并提出拒付的情况下，若时间允许，受益人都还有可能补交更正后的单据，以确保收款安全。当然，要做到这一点，必须从以下几个方面争取时间。

（1）交单期限。信用证中约定的交单期限不可太短，一般以发货后 15 ～20 天为宜。且信用证务必在出口国境内到期，以使得受益人事后只需在交单期内将更正后的单据交给议付行柜台即可。

（2）交单时间。一般而言，运输单据是所有单据中最后得到的，因此，其他诸如商业发票、装箱单、原产地证书、检验证书、受益人证明等单据应在发货之前就准备好；另外，要求承运人密切配合，发货后尽快出单，以便受益人在获得运输单据后，即可连同其他事先缮制好的信用证所要求的单据，经审核无误后在第一时间交单。

（3）出单时间。单据交给银行后，要求银行尽早审单并出单，并及时跟踪单据到达对方银行的时间。在如今竞争日趋激烈的情况下，银行及船公司等服务行业的服务态度及质量都较以前大有改观，因此在这些环节争取时间不会有太大的困难。

8）选择好银行

一家好的银行会在对方银行无理拒付时，为了维护客户的权利据理力争。出口商应慎重选择其合作的银行，其重要性体现在以下几个方面。

（1）当你指定某银行作为信用证的通知行时，该银行是否会为你预审信用证，并提出包括开证行的资信状况在内的改证建议？因为 UCP600 第九条仅规定了通知行审核信用证真伪的义务。

（2）你所选择的银行能否为你的信用证交易提供全程的咨询及指导服务？这对于那些大量已经取得或即将取得进出口经营权而初涉国际贸易的企业来说显得尤为重要。

（3）在你交单后能否“合理谨慎”地为你审核单据，发现不符点后及时提出修改意见，为你的安全收汇把好最后一道关，以免一旦出单便“覆水难收”。

（4）在你交单后能否尽快为你审单并早日出单，而不是非要拖到信用证交单期的最后一天，以为你争取宝贵的时间及加速资金周转。

（5）当对方银行无理拒付时，你的银行能否为维护你的正当权益而据理力争，使你在孤独无助时看到一线生机。这比通过其他途径解决这类纠纷的成本少得多。

9）关于装期、效期和到期地点的建议

（1）说服客户开证时装期合理后推，实际按约定时间发货，证内列明21天交单期限，或证内不设交单期限，根据UCP600规定，则视作21天内交单，交单期决定着实际效期，交单期越长，对受益人越有利，反之，则对受益人不利。

（2）双到期情况下，务必请客户在证内列明合理装期及交单期。

（3）到期地点应选中国，国外到期则很不利。

10）对溢装、超金额、短装、少金额的建议

（1）以件计价商品，证内规定不许分批或明确分批数量、无溢短装等条款情况下，不能溢短装和增减证内金额。

（2）以件计价商品，证内即使有数量溢短装条款，而无金额增减条款，且不许分批，则只能按证内的金额溢短装，不超差额，也不能低于证内金额。

（3）有些以件计价商品，证内列明每批所有货号、数量等，只许分批，没有溢短装条款，稍不留意，就会出现不符点，如能说服客户证内列明：总数量、总金额、允许分批、溢短装条款、按××合同执行，不在证内详列每批所有货号、规格、数量等，同时向客户明确表示将按其批次要求办，则可减少相应的不符点。

（4）非以件计价商品，证内即使列明不许分批、无溢短装条款，在不超过证内金额的情况下，数量有5%增减。

（5）以证内规定允许分批、允许合理溢短装为佳。

11）关于客检/签证和商检证书的建议

（1）原则上不应接受客检/签证条款。

（2）信用证内列明开证行持有申请人或其代表签字备案的客检/签证条款，绝不可接受。

（3）对外地检验检疫局出具的检验证书，宜请当地代办人先传真过来，审核无误后再寄出。

（4）商检证书内容应严格与信用证的要求一致。

（5）品质证校正处仅盖校正章已有被视作不符点的先例，建议商检证书中不宜有校正处，如实在需要校正，应在改动处加校正章和缩签和全名签。

**2. 寻求妥善处理的办法**

单证缮制与信用证规定的差异一概称为不符点。轻微的不符点如某个字母或标点符号的错误，不造成歧义，对交易性质无实质影响的，一般开证行也会接受，仅对每一个不符点或一票单据的不符点扣罚几十至100多美元（即不符点费）。可较大的错误，特别是数量、金额、交货期方面的错误，就严重了。开证行会通知出口商（受益人）不符点的情况，并暂时中止执行信用证支付。对于包含有不符点的单据拒付是国际惯例赋予开证行的权利。大家知道，信用证是开证行有条件的付款承诺，只要是单证相符，开证行必须付款，但一旦单据

有不符点，开证行有权向提交单据的一方提出不符点而解除自己的付款责任，这也是开证行保护自己的一种做法。拒付后将不符点提示给开证申请人，受益人则与客户（开证申请人）协商，如果货物质量过硬，市场情况好，进口商一般会接受不符点并付款。待开证申请人接受不符点，开证行才会支付货款，同时不符点费用照扣。可见，不符点将直接导致信用证失效的可能。

UCP600 第十六条详细规定了开证行对单证不符的单据的处理办法。当提交的单据出现单证不符时，开证行/保兑行/被指定银行应该一次性地就单证中的不符点向单证的提交人发出通知并表明银行的处理意见，具体内容包括如下。① 拒付款项，即发出合格拒付通知。② 指出单证内银行据以拒付的不符点，及对有问题单证的处理措施如下：银行暂时保存单据，等待单据提交方进一步指示；银行暂时保存单据，直到申请人表态接受该套有问题的单据，同时，银行也表示同意申请人的这个要求，或在申请人表态前，银行已从单据提交方得到进一步指示，并已按指示去处理有问题的单证；银行将单证退回原处；照先前单据提交人的指示处理单据，当银行拒绝付款的理由确凿，并发出单证不符的通知后，它就有权索回已经偿付的款项和利息。

UCP600 新增方式中的“持单直到开证申请人接受不符单据”，一直以来极具争议。加入这一条款主要是考虑到受益人提交单据最基本的目的是获得款项，因此可以推定，如果申请人同意放弃不符点并支付，对受益人利益不会造成根本性的损害。特别是当受益人明知单据存在不符点，依然要求指定行向开证行寄送单据的情况下，隐含了其希望申请人接受不符点并支付款项的意愿。其实，在实施 UCP500 时，就有银行在开立信用证中加具此类条款，应该说其做法与 UCP500 是矛盾的，银行往往会因为在拒付通知中表明将“寻求进口人放弃不符点放单”而被法院认定为拒付无效。UCP600 把这种条款纳入合理的范围内，符合了现实业务的发展，减少了因此产生纠纷的可能，并且有望缩短不符点单据处理的周期。当然，如果出口商出于各种考虑不愿意给予对方这种权利，可以在交单时明确指示按照惯例中另一个选项来处理，即拒付后“银行将按照先前收到的交单人指令行事”，或者干脆在开立信用证时直接排除这一选项。

在实际业务中，由于主、客观原因，发生单、证不符的情形是难以完全避免的，因此，一旦发生单、证不符的情况，出口商应及时采取灵活的处理方法。出口商要区分责任，判断开证行拒付是否有合理依据并符合程序，所谓合理依据，就是开证行提出的不符点应有站得住脚的理由，或是否出于误会。否则可通过国内银行回复解释申辩。程序上，开证行必须在 5 个工作日内审核单证并一次性提出不符点，否则即使有不符点也无权再提。如果银行对信用证无理拒付，受益人应依据事实和惯例的相关规定据理力争，说服对方银行接受单据。受益人是否成功地说服银行接受单据，关键在于其能否准确把握判断拒付成立与否的依据和标准。如果确实单证不符，在情况允许的情况下，出口企业可以重新制单，改正不符点。

一般地，在把单证交付国外开证行之前，国内出口商的开户银行（信用证通知行）会应出口商要求预先审核一遍，发现错误及时更改。但此时货物已经出运，很多情况已为既成事实，不符点已无法更改了。此时，在确认客户会接受的前提下，可以“不符点交单”，承担不符点扣款，完成信用证。但这样做的风险很大，万一客户不接受或中途变卦，出口商难免蒙受损失。所以不符点交单要特别慎用。出现此情形时，最好先尝试说服开证行或开证申请人通融接受单据，请客户确认接受不符点。必要的话，请客户出具“公司信”（Office Letter）（一种抬头落款齐全，内容完整的正式商业信函），届时提供给国外开证行。在货物畅销时，进口商一般也会接受带有瑕疵的单据。

单据被拒付后，受益人拥有对单据的处置权，这就意味着货权并未丧失，受益人可以根据实际情况处置货物，不过这要有一个前提，就是信用证要求的必须是全套提单，若1/3提单已寄给申请人，提交给银行的是信用证所要求的2/3提单，则会面临钱货两失的风险。另外，单据被拒付后，有可能带来额外的利益。单据被拒付后，从理论上来讲，即使申请人接受不符点，开证行也无权擅自向申请人放单。如果市场情况好，出口商可以选择以更高的价格转卖给第三者，从中获得更大的利益。货物质量在任何时候都是收回货款的最关键因素，赚取利润是买卖双方共同的愿望，如果货物质量过硬，市场情况好，进口商一般会接受不符点并付款。

发生单据不符情况时，可采取以下几种灵活办法。

1）认真审核不符点

人们都知道认真审核出口信用证条款是必不可少的，殊不知审核不符点内容也很重要。一则银行信誉良莠不齐，一些信誉欠佳的开证行往往会极力配合开证申请人，对单据无端挑剔，以无害不符点拒付甚至无理拒付；二则银行素质参差不齐，对国际惯例理解也不一样，有时所提出的不符点经不起推敲，这就给公司反驳不符点创造了机会，留下了许多余地，但在未弄清不符点内容的情况下就匆忙对外应对，会很难得到好的结果。因此，审核不符点是否成立，要求审核者通晓国际惯例，并有丰富的国际结算经验和熟练的技巧，对此公司可以咨询银行。

一般来说，审核不符点包括以下三部分内容。

（1）以国际惯例和国际标准银行惯例为依据，审核开证行所提的不符点是否成立。开证行是以单证相符、单单一致为条件，来决定是否接受信用证项下的单据，单据不符可以拒付，单据相符，其必须接受单据并履行信用证项下付款责任。另外，开证行不得以单据以外的理由拒绝付款。由此，如单据在表面上符合信用证，同时单据与单据之间并无不一致，可以认定所提不符点不成立，而理直气壮地要求开证行履行付款的义务。

（2）审核开证行提出不符点的前提是否已满足。根据国际惯例，开证行提出不符点必须满足：① 在合理的时间内提出不符点，即在开证行收到单据次日起算的5个工作日之内向单据的提示者提出不符点；② 无延迟地以电讯方式提出，如做不到，须以其他快捷方式将不符点通知提示者；③ 不符点必须一次性提出，即如第一次所提不符点不成立，即使单据还存在实质性不符点，开证行也无权再次提出；④ 通知不符点同时，必须说明单据代为保管听候处理，或径退交单者。以上条件必须同时满足，如有一项条件开证行未做到，开证行便无权声称单据有不符点而拒付。

（3）审核所提不符点是否模糊不符点。有时开证行提出不符点的条件均已满足，单据也确实存在不符点，但开证行由于自身素质或英语水平的限制，提出的不符点与实际存在的不符点大相径庭，完全不是一回事，在这时实质上开证行所提的不符点是不存在的，而其后来对不符点所做的解释，可能是正确的不符点，但公司可以指其是第二次提出不符点，系无效的拒付行为而要求开证行付款。

2）研究是否可以换单或改证

如果时间充裕，或货物尚未出运，应尽快修改单据。如必须修改信用证，则应立即联系开证人改证。根据国际惯例，如果单据确实存在不符点，开证行并已就此提出拒付，只要受益人改正的单据在信用证规定的有效期和议付期内提交到指定银行，且新提交的单据没有新的不符点，则视为单据不存在不符点，开证行必须付款。为此，一旦获知开证行提出不符点，公司的反应一定要快，看是否可以或是否来得及改单，如有可能，应迅速改单并及时将单据交到指定银行手中。为了达到有不符点改单的目的，事先应做到：① 在审核信用证时，一定要注意信用证的有效地点须在国内；② 发货时尽量提前，不要在即将到效期时才发货，以保证在开证行提出不符点后，受益人有时间改单；③ 一俟装船，立即交单，以保证拒付后，能在议付期内重新制单；④ 重新补制单据时，一定要认真仔细，确保没有新的不符点。

3）凭保议付或电报提出或托收

倘若限于时间，无法在信用证交单到期日和交单期限内做到单、证相符，则可根据实际情况采取以下几种灵活处理方式：① 表提（表盖提出）；② 电提（电报提出）；③ 跟单托收。

如果货物已装船，或者虽未装船但须赶船期，致使受益人无法提出修改信用证，这种情况下，在征得信用证的开证申请人同意的前提下，受益人可向议付行出具担保书，要求银行凭担保议付货款，如日后遭到开征行拒付时，由受益人承担一切后果，同时电请信用证的开证申请人迅即授权开证行付款。当议付行向开证行交单收汇时，在随附单据的表盖（Covering Schedule）上提出单据不符点，并注明“凭保议付”字样，这种做法，又可称作“表盖提出”（即在表盖上将不符点提出来），简称“表提”，也称“担保议付”。如果是非实质性的、一般性的单证不符，受益人估计对方会接受不符点时，可以考虑采取“表提”方式，当然，这种方式需经议付行同意并接受才可使用，使用这种方式，银行通常在寄单索汇通知单上注明以下内容：

“Discrepancies：① × × × × ×（不符点内容）② × × × × ×（不符点内容）Please contact your customer for their acceptance.”

但需说明的是：关于凭保议付，UCP500 第十四条 f 款中规定：“如寄单行提请开证行及/或保兑行（如有）注意单据中的任何不符点，或通知该行：关于该不符点，它已经以保留追索方式或凭赔偿担保付款、承担延期付款责任、承兑汇票或议付，开证行及/或保兑行（如有）并不因此而解除其在本条文规定下的任何义务。该保留或赔偿担保仅涉及寄单行与被保留追索的一方，或者，与提供或代为提供赔偿担保的一方之间的关系。”UCP600 将此款删除了。主要是因为开证行对指定银行的指示是凭相符单据承付和议付。如果指定银行已经发现单据中存在不符点，就不应该对其承付或议付。假如该行仍对不符单据进行了付款或承诺付款，不管是 UNDER RESERVE 还是 AGAINST AN INDEMNITY，都不是信用证项下的授权行为，只是该行对受益人的一种融资安排，与开证行、保兑行无关，因此它不是 UCP 应该规范的内容。由此可见，凭保议付是寄单行和受益人私下的安排，无须告知开证行。开证行收到单据后仍会按照信用证规定的条款审单。所以，凭保议付的做法已没有实际意义，在实务中，为了明确授权范围及禁止事项，有些开证行会在信用证里明确规定，不接受这种方式，如在有的信用证中，特别是议付信用证中会碰到这样一条：“Payment/Negotiation under reserve/guarantee（or indemnity）not allowed”。

如果受益人交单金额较大，议付行先向开证行拍发电报（电传/传真）列明不符点，征求开证行同意，待开证行确认同意接受单证不符的单据后，再将单据寄出。如不同意，则议付行即告知受益人，以便受益人采取相应措施，如将货物转卖或将货物中途卸下等。这种做法，称为“电报提出”，简称“电提”。对于实质性的单证不符，受益人往往采取“电提”方式。

在单证不符的情况下，如货物已经装出，而议付行又不愿采用“表提”或“电提”方式时，出口公司只能采用托收方式，委托银行寄单收款。而这种托收比一般的托收风险更大，因为这种跟证托收通常是在开证行拒绝接受存在不符点的单据后办理的，开证行不接受单据的实质是开证申请人拒绝接受。因此等到开证行向开证人提示汇票与单据时，大都会遭到进口人的拒付。所以，除非确有把握或万不得已，绝不能轻易采用这种方式。

在信用证业务中，一旦出现单证不符，无论采用“表提”、“电提”还是“跟单托收”，事实上已将出口收汇由银行信用变成了商业信用。从这个意义上说，受益人已经失去了开证行的付款保证。在此情况下，即使有进口商的函电担保，也仅是商业信用而已。没有开证申请人的授权，银行会拒绝付款。

4）密切关注货物下落

在信用证业务中，相关各方处理的是单据，而不是与单据有关的货物及/或服务，之所以如此，最主要的原因是信用证所涉及的单据尤其是作为货权单据的提单，使得信用证的当事人能够控制货权，对单据的买卖，就意味着对货权的买卖，所以 UCP600 规定，银行拒付后必须要么征求开证人是否接受有问题的单据，要么保持有问题的单据等待交单方的进一步指示，要么将单据径退交单者，也即开证行拒付后不经受益人或议付行同意，不得擅自向开证申请人放单，否则其必须付款。另外，关注货物下落还可以了解到开证申请人是否已凭开证行的提货担保提取货物，凭保提货虽然构不成开证行拒付后必须付款的责任，但如受益人或议付行要求退单，然后向船公司索要货物，船公司因无法提供货物，必然转而找开证行，要求其履行提货担保项下的责任，则不但开证行信誉损失，还可能承担比货款更多的经济损失，所以在这种情况下，一经向其说明已知晓客户凭其提货担保提货的事实，开证行往往会妥协付款。

在实际业务中，受益人应谨慎做好不符点结汇单据的善后工作，即密切注意出口货物的流向，采取相应措施，具体如下。

（1）如果货物未被提走，应立即与进口商联系，要求其履行合同义务，催促其尽快办理付款赎单手续。

（2）如果货物被以担保方式提走，应与船公司联系，以货主身份，要求其出示正本提单。在这种压力下，船公司会向进口商追索提单，迫使进口商到银行付款赎单。

（3）如果货物被凭以正本提单提走，应立即与银行联系，告知开证行：我方已获悉，开证行未收货款就放单，这一错误做法使进口商已将货物提走，请银行立即付款。此时，开证行考虑到自己的信誉，定会要求进口商付款。

5）积极与开证申请人洽谈

开证行拒付并不意味着开证申请人拒付，如果开证申请人最终放弃不符点，尽管开证行并不受开证申请人决定的约束，但一般会配合开证申请人付款。所以开证行拒付后，如果不符点确实成立，应分析与开证申请人之间的关系及此笔交易的实际情况，以决定怎样与其交涉，说服开证申请人接受不符点并付款。只要货物质量过关，商品市场价格较好，开证申请人一般不会以此为借口拒绝接受单据。

6）降价或另寻买主

如果不符点确实是成立的，且货物质量有缺陷，因市场不佳或客户信誉不好，申请人有时会拒绝付款，或为转嫁市场价格波动的风险，而提出降价的要求，遇到这种情况，一般可采取3个步骤：一是从合作角度考虑，尽量争取开证申请人的让步，并在日后的贸易往来中给予其他优惠，而避免当笔业务的经济损失；二是在交涉不力的前提下，可答应客户降价的请求；三是可权衡利弊，根据市场情况，积极联系新的买主，如市场情况较好的话，也可以将此作为与客户交涉的策略，就一般情形而言，客户关心的是自身的利润，如果商品市场价格趋升，开证申请人不至于冒利润和客户同时损失的风险而坚持拒付。

7）退单退货

在开证行提出实质性不符点、拒付行为又很规范、与客户交涉不力、寻找新买主而不得的情况下，就只有退单退货一种途径了，不过在作出此决定之前，一定要仔细核算运回货物所需的费用和货值之间，是否有账可算，有利益即迅速安排退运，因为时间拖得越久，费用（港杂、仓储等）就越高；若运回货物得不偿失，则不如将货物放在目的港，任由对方海关去处理。

另外，开证行提出不符点拒付时，作为议付行必须履行自己的职责。受益人既然将出口单据交给议付行，是基于对议付行的信任，但目前国内有的银行采取的做法是，怕字当头，开证行一拒付，就慌不迭地将责任推到受益人头上，反映在业务操作上，是有理不争，对外软对内硬，不积极配合受益人向开证行力争。为此，受益人一定要挺起腰板，理直气壮地要求议付行予以配合，只要不符点不成立，其必须尽最大努力与开证行交涉，以维护受益人和国家的利益。

## 本章小结

信用证审单是指信用证的开证行对信用证受益人或单证合法持有人所提交的货运单据、汇票、商业发票、保险单据、装箱单、原产地证、检验证书等（统称“单据”）进行审核，确定单据与信用证的规定和要求是否相符的法律行为。银行审单，与可能作为信用证依据的销售合同无关、与受益人和申请人之间的关系无关、与货物无关。

在信用证交易流程中，银行审单是最为关键的，也是关系到出口商能否安全迅速收汇的重要环节，因此，掌握银行审核单据的原则极为重要。在UCP600的规则之下，受益人提交的单据不但要做到“单证相符、单单一致”，而且要做到与UCP的相关适用条款相一致、与《国际标准银行实务》的有关规定相一致。此外，银行还需按照银行的经营思想、操作规程审单；按合情、合理、合法的单据商业功能及结算功能相统一的原则和普遍联系的观点进行审单。

为保证及时、准确地审核单据，以做到相符交单，了解和掌握审单的方法也是很有必要的，这包括纵横审单法、先数字后文字审单法、按装运日期审单法、分地区客户审单法及综合审核法。

不符点是造成单据被拒付的重要原因，也是影响安全、迅速收汇的一个关键因素。常见的不符点可分为七大类，包括时间、装运、汇票、金额等方面。了解不符点产生的原因有利于做好预防工作，同时，对于不符点单据出口商应及时采取灵活的处理方法，以减少损失。

## 概念与术语

1. 信用证审单：信用证开证行对信用证受益人或单证合法持有人所提交的货运单据、汇票、商业发票、保险单据、装箱单、原产地证、检验证书等（统称“单据”）进行审核，确定单据与信用证的规定和要求是否相符的法律行为。

2. UCP500：即《跟单信用证统一惯例》（国际商会第500号出版物）。英文全称为Uniform Customs and Practice of Documentary Credit，ICC Publication No. 500，1993 Revision。该惯例最早是由国际商会在1933年颁布的，目的是为了制定一套能够约束信用证有关当事人并能为各方共同遵守的统一、明确的规则，同时也为从事国际结算的银行和国际贸易的相关人士提供处理实际业务和解决有关纠纷案例的重要依据。

3. UCP600：2006年10月，在巴黎召开的国际商会年会上全票通过了最新版本的《跟单信用证统一惯例》，即UCP600。2007年7月1日，UCP600取代UCP500正式生效。国际商会推出UCP600主要是为了适应银行、运输及保险各行业的不断发展的需要、修订可能引起不一致解释的个别条款及如何利用信用证作为国际结算方式的探讨。它突出体现了简洁化和清晰化的特点，无论从结构上还是从措辞表述上都具有较高水准。

4. ISBP：即《关于审核跟单信用证项下单据的国际标准银行实务》，英文全称为International Standard Banking Practice for the Examination of Documents under Documentary Credits。继通过UCP600之后，为配合其实施，国际商会又于2007年4月26日在新加坡召开的银行技术与惯例委员会上，通过了《关于审核跟单信用证项下单据的国际标准银行实务》最新修订版，即ISBP681，从而进一步明确了单据审核的新规则。

5. 相符提示：根据UCP600第二条的规定，相符提示是指与信用证条款、本惯例的相关适用条款及国际标准银行实务相一致的交单。

6. 不符点：在英文中被称为discrepancy，是指在对外贸易过程中，银行给卖方开出信用证（L/C），卖方没有按照信用证的要求出具单据，一旦卖方提交的单据与L/C的规定有不相符合的地方，即使一个字母或一个标点符号与信用证不相符合，都记为一处不符点，或者受益人提交的单据与信用证条款要求不一致的地方就叫作“不符点”。

7. 内容相符性原则：是指受益人向银行提交各种单据请求银行依据信用证付款时，这些单据中内容的描述不必与信用证、该项单据本身及国际标准银行实务完全一致，但该项单据中的内容之间、或单据中内容与其他规定的单据或信用证不得互相冲突，即要做到“单内相符、单单相符、单证相符”，银行有权拒收不符合信用证条款的单据。

8. 信用证软条款：在信用证中规定了一些对卖方取得付款的限制性条款或信用证的条款不清、责任不明，使得卖方事实上很难获得银行的付款。信用证的“软条款”的主动权掌握在开证申请人手中，受益人对该条款无法实施控制，通常是买方为实施软条款而故意布下的陷阱，软条款的存在往往会给受益人安全收汇造成相当大的困难和风险。

9. 横向审核法：以信用证或合同（在非信用证付款条件下）为基础对规定的各项单据进行一一审核，要求有关单据的内容符合信用证的规定，做到“单、证相符”。

10. 纵向审核法：在横向审核的基础上，以商业发票为中心审核其他规定的单据，使有关的内容相互一致，做到“单单相符”。纵审的目的是要达到单单一致。

## 思考题

1. 什么是信用证下的单证审核？试举例说明。
2. 什么是“相符提示”？UCP600的颁布对单证审核有何显著影响？

3. 审单的原则是什么？
4. 审单的方法有哪些？
5. 常见的单据不符有哪些？
6. 单据不符产生的原因是什么？
7. 单据不符如何预防与处理？

# 参考文献

[1] 梁远辉，刘丹. 国际结算. 武汉：华中科技大学出版社，2007.
[2] 应诚敏，刁德霖. 国际结算. 2版. 北京：高等教育出版社，2005.
[3] 贺瑛. 国际结算. 上海：复旦大学出版社，2006.
[4] 肖玉珍. 国际结算与外贸单证. 长沙：国防科技大学出版社，2006.
[5] 顾建清，姚海明，袁建新. 国际结算. 上海：复旦大学出版社，2006.
[6] 吴百福. 进出口贸易实务教程. 上海：上海人民出版社，2003.
[7] 谢怀栻. 票据法概论. 北京：法律出版社，2006.
[8] 严思忆. 国际结算. 北京：中国对外经济贸易出版社，2002.
[9] 王益平. 国际支付与结算. 北京：北京交通大学出版社，2004.
[10] 林孝成. 国际结算实务. 北京：高等教育出版社，2004.
[11] 苏宗祥. 国际结算. 2版. 北京：中国金融出版社，2005.
[12] 耿伟. 出口贸易单证实务. 北京：首都经济贸易大学出版社，2005.
[13] 陈国武. 解读UCP600. 天津：天津大学出版社，2007.
[14] 屈韬. 外贸单证处理技巧. 广州：广东经济出版社，2006.
[15] 袁永友. 国际商务经典案例. 北京：经济日报出版社，2001.
[16] 郭薇. 简析信用证交易各方当事人的法律关系. 西南民族学院学报：哲学社会科学版，2001，22（4）：88－90.
[17] 李浚帆. 应用UCP600需要注意的问题. 对外经贸实务，2007（6）.
[18] 王善论. UCP500修订进展及若干问题探讨. 对外经贸实务，2006（6）：56－59.
[19] 王善论. 2007年修订版（UCP600）简介与评析，2006（12）：49－51.
[20] 顾宏远. 国际贸易结算：实务操作与案例分析. 杭州：浙江大学出版社，2006.
[21] 蒋先玲. 国际贸易结算与案例. 北京：对外经济贸易大学出版社，2005.
[22] 李晓洁，徐曙娜. 国际贸易结算. 上海：上海财经大学出版社，2003.
[23] 余世明. 国际商务单证实务练习题及分析解答. 广州：暨南大学出版社，2006.
[24] 孙满. 信用证制单实务. 北京：中国对外经济贸易出版社，2002.
[25] 李元旭，吴国新. 国际贸易单证实务. 北京：清华大学出版社，2004.
[26] 陈国武. 新编进出口业务300题. 北京：中国商务出版社，2004.
[27] 黎孝先. 国际贸易实务. 北京：对外经济贸易大学出版社，2000.

[28] 韩光军．进出口贸易标准单证及合同范本．北京：首都经济贸易大学出版社，2005.
[29] 邵渭洪，孙敏，杨宏，等．进出口贸易实务操作．上海：上海财经大学出版社，2007.
[30] 尹哲．国际贸易单证流转实务：国际贸易实务模拟实验室．北京：中国轻工业出版社，1999.
[31] 海关总署报关员资格考试教材编写委员会．报关员资格全国统一考试教材．北京：中国海关出版社，2007.
[32] 陈岩．国际商务制单．北京：对外经济贸易大学出版社，2007.
[33] 广银芳．外贸单证制作实务．北京：清华大学出版社，2007.
[34] 张雪莹，刘昕蓉．国际贸易实务单证大全．天津：天津大学出版社，2007.
[35] 谢娟娟．国际贸易单证实务与操作．北京：清华大学出版社，2007.
[36] 张丽芳，杨立佳．外贸单证．北京：机械工业出版社，2006.
[37] 王莉，陈琳．进出口业务单证操作手册．广州：广东经济出版社，2005.
[38] 国际商务单证专业培训考试办公室．2008 年国际商务单证理论与实务．北京：中国商务出版社，2008.
[39] 黎孝先．国际贸易实务．3 版．北京：对外经济贸易大学出版社，2003.
[40] 国际商会中国国家委员会．ICC 跟单信用证统一惯例：UCP600．修订本．北京：中国民主法制出版社，2006.
[41] 金赛波．中国信用证法律和重要案例点评．北京：对外经济贸易大学出版社，2002.
[42] 程军．UCP600 对信用证不符单据的处置．中国外汇：专栏，2007（7）：56－57.
[43] 金赛波，李建．信用证法律．北京：法律出版社，2004.
[44] 高晓力，信用证审单标准问题研究．人民司法，2002（4）：35－37.
[45] 阎之大．UCP600 前瞻：即将成稿实施的 UCP600 会有哪些变化？．中国外汇，2006（7）：64－65.
[46] 阎之大．UCP600 前瞻：概念与措辞的改革．中国外汇，2006（8）：54－55.
[47] GRASSI P S. Letter of credit transaction: the banks' position in determining documentary compliance. A Comparative Evaluation under U. S., Swiss and German Law. 7 Pace Int'l L. 1995, 81.
[48] KOZOLCHYK B. Strict compliance and reasonable document checker. Brooklyn Law Review, 1990, 56 (1).